国家出版基金项目
NATIONAL PUBLICATION FOUNDATION

"十四五"国家重点图书出版规划项目
国家出版基金资助项目

中国德育研究大系

教师道德研究

总 主 编 | 檀传宝

本册主编 | 班建武

长江出版传媒 | 湖北教育出版社

图书在版编目（CIP）数据

教师道德研究 / 班建武主编. -- 武汉 : 湖北教育出版社, 2023.12
（中国德育研究大系）
ISBN 978-7-5564-5978-0

Ⅰ. ①教… Ⅱ. ①班… Ⅲ. ①师德－研究－中国
Ⅳ. ①G41

中国国家版本馆CIP数据核字(2023)第191474号

ZHONGGUO DEYU YANJIU DAXI · JIAOSHI DAODE YANJIU

中国德育研究大系 · 教师道德研究

出品人　方　平
责任编辑　王艳波　　责任校对　李庆华　　封面设计　荆棘设计
版式设计　刘静文　　责任督印　刘牧原

出版发行　长江出版传媒　430070　武汉市雄楚大道 268 号
　　　　　湖北教育出版社　430070　武汉市雄楚大道 268 号
经　　销　新华书店
网　　址　http://www.hbedup.com
印　　刷　湖北新华印务有限公司
地　　址　武汉市硚口区长风路 31 号
开　　本　710mm×1000mm　1/16
印　　张　23.25
字　　数　321 千字
版　　次　2023 年 12 月第 1 版
印　　次　2023 年 12 月第 1 次印刷
书　　号　ISBN 978-7-5564-5978-0
定　　价　126.00 元

总　序

重视道德教化、以伦理组织社会，是中国传统文化的显著特点。[①] 新中国成立后，中国共产党继承并发扬了这一优良传统，先后提出了“德育为首”[②]“德育为先”[③] 等命题,并从“落实立德树人根本任务”[④] 的战略高度来定位德育的崇高地位和神圣使命。这既为中国当代德育研究提供了良好的政治条件和社会氛围，也对德育研究提出了迫切的期望和最高的要求。

不同于古代的经验型教育，包括德育在内的现代教育早已是一种以科学研究为基础的专业性实践活动。而德育研究作为一种严肃的学术活动，其目的正在于揭示德育问题、探寻德育规律、建构德育理论，从而引领德育实践。中华人民共和国成立以来，我国德育研究直面社会现实需要，关怀学校德育实践，取得了许多重要成就。70 余年的当代中国德育研究大致经历了批判化改造、灾难性停滞、科学化探索、人性化追求和本土化建构五个不同历史阶段。总体上看，中国德育研究不断拓展研究领域，不断深

---

① 梁漱溟 . 中国文化要义［M］. 上海 : 上海人民出版社 , 2005 : 20 – 21.

② 江泽民 . 在庆祝中华人民共和国成立四十周年大会上的讲话［J］ 党建研究 , 1989 (8) : 2 – 12.

③ 教育部关于整体规划大中小学德育体系的意见［J］. 中华人民共和国教育部公报 , 2005 (6) : 25 – 29.

④ 习近平 . 决胜全面建成小康社会 夺取新时代中国特色社会主义伟大胜利［M］. 北京 : 人民出版社 , 2017 : 45.

化研究主题，已经初步建立了富有中国特色和时代精神的德育理论体系。

一、新中国德育研究不断发展的历史脉络

中国很早就有礼仪之邦的美名。在传统中国社会，道德、政治、教育三位一体，相互为用。几千年的中华文明史，伦理道德、道德教育或道德教化占据了相当重要的位置。

辛亥革命推翻清朝专制统治建立中华民国之后，国人开始了建立新道德的伦理努力和教育尝试。共和国的主体是公民，而公民需要相应的公民道德,公民教育因而是民主政治制度建立的基石。五四运动在呼唤“德先生”（DEMOCRACY）、“赛先生”（SCIENCE）的同时，也没有忘记还有一位“莫先生”（MORALITY）。中国共产党的创始人之一陈独秀先生就曾指出，只有伦理的觉悟才是最后的觉悟。在此背景下，民国时期的德育研究有一定程度的开展，出版了不少著作。[①] 同一时期高校的教育系，也开设了德育原理（训导原理）等课程。有论者据此认为，现代德育论开始在中国建立起来。[②]

随着 1949 年中华人民共和国成立，中国政治、教育、教育研究都进入了新的时代。[③] 社会主义制度的建立，在根本性质与根本方向上提出了告别传统道德、传统德育的新要求，理所当然地要求建立自己的德育理论与德育体系。迄今为止，新中国德育研究历经风风雨雨 70 多年，大体以 1978 年改革开放为界，分为“前三十年”和“改革开放四十年”两个大的

---

① 主要有：蒋拙诚．道德教育论［M］．上海：商务印书馆，1920；吴俊升．德育原理［M］．上海：商务印书馆，1935；姜琦．德育原理［M］．重庆：柏庵书屋，1944.

② 檀传宝．学校道德教育原理［M］．北京：教育科学出版社，2000：16；郑金洲，瞿葆奎．中国教育学百年［M］．北京：教育科学出版社，2002：288.

③ 陈元晖．中国教育学七十年［J］．北京师范大学学报，1991 (5)：52－94.

历史时期。若进一步细分，则有五个重要历史阶段：批判化改造（1949—1966 年）、灾难性停滞（1966—1976 年）、科学化探索（20 世纪 70 年代末至 80 年代）、人性化追求（20 世纪 90 年代）和本土化建构（2000 年至今）。

（一）德育研究的批判化改造（1949—1966 年）

1949 年，新中国成立。中华人民共和国，这个新生的人民政权、社会主义国家，在根本性质上与封建专制社会、资本主义社会存在本质差别。这从根本上决定了必须对那个半殖民地半封建的旧中国进行脱胎换骨的改造。新生的人民政权、新中国的领导人也从不避讳这一点。毛泽东在《论人民民主专政》中明确指出要对反动阶级实行专政，即强制性改造；对人民则用民主的方法，进行教育和改造。[①] 在这样的历史背景下，新中国要建立自己的德育理论与德育体系，首要任务就是改造旧的教育体系，特别是改造旧思想。1949 年 12 月，教育部召开了第一次全国教育工作会议，讨论新中国的教育方针和对旧教育进行改造的问题，强调“把改造思想作为理论学习的直接目的”[②]。

那么，用什么来改造？改造的底气从何而来？

当然是用社会主义思想来改造，用马列主义毛泽东思想来改造。教育的目的是“以社会主义思想教育学生，培养他们成为社会主义社会全面发展的成员”[③]。改造的底气来自共产党领导的中国革命的巨大成功。在大革命时期、土地革命时期、抗日战争时期、解放战争时期，只要是建立了新的革命政权的时期，就有新的道德标准产生，就把整个旧的风俗习惯基本上改变过来。正如徐特立所说：“中国在帝国主义和封建统治下的社会状

---

① 毛泽东选集：第四卷［M］. 北京：人民出版社，1991：1468－1482.

② 冯刚，沈壮海. 中华人民共和国学校德育编年史［M］. 北京：中国人民大学出版社，2010：5.

③ 中央人民政府政务院关于改进和发展中学教育的指示［J］. 人民教育，1954（7）：16－17.

况总是土豪劣绅、土匪盗贼、流氓地痞等，横行乡里，民生不安，国家衰败……大革命，土地革命，到抗日的民族革命，凡是改变了社会关系的地区，即实行了减租减息平分土地以及发扬起广大人民民主的地区，于是社会习惯和个人道德也就来了历史上空前的大转变：犯法作乱的人，很少看见；烟赌盗贼，不禁自绝；以至夜不闭户，一切坏分子都变成劳动者。"[①]这种新旧社会的巨变，新旧社会关系的巨变，带来了社会风气的根本好转，带来了个人脱胎换骨的改造。徐特立还对此进行了理论总结，即社会决定人的好坏、善恶。他强调，这种社会决定人性论是符合马克思主义的，因为马克思说"人的本质不是单个人所固有的抽象物"，而是"一切社会关系的总和"。[②]

德育改造的目的是弘扬共产主义道德，培养共产主义新人，根本方针就是学习苏联的共产主义道德教育。"学习苏联的教育理论和教育经验也是必要的和正确的，……是我们刚开始在全国建设社会主义的时期的必要步骤和有效的方法。"[③]当时被介绍到中国的苏联的道德教育是这样的：一是对劳动采取共产主义的态度，即"劳动是一种荣誉的物事，是一种光荣的物事，是一种勇敢和英雄主义的物事"，而剥削阶级认为劳动是辛苦的、耻辱的；二是培养苏维埃爱国主义精神，即"爱祖国、爱人民、爱光荣的共产党及其领袖——列宁、斯大林，养成随时为祖国的幸福牺牲一切的精神"；三是集体主义的教育，"所谓集体，并不是许多同样的儿童一种简单的机械结合，而是儿童的各种活动建立在同志爱和友爱的基础上"。[④]在"一边倒"的学习苏联的方针下，克鲁普斯卡娅、加里宁、凯洛夫等人的理论被介绍到中国，并风靡一时。

---

① 徐特立．论国民公德：上［J］．人民教育，1950 (3)：17 − 19.

② 马克思恩格斯选集：第一卷［M］．北京：人民出版社，2012：135.

③ 陈元晖．中国教育学七十年［J］．北京师范大学学报，1991 (5)：52 − 94.

④ 王雁冰．介绍"苏联的新道德教育"［J］．人民教育，1950 (4)：67 − 70.

在这一历史阶段，德育理论批判改造的对象主要有两个方面：一是彻底批判中国封建社会的传统道德。因为“无产阶级忠于祖国、忠于人民、忠于党、忠于社会主义事业的道德原则是‘从无产阶级斗争的利益中引伸出来的’”①。二是彻底批判以杜威为代表的西方资产阶级的德育思想。因为“杜威关于道德的理论，是帝国主义时期资产阶级用以确立善恶标准和规范人类行为的罪恶工具，是资产阶级统治人民思想意识的理论武器”②。“杜威关于道德教育的理论是荒谬而反动的。……是一些资本主义国家进行道德教育的指针；而且就我国而论，由于过去教育深受杜威的影响，……存在着杜威理论的残余毒素；所以对于杜威的道德教育论给以彻底的批判……”③

比德育理论、学术上的批判更为猛烈的是舆论上对思想界的批判浪潮。1951 年批判电影《武训传》,1954 年批判胡适,1955 年批判胡风反革命集团,1957 年反右派斗争,1963 年批判母爱教育。在一浪高过一浪的批判浪潮中,德育改造逐渐演变成德育领域的阶级斗争，从而为十年“文革”期间德育及其研究的灾难性停滞埋下了伏笔。

在批判旧世界的同时，也有许多建立共产主义、社会主义道德教育理论的努力。在对社会主义新道德以及中国特色教育路径的探究中，徐特立、王焕勋、黄济、胡守棻等一批教育研究者投入了道德教育的研究。1957 年出版的胡守棻编著的《中小学共产主义道德教育的内容和方法》，可以视为这种努力的突出代表。该书共分四章：第一章说明什么是道德（承认道德是人们共同生活及其行为的标准和规则，特别强调道德是社会意识形态之一），什么是共产主义道德（其阶级本质是工人阶级的道德，是从无产阶级斗争利益中引申出来的，同时也代表着全体劳动人民的利益，“它是

① 阎长贵．必须坚决摒弃封建道德：从忠孝谈起［J］．哲学研究，1963 (6) : 16 − 25 + 15.

② 滕大春．批判杜威的道德论［J］．哲学研究，1957 (4) : 60 − 72.

③ 滕大春．批判杜威关于道德教育的理论［J］．河北天津师范学院学报，1957 (1) : 1 − 11.

人类历史上最高类型的道德”“它是未来全人类的道德”[①])，共产主义道德教育的意义和任务是什么。第二章介绍中小学共产主义道德教育的内容(爱国主义、国际主义、爱劳动和公共财物、自觉纪律、集体主义精神、坚强意志与性格)。第三章讲共产主义道德教育的方法。第四章说明各种道德教育的相互联系，以及如何创造性地运用道德教育方法。

（二）德育研究的灾难性停滞（1966—1976 年）

1981 年党的十一届六中全会通过的《关于建国以来党的若干历史问题的决议》明确指出，“实践证明，‘文化大革命’不是也不可能是任何意义上的革命或社会进步”，而是一场“给党、国家和各族人民带来严重灾难的内乱”。2021 年《中共中央关于党的百年奋斗重大成就和历史经验的决议》也明确指出，十年内乱“使党、国家、人民遭到新中国成立以来最严重的挫折和损失，教训极其惨痛”。

由于德育所具有的突出的特殊性，“文化大革命”对新中国的德育事业来说当然更是灾难，学校教育饱受摧残，德育完全沦为“阶级斗争”的简单工具。正如有研究者指出的那样：无情批判、战斗的“革命道德”取代了讲究温良恭俭让的传统道德；人与人之间关爱、诚信、友善等千古流传的道德准则被推翻，团结友爱、助人为乐和勤勤恳恳为人民服务的美德，被斥为缺少阶级观念；公正无私、实事求是、诚实正直的德行，被诬为缺乏革命斗争精神；学校德育对学生提出的那些道德要求，诸如礼貌谦虚、尊长爱幼、遵纪守法及文明行为等，不仅被认为是无关痛痒的“小德”，而且被指为“资产阶级之德”“修正主义之德”。[②]

这一时期德育的一个突出特点是否定个性、否定独立思考，反对个人

---

① 胡守棻. 中小学共产主义道德教育的内容和方法［M］. 上海：新知识出版社，1957：7.

② 蒋制心，张嘉馥. 德育概念运用上的混乱应该结束［J］. 兰州学刊，1980(3)：89－91＋96.

奋斗，倡导禁欲主义。青少年在思想汇报或介绍学习“毛选”的心得体会时，都以自己个人的情感、需要和利益为鞭挞的内容，主张“灵魂深处爆发革命”“狠斗私字一闪念”，把“无欲”“无我”奉为至高的道德大加宣传。[①] 奉行没有“小我”的禁欲主义道德原则被认为是无产阶级道德的本质特点。由于个人的合理利益被完全否定，极端的国家第一、集体至上的观点泯灭了青年一代的主体意识，个人的独立思考被全然否定。

憎恨教育、斗争教育、禁欲教育造成了教育的非人性化。德育事业也因此遭到了严重的破坏。这表现在：其一，师生关系严重扭曲。中国师道尊严的教育传统被推翻，学生在肉体上毒打老师、在精神上羞辱老师的案例层出不穷。有研究指出，中学教师受到的冲击比小学教师大，大部分批斗教师的事件发生在中学。[②] 其二，阶级观点在学生群体之间制造了对立。家庭出身不同的学生、注重学习成绩的学生和追求政治积极的学生之间形成矛盾与对立。其三，在这样一种教育氛围中，学生们是非混淆。在教育与生活中，同情心不再被肯定，善良不再被肯定；无情被误认为革命的坚定性，野蛮被错看作革命者应有的勇敢。一种畸形的情感和道德观形成。

这一时期德育如果说有什么“理论成果”，那就是“阶级斗争德育论”的形成。其主要内容是：

第一，强调道德是阶级的道德，阶级性是道德的本质属性。在阶级对立的社会，“道德始终是阶级的道德”[③]。

第二，教育是为阶级斗争服务的，是阶级斗争的工具。“教育从来就是阶级斗争的工具，我们从不讳言我们的教育是无产阶级斗争的工具，必

---

① 孙少平．十年“文革”时期学校德育的实践特征及其异化［J］．现代教育论丛，1998 (6)：17 − 20 + 16.

② 于珍．“文革”时期农村基础教育的面相：一项口述史的研究［J］．中国校外教育，2014 (21)：56 + 87.

③ 畅广元．“知、仁、勇”是为“复礼”服务的反动道德［J］．陕西师范大学学报（哲学社会科学版），1974 (1)：39 − 43.

须为无产阶级的政治服务。为了在与资产阶级争夺下一代的斗争中取得胜利，把儿童培养成为共产主义事业的接班人，我们就必须对他们加强无产阶级的阶级教育，抵制剥削阶级思想对他们的侵蚀。”①

第三，学校德育的根本任务是培养无产阶级道德，提高学生的社会主义觉悟。“学生社会主义觉悟的提高，共产主义道德的养成，无产阶级世界观的树立，主要是德育的任务。德育主要是以社会主义、共产主义思想来武装学生的头脑，培养学生的无产阶级的道德品质。”②

第四,学校德育的内容尽管有多个方面,但核心是阶级观点的教育。“归结起来，就是对学生进行马克思列宁主义、毛泽东思想的教育，使学生具有无产阶级的阶级观点、革命观点、群众观点、集体观点和劳动观点……核心就是阶级和阶级斗争的观点。”③

第五，阶级教育的具体内容：其一，使学生具有阶级和阶级斗争的基本认识；其二，让学生了解阶级斗争的历史；其三，使学生了解社会主义时期阶级斗争的实际，增加不断革命的思想；其四，让学生认识国际工人运动和民族解放斗争的情况；其五，教育学生学习、继承和发扬无产阶级的革命精神，培养革命的品质和作风；其六，帮助学生学习运用阶级观点和阶级分析的方法来观察问题，提高阶级觉悟。④

第六，阶级斗争一抓就灵，阶级斗争也是学校德育工作的好方法。由于现实生活中普遍存在着阶级斗争，一小撮阶级敌人企图腐蚀青少年，所以，“发现一条规律，就是学生的思想反复，总是同南京路上阶级斗争的风浪息息相关”⑤。总之，阶级斗争是一门主课，忆比教育（回忆旧社会的

---

① 曾尚友．掌握儿童特点，加强阶级教育［J］．江苏教育，1965 (2) : 10－12.

② 何辛．学生阶级教育在德育中的地位和内容［J］．学术研究，1964 (1) : 48－52.

③ 同②.

④ 同②.

⑤ 上海市培光中学党支部．毛主席哲学思想指导我们做好学生思想工作［N］．文汇报，1972－12－01.

苦难，对比新社会的成就与人民的幸福生活）是一种基本方法，参加现实的阶级斗争是基本途径，学习马列和毛主席著作是学校主导性的课程安排（低年级学习语录，中年级学习马列和毛主席的部分著作和章节，高年级通读《毛泽东选集》和马列部分著作），最终目的是把学生培养成为反修防修的战士。①

（三）德育研究的科学化探索（20世纪70年代末至80年代）

1976年，"文化大革命"结束。在经历了短暂的徘徊之后，党的十一届三中全会决定冲破长期的"左"的错误的严重束缚，把全党的工作重点和全国人民的注意力转移到社会主义现代化建设上来，由此导致了德育价值观的转折，即由德育"为阶级斗争服务"转变为德育"为社会主义现代化建设服务"②。

从教育学界来看，人们最初是通过否定"文革"、反思"文革"来寻找教育发展的方向的。潘懋元先生曾经谈到，"文革"结束后，我国教育界在反思时，提出要研究、探索教育规律，因为"文革"的教训就是不尊重教育规律。③理所当然地，要做好德育工作，就必须尊重德育规律，按德育规律办事。这就是当时理解的德育科学化的内涵。因此在德育理论界，对德育过程规律的探寻成为研究的热点。几乎所有的德育理论研究学者，

---

① 大寨大队党支部.加强党的领导，把学校办成无产阶级专政的工具［M］//瞿葆奎.教育学文集·德育.北京：人民教育出版社，1989：352－359.

② 鲁洁，班华.德育理论在科学化轨道上前进［J］.教育研究，1988（12）：6.

③ 潘懋元.对高等教育若干问题的思考［J］.西北工业大学学报（社会科学版），2018（2）：26－30.

如鲁洁[①]、班华[②]、郭文安[③]、李道仁[④]、涂光辉[⑤]等都先后参与了德育过程规律的研究，仅《教育研究》就先后发表了30余篇相关论文。由此，德育过程规律研究成为改革开放之后我国德育理论研究的第一个高峰，研究内容涵盖德育过程的概念、本质、特点、结构、要素、基本矛盾，中国古代的德育过程思想，苏联的德育过程理论等，特别是把德育过程与人的思想品德形成过程区分开来，把有目的的德育影响与自发的社会影响区别开来。

从目前已有的总结反思改革开放初期德育研究的著述来看，改革开放初期对德育过程理论研究的意义与价值被大大低估了。总体上看，这一研究表达了尊重德育规律、追求德育科学的雄心；表达了不甘心智育第一、德育第二的现实窘境；与当时的学科制度化活动相互促进，促使德育原理成为一门独立的学科（以1989年胡守棻主编的高等院校教材《德育原理》出版为标志）。当时所研究的问题，事实上奠定了德育学科的理论基础，引发了对德育本质、德育功能、德育人性化的研究，具有建构独立的德育学科的建设性价值，并具有德育原理的奠基性价值。

当然，这一阶段德育研究的主题还包括德育与个性发展、德育目标的依据与层次性、德育内容序列化、德育方法科学化等。

---

① 鲁洁．德育过程初探［J］．教育研究，1981 (2)：56－60；鲁洁．试评我国古代教育家有关德育过程的论述［J］．南京师大学报（社会科学版），1980 (3)：21－25.

② 班华．思想品德教育过程［J］．教育研究，1980 (3)：78－83.

③ 郭文安．试论青少年学生的德育过程［C］//北京师范大学教育系资料室．德育过程论文选编，1983：23－40.

④ 李道仁．试析德育过程的基本规律［J］．教育研究与实验，1984 (1)：32－38.

⑤ 涂光辉．试论德育过程的基本规律［J］．湖南师院学报（哲学社会科学版），1984 (3)：8－12.

（四）德育研究的人性化追求（20 世纪 90 年代）

以人为本是教育的基本逻辑。鲁洁曾经指出："总结……近 10 年来（1988—1998 年——作者注）德育理论的发展，便会发现一个明显的趋势，那就是一方面德育理论继续在科学化的轨道上前进，另一方面表现出人性化倾向，而且二者正在逐渐走向整合。"[①] 班华也曾撰文论述了新世纪德育的人性化走向。[②]

20 世纪 90 年代，德育研究在科学化探索之后，之所以出现人性化的追求，原因是多方面的。

第一，源于从计划经济向市场经济或者商品经济转型所带来的冲击，中国人的人格要求由计划经济下的单位人、被动人、集体人，转向主体人、自由人等。[③] 这是现实生活的需要，是最根本的需要。学术研究的转向是对这种社会现实和社会实践的表达和回应。

第二，源于德育理论界对道德、道德教育本质与功能的创新性认识。鲁洁提出，"道德教育是一种超越"，"道德教育不是对现实的行为与关系的复制与重现，而是按照某种超越于现实的道德理想去塑造与培养人，促使人去追求一种理想的精神境界与行为方式"。[④] 道德不全部是、不纯粹是规定、限制人自己的力量，也是人探索、认识、肯定、发展和创造自己的力量。

第三，源于思想界和学术界关于人道主义的论争，使人和人的主体性成为哲学的主题。人性化是对教育的本质、人的本质认识的提升，是对把

① 王啸，鲁洁．德育理论：走向科学化和人性化的整合［J］．中国教育学刊，1999 (3)：17－21.

② 班华．德育理念与德育改革：新世纪德育人性化走向［J］．南京师大学报（社会科学版），2002 (4)：73－80.

③ 同①.

④ 鲁洁．道德教育：一种超越［J］．中国教育学刊，1994 (6)：2－8.

人的本质完全归结于阶级性，把个人完全看作社会的工具、集体的工具的阶级人性论的反对。

因而，在这个时期，“人是主体”的教育思想得以确立，主体性德育思想应运而生。主体性德育认为道德教育应以培养学生主体性道德人格为目标，以人的内在需要为动力，把价值引导与自主建构相结合，在活动与交往中生成主体性道德人格。①

这个时期，不仅追求德育的人性化，同时也追求德育的现代化，二者相互交织。教育要现代化，德育也要现代化。②学者们批判指出了当时学校德育的低效及无效问题，试图在借鉴西方德育理论与德育实践的基础上勾画出现代德育的理想特征。鲁洁、王逢贤主编的《德育新论》（1994 年）、班华主编的《现代德育论》（1996 年）以及戚万学、杜时忠编著的《现代德育论》（1997 年）等著作或教材，均试图围绕现代德育构建、促进德育现代化的中心议题发力突围。而活动德育论③、情感德育论④、德育美学观⑤等当代中国德育理论的创新与建构也使中国德育研究开始呈现出百花齐放的局面。与此同时，在德育现代化话语的召唤下，西方道德教育的理论与

① 肖川．主体性道德人格教育［M］．北京：北京师范大学出版社，2002：152－183.

② 班华．近十年来德育思想现代化的进展［J］．教育研究，1999（2）：18－22.

③ 戚万学．活动道德教育论［M］．南京：南京师范大学出版社，1994；戚万学．活动道德教育模式的理论构想［J］．教育研究，1999（6）：69－76.

④ 朱小蔓．情感教育论纲［M］．南京：南京师范大学出版社，1993；刘慧，朱小蔓．多元社会中学校道德教育：关注学生个体的生命世界［J］．教育研究，2001（9）：8－12；朱小蔓．情感德育论［M］．北京：人民教育出版社，2005.

⑤ 檀传宝．德育美学观［M］．太原：山西教育出版社，1996；檀传宝．让德育成为美丽的风景：欣赏型德育模式的理念与操作［M］．合肥：安徽教育出版社，2006；檀传宝．美学是未来的教育学：德育世界的探寻［M］．上海：华东师范大学出版社，2015.

实践，如道德认知发展理论[①]、价值澄清理论[②]、建构主义德育理论[③]等也被大量引介到中国，成为中国德育人性化、现代化理论与实践探究的思想资源与历史镜鉴。

（五）德育研究的本土化建构（2000年至今）

经过20多年的改革开放，当历史的车轮跨入21世纪时，我国的经济、社会、教育、文化都发生了巨大的变化，德育理论也进入了一个多元化发展的新时期。这是因为：第一，德育理论经过科学化与人性化两个阶段的积累，已经有了比较深厚的基础。第二，世纪之交的基础教育改革为德育理论研究提供了难得的机遇与广阔的舞台（生活德育论大有用武之地）。第三，随着大量的、多样性的西方德育思想、德育理论的引进，我国德育理论研究也在不知不觉中融入了多元化的趋势。第四，社会转型的文化冲突、文化危机导致各种文化思潮的兴起，"这也直接影响了德育理论流派的产生与交替"[④]。

在这一时期，中国德育研究不断回应本土性需要，走上了本土化建构的道路。典型表现有三个方面：

第一，推进中华优秀传统文化研究。经过20世纪80年代、90年代的理论储备，复兴中华优秀传统文化已经势不可挡，并从底层走向政策、从理论走向实践，成为主导学校德育的一股重要力量。研究者多认同中华优

---

① 郭本禹．道德认知发展与道德教育：科尔伯格的理论与实践［M］．福州：福建教育出版社，1999；岑国桢．吉利根对道德认知发展理论的修正［J］．心理科学，1992（4）：33－37＋66.

② 冯增俊．价值澄清德育理论述评［J］．海南师院学报，1992（3）：28－33＋43.

③ 肖川．建构主义学习观与学校德育［J］．教育导刊，1998（Z2）：36－37；肖川．建构主义与道德教育中的灌输［J］．河北师范大学学报（教育科学版），1999（4）：10－15.

④ 叶飞，檀传宝．改革开放30年德育理论发展脉络探析［J］．教育研究，2009（1）：19－24＋85.

秀传统文化是中国人的精神家园，在西方强势文化风靡世界的时候，必须要坚持走文化自主路线。[①] 有论者认为，2014 年教育部颁布《完善中华优秀传统文化教育指导纲要》，意味着中国的德育指导思想实现了结构性变革，即由 2010 年之前受马克思主义和社会主义道德一元指导的局面，调整为一种复合型建构性的德育指导方针。[②] 一些研究者致力于从传统文化中发掘现代道德教育的资源，探讨全球化进程中具有中国本土特色的道德教育。如认为传统道德可贵之处在于其强调精神，道德教育的中国形态应该是精神形态，而非西方的理性形态；强调伦理与天理良知相通，而非理智狡黠的算计。[③] 或认为传统"天人合一""仁民爱物"道德观可生发出现代生态道德教育思想。或认为传统道德蕴含丰富的生命教育意识、德性教育传统可资利用，可以将传统美德中的感恩教育、孝道教育、自强教育、责任教育作为突破口，开拓新德育。[④] 或主张在教育理论研究中，应以整体的、多视角的范式来实现对中国传统道德文化的多层次、立体式开发与利用，而非简单的、分割的碎片式继承。[⑤]

第二，加强社会主义核心价值观教育。社会主义核心价值观凝聚着社会价值共识，吸纳了世界先进思想，中华优秀传统文化是社会主义核心价值体系建构的前提与基础。社会主义核心价值观明确而完整地回答

---

① 鲁洁 . 应对全球化：提升文化自觉［J］. 北京大学教育评论，2003 (1)：27 – 30.

② 张亚月 . 德育的历史性变革：从政治认同走向社会认同［J］. 中国青年研究，2016 (8)：35 – 40.

③ 樊浩 . 道德教育的"'精神'形态"与"中国形态"［J］. 教育研究，2013，34 (2)：44 – 53.

④ 沈建华 . 传统文化视角下青少年道德教育的活化和链接［J］. 教育研究，2015，36 (11)：25 – 29 + 48.

⑤ 易连云 . 传统道德教育研究的范式转换［J］. 教育研究，2010，31 (4)：30 – 33.

了“教育之道”，表达了中国学校教育的价值立场。[①]对于教育来说就是要解决好学生的人生价值取向问题。培育和践行社会主义核心价值观需要从理论引领、舆论宣传、文化熏陶、实践养成和制度保障五个维度入手。[②]社会主义核心价值观应通过具体化、日常化、形象化和生动化的形式引导学生自觉认同。[③]社会主义核心价值观融入学校教育，应立足于优秀德育教材的开发、高水平师资队伍的建设、德育话语体系的合理转换及德育方式的多元创新。有论者指出，把社会主义核心价值观融入教材，要掌握三种逻辑，即知识逻辑、生活逻辑和教育逻辑，打通三个世界，即符号世界、意义世界和生活世界。[④]

第三，立足于中国学校德育实践场域的多种德育理论应运产生。20 世纪 80 年代以来，中国经济高速增长，取得了举世瞩目的经济奇迹。然而，也产生了环境污染、道德滑坡、贫富悬殊、官员腐败诸多问题。德育研究者们冷静审思伴随着现代化进程而泛滥的经济主义、唯科学主义、极端个人主义、工具理性至上及人类中心主义等谬误[⑤]，凸显生活、情感、生态、制度等过去被忽视、压抑或被边缘化的主题，由此形成了多种德育理论“百花齐放”的可喜局面。除了上一时期出现的活动德育论、情感德育论、德

① 杜时忠，曹树真．社会主义核心价值观“进教材”的教育学探索［J］．教育研究，2015，36 (9) : 34 − 39.

② 王琰．将社会主义核心价值观融入高校立德树人全过程的五个维度［J］．思想理论教育导刊，2015 (1) . 124 127.

③ 靳玉军．论社会主义核心价值观教育的实践要求［J］．教育研究，2014，35 (11) : 4 − 7 + 15.

④ 同①.

⑤ 鲁洁．教育的返本归真：德育之根基所在［J］．华东师范大学学报（教育科学版），2001 (4) : 1 − 6 + 65.

育美学观继续活跃之外，这一时期新产生的主要德育理论有生活德育论[①]、公民教育论[②]、制度德育论[③]等。

综上所述，新中国成立以来，“前三十年”的德育研究伴随新民主主义革命胜利之后的喜悦与自信，力图改造旧道德、旧德育。它以革命者的姿态，否定中国传统道德文化与德育思想，否定西方近现代德育理论与德育模式，“一边倒”地学习苏联思想、政治与道德体系、教育经验与教育理论，也尝试在德育理论建构上追求中国特色。“文化大革命”期间，由于错误地估计了国内外形势，错误地坚持无产阶级专政条件下“继续革命”的理论，强调“阶级斗争”，最终导致学校德育沦为阶级斗争的工具，德育理论的发展也处于完全停滞的状态。

以改革开放为始的“后四十年”的学校德育研究，则在解放思想的旗帜下，乘改革开放的东风取得了重要进步。其重要原因，一是彻底反思、批判并否定错误的教育理论，二是大胆学习借鉴外国德育研究成果。反思与批判中，最根本的教训就是两条：一是不尊重教育规律；二是不尊重人，

---

① 鲁洁．德育课程的生活论转向：小学德育课程在观念上的变革［J］．华东师范大学学报（教育科学版），2005 (3)：9－16＋37；鲁洁．生活·道德·道德教育［J］．教育研究，2006 (10)：3－7；高德胜．生活德育论［M］．北京：人民出版社，2005；高德胜．生活德育简论［J］．教育研究与实验，2002 (3)：1－5＋72.

② 檀传宝，等．公民教育引论：国际经验、历史变迁与中国公民教育的选择［M］．人民出版社，2011；李萍，钟明华．公民教育：传统德育的历史转型［J］．教育研究，2002 (10)：66－69；万明钢．论公民教育［J］．教育研究，2003 (9)：37－43.

③ 杜时忠．制度德性与制度德育［J］．教育研究与实验，2002 (1)：38－43；刘超良．制度德育论［M］．武汉：湖北教育出版社，2007；杜时忠．制度何以育德？［J］．华中师范大学学报（人文社会科学版），2012，51 (4)：126－131＋4；杜时忠．人文教育与制度德育［M］．合肥：安徽教育出版社，2013；杜时忠，张敏．国家道德即德育［J］．教育研究与实验，2013 (1)：7－10；张添翼，杜时忠．再论制度何以育德［J］．教育研究与实验，2018 (5)：12－15＋25；杜时忠．德育十讲：制度何以育德［M］．武汉：华中师范大学出版社，2019；杜时忠，张添翼．三论制度何以育德［J］．教育学报，2020，16 (4)：20－29.

否定教育主体性。对前者的反思，产生了探索教育规律、德育规律，追求德育科学化的思潮，典型表现就是对德育过程规律的研究；对后者的反思，引燃了主体性教育、主体性德育思潮。大胆学习借鉴外国德育研究成果，则给德育研究带来了最新研究信息、理论想象力和世界眼光。当然，当代中国德育研究并不满足于反思过去，更期待未来，不仅借鉴，更追求创新。它既客观理性地批判，更热情洋溢地建设，那就是追求并建构现代化、科学化、人性化的德育理论，并在本土德育理论建构方面收获了累累硕果。毫无疑问，这四十来年是中国德育研究突飞猛进、全面进步的时期，是中国德育学术发展历史上最好的时期。

二、新中国德育研究的重要成就、局限与发展逻辑

新中国德育研究走过了 70 多年不平凡的历程，在思想产出、学科建设、人才培养、实践引领等方面都取得了显著成绩。德育研究获得了独立的学科地位，初步建立起具有明确研究对象、体现时代精神的德育理论体系。与此同时，德育研究也面临着十分严峻的时代挑战，存在着知识体系比较陈旧、研究方法比较单一、原创性成果十分稀少等亟待解决的问题。

（一）德育研究的重要成就

1. 德育研究获得了丰硕的理论成果

新中国成立以来，在 70 多年的理论探索中，不同思想的交锋让中国德育理论研究不断取得进步。在德育研究中实际上存在两种学术争鸣：一种表现为历史性的反思，另外一种表现为同一时期不同理论观点的竞争、交流，最终促成了百花齐放的繁荣局面。特别是 20 世纪 90 年代以来，中国德育研究在不长的时间内，围绕德育本质、德育功能，以及德育与个体、

德育与社会生活的关系等主题开展了有影响力的学术争鸣，彰显了德育研究的学术魅力，提升了德育研究的科学品质，提高了德育研究的学术声誉。

与学术争鸣相伴而生的，是我国德育研究在科学化、人性化论述上的新进展，先后出现了主体德育论、活动德育论、情感德育论、德育美学观、生活德育论、公民教育论、制度德育论等多种德育理论主张。它们从不同的视角出发，运用多种方法，对学校德育乃至社会道德现象和问题进行了深入的研究，各成一家之言，并以各自的方式力图影响和变革学校德育实践。它们深化了我们对德育的认识，丰富了德育理论体系，促进了德育研究的繁荣。

2. 德育研究取得了独立的学科地位

德育逐渐从教育学的一个研究领域，分化发展成为一个独立的二级学科。人们一般在两种意义上使用“学科”一词：一是依学问性质而划分的知识门类，如物理、化学等；二是学校教学的科目，如语文、数学等。无论在哪一意义上，德育科学研究，尤其是“德育原理”，都已经成为教育学体系中一门相对独立的重要分支学科。其主要理由有三：

首先，德育学科是关于德育的学术知识体系，既有明确的研究对象（德育现象或德育问题）①，也具备了相应的研究方法（虽无特有的研究方法，但社会科学常见、通用的方法或移植于其他学科的特色方法似乎足以支持德育学科的研究需要），还形成了自己的理论体系。

其次，德育学科是教育学科中的一类教学内容。在高等院校，特别是师范院校或者教育学院中，“德育原理”“德育论”或“德育学”是作为一门课程广泛开设的，德育学科作为一个教学科目是普遍的社会事实。

---

① 班华. 略论德育论学科对象与任务的几个问题［J］. 教育科学研究，2007 (4) : 5 − 9; 班建武. “十一五”期间德育学科发展的回顾与总结［J］. 教育科学研究，2011 (7) : 67 − 75.

最后，德育原理内部，也正在形成一个可观的分支学科群，包含德育主体论[①]、德育过程论[②]、德育课程论[③]等，以及与其他学科交叉而产生的德育心理学[④]、德育社会学[⑤]等。这样，德育原理不仅从教育学母体中分化独立出来，而且成为一个拥有众多分支学科的独立学科群，其学科地位和学科特色日益彰显。

德育研究成为独立的学科体系的突出标志，是德育原理形成了相对完整的理论体系：一是思想观念体系，如道德是可教的，品德发展及道德教育是有规律可循的，德育的本质是一种超越，以道德的制度培养道德的人等；二是概念范畴体系，如道德、品德、德育，直接德育、间接德育、隐性课程意义上的德育，以及品德形成、德育过程、德育实效等；三是教材结构体系，目前已经相对稳定，大体分为"学科总论""理论基础""实践应用"等几大部分，具体展开为德育学科论、德育本质论、品德发展论、德育目的论、德育过程论、德育课程论、德育方法论、德育环境论、德育管理论、德育评价论、德育比较论等。

经过70多年的努力，我国建立了自己的德育理论体系。值得一提的是，这不是通过全盘否定中国传统德育文化和接受西方德育理论而实现的，而是更加理性地对待中国传统德育文化和世界先进德育理论。许多学者都主张要实现传统德育的创造性转化，包容、自信地借鉴国外德育理论，从单向度地盲从外国德育理论，到提出教育研究、德育研究的中国化，建立具有中国风格、中国气派的德育理论。

---

① 肖川. 主体性道德人格教育［M］. 北京：北京师范大学出版社，2002; 于光. 德育主体论［M］. 北京：中国社会科学出版社，2010.

② 范树成. 德育过程论［M］. 北京：中国社会科学出版社，2004.

③ 佘双好. 现代德育课程论［M］. 北京：中国社会科学出版社，2003.

④ 韩进之，王宪清. 德育心理学概论［M］. 上海：上海人民出版社，1986.

⑤ 鲁洁. 德育社会学［M］. 福州：福建教育出版社，1998.

3. 德育学科的社会建制逐渐完备

综合经典和现代学科分类理论，可以认为：一门学科的独立或成熟，两个方面标准或条件最为重要：一是专业化的知识建构，如明确的研究对象、行之有效的研究方法和严谨的理论体系；二是制度化的社会建制，如专门的研究机构、专业性的研究共同体、专业研究期刊，以及专门人才培养等。德育学科在制度化建设上从无到有、从弱到强，显示出德育研究得到了越来越多的社会支持和越来越高的社会认可。

70 多年来，中国德育研究共同体日益壮大（2017 年全国专业德育研究者有 70 人左右，关注德育研究的专业研究者约有 500 人[①]），不仅成立了全国性的德育论专业委员会（现为“全国德育学术委员会”）等专业学术团体，而且一些大学还建立了多个专门德育研究机构，如教育部人文社科重点研究基地南京师范大学道德教育研究所、北京师范大学公民与道德教育研究中心、华中师范大学道德教育研究所等，还出现了多种专业期刊，如《中国德育》《中小学德育》《班主任之友》《班主任研究》等。此外，在全国众多的教育学术刊物中，也有为数不少的德育栏目，发表大量的德育研究论文。在德育研究专业人才培养方面，我国从 20 世纪 80 年代开始招收硕士生、博士生，目前已经形成了一个由学士、硕士、博士和博士后构成的完整德育人才培养体系，目前在校研究生约为 1500 人。这既是德育学科兴旺发达的标志，更是德育学科持续发展的根本支撑。

4. 德育研究提升了对于德育实践的影响力

我国德育研究有强烈的实践取向，并体现出鲜明的时代特征。“直面社会现实、关怀德育实践，是 40 年来中国德育学科发展最重要的理论品格。

---

① 刘峻杉，平和光．知识生产视角下我国德育研究的特征与展望［J］．全球教育展望，2017，46（9）：61－72＋85.

从 20 世纪 80 年代对于基础道德重建的呼吁、世纪之交对于新世纪挑战的思考，到近年对于社会主义核心价值观教育、国际理解教育等议题的集中关注，中国德育理论工作者均及时回应了当代社会对于德育实践变革的迫切需要……”[①]

德育研究者积极参与国家德育决策，指导中小学德育改革。如主持修订义务教育阶段国家德育新课程标准、主编德育教材、开展学校德育诊断、推动教师德育专业化、通过大学与中小学合作（U-S 协同）推进学校德育深度变革等。在德育理论研究的推动之下，我国学校德育正在发生可喜的变化：由过度政治化的强制灌输式的德育逐步走向科学化、人性化、生活化的德育，由追求不食人间烟火的圣贤道德转变为追求社会正义和社会关怀的现代伦理，从封闭式德育走向开放性德育，从学校德育的教育孤岛走向学校、家庭、社会相互支持的合力德育。

（二）德育研究的现存局限

新中国德育 70 多年的发展，在取得长足进步的同时，也存在一些亟待突破的局限。这集中表现在：

1. 德育研究的学科视野相对封闭

道德现象与道德行为是复杂的，是多学科的研究对象。道德理论研究者往往强调道德是社会行为，忽略道德行为的多学科基础，导致对于哲学、伦理学的研究关注较多，而对生物学、心理学、人类学、社会学、经济学、政治学等相近学科关注较少，对于语言学、美学、艺术等跨学科领域对人类道德行为研究成果则更为陌生。一个明显的证据是，尽管对于哲学、伦理学的新进展相对敏感，但德育研究者也仍然未能敏锐地把握当前人文社

---

① 檀传宝，陈国清．改革开放 40 年我国德育学科建设的探索与进步［J］．中国教育学刊，2018 (10)：28－34.

会科学研究范式的转换，对于道德哲学和伦理学、政治学研究中的权力批判和语言转向等还比较漠视。

权力批判的目的是要揭示道德与权力之间的联系，将道德从压制性的意识形态中剥离出来，以防权力借助道德之名畅通无阻。许多研究者批判道德专制与道德灌输，然而其批判的语言依然是大而化之的宏大叙事，未能深入地揭示与批判微观领域中权力运行规则，诸如借用道德之名所实施的隐蔽的性别偏见、歧视、压制以及不平等。哲学和伦理学研究的语言转向，强调思维必须通过语言符号体现，思想的内容受制于说话的方式。同样，研究道德教育问题必须依凭语言来进行，研究所用的概念不清会带来理论混乱。如有人支持道德的相对性，有人反对道德相对主义，有人赞扬消费文化的好处，有人批判消费主义的害处，但道德的相对性与道德相对主义、消费文化与消费主义之间的本质区别是什么，其界限该如何准确划分，则缺乏必要的语言学澄清。对语言缺乏审视，限制了理论研究者之间的对话与交流，使得许多德育理论研究无奈地成了研究者们的“自说自话”。

2. 德育研究的方法论基础相对薄弱

许多德育理论研究者仍然坚守着哲学思辨范式，尤其是受规范伦理学的影响，以直线性演绎逻辑为主，缺乏复杂性、动态性及整体性思维方式，德育研究的方法论基础相对薄弱。表现在：第一，大量研究直接套用哲学、伦理学、政治学的术语与理论来诠释德育问题，对于理论的教育适切性缺乏反思；第二，德育研究注重对道德规范进行合理性论证，轻视批判性思维的培育，也轻视个体道德内化的生成过程；第三，道德哲学—主体维度的研究偏重于道德认知，对于道德情感的研究则相对薄弱。[①]

此外，许多德育研究者往往忽视也窄化了实证研究，习惯于运用问卷

① 孙学功.道德情感研究综述［J］.哲学动态，1998 (1)：17－19.

调查去“处理”复杂的德育问题，而对于批判主义与诠释主义视角下的质性研究则相当陌生。与之相对，一些研究者已经用高质量的研究成果证明，质性研究的两种方法——人种志研究和扎根理论，都是可以较好地从经验中通过归纳来建构理论的方法，它们既保留了理论的系统性，又不阉割教育事实的丰富性。

3. 对重大现实问题缺乏道德审视

“道德教育是整个共同体的事业……进而，它对我们有双重意义。它指教育在某种程度上是道德的，所有计划和实施着的教育都努力将所有与道德相关的内容包括在内；它指这样一种教育，旨在提升受教育者的伦理理想，使得他们能够持续地与他人道德地相遇。”① 因此学校教育的伦理基础理应包括自由、公正、民主、关怀、幸福等基本道德价值。这些基本价值不仅是教育哲学、政治哲学的研究领域，更应是道德教育研究者思考的重大问题。德育理论研究有义务追问什么样的教育是道德的，如何以道德的方式培养道德的人，依循这个思路，道德教育研究者对现实的反思和批判力度是不够的。

在教育制度领域，道德教育研究者需要思考如何突破教育制度科层化、等级化、工具理性化的桎梏，将学校建设成为道德共同体以及民主生活共同体②；在教育政策领域，道德教育研究者应审视教育政策的正当性，审视政策制定的程序正义与实质正义③；在教育改革方面，道德教育研究者应批判反教

---

① 诺丁斯．关心：伦理和道德教育的女性路径［M］．武云斐，译．北京：北京大学出版社，2014.

② 金生鈜．为什么要塑造学校的道德文化：学校作为一个道德共同体的再道德化思考［J］．西北师大学报（社会科学版），2005（4）：71－75.

③ 杜时忠，张添翼．教育制度和教育政策的伦理属性及其实现［J］．中国教育科学（中英文），2017（4）：91－105.

育行为的伪改革，将教育的道德标准作为重要的维度纳入评价指标之中[①]。

此外，我国德育研究还存在一些“痼疾”。比如，不少研究者习惯于做当下教育政策的简单诠释，而损害了德育研究应有的科学品质，其结果是德育概念的大而不当、名实不符等问题至今悬而未决。依据我国学校教育的制度安排，德育的外延远远超出道德教育，不仅包含了政治、思想、道德、心理、法治五大内容，而且教育政策上强调的所有不属于智育、体育、美育的教育任务都会归于“德育”名下。为了迁就这一现实，德育原理教科书只好宣称我国的德育是“大德育”。然而在实际的德育研究中，无论是德育理论的建构、德育规律的阐述，还是德育过程的展开，以及学生品德发展规律的论述等，实质内容仍然主要是道德教育而没有包括政治教育、思想教育、心理教育和法治教育。[②]德育概念理解“守一而望多”[③]的原则落实，仍然任重道远。

（三）德育研究发展的学术逻辑

上述成绩与不足同时存在，其中原因值得深思。人文社会科学与研究物质世界、强调事实与规律的自然科学不同，有其自身的学术逻辑，即以人文世界、社会世界为研究对象，关注价值与意义，注重呼应时代精神、回应时代挑战，强调研究活动的社会历史和人文精神属性。德育研究本质上属于人文社会科学研究，有其内在的学术逻辑，有其内部独特的矛盾和困惑要去面对和解决。在学科信念上，是学科独立与学科依附之间的拉锯；在价值取向上，是集体主义与个人主义的博弈；在发展路径上，是西方化与本土化的此消彼长；在研究方法论上，是人文主义与科学主义的融合。

---

① 吴康宁．教育改革成功的基础［J］．教育研究，2012，33 (1)：24－31.

② 张忠华．论中国特色的德育概念之研究［J］．现代大学教育，2008 (3)：86－92＋113.

③ 檀传宝．学校道德教育原理［M］．北京：教育科学出版社，2000：4－5; 檀传宝．德育原理［M］．北京：北京师范大学出版社，2017：4－5.

1. 德育研究的学科信念：学科独立与学科依附之间的拉锯

在教育学的众多二级学科之中，德育研究的政治从属性特别明显。这一特征可能与其研究对象的政治属性有着重要的关联。德育最突出的特点之一是深受政治影响，因为道德与政治之间具有千丝万缕、密不可分的亲缘关系，有的道德要求本身就是意识形态的要求。从理论上讲，道德教化、道德教育是政治实施的基石。[①]在我国传统政治思想中，"修身"一直是"治国"与"平天下"的逻辑起点。今天，"培养什么样的人"依然是教育的核心问题，它决定道德教育的走向。因此，道德教育不应也不可能摆脱政治的影响。

然而，德育研究作为揭示德育问题、探索德育规律的科学活动，毕竟不能直接混同于政治上意识形态的宣传工作，不能满足于对现行政策的简单解释和论证。故如何保持学科的相对独立性，这成为道德教育学者们努力的一个重要方向。鲁洁曾经指出："……基础性的工作，就是努力把德育作为一门学问来研究它，既不是对党和政府的政策的诠释，也不是直观经验的描述。"[②]

改革开放以来，道德教育研究经历了三次重大的主题转换，其中对人的关切一直是不变的价值诉求与研究基点。[③]德育研究者以其对人的关切、对人性的呼唤来建构学科的独立性，来促进学科的原创性。主体性德育、欣赏型德育、生活德育、情感德育、制度德育、公民教育等理论都是围绕着德育的现代化与人性化而进行理论建构的，它们响应了时代精神，试图将德育从政治的附庸变成为人的德育、属人的德育。尽管各自使用的术语

---

① 任剑涛．道德与中国传统政治的合法性［J］．华中师范大学学报（人文社会科学版），2005 (1)：27－34．

② 鲁洁．回望八十年：鲁洁教育口述史［M］．北京：教育科学出版社，2014：233．

③ 胡金木．改革开放以来道德教育研究主题的回顾分析［J］．江苏教育研究，2009 (4)：16－18．

不同，但它们的追求完全一致。第一，反对道德教育的专制化、唯知识化、唯理性化，希冀道德教育促进人的完整发展、促进人的美好生活；第二，德育理论研究更多地关注儿童，特别是儿童的解放，更多地借鉴现代道德心理学的研究成果，更多地关注儿童的道德发展与道德学习；第三，追求道德理性、道德自主和道德宽容，而反对道德强制、道德绑架和道德高压。

2. 德育研究的价值主线：集体主义与个人主义的博弈

中国德育研究面临的一个理论难题是在社会日趋多元的环境下，如何重构道德价值，并形成道德共识。新中国成立以后，共产主义、集体主义道德观实际上延续了中国传统伦理观中的整体主义（由家族血缘伦理转到集体组织伦理），如重义轻利、重群轻己的道德价值观。之后，集体主义教育在学校教育实践中产生了异化，否定了个人合理欲望及追求个人幸福之行为存在的价值。[①] 改革开放后，随着市场经济对个人利益的肯定、保障及刺激，义利关系发生了重大的变化与重组，即大众意识形态推崇义利并举，甚至重利轻义。这一过程持续了数十年，使得学校德育面临一个复杂的社会道德环境。社会主义核心价值观的提出，在某种意义上可以看作义利关系重组过程的阶段性完成，自此义利并重、群己和谐应该成为主导的价值观。

在义利关系和群己关系的转型中，道德价值观逐渐突破了传统价值观，走向多元。诺丁斯的关怀伦理的引入[②]，不仅符合中国重视人际关系的传统，而且其充满人性关怀的笔触也填补了康德、涂尔干、杜威理论中忽视个人情感的缺陷，成为教育理论的润滑剂。并且，诺丁斯所代表的女性主义伦理学，对过于注重理性与公正伦理的男性主义伦理学提出了挑战，引入了

---

① 杨建朝．从虚假到真实：集体主义教育反思［J］．教育学报，2011，7 (5)：41 － 47.

② 侯晶晶，朱小蔓．诺丁斯以关怀为核心的道德教育理论及其启示［J］．教育研究，2004 (3)：36 － 43; 孙彩平．在道德关系建构中生成德性：析诺丁斯道德教育的新理念［J］．比较教育研究，2003 (9)：6 － 10.

道德教育的性别视角，进一步推进了道德教育理论的多元化。21 世纪以来，随着社会发展不平衡矛盾的凸显，大众对社会公平的呼声渐高。在这种背景下，罗尔斯的社会正义理论产生了广泛的影响。[①] 至此，德育理论界基本达成了价值共识，即推崇康德式的道德自由与罗尔斯式的社会正义、涂尔干式的理性权威、杜威式的教育民主与诺丁斯式的教育关怀。自由、正义、理性、民主、关怀已经成为德育学者共同的价值追求，这与整个中国社会转型中的时代精神是相符合的。

3. 德育研究的路径选择：西方化与本土化的此消彼长

中国现代化进程包括现代教育发展中始终有一组基本的矛盾，即如何处理传统文化与现代文化之间的冲突，如何在东方文化与西方文化之间进行取舍。

自五四新文化运动直至整个 20 世纪 90 年代，传统文化都被视为落后文化、黑暗文化而被攻击、被批判。于是，教育现代化的目标一度是科学化与民主化，其过程是不断舍弃传统文化，不断学习、引进和复制西方文化教育。[②]21 世纪以来，随着经济全球化过程中民族主义的复兴、后现代哲学思想对西方中心主义和后殖民主义的挑战，世界各国的文化自觉与本土化需求变得越来越强烈和深刻，传统文化复兴成为必然的趋势。现代化不是西方化、一元化，而是本土化、多元化。这一趋势同样表现在德育理论研究中。德育理论研究者开始自觉地反思全球经济和信息一体化带来的价值多元与文化多元对道德教育的冲击[③]，批判现代化对人精神需求的漠

---

① 罗尔斯．正义论［M］．何怀宏，何包钢，廖申白，译．北京：社会科学出版社，1988；赵敦华，江立成．罗尔斯的正义说［J］．求索，1994（2）：66－68；姚大志．罗尔斯正义理论的道德基础［J］．江海学刊，2002（2）：37－42.

② 杨东平．艰难的日出：中国现代教育的 20 世纪［M］．上海：文汇出版社，2003：4.

③ 黄书光．全球化时代的学校德育思考［J］．思想·理论·教育，2002（2）：3－7.

视，自觉地肩负起道德教育研究应承担的社会责任与文化使命。德育研究者业已形成的共识是：德育现代化必然立足于中国大地，必然包含传统文化教育的现代转型，也必然包含德育理论本土化的探索。[①] 当前对传统德育资源的挖掘，对优秀传统道德文化的重新阐述，对中国特色的德育理论的探索，均属于德育理论本土化的自觉尝试。

4. 德育研究的方法转换：人文主义与科学主义的融合

纵观中国德育研究的主题，经历了从学科本位、主义本位到问题本位的发展历程。20 世纪 80 年代，德育理论研究的重点是探索德育规律，推动学科独立。20 世纪 90 年代，德育理论大量借鉴西方哲学流派和社会思潮，同时，德育各分支学科也开始萌芽，如德育社会学、德育文化学等。及至 21 世纪，聚焦于德育问题的研究更多了，特别是关于德育实效、德育课程、德育改革等实践命题的研究，问题导向得到了前所未有的强调。

从学科本位、主义本位到问题本位，这一过程背后也体现了德育研究方法论的转换。学科本位、主义本位侧重于哲学思辨，主要的研究方法是逻辑演绎，即用某一哲学理论的视角来看德育问题，将其基本原理推至德育研究，其思维方式是整体的、人文的，关涉很多问题，并不聚焦于特别具体的教育实践问题。而以问题为本位的研究，则聚焦于一个个具体的德育问题的解决，常常不拘泥于教育学科，而是用多学科的视野来研究，从而凸显了德育研究的跨学科性质[②]；或者运用实证研究的方法对问题存在的频率、后果进行揭示，用定量研究方法尤其是以问卷法为主、访谈法为辅来揭示德育问题成为一种普遍的做法；或者用行动

① 易连云．全球共同利益视阈下的中小学德育课程改革思考［J］．教育学报，2018，14（1）：45－50.

② 戚万学，唐爱民，韩笑．改革开放 40 年德育理论研究的主题及进展［J］．教育研究，2018，39（10）：20－31.

研究来验证德育理论的效用，用质性研究方法对教育现象的精神意味做更深入、立体的揭示。总体看来，目前中国德育研究在方法论上正在努力超越简单的“主义”与“问题”的二元对峙，逐步走向人文主义与科学主义的深度融合。

以上，我们在回望70多年中国德育的发展历程的基础上，努力总结了中国德育研究的历史、成就与不足以及德育学术发展的基本逻辑。“缺什么，补什么。”这一历史的全面总结，尤其是现存局限的分析，其实已经构成了对未来中国德育研究发展应有趋势的严肃探讨。

当然,任何理论研究从来都不可能没有实体性研究对象或者研究的“质料”。对中国德育研究未来发展方向更为准确的把握，当然还需要从对于新时代中国社会的发展方向以及由这一方向所决定的中国德育发展的逻辑中去获得进一步的深入理解。也就是说，只有清晰了解新时代中国需要有什么样的德育，我们才能更为明晰也更为脚踏实地回答新时代中国德育研究应有的努力方向。

三、时代逻辑的转换与中国德育事业及德育研究应努力的方向

2017年，党的十九大宣布“中国特色社会主义进入新时代”，我国社会主要矛盾已经转化为“人民日益增长的美好生活需要和不平衡不充分的发展之间的矛盾”。[①] 与此相应，新时代的中国德育如何为切实解决“人民日益增长的美好生活需要和不平衡不充分的发展之间的矛盾”作出应有贡献？进一步说，依据新时代的发展逻辑，我们需要什么样的德育实践、德育研究？对于这些时代之问题作出全面、认真的回答，实乃新时代中国德

---

① 习近平. 决胜全面建成小康社会　夺取新时代中国特色社会主义伟大胜利［M］. 北京：人民出版社，2017：11.

育理论工作者必须承担的重要历史使命。

（一）新时代教育发展逻辑的重要转换

由于改革开放以来中国社会经济的长足发展,我们已经进入了一个“物质丰裕的时代”，而这无疑是新时代教育发展逻辑转换的物质基础。

我们可以 2019 年的经济发展指标为例。这一年，中国有两项发展指标特别具有划时代意义：一是人均 GDP 首次超过 1 万美元（国家统计局的数据显示, 2019 年中国人均 GDP 达到 10276 美元[①]）; 二是城乡居民平均恩格尔系数（居民食物支出占家庭生活总支出的比重）首次降到 30% 以下（国家统计局的数据显示，2019 年全国城乡居民平均恩格尔系数为 28.2%[②]）。

人均 GDP 首次超过 1 万美元、恩格尔系数首次降到 30% 以下，都是了不起的成就，但对于人民的幸福生活而言，平均恩格尔系数显然更为重要。这是因为国家、社会发展的终极目标都是人民生活的改善，而恩格尔系数所直接反映的，正是人民生活水平的高低。虽然横向比较，我们与发达国家尚有不小差距，现实发展的挑战甚多（如基尼系数居高不下），未来发展也未必会一直一帆风顺，但若纵向比较或做大历史的总体考察，我们仍然要承认一个基本的事实——中国已经进入了一个全新的历史发展阶段：几乎所有国民都摆脱了极端贫困、解决了温饱问题、实现了全面小康，国家在整体上已经进入了一个国民物质生活普遍较为富足的新时代——而这一点具有特别重要的历史意义。因为支持各项事业发展的经济基础日益雄厚，所以我们才有可能、有底气达成许多过去可能难以企及的成就。即便还存在教育质量有待提升等诸多挑战，我国教育事业已有长足的发展就

---

① 据《每日经济新闻》2020 年 1 月 17 日发表的文章, 2019 年, 中国人均 GDP 首破 1 万美元, GDP 总量与日、德、英、法四国之和大体相当。国家统计局 2022 年 2 月 28 日公布的《2021 年国民经济和社会发展统计公报》显示, 2021 年中国人均 GDP 已经达到 80976 元, 按当时的年均汇率折算为 12551 美元, 已经超过世界平均线。

② 2019 年全国居民恩格尔系数 28.2%　连续 8 年下降[N]. 中国青年报, 2020－01－22.

是不争的事实。我们再以 2019 年的数据为例。据有关部门的统计：2019 年，我国九年义务教育巩固率为 94.8%，义务教育普及程度达到世界高收入国家的平均水平；2019 年，我国高等教育毛入学率从 2000 年的 12.5% 提高到 51.6%①，高等教育在校学生总规模超过 4000 万人，实现了从大众化向普及化的历史性跨越，中国已建成世界上最大规模的高等教育体系②……这些成就，无疑都以改革开放以来国家综合国力大幅度提升从而能够有力支持教育事业的发展为基本前提。以国家对教育的投入为例，2012 年以来，国家财政性教育经费支出连年超越 GDP 的 4%，总规模以数万亿元计③。因此，我们完全可以预期，只要国家保持目前的发展势头，不断提升的经济实力、综合国力也必定会在未来支撑中国教育事业的进一步腾飞。

不过，“物质丰裕”的社会对人类发展，尤其是对教育事业的发展的挑战也是空前巨大的。中国教育事业发展从现在开始必须直面的挑战至少来自两个方面：一是教育需求类型的升级；二是社会人口结构的变化。

所谓教育需求类型的升级，指的就是无论受教育者（学生）还是教育者（教师），大家接受和从事教育的动机类型都已经悄然发生范型上的变化。受教育者，以后当然还会继续考虑教育的工具性价值（如获得文凭、找一份好工作），但越来越多的人会从过去接受教育的“饥饿逻辑”（如“跳农门”、找工作等）的控制中逐步摆脱出来，更多地关注通过教育去追求修身养性、实现人生梦想等教育的本体性价值。2020 年，湖南省一位贫困家

---

① 根据美国学者马丁·特罗的研究，以高等教育毛入学率为指标，可以将高等教育发展历程分为精英 (15% 以下)、大众 (15% 至 50%) 和普及 (50% 以上) 三个阶段，当高等教育毛入学率超过 50%，高等教育就进入了普及化阶段。

② 据《2019 年国民经济和社会发展统计公报》，2019 年我国九年义务教育巩固率达到 94.8%。据 2021 年全国教育事业统计主要结果，2021 年我国九年义务教育巩固率达到 95.4%，各种形式的高等教育在学总规模 4430 万人，高等教育毛入学率达到 57.8%。以上数据均不包括我国港澳台地区。

③ 国家统计局数据：2020 年教育经费总投入达 53014 亿元。

庭出生的高分考生不顾网上许多人的劝阻，没有选择更赚钱的金融专业而毅然报考了自己所心仪的考古系，就是一个典型案例。贫困子弟的这一抉择，虽然未必已是普遍现象，但在过去物质匮乏的时代却一定是更难想象的。类似心理需求的变化，在教育工作者身上也呈现出了同样的变化趋势。2015 年河南省一位重点中学教师辞职的理由居然是“世界那么大，我想去看看”，这封“史上最具情怀的辞职信”，当然不是说明教师们以后都不在意薪酬、待遇了，而是意味着在新的历史时期，除了物质上的回报，将会有越来越多的人更倾向于在教育工作、日常生活中寻求生命的安顿、意义的获得。

以上接受、从事教育的动机范型的变化，其实是可以理解的。因为“仓廪实则知礼节，衣食足则知荣辱”（《管子 · 牧民》）。依据心理学家马斯洛的需要层级理论，当一个人的基础需要获得满足之后，其“优势需要”就一定会转移到对真善美、自我实现等高级需要、超越性需要上去。接受教育、从事教育的心理需求类型变化，或者学习与工作动机类型的变化，正是悄然发生的时代巨变的典型表征之一。就德育而言，获得良好生活所需的道德教养、建构安身立命的价值观念、追求人生的终极意义，同时在社会生活中成为拥有公共参与能力的有尊严的社会主体，对于新时代学习者的重要性将越来越大。

所谓社会人口结构的变化，指的是由于社会经济以及教育事业的迅速发展，我国人口的社会阶层、文化素养等正在悄然发生的结构性变化。首先是中等收入群体（或者中产阶层）的不断壮大。目前中等收入群体有多大，学术界尚有争议，但是改革开放以来中等收入群体迅速发展壮大的趋势，则是大家普遍认可的。而且，只要中国经济、社会继续向前发展，中等收入群体就会不断壮大。中等收入群体，并不只是一个合乎某些财富指标的人群，其突出特征之一就是基本生活问题已经解决，与之相应，心理需要的类型也会随之变革——与获得个体尊严、寻求社会正义等精神需要相关的自由、平等、公正、民主、法治的意识、诉求都会普遍提高。

除了社会阶层结构的变化，还有一项与教育发展直接相关的结构性变化，就是人口文化素养结构的变化——中国受教育人口的比重已经达到前所未有的高度。与新中国成立初期 80% 以上国民是文盲相比较，九年制义务教育已经全面实现、高等教育进入普及化阶段的中国，其人口文化素养结构——其实就是受教育人口占比已经发生翻天覆地的变化。越来越多的国民接受了良好的基础教育、高等教育，固然是我们时代最伟大的成就，也更有利于国家治理现代化的实现，同时，由于“民智已开”，包括教育治理在内的全部社会治理将面临全新的挑战，也是不言而喻的。我们可以肯定地讲，许多不讲公平正义或“不讲道理”的社会治理与教育治理的旧模式必将越来越不合时宜，而社会主义核心价值观所蕴含的自由、平等、公正、民主、法治等精神，将成为我国公民普遍而真实的现实诉求。近年来一些人们过去习以为常的社会“小问题”常常能在一夜之间就迅速形成重大网络“舆情”，重要原因之一，也在于此。

总之，“中国特色社会主义进入新时代”，或者中国进入“物质丰裕的时代”，都已经让国家教育需求的类型、社会大众的结构发生了重要变化。中国教育只能顺应历史大势，努力做出与时俱进的改革。换言之，新时代教育发展逻辑即将发生重要转换——中国教育实践与理论建设一定要有回应“2019 年以后”时代要求的范型之变[①]——以提供优质、公平的教育供给为教育事业发展的基本逻辑。而在德育领域，顺应“物质丰裕的时代”来临的历史大势，我们应该努力做出与时俱进的变革，形成优质、公平的教育供给，至少包括完成在德育主题（内容）、德育形态（形式）两个方面的继往开来与品质提升。

再换言之，依据新时代教育发展的大逻辑，中国德育研究如何为推进德育实践在教育主题（内容）、教育形态（形式）两大转型提供全面、专

---

① 檀传宝.发展范式转型的意味：论“2019 年以后”的中国与中国教育应有的变革［J］.中国教育学刊，2022（8）：64－69.

业的理论支持，也就势必成为新时代中国德育理论建构责无旁贷的使命。

（二）新时代必须坚守的德育主题

1. 加强基础道德教育——讲求基本人伦与道德教养

人类生活有一个重要且普遍的常识：若日常社会生活不讲基本人伦和道德修养，社会成员行为粗鄙，人际以及家庭、社会关系普遍紧张，何谈美好生活？所以，加强基础道德教育，既是教育领域一个千古不变的旧主题，又是"物质丰裕的时代"亟待应对的新课题。

中国是一个伦理型的文明古国，一直有强调基础道德的传统。孟子有云："恻隐之心，人皆有之；羞恶之心，人皆有之；恭敬之心，人皆有之；是非之心，人皆有之。恻隐之心，仁也；羞恶之心，义也；恭敬之心，礼也；是非之心，智也。仁义礼智，非由外铄我也，我固有之也，弗思耳矣。"（《孟子·告子上》）"四端"说固然重点讲的是仁义礼智的发端，但也同时强调了基础道德发乎自然的"天理"属性。"父子有亲，君臣有义，夫妇有别，长幼有序，朋友有信"（《孟子·滕文公上》）等"五伦"与天理的自觉结合，强化了基础道德教育的重要性。故古代设立学校，"夏曰校，殷曰序，周曰庠，学则三代共之，皆所以明人伦也"（《孟子·滕文公上》）。"明人伦"等道德教育无疑是学校德育的基础或者根本。

"道德教育是学校德育的根本"① 其实也是许多西方教育学家的共识。杜威曾经明确指出："民主政治热心教育，这是众所周知的事实。""民主主义不仅是一种政府的形式；它首先是一种联合生活的方式，是一种共同交流经验的方式。人们参与有共同利益的事，每个人必须使自己的行动参照别人的行动，必须考虑别人的行动，使自己的行动有意义和方向，这样

① 檀传宝．道德教育是学校德育的根本［J］．全球教育展望，2001 (6)：9－14.

的人在空间上大量地扩大范围，就等于打破阶级、种族和国家之间的屏障，这些屏障过去使人们看不到他们活动的全部意义。”[1]美国著名的品德教育倡导者里克纳也曾经明确指出：“我们民主的奠基人认为，道德教育是我们民主社会得以存在的关键。”“他们的理由是：民主的政府是由人民当家做主，人民自己对社会的自由与公正承担责任。这意味着人民至少在某种意义上说必须是善良的，他们必须理解民主的道德基础，并为之尽责……”[2]因此他们的一个共同点就在于他们看到了政治教育虽然重要，但必须建立在最基本和最有效的道德教育基础之上。

对于当代中国社会而言，基础道德教育不仅具有永恒的、理论的意义，而且还具有十分迫切的现实意义。这是因为，物质生活的相对富裕会凸显人们对于精神生活的强烈需求。2014 年，人民论坛问卷调查中心曾经进行过一项有关中国“社会肌体健康”的调查（调查对象 8015 人）。据此形成的分析报告显示，超过八成的受访者认为当前中国社会正处于“亚健康状态”（“若请您为当今中国社会的健康程度打分，从 0 到 10，分值越高越健康，您的打分是？”选择 5 分及 4 分以下的各为 24.4% 和 57.7%），网民们认为最大的“社会病”包括：信仰缺失（55.3%，百分比越高意味着越多人认为这是最大的“社会病”）、看客心态（48.7%）、社会焦虑症（44.5%）、习惯性怀疑（40.4%）、炫富心态（38.9%）、审丑心理（36.5%）、娱乐至死（34.3%）……传统中国是一个乡土社会，特别强调以道德和信仰形成社会规范来规约各种利益主体。但这一调查发现，当今社会有高达 88.0% 的人认同（完全认同、比较认同者分别占 60.2% 和 27.8%）“信仰缺失、道德滑坡”是中国当代社会一种普遍的“社会病”。[3]基础道德本身及其信仰基础的缺失，恰好与先秦儒家、宋明理学建立的基础道德的“天理”“伦常”的论证逻辑

---

① 杜威．民主主义与教育［M］．王承绪，译．北京：人民教育出版社，1990：92.

② 里克纳．美式课堂　品质教育学校方略［M］．刘冰，等译．海口：海南出版社，2001：5.

③ 数据来自人民论坛问卷调查中心 2014 年 9 月发布的《当前社会病态调查分析报告》。

以及杜威和里克纳的共识走向了完全相反的方向，同时也反映出了日渐富裕的中国社会在精神层面的饥渴状态以及人民群众心理需求的时代转向。

为了因应新时代社会发展趋势和人民群众的精神需要，2019 年 10 月 27 日，中共中央、国务院印发了《新时代公民道德建设实施纲要》。该纲要开宗明义指出："中国特色社会主义进入新时代，加强公民道德建设、提高全社会道德水平，是全面建成小康社会、全面建设社会主义现代化强国的战略任务，是适应社会主要矛盾变化、满足人民对美好生活向往的迫切需要，是促进社会全面进步、人的全面发展的必然要求"，"要把社会公德、职业道德、家庭美德、个人品德建设作为着力点。推动践行以文明礼貌、助人为乐、爱护公物、保护环境、遵纪守法为主要内容的社会公德，鼓励人们在社会上做一个好公民；推动践行以爱岗敬业、诚实守信、办事公道、热情服务、奉献社会为主要内容的职业道德，鼓励人们在工作中做一个好建设者；推动践行以尊老爱幼、男女平等、夫妻和睦、勤俭持家、邻里互助为主要内容的家庭美德，鼓励人们在家庭里做一个好成员；推动践行以爱国奉献、明礼遵规、勤劳善良、宽厚正直、自强自律为主要内容的个人品德，鼓励人们在日常生活中养成好品行。"对于教育工作者来说，这不仅是对社会发展中道德建设的强调，更是对于基础道德教育最为明确的强调。

基础道德教育既是对儿童道德发展逻辑的尊重，也是完整人格建设逻辑的必然要求。因为儿童总是在与身边人友好相处的日常生活中发展其道德的；而没有基本道德人格建设，任何宏大的社会政治理想、价值观念都会失去其有效生长的起码逻辑基础。强调基础道德教育，既是一个超越时空的永恒、普遍的教育命题，也是当代中国德育直面当代中国社会现实精神需要必须作出的理性回答。

2. 开展民主法治教育——协力政治文明建设

"美好生活"一定是共和国每一个公民都拥有人格尊严，合法权利都得到充分保障的生活。因此"不断满足人民对美好生活的向往"，一方面要求大力加强民主与法治建设，建设社会主义政治文明，另一方面则需要扎实开展民主、法治教育，确保公民成为负责任的权利主体、共和国真正的主人翁与建设者。因此，民主与法治教育、社会主义民主政治教育，或者中国特色社会主义的公民教育的开展就是这一美好生活建构的应然之义。

关于人的现代化，美国社会学家阿历克斯·英格尔斯曾经有过精彩的论述。在深入研究西方发达国家现代化进程并考察了第三世界国家现代化发展出现的诸多问题之后，英格尔斯发现：一个国家或企业即使有先进的制度，但如果缺乏能赋予这些制度以真实生命力的广泛的现代心理基础，如果执行和运用这些现代制度的人自身还未从心理、思想、态度和行为上都经历一个现代化的转变，那么就会导致制度的畸形发展甚至失败。再完善的现代制度和管理方式、再先进的技术工艺，也会在一群“传统人”的手中变为废纸一堆。这就是著名的“英格尔斯效应”。因此，英格尔斯断言：“人的现代化是国家现代化必不可少的因素。它并不是现代化过程结束后的副产品，而是现代化制度与经济赖以长期发展并取得成功的先决条件。”[①]

中共中央、国务院于2019年2月颁布的《中国教育现代化2035》明确指出，要“大力推进教育理念、体系、制度、内容、方法、治理现代化，着力提高教育质量，促进教育公平，优化教育结构，为决胜全面建成小康社会、实现新时代中国特色社会主义发展的奋斗目标提供有力支撑”。而与之配套的由中共中央办公厅、国务院办公厅印发的《加快推进教育现代化实施方案（2018—2022年）》所制定的5年教育现代化总体目标则是：“经过5年努力，全面实现各级各类教育普及目标，全面构建现代化教育制度体系，教育总体实力和国际影响力大幅提升。实现更高水平、更有质量的普及，教育改革发展成果更公平地惠及全体人民，教育服务经济社会发展的能力显著提高，社会关注的教育热点难点问题得到有效缓解，多样化可

---

① 英格尔斯.人的现代化［M］.殷陆君，编译.成都：四川人民出版社，1985：8.

选择的优质教育资源更加丰富，人民群众受教育机会进一步扩大，学习大国建设取得重要进展。”在以上两个文件中，无论是“推进教育理念、体系、制度、内容、方法、治理现代化，着力提高教育质量，促进教育公平，优化教育结构”，还是“教育改革发展成果更公平地惠及全体人民，教育服务经济社会发展的能力显著提高，社会关注的教育热点难点问题得到有效缓解，多样化可选择的优质教育资源更加丰富，人民群众受教育机会进一步扩大”，都说明教育现代化在制度、观念层面均得到了前所未有的强化。这是因为，无论我们的教育现代化在器物层面的进步指标如何亮眼，若教育制度民主与法治水平还不够高，若我们培育的社会主义建设者和接班人还不完全具备独立人格和创造精神、不能积极和理性参与社会治理，若我们不能在制度、精神层面实现彻底的现代化，我们就不可能真正意义上全面实现教育现代化。

若是做国际比较，社会主义民主法治教育、社会主义民主政治教育、社会主义核心价值观教育，其实就是世界各国所说的公民教育。我们与他人的区别，只在于我们的公民教育是中国特色社会主义的公民教育。公民教育所要培育的“公民”，既与“臣民”相对，也与“私民”相对。前者要求社会成员告别等级社会和人身依附，成为民主社会的权利和责任主体，因此公民教育的核心内容就必然包括自由、平等、公平、正义、民主、法治等；后者要求受教育者告别自给自足、不问政治的小农人格，成为有责任感、有能力参与社会治理的社会成员，因此公民教育的内容就必然包括道德责任、法治精神、爱国、敬业、诚信、友善等。无论中外，公民教育的目的，都在于促进受教育者健全的公民身份（Citizenship）的建构，从而在人格上告别人身依附和小农人格，实现人的现代化。正是在这个意义上，公民教育是现代教育性质的体现，是现代教育的目的性要求，因而公民教育意味着“全部教育的转型”[①]。当然，中国公民教育是中国特色社会主义公民教育。

---

① 檀传宝．论公民教育是全部教育的转型：公民教育意义的现代化视角分析［J］．安徽师范大学学报（人文社会科学版），2010，38(5)：497－503.

教育即生活。要实现人的现代化、培养现代公民，不仅需要设置如“道德与法治”“思想政治”等专门的德育课程，还需要系统“重构学校制度生活”。因此加强学校制度建设以及开展与之相应的制度德育，就成为加强民主与法治教育的必然选择。依据制度德育论的理论主张，第一，“制度是教育资源”，应当彰显学校制度正向的多方面的育德功能；第二，“制度是教育过程”，应当确立优良学校制度的品质，对现行学校制度进行批判性审视，建构公平正义、民主平等、自由发展的学校教育制度，把制度建构活动变成教育过程；第三，“制度是生活方式”，应当把成文的制度规定与有组织的制度活动，通过内化与外化双向机制，变成稳定的制度化行为模式，化为学校制度生活，通过学校制度生活来培养学生品德。① 从本质上看，制度德育论是从学校制度重建、优化的角度主张加强教育生活意义上的民主与法治教育。

3. 推进“人类命运共同体”教育——促进全球公民责任和团结

当代社会，人类生活已经是一个相互依存的整体。一国人民的“美好生活”，一定与其他国家有直接和间接的关联。所以近年中国一直大力倡导构建“人类命运共同体”（a Community of Shared Future for Mankind）。“人类命运共同体”这一理念的提出，既是为了维护中国人民的尊严，维护国家的核心利益、主权、安全及发展，也是为了更好地承担国际义务，反对单极化霸权，推动建立更加公平正义的全球治理新秩序。“人类命运共同体”，是一种政策宣示、一种社会理想，更是一种客观现实。②

“人类命运共同体”理念之所以成立，首先是因为世界经济的“全球化”

---

① 杜时忠．制度何以育德？［J］．华中师范大学学报（人文社会科学版），2012，51（4）：126－131＋4.

② 据中国外文局当代中国与世界研究院 2020 年 9 月 15 日发布的《中国国家形象全球调查报告 2019》，已有六成以上海外受访者认可“人类命运共同体”这一理念对个人、国家、全球治理的积极意义。

已经是一个具有突出现实性、普遍性的客观事实与发展趋势。市场经济的发展已经使得全球化市场成为当代各国经济面临的客观现实，产业、市场、资本的全球化分工会使得资源配置更好地实现优势互补，世界经济的发展也更有效率与活力。所以尽管在理论上一直存在对于全球化进一步加剧了国家间的贫富差距，加重资本对于普罗大众的经济剥削、政治压迫，导致政治、文化、生态危机日益严重等广泛的批评，尽管近年一些发达国家出于一己之私也采取了许多“逆全球化”的政策干预，经济全球化仍然是一个不可阻挡的历史潮流。

经济全球化除了使得世界变小、成为“地球村”，还加快了科技、文化、教育的交流，互联网的产生与发展，新媒体尤其是智能化的社交媒体的涌现和全球化覆盖，也使得整个世界在信息交流方面实现了前所未有的相互开放，而更加开放的世界反过来又使得全球化的范围和程度不断加深，“人类命运共同体”建构的现实性也因此得到进一步强化。

此外，当代世界还面临着许多亟待解决的现实问题，如战争与冲突、环境和气候问题、发达国家与发展中国家的贫富差距等。这些问题也都具有全球性，非一个国家或者某一国家集团可以单独解决。因此，各国如何和平相处、各国国民如何作为“全球公民”参与国际秩序的重建，迫切需要我们努力在德育上开展“人类命运共同体”意识的教育或者“全球公民”身份的培育。

联合国教科文组织 2015 年发布的《反思教育：向“全球共同利益”的理念转变》(*Rethinking Education: Towards a global common good*, 2015)[①] 明确指出，虽然“目前关于公民的定义仍以民族国家为核心，但在全球化

① 中文版已经由教育科学出版社于 2017 年出版。原文“common good”应译作“公共善”而非“共同利益”(common interest)。公共善着眼于社会正义，共同利益强调利害关系。联合国教科文组织的这一报告强调应该重新思考教育的使命，将教育视作在全球范围内促进公平正义、培育全球公民身份的事业。

的影响下，这种概念和相关做法正在改变”[①]。跨国社会和政治共同体，民间社会和行动主义都是新型“后国家”公民的表现形式。全球化创造出了超越民族国家的新型经济、社会和文化空间，正在促成超越民族国家界限的新的身份认同和动员模式。而“国家教育”面临挑战，人类社会要“重新思考多元互联世界中的公民教育”。[②]

超越民族国家层面的“人类命运共同体”教育，与国际上通行的“全球公民教育”（Global Citizenship Education，简称 GCE）相通。总结联合国及世界各国全球公民教育的政策与实践经验，为了真正“促进全球公民责任和团结”，“人类命运共同体”教育，或者“全球公民教育”至少应当包括如下几个重要的教育主题：第一，文化理解与和平教育。第二，经济发展与可持续发展教育。第三，全球治理与公民的建设性参与。

以上基础道德教育、民主法治教育、“人类命运共同体”教育，刚好构成了一个由近及远的逻辑系列。只有在教育内容上不断扎实强化这些主题的教育，我们的世界才可能更加美好，中国德育也才能满足人民群众对于美好生活的向往。但无论是基础道德教育、民主法治教育还是“人类命运共同体”教育，在内容选择、界定和有效开展上，都有许多需要德育理论工作者勇敢面对、深度回应的重大课题。

（三）新时代应当建构的德育形态

实现优质、公平的教育供给这一新时代中国教育事业发展的基本逻辑，不仅要求有高品质的德育内容安排，也要求有高品质的德育形式保障。让中国德育在教育形态上更加美好、让新时代少年儿童有更多接受优质德育

① 编译自 TAWIL S. Education for ‘global citizenship’: A framework for discussion［C］// ERF Working Papers, Series No. 7. Paris: UNESCO, 2013.

② 联合国教科文组织．反思教育：向“全球共同利益”的理念转变［M］．联合国教科文组织中文科，译．北京：教育科学出版社，2017：57.

的幸福感，具体说来，让中国德育成为专业的德育、审慎的德育、美好的德育，理应成为新时代德育形态变革的主要方向。

1. 让德育成为专业的教育——对德育规律的严格遵循

立德树人是教育的根本任务，故在教育上“人民日益增长的美好生活需要”也就自然表现为人民群众对于德育实效提高的广泛期待。而要让中国德育实效提高、让德育形态更为美好，这就需要严格遵循德育的客观规律，实现经验型德育向专业化德育的历史转型。

首先，由经验型德育向专业化德育的历史转型，要求德育实践充分尊重儿童道德发展的客观规律。

关于儿童的道德发展，劳伦斯·柯尔伯格（一译科尔伯格）曾经在道德认知发展上有过经典的描述。柯尔伯格不仅通过实证研究归纳出了儿童道德判断三水平（前习俗、习俗、后习俗）、六阶段（奖惩与服从定向、工具主义的相对主义定向、好孩子定向、法律与秩序定向、社会契约定向、普遍伦理原则定向）的发展轨迹，而且通过图利尔等人的试验得出结论：发展性道德教育的第一个心理学原则是，儿童只能同化在发展意义上合乎他们自身水平的那些道德说理；第二个心理学原则是“道德发展上的向前运动不仅依赖于向儿童揭示下一阶段的思维，而且要使儿童体会到运用他们自己当前的思维水平到道德问题情景中发生认知冲突的经验，如果经验不到足够多的认知冲突和不确定性，道德发展就不会发生”。[①] 柯尔伯格的道德认知发展理论及其生发出来的两难讨论、公正团体等德育方法至今仍然有重要的应用价值。当然，儿童道德发展并不只有道德认知发展一个维度，精神分析理论、社会学习理论、积极心理学等许多品德发展理论都从

---

① KOHLBERG L.Cognitive-developmental theory and practice of collective moral education［M］// WOLINS M, GOTTESMAN M. Group care: the education path of youth aliyah. NY: Gorden & Breach,1971 : 367.

人格发展、道德情感、亲社会行为等方面补充了儿童道德发展的其他维度。即便是儿童道德认知发展理论本身，通过图利尔、努奇等人的努力，也发展出了社会认知领域理论，将道德发展领域与社会习俗、个人生活领域的发展严格区分开来，人们对儿童道德认知发展图景的描绘也越来越具体、准确。吉利根、诺丁斯等人则以他们在关怀教育理论上的杰出贡献，从性别视角补充了我们对于儿童道德发展的认识。道德发展理论的不断发展已经告诉我们的基本常识是，儿童道德发展的阶段性特征是客观存在的，发展的逻辑也是有规律可循的。而要求得德育实效提升，教育实践只能遵循这些规律。若我们将“德育”定义为思想、道德、法治、心理教育等更广泛的领域，则思想、道德、法治、心理教育等教育实效提升的前提，也一定是对儿童思想、道德、法治、心理发展实际与客观规律的敬畏与遵循。

其次，由经验型德育向专业化德育的历史转型，还要求德育实践充分尊重德育活动的客观规律。

在当代中国德育实践探索中，德育的课程改革一直是德育实践改进的重点领域，而德育课程改革的一大进步，就是在课程理念上对于德育规律的尊重。其中最重要的就是鲁洁所倡导的“生活德育”理念对于课程改革的巨大贡献。鲁洁指出：“道德学习的本质，不是知识学习，而是生活的、实践的学习。”[①]“当代的教育却无视道德之知的实践特性，同其他知识一样也把它放在科学理性主义的过滤器中筛选成普遍化、客体化的知识，彻底割断了它长在母体身上的脐带，断绝了它与生活实践的联系，也就使它再也回不了自己的家。”[②]因此，“新德育课程的基本理念是回归生活。德育课程要‘源于生活，通过生活，为了生活’，在课程的实施中，不仅要关注课程的内容贴近生活，

① 鲁洁．江苏社科名家文库：鲁洁卷［M］．南京：江苏人民出版社，2015：18.

② 鲁洁．边缘化　外在化　知识化：道德教育的现代综合症［J］．教育研究，2005(12)：11－14＋42.

还要努力促使课程学习能真正改变生活”[①]。德育课程改革的具体目标应当表现为“道德观：从知识道德向生活道德转变”“课程观：从唯知识论走向生活经验论”“学习观：从单向传输转向交互作用”[②]。

不管德育课程标准与课程实践如何发展，我们可以肯定的是：不仅德育课程，而且全部德育实践，在坚持中国特色社会主义德育方向的同时，如何克服德育内容“假大空”、德育方式“强制灌输”等违背规律的德育惯习，始终是中国德育追求进步的重要方向之一。

再次，由经验型德育向专业化德育的历史转型，在教育实践上必然要求德育工作专业化水平的全面提升。

“德育专业化”既是历史的趋势，也是逻辑的必然。在进入现代社会之前，包括德育在内的所有教育活动都是经验型的。从事个体化教学工作的教师，其教育实践与手工艺人师傅带徒弟的模式并无本质差异。其基本逻辑在教育内容上都是“会什么，教什么”，在教育形式上也都是借助经验探索教育的有效性。尽管中外都不乏杰出的教育家和教育思想家，但是他们的教育实践、教育理论都是经验性的探索。以机器大工业为代表的现代生产的迅猛发展以及义务教育普及运动所催生的大规模学校教育，特别是“师范教育”的产生，是经验型教育到专业化教育的一个重要分水岭。师范院校的产生，意味着人类社会在制度上认可了教育工作两种专业性：一是在教育内容上，现代科学各学科知识意义上的“学科专业性”得到进一步认可；二是在教育方式上，教育学、心理学、教学法等所代表的“教育专业性”得到了体制性的认可。如果说“学科专业性”是旧式教育“会什么，教什么”逻辑的延续与升级，那么“教育专业性”则是现代教育与古代教育的根本区别所在。从此，包括德育在内的全部现代教育，都必须

---

① 鲁洁．江苏社科名家文库：鲁洁卷［M］．南京：江苏人民出版社，2015：18.

② 鲁洁．德育课程的生活论转向：小学德育课程在观念上的变革［J］．华东师范大学学报（教育科学版），2005（3）：9－16＋37.

兼顾“学科专业性”和“教育专业性”。在这一意义上，现代教育、德育必须实现由经验型到专业化的范式变革，当然就是一个历史的必然。

之所以说“德育专业化”不仅是历史的趋势而且也是逻辑的必然，还因为：若全部教育都要承认“学科专业性”和“教育专业性”，实现由经验型到专业化的范式变革，德育作为教育的“根本任务”当然也要完成这一历史的转型。而要完成这一历史转型，德育就必须在研究、决策和教师的德育专业化等方面做出应有的努力。

完整的“德育专业化”无疑应当包括德育研究的专业化和德育决策的专业化。因为没有研究的专业化，德育决策及实践就没有“专业”的基础，专业化也就无从谈起。而德育决策的专业化则是德育事业专业化发展的关键。因为没有对于儿童道德发展规律的把握，没有对于德育原理、德育规律的尊重，就不可能有教育政策所追求的德育实效的取得与提高。“文革”时期一些政策对于德育规律的否定直接导致了德育内容的混乱以及德育方式非理性，其结果是灾难性的。“文革”结束后，“五讲四美三热爱”运动在全国范围内广泛开展，其实就是因为绝大多数国民已经意识到基本德性丧失的灾难性后果。20 世纪 70 年代末 80 年代初出现的青年一代的“信仰危机”更是意味着强制灌输无法建构真正的信仰。而新世纪伊始开启的德育课程改革之所以取得重要进步，最为根本的经验无疑也是教育决策对于德育专业或德育规律的应有尊重。

“德育专业化”还应当包括教师德育专业化。[①] 迄今为止，日常教育生活中人们常常将教师专业化理解为课程、教学意义上的专业化，这是一个严重的“概念的缺损”。其结果，“一方面，教师大学毕业拿到教师资格证书时基本没有学习过如何进行德育，在继续教育过程中对德育的学习也是偶然和不系统的，故所有教师都在以‘摸着石头过河’的方式

① 蓝维．德育专业化的关键：德育教师的专业发展［J］．教育研究，2007（4）：26－27.

从事德育；另外一方面，现代教育与心理科学已经在德育理念、德育基础理论、德育策略与技能、品德及德育心理等许多维度都累积了十分丰富的研究成果，但这些成果只在教育研究者圈子里面循环，而较少与一线教师和其他实际教育工作者联系”①。因此，如何分门别类让所有实际承担着德育使命的从教人员都获得相应教育岗位所必需的德育观念、德育理论与德育事务等方面的专业知识与能力，是新时代中国教育事业尊重德育规律，实现德育实效、品质提升的关键之关键。

2. 让德育成为审慎的教育——对后真相时代的理性应对

当前，由于经济全球化的不断深化以及媒介生活形态的突飞猛进等原因，社会生活的复杂性、价值观的复杂性都已经空前提高。如何应对“后真相时代”的挑战成为全球性话题。

2016 年，《牛津英语词典》将“后真相”（post-truth）一词选为年度词汇，并将之定义为“诉诸情感与个人信仰比陈述客观事实更能影响民意的一种情形”。尔后《经济学人》在一篇文章中将“后真相”解释为：“真相并未被篡改，也未被质疑，仅仅是变得次要了。”② 也就是说，“后真相时代”的公众在求真相没有希望的情况下，往往不再“较真”，人们更趋向于相信他们在情感上愿意相信的“事实”。概括说来，“后真相时代”的突出特征有二：一是由于种种原因，尤其是基于各种利益的考量，与过去相比，当代社会已是一个真相更难把握的社会；二是由于媒体发达、信息爆炸，人类很难像过去那样轻易获得真相，因此许多人便“方便行事”“反求诸己”，只相信自己愿意相信的“真相”。后者不仅让形形色色的民粹思维大行其道，也让真相的求索、共识的形成变得更为困难。而“未经反思就接受的观点

---

① 檀传宝．再论“教师德育专业化”［J］．教育研究，2012，33（10）：39－46.

② NOGUEIRA J. Post-truth politics：art of the lie［J］. The Economist，2016（9）：a27－a33.

和草率作出的决定有可能给我们的家庭、朋友、同事、社会、环境以及星球造成破坏性的灾难”①。

虽然“后真相时代”的到来,也有碍于自然世界里真相的发现,但是“诉诸情感与个人信仰比陈述客观事实更能影响民意的一种情形”肯定更多地发生在社会领域，尤其是价值观及其教育领域。故在当代社会，德育不可避免地面临两大维度的时代挑战。

首先是在教育目标、内容上，当代德育会面临不同价值观的同台竞技，其次是德育的形式方面，如德育的方式、方法等，同样会在不同制度、不同意识形态的国家间竞争，这都要求德育能够帮助道德学习主体在复杂的当代社会生活中作出明智且经得起考验的价值选择。此外，在“后真相时代”，人们对情感与信仰的服膺往往超过了对事实真相的究问。批判性思维有助于人们基于事实追求道德生活的真相。故在“后真相时代”，德育要理性应对上述挑战,批判性思维（Critical Thinking,又译作“审慎性思维”）就显得前所未有地重要。

所谓批判性思维，不过是“做出有目的、自我监督的判断的过程”，是“就观点和行为建构一个合理且公正的判断”。②批判性思维的关键能力，包括质疑能力和理性思考能力。③与彼得·法乔恩的前述定义相似，诺希克列举过另外三个有代表性的定义：“批判性思维是合理的、反思性的思考，着重于决定相信什么或做什么”（来自恩尼斯）;“批判性思维是熟练的、可靠的思考。因为它对背景很敏感，依赖于标准，并且是自动调整的，所以有助于形成有效的判断”（来自李普曼）;“批判性思维是你

① 法乔恩.批判性思维：思考让你永远年轻［M］.李亦敏，译.北京：中国人民大学出版社，2013：6.

② 同①7.

③ 美国学者恩尼斯的观点，转引自 COTTRELL S.批判性思考：跳脱惯性的思考模式［M］.郑淑芬，译.台北：寂天文化，2007：12.

在思考的时候，考虑自己的想法，以使自己更好地思考”（来自理查德·保罗）。[1]

批判性思维所要求人的，不过是严肃反思自己的判断和行动，不过是“讲理”（reasoning）——依据“理”（依据可靠标准并推理）、“据”（客观事实）作出理性的抉择并服从真理。批判性思维是一种明智的思维方式，其本身并不等同于某种道德上的善或恶。换言之，一些邪恶之徒也可能具有某种批判性思维的能力并让这一能力为犯罪服务。但对于德育而言，批判性思维要求分析信息来源与背景，依据一定标准，通过重新组织概念、展开逻辑推理，从而合理反思、评估所获取的信息及其附着的价值观，这不仅会帮助个体获得事实意义上的真相，更有利于帮助个体在置身于价值信息的洪流时能够以公正客观的态度作出理性的道德判断，避免无意中被未经反思的道德情感带来的猛烈冲击俘获而成为无脑的“乌合之众”。很显然，当代人要在纷繁复杂的价值世界中真正安顿自己、安顿年轻一代的精神生命，与其在眼花缭乱的价值观面前无所适从，不如在德育实践中强化批判性思维的培育，让德育对象在“风吹雨打”中自由、理性地选择并牢固建构起自己的价值观。由于批判性思维具有特别强调反思、强调标准、强调真实、强调理智等特性[2]，批判性思维的培育当然也一定会让合理的德育活动在内容、形式的竞争中拥有更强大的竞争力。

“物质丰裕的时代”和“后真相时代”无疑是同一个时代。前者意味着精神需要的凸显和德育对于这一需要高质量回应的必要；后者则要求高品质的德育，应该将批判性思维纳入日常德育生活，不仅提升德育的实效，而且因为实效的获得而让德育对象体会自主、自由地接受德育的美好。

---

① 诺希克．学会批判性思维：跨学科批判性思维教学指南［M］．柳铭心，译．北京：中国轻工业出版社，2005：2.

② 同①3－5.

3. 让德育成为美好的教育——主体自由的真正实现

如果用发展批判性思维的方式去应对“后真相时代”的德育的挑战是一种相对“防守”的策略，那么更为积极的教育战略就是让德育成为一种最“美好”的教育事业。当代德育应当成为一种能让道德学习主体自由真正实现的德育，一种自主、生活和审美的德育。

与自主的德育相反，在德育领域最不美好的学习体验，当然就是蔑视学习者的主体性、“按着马头让其喝水”（杜威语）式的强制灌输了。关于“灌输”，或者“强制灌输”，柯尔伯格曾经有过一段十分精辟的论述：“灌输既不是一种教授道德的方法，也不是一种道德的教授方法。说它不是一种教授道德的方法，是因为真正的道德应当包含对可能出现的价值冲突作出审慎的抉择；说它不是一种道德的教授方法，是因为合乎道德的教学必然意味着尊重儿童正在发展的对所学内容进行推理与评价的能力。”①

与灌输式的德育相反，让道德学习主体自由真正实现的德育，一定是自主、生活的德育。“唯物辩证法认为外因是变化的条件，内因是变化的根据，外因通过内因而起作用。”② 因此自主的德育不仅是现代教育学、心理学的主张，也符合唯物辩证法的基本原理。就像石头不可能孵化出小鸡一样，没有德育对象内在学习动机的发动，没有对特定价值观念的情感接纳、认同，没有学习者学习经验（生活）、发展阶段等“内因”条件的支持，就没有任何有效学习发生的可能性。由于涉及情感、态度、价值观的改变，与一般文化课知识学习相比较，强制灌输在德育上会更加无效。也正是因为这一点，柯尔伯格才说灌输“不是一种教授道德的方法”。自主的德育、自我建构的德育不仅是教育“效益”的要求，而且是教育伦理的要求。现

---

① POWER C, KOHLBERG L. Using a hidden curriculum for moral education［J］. Education Digest, 1987 (2) : 12.

② 毛泽东选集：第一卷［M］. 北京：人民出版社, 1991 : 302.

代德育乃至全部教育之所以区别于古代德育、教育，一方面是彻底的人身依附的否定，另一方面是教育基于人是目的而非手段的伦理基础。因为无视学习主体的尊严，将学习者看作达成某种目的的工具或者器皿，所以“按着马头让其喝水”式的强制灌输意义上的德育才“不是一种道德的教授方法”。就是说，由于违背现代教育伦理，德育的强制灌输范式在本质上是反德育的。

自主的德育可能面临价值观教育的强制与放任之间的矛盾；强调生活的德育也可能面临德育对生活的适应与超越之间的张力。而促成价值引导与自主建构的矛盾解决的“中庸之道”，在于德育内容与形式的审美化。因为“道德教育的内容与形式如果可以处理成一幅美丽的画、一曲动听的歌，那么与这幅画、这首歌相遇的人就会在‘欣赏’中自由地接纳这幅画、这首歌及其内涵。道德教育的价值引导与道德主体的自主建构两个方面就可以在‘欣赏’过程中得以统一”[①]。所以，让道德学习主体自由真正实现的德育更一定是审美的德育。

正如自主、生活德育的意义不仅在于德育绩效的提升，也在于教育伦理的落实一样，审美化的德育最为重要的也不仅仅在于通过对德育内容、形式、师生关系等的审美化改造而使得德育更为生动、克服道德规范之于学习者的“顽强的疏远性”，审美化的德育最重要的意义，也在于席勒所言的“在有文化教养的圈子里，在审美的国度里，人就只需以形象显现给别人，只作为自由游戏的对象而与人相处”[②]这一极富美感的教育境界的达成。由于道德及其学习自由的真实获得，德育才可能让学习主体摆脱奴隶式的被动道德规训状态，也脱离“人和人以力相遇”的丛林法则所支配的

① 檀传宝．德育美学观［M］．北京：教育科学出版社，2021：224.

② 席勒．美育书简［M］．徐恒醇，译．北京：中国文联出版公司，1984：145.

野蛮生活。因此，审美化的德育实践是一种能使道德主体的意义求索和学习自由兼得的当代德育之道。

无论是自主的、生活的、审美的德育，或是其他许多浪漫、理想的中国当代德育理论主张，本质上都是在主张让德育成为因道德学习主体自由的真正实现而变得更加“美好”的教育，而这正是“物质丰裕的时代”中国社会对于德育最核心的要求。

依据新时代的发展逻辑，我们需要什么样的德育实践、德育研究？

我们认为，加强基础道德建设、开展民主法治教育、促进“人类命运共同体”的形成，应该成为新时代必须坚守的最重要德育主题；让中国德育成为专业的德育、审慎的德育、美好的德育，理应成为新时代德育形态变革的最重要的改革方向。如果上述德育主题（内容）、德育形态（形式）的发展方向的确是新时代发展逻辑的必然，那么新时代的德育研究理所当然服从这一时代转型的逻辑去求得自身的发展。新时代的中国需要高品质的德育，相应地也就需要与之相应的更高品质的德育研究。换言之，如果中国德育理论工作者要“将论文写在大地上”，就一定要投身于以高质量的学术研究推进中国德育在内容与形式维度的品质提升这一伟大的事业之中。

在这一时代背景之下，《中国德育研究大系》可谓当代中国德育学人对于高品质德育实践与理论建构这一时代责任的一次集体性的学术承担。

四、《中国德育研究大系》的缘起与编撰历程

湖北教育出版社是一家情系教育、志存高远的专业出版社。自 2002 年以来，出版社曾经与多位德育研究者一起合作研制、出版国家义务教育新课程标准教材《品德与生活》《品德与社会》（鄂教版），为基础教育课程改革添砖加瓦。在愉快而高效的合作过程中，出版社与德育专家们不仅加深了了解，而且获得了高度互信。2020 年 10 月，全国德育学术

委员会第 29 届学术年会在海南召开，湖北教育出版社方平社长专程与会，提出与全国德育学术委员会合作出版《中国德育研究大系》的详细设想。《中国德育研究大系》选题价值也受到了全国德育学术委员会许多专家的高度肯定。会后，我们就立即着手谋划书系的框架、邀请和遴选作者、商讨编撰工作的日程安排。

2021 年 6 月，《中国德育研究大系》启动会在华中师范大学召开。长江出版传媒股份有限公司领导、湖北教育出版社领导和多位编辑参加会议，全国德育学术委员会时任理事长檀传宝教授、副理事长杜时忠教授，以及十位作者：孙彩平教授、卜玉华教授、齐学红教授、唐爱民教授、程红艳教授、班建武教授、叶飞教授、刘长海教授、李敏教授、刘春琼副教授参会研讨。为了认真总结中国当代德育研究的重要成果、应对德育研究面临的时代挑战、回应社会对德育实践的重大关切，与会专家一致认为在“两个一百年”的历史交汇点，编写《中国德育研究大系》适逢其时。在这次会议上，大家对《中国德育研究大系》的编写思想、风格定位、内容体例等问题进行了深入讨论，并形成如下共识：第一，丛书要成为高水平研究成果的集成，要优先考虑德育研究的学术性、专业性。第二，要突出时代气息和中国特色，充分反映中国德育发展和德育理论进步的整体风貌。第三，要具有国际视野、中国立场，要成为一个具有民族特色和世界眼光的德育研究精品系列。

最终呈现的《中国德育研究大系》由《德育基本理论研究》《学生品德发展研究》《教师道德研究》《德育课程研究》《班级德育研究》《家庭与社会德育研究》《德育方法研究》《德育评价研究》《中国传统德育研究》《中国德育研究新进展》十个分册组成，基本实现了预期目标。为了确保《大系》的学术水准与出版质量，在十册图书编写、审校完成后，我们又特别邀请了十位学者分别对上述十部书稿进行了审阅，他们分别是：周小李教授、张添翼副教授、蔡辰梅教授、郑航教授、李家成教授、李太平教授、朱晓宏教授、唐汉卫教授、冯永刚教授、郑富兴教授。十位审稿人认真阅读了书稿，并提出了大量中肯而有益的建设性意见，各册作者在此基础上进行了修改完善。

在此，我们对十位审稿人表示衷心感谢！

这十册图书汇集了中外德育研究的最新成果，在深入探讨德育基本理论、中国传统德育及面向未来的中国德育等诸多理论课题的同时，也系统分析、回应了教师道德、品德发展以及影响青少年品德成长的课程、教材、教学评价等德育领域的重大实践课题。《中国德育研究大系》既是汇集当代德育研究成果的百科全书，更是推进中国特色社会主义德育理论建构的工作平台。它不仅为中国特色社会主义德育理论的建构提供了一个系统、深入的崭新起点，更为构建方向正确、内容完善、学段衔接、载体丰富、常态开展的新时代德育工作体系，大力促进德育工作的专业化，提升德育的创新性、实效性，落实立德树人的根本任务，奠定了重要的教育理论之基。再加上作者团队——全国一批深具专业实力的德育研究者的积极参与和倾情奉献，我们有充分的理由相信：这是一套集权威性、公益性、原创性和实用性于一体的集大成之作。其出版，无论对于中国德育理论的建设还是德育实践品质的提升，都具有十分重要的时代意义。

汇集一批好学人，做成一桩大事情。在《中国德育研究大系》即将出版之际，作为主编，我们由衷感谢出版社有关领导、编辑团队对于本书系的有力支持，真诚感谢十位作者在百忙之中的积极响应、倾情投入和高品质的产出。与此同时，我们更是和全体作者一样，由衷地希望与更多的读者们同行，携手迎接一个中国德育研究更加美好的新时代！

檀传宝　杜时忠

目录

导　论 / 001

第一章　教师道德的规范研究 / 005

第一节　教师道德的概念理解 / 005

第二节　教师道德的主要范畴 / 014

第三节　教师道德的边界厘定 / 033

第二章　教师道德的比较研究 / 058

第一节　港澳台地区的教师道德 / 058

第二节　国外的教师道德 / 076

第三章　教师道德的历史研究 / 117

第一节　中国传统师德的理念与文化 / 117

第二节　古代著名思想家的师德思想 / 127

第三节　传统师德的历史局限与时代价值 / 137

第四章　教师道德的描述研究 / 142

第一节　教师道德的心理学分析 / 142

第二节　教师道德的现状调查 / 163

第三节　教师道德的政策演进 / 193

第五章　教师道德的养成研究 / 209

第一节　教师道德的自我修养 / 209

第二节　教师道德的教育提升 / 234

第三节　教师道德的社会支持 / 248

第四节　教师道德的评价体系 / 261

第五节　加强教师道德建设的建议 / 273

第六章　走向专业化的教师道德 / 282

第一节　当前教师专业伦理研究的整体特征 / 283

第二节　教师专业伦理的具体研究进展 / 286

第三节　教师专业伦理研究的未来趋势与展望 / 299

主要参考文献 / 303

后　记 / 315

导　论

教师道德（简称“师德”），主要指的是教师在教育教学工作中处理个人与教育事业、个人与学生、个人与教师集体、个人与家长及其他社会成员之间的关系时，所应遵循的道德行为准则和规范系统，以及在这个过程中所表现出来的道德观念、道德情操和道德品质。“才者，德之资也;德者，才之帅也。”可以说，教师道德在教师的整体素质中居于核心地位，深刻影响着社会主义教育的办学方向和立德树人教育根本任务的有效实现，已经成为评价教师的第一标准。

首先，教师道德是影响学生品德发展的非常重要的教育力量。作为学生成长过程中的重要他人，教师对学生人格的健康成长有着非常重要的影响。教师对学生成长的影响，不仅在于传道、授业、解惑，更在于世界观、人生观、价值观方面潜移默化的深远影响，后者的影响更多地是通过教师的言谈举止对学生产生示范作用而实现的。也就是说，学生的品德发展主要依靠的不是教师的语言教授，而是教师在与学生交往的过程中用其道德人格的光辉对学生的感染。如果学生在与教师交往的过程中，体会到的是一种积极、正面的价值观，那么，学生也容易形成相应的价值观。反之，如果学生发现教师身上主要体现的是一种消极的、负面的价值观，那么，学生的价值观也容易受到消极的、负面的影响。因此，教师个人的道德修养影响的不单单是教师本人，它本身已经变成教师教育学生的重要力量。正是从这个意义上讲，教师既是教书育人工作的主体，也是其做好这项工作的非常重要的工具。在很大程度上，教师选择从事教育这个职业不仅仅是选择了一份谋生的工作，也是选择了自己将来的道德生活方式。

其次，教师道德是教师教书育人功能有效实现的基本前提。学生在接受教师教育的过程中往往存在着非常明显的“爱屋及乌”和“恨屋及乌”的现象。也就是说，如果一个学生发自内心地认同某位教师，那么，他会连带着对这位教师所教的科目也产生浓厚的兴趣。同样地，如果一个学生内心厌恶某位教师，那么，即使该教师教学水平再高，他的教学也很难引起这个学生的兴趣。而学生内心是否愿意亲近教师的一个重要决定因素就是，该教师在基本的道德修养方面是否能够令其信服。我们曾经做过一个调查，让学生写出他心目中的好老师应该具备的基本品质。从学生的回答来看，他们对好教师的界定基本上都表现为对教师道德某一方面的期待。比如，教师是否尊重学生、是否能够公正地对待学生，是学生评价教师时较为看重的因素。由此可见，在学生的心目中，道德因素是其衡量一个教师是否是好教师的关键。这实际上提示我们，如果教师不能够通过其道德人格赢得学生的认可，那么，其教书育人的功能就很难有效实现。

最后，教师道德关乎着教师为党育人、为国育才的重要使命，这一使命本身就是一种最为重要与光荣的道德事业。教师的教书育人关乎着个人幸福、社会进步、国家富强、世界和平，这几乎是任何一个职业都无法比拟的。因而，我们不能仅仅从一种职业类型的角度去看待教师这一职业，而要将其视为一种重要的道德使命去体悟和践行，这样才能真正把握教师教书育人的最大价值和时代魅力。

正因教师道德对于整个教育事业所具有的关键性作用，它才一直受到社会各界的广泛关注和高度重视，并成为教育研究尤其是教师教育研究的重要课题。

当前，我国学者针对教师道德这一主题，开展了诸多富有成效的研究。如何更好地在现有研究的基础之上，找到我国师德理论研究新的生长点，构建更具有中国本土特色的教师道德话语体系；如何更好地发挥已有研究在师德建设实践方面的引领作用，进一步增强师德研究在师德实践问题上的指导作用；如何更好地发挥师德研究在教师道德政策制定方面的咨政功能，提升师德政策制定的专业化水平，是新时代教师道德研究迫切需要回答的重要理论和实践问题。

这一方面要求我们的教师道德研究要根据时代和教育的发展现实不断向前推进，努力回答时代提出的新问题，回应时代的新挑战；另一方面则要求我们及时总结已有研究的有益经验，勾勒出我国教师道德研究的概貌，为教师道德研究的不断发展奠定扎实的文献基础，探索教师道德研究的总体努力方向。

基于此，本书根据研究范式的不同，对新中国成立以来，尤其是改革开放以来，我国学者在教师道德研究方面的已有成果作了初步的类型划分，以此呈现我国教师道德研究的主要特点和基本议题。

总体而言，本书主要将我国学者在教师道德方面的已有研究区分成五大研究范式：教师道德的规范研究、教师道德的比较研究、教师道德的历史研究、教师道德的描述研究、教师道德的养成研究。其中，教师道德的规范研究主要聚焦于对教师道德内涵、范畴、边界的讨论；教师道德的比较研究主要是对我国港澳台地区与国外教师道德建设情况的介绍，以及这些地区和国家的师德建设对我国内地（大陆）师德建设的启示；教师道德的历史研究主要分析我国古代师德的基本特点及其对当代师德建设的启示；教师道德的描述研究则侧重于对教师道德的事实性研究，即强调教师道德的心理分析、现实状况和政策表述等；教师道德的养成研究主要论述的是教师道德如何培养的教育问题。在这五大研究范式的基础之上，本书还基于已有研究，对我国教师道德研究的专业化发展趋势进行了初步的总结和展望。

由于本书主要立足于已有研究成果的再总结和再分析，因此，这样一种研究范式的区分在逻辑的自洽性上也还有待进一步完善。比如，从研究范式的角度看，还存在“元研究”这一重要的范式。但从已有的文献来看，对教师道德的元研究相对还很薄弱，尚未形成成果相对集中的研究领域。因此，我们没有将教师道德的元研究作为一种独立范式纳入本书结构当中，这或许是将来教师道德研究可以努力的一个方向。从某种意义上说，本书正是一种对教师道德进行“元研究”的初步探索。

第一章
教师道德的规范研究

教师道德的规范研究着重解决教师道德应该是怎样的这一问题，属于教师道德的价值研究范畴。我国已有的教师道德的规范研究主要集中在对教师道德的概念、范畴和边界等理论问题的探索上。

第一节 教师道德的概念理解

中华人民共和国成立以来，在教育工作实践中十分重视宣传优秀教师的经验，倡导广大教师学习优秀教师主动关心学生、积极参与政治学习、勇于担负社会教育责任等优良风范，并在全社会营造尊师重教的氛围。除了对教师师德表现的提倡性要求，我国部分地区还制定了较为全面、具体的对教师的制度要求和工作指导要求，包括对教师思想政治和道德方面的要求。另外，在学习苏联先进经验的过程中，有部分学者介绍了苏联对教师的生活和管理要求，其中也涉及专业精神与道德方面的要求。尽管在 20 世纪 80 年代之前，我国关于教师的研究尚未聚焦形成专门的教师道德研究领域，但对教师应具备的精神和道德有了诸多讨论与共识。

从 20 世纪 80 年代初开始，我国对教师道德的专门研究整体上呈现不断增多的趋势（见图 1–1），对教师道德这一概念的理解也呈现出多样化态势。同时，研究中出现了多个与教师道德相近的概念，主要包括教师精神、教师品格、教师伦理、教师职业道德、教师专业道德、教师职业行为准则等。这些概念与教师道德的交错使用，进一步加大了人们对教师道德概念的理解难度。

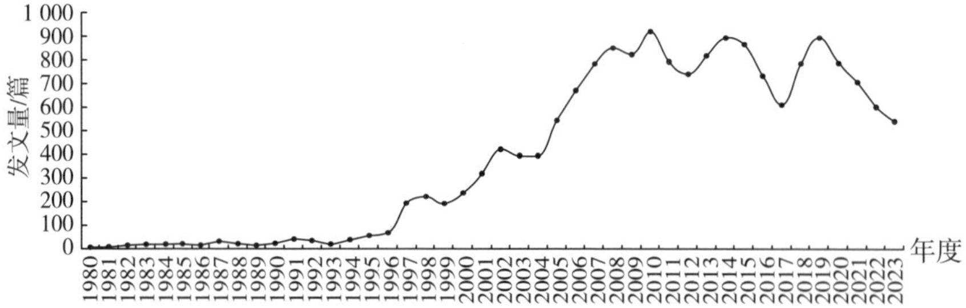

图 1-1　CNKI 数据库中显示的教师道德相关文献数量年度变化

一、教师道德概念的内涵与外延

从概念内涵来看，已有研究对教师道德的理解主要分为三种，分别为规范论、素养论和精神论。

规范论认为教师道德是社会对教师提出的道德要求或道德期待，表现为口头约定或写入文本的规则或准则要求。如我国教育政策文件和人们的日常交流中经常谈到“教师要遵守职业道德规范”。有研究认为，“教师职业道德规范是由国家或教育行业行政部门颁布的，教师在从事教育专业工作时，所应遵循的价值取向、基本原则和行为规则”;“其中核心是道德理想、道德原则、道德规则，它们从高到低分别构成了教师职业道德规范的层次体系”[①]。新近研究则更为关注如何从中华优秀传统文化中总结和提炼对教

① 傅维利，朱宁波. 试论我国教师职业道德规范的基本体系和内容［J］. 中国教育学刊，2003 (2) : 52 – 56.

师的规范要求，以滋养教师的师德修养[①]。

素养论认为教师道德就是教师的道德品质，是教师在行为中表现出的稳定的行为倾向与个体素养。有研究将教师道德等同于教师的道德修养，认为“师德在教师整体素质中占有统领地位，它既是教师自我素质提高的导引和动力因素，又是教师自我素质提高的重要目标和检验标准”[②]。我国教育政策文件和人们的日常交流中反复提及的“提高教师的师德水平”，正是基于素养论的表达。

精神论认为教师道德是教师自身的信念、价值追求与精神世界。许多教育工作者都认为教师应具有“崇高的灵魂”“美的心灵”和“较高的精神境界”[③]。我国的教育政策和普通大众对教师群体也常常有这样的要求和期待：“教师应有道德信念”或“教师应有道德追求”。这些表达将教师道德等同于教师的个人信念、价值追求与精神世界。部分以“教师专业精神”为主题的研究从教师认同、教师美德和教师使命三个层面来建构教师专业精神的内涵，将教师美德视为教师专业精神的一部分。该研究认为精神“包含了理性、情感和道德的各个要素”，并承认道德“在精神系统中起统摄、支架性的作用”。[④]

从概念外延来看，已有研究对教师道德的界定分为广义、中义与狭义三种。从最广泛的意义上来看，教师道德指教师的精神素质，包括教师的道德品质与政治思想素质等。“师德的‘德’已远远超出了教师职业和一般道德的范围。师德不仅含有道德，也含有世界观、人生观、价值观、政治立场和态度、法纪观念和行为等。师德不限于教育活动的需要，也是作

---

① 位涛，杨淑瑶．作为“个体成长”的师德养成：基于传统文化的启示［J］．中国教育学刊，2023 (3)：85－90.

② 傅维利．简论师德修养［J］．中国教育学刊，2001 (5)：40－43.

③ 翟福英．老教育工作者谈“师德”［J］．人民教育，1982 (9)：41－43.

④ 张华军，朱旭东．论教师专业精神的内涵［J］．教师教育研究，2012 (3)：1－10.

为社会的公民和先进分子所应具备的素质。这不是对师德的过高苛求，而是教师的社会地位对其角色和本色素质的客观规定。”①

第二种界定把教师道德等同于教师个人的道德，包括教师在私人领域、公共生活领域和职业生活领域的所有道德表现或道德要求。例如，我国《幼儿园教师专业标准（试行）》《小学教师专业标准（试行）》和《中学教师专业标准（试行）》将教师的“个人修养与行为”列为教师道德的一部分。有研究认为教师必须承担“作为人的道德义务”，这“虽不是职业性的，却与职业的道德要求有明确的紧密关系和内容的重叠”②。“职业道德是个人的德性在职业行为中的体现”；“个人的职业道德是个人德性的不可分割的一部分”③。

在最狭义的界定中，教师道德专指教师的职业道德。“职业道德，就是人们在一定的职业活动中所形成和遵循的、具有自身职业特征的道德规范以及与之相适应的道德观念、情操、品质。”④“教师职业道德是从事教育职业的人所应当遵循的行为准则和必备品德的总和，是一般社会道德在教师职业中的特殊体现。它是教师行业的特殊道德要求，是调整教师与学生、教师与教师、教师与学校领导、教师与学生家长，以及教师与社会其他方面关系的行为准则；它从道义上规定了教师在教育过程中应该以什么样的思想、情感、态度和作风去待人、接物、处理问题，以及做好工作，为社会尽职尽责。”⑤

---

① 王逢贤．师德建设的理论思考［J］．中国教育学刊，1997（4）：8－12.

② 金生鈜．何为好教师？——论教师的道德［J］．中国教师，2008（1）：18－22.

③ 沈璿．我国教师伦理规范的制度属性及其建构［M］．北京：中国社会科学出版社，2015：34.

④ 钱焕琦．教师职业道德［M］．上海：华东师范大学出版社，2016：17.

⑤ 申继亮．师德心语：教师发展之魂［M］．北京：北京师范大学出版社，2006：6.

二、教师道德与相近概念的辨析

在已有研究中，与教师道德相近的概念有师德、师道、教师伦理、教师职业道德、教师专业道德、教师专业伦理、教师职业行为准则等。这里选择最重要的几个概念分组比较辨析，以更准确地说明多个概念之间的主要区别。

（一）教师道德与教师伦理

教师道德与教师伦理这两个概念十分相近，都指教师应达到的道德或伦理要求，二者的联系与区别来源于道德与伦理两个概念的异同。已有研究对伦理与道德两个概念的异同有两种看法，一种看法认为伦理与道德是一体两面的关系，另一种看法则认为道德是伦理的基础，伦理是服务于道德的技术。

前者认为“道德”和“伦理”的含义相近，功能都在于调节人际关系、约束人际交往。道德包括社会规范与个体德性两个层面，伦理则有社会规范与社会关系两层含义。比较来看，“伦理”范畴侧重于社会，强调客观方面；“道德”范畴侧重于个体，强调内在操守这一主观方面，“主要指个人的道德修养及其结果”[①]。德国哲学家谢林更为明确地指出,“道德”只是针对个人之规范要求，而且只要求个人达到人格的完美；“伦理”则是针对社会规范的要求，并且要求全社会遵守规范，借以保障每一个人之人格。“在我国，‘道德’通常针对人伦关系，且以道德主体本身为核心；‘伦理’一词则强调社会关系和群体规范的意味较浓。”[②] 相应地，教师道德侧重于

---

① 檀传宝，张宁娟，吕卫华，等．教师专业伦理基础与实践［M］．上海：华东师范大学出版社，2016：5.

② 徐廷福．论我国教师专业伦理的建构［J］．教育研究，2006（7）：48－51.

表达教师自觉自主地追求个人德性与人格完善，教师伦理则强调教师要遵循职业或专业群体的伦理规范，正确处理教育实践中的各种人际关系。

后者认为教师道德是教师伦理的目的，教师伦理是教师道德养成的依据之一。“伦理规范即指‘道德关系及相应的道德规范’，它是被约定的规范。”伦理规范解决的是“按照规范 A,行为 B 是否是被允许的或是否应该”。“道德是一个前规范概念。道意味着本然的存在方式（人之道是自由之道）”；“自然之道必然有其德”；“对于道来说，德就是目的”。“规范有可能违背人道目的，所以伦理规范的正当性必须由道德原则来作批判性明证。而且伦理规范必须服务于道德，必须经常依照道德的要求来进行修正。”①反过来看，道德是“个人按照一定的规矩和规范长期身体力行后在内心有所得的东西”；“道德除了诉求指向自身的‘反身内省’，还谋求指向社会的‘道德立法’”②。在教育领域,教师伦理是“职业群体为更好地履行职业责任，满足社会需要，维护职业声誉而制定的自我约束的行为规范——一套一致认可的伦理标准”③。教师伦理需要教师的认同与践行，以最终表现为教师的道德。教师道德指向教师个人德性的养成，需参考职业群体的伦理规范，但从根本上来讲，“其形态是自由境界而不是服从规范，其动力是自我超越的意义感而不是对惩罚的恐惧感，其养成方式是反思、体验、领悟而不是约束、强制、命令”④。

（二）教师职业道德、教师专业道德与教师专业伦理

教师专业道德是教师职业道德在教师专业化运动背景下应有的观念转

---

① 叶澜，白益民，王枬，等．教师角色与教师发展新探［M］．北京：教育科学出版社，2001：42.

② 檀传宝，等．走向新师德：师德现状与教师专业道德建设研究［M］．北京：北京师范大学出版社，2009：20.

③ 刘捷．专业化：挑战 21 世纪的教师［M］．北京：教育科学出版社，2002：62.

④ 朱新卓．教师专业化的现代性困境［J］．高等教育研究，2005（1）：47－52.

移，以教师从职业生活向专业生活的转变为基础，突出教师道德规范的专业化与实效性，强调教师作为道德主体的积极一面，并致力于从教师专业发展角度出发专业性地推进教师道德建设。20世纪60年代，国际劳工组织和联合国教科文组织在《关于教师地位的建议》中，要求将教师工作视为一种“专业”。世界各国蓬勃发展的教师专业化运动,表明教师从“职业”到“专业”的属性转变得到了广泛认可。“教师专业化实质上是回应时代要求提升教师质量的运动，而教师质量与专业精神不能分离，因此由抽象、模糊、未分化的师德走向具体、明确和专业化的伦理规范是埋所当然的事情。此外教师专业道德取代一般意义上的行业道德规范，还有进一步规范和保护专业利益和权利的积极意义。”“从教师专业生活的需要出发，从专业发展的角度理解教师专业道德建设，也是我们提高师德建设实际效果的一个必由之路。”[①]可以说，教师专业道德是教师职业道德的超越[②]。

比较来看，教师职业道德与教师专业道德两个概念的指向对象是一致的，但其形成基础与作用机制是有差异的。教师职业道德是“人们在教育职业活动中所形成的比较稳定的道德观念、行为规范和道德品质的总和”[③]。教师专业道德是“教师在从事教育教学这一专业工作时所遵循的能体现教师专业特性”[④]的道德规范和行为准则,也是教师在专业生活中作为专业人员应有的专业操守与专业精神。教师职业道德规范立足教师职业生活与职业活动，主要作为一种外在的行为规范发挥作用，督促教师履行职责，约束教师的言谈举止。教师专业道德规范相比一般性的教师职业道德规范，以教师的专业生活与专业活动为基础，是专业人员的自律公约，对专业活

① 檀传宝．论教师“职业道德”向“专业道德”的观念转移［J］．教育研究，2005(1)：48－51.

② 谷静．专业道德：教师职业道德的超越［J］．教学与管理，2008(7)：17－20.

③ 朱贻庭．伦理学大辞典［M］．上海：上海辞书出版社，2011：125.

④ 张凌洋，易连云．专业化视域下的教师专业道德建设［J］．教育研究，2014(4)：116－121.

动的规定与要求更加具体、明确，且在教师道德建设中能适应不同专业发展阶段教师的实际情况发挥更有效的作用。“如果说教师职业道德是一种向外求的功夫，那么，教师专业道德则最终必须落实为一种向内求的功夫。”“如果说一种师德类型属于教师专业道德，那么，这种道德就一定是‘出于道德’而非仅是‘符合道德’的。”①

与教师专业道德一样，教师专业伦理也是在教师专业化运动背景下提出的概念，其更聚焦于教师专业伦理规范的制定与使用。“教师专业伦理是指教师作为专业人员，在教育生活中以个人品德和专业知识与能力为支持，在处理与学生、家长、同事、社区及国家等关系时所应秉持的与其专业活动相适应的一系列伦理规范与行为准则。”②有研究立足于专业与一般职业的不同，指出专业伦理与职业道德的三点区别。“一是作用范围不同，普通职业道德作用范围广泛，专业伦理仅在专业范围内起作用；二是作用机制不同，专业伦理的践行主要靠专业人员的道德自律，相比之下普通职业道德规范更容易接受他律的约束”；三是依赖基础不同，“普通职业道德更多地依赖经验，‘专业伦理必须有专业知识和技术作为支持’”。③教师专业伦理并不单单是从教师作为一般的“道德主体”出发的，更为重要的是从教师作为特殊的“专业主体”扩展而来的。“从这个意义上说，‘教师专业伦理’不仅是‘伦理的’（体现为道德上的要求，它不是法律、礼仪），是‘专业的’（体现为专业上的属性，它不是一般的私德或公德），而且更应该是‘教师的’（体现为角色上的特性，它不是律师、医生等专业群体的）。”④

---

① 李西顺．教师专业道德建构：以王阳明“致良知”学说为分析工具［J］．教育研究，2022（1）：72－80．

② 牛利华．教师职前培养中专业伦理教育的缺失与对策［J］．教育发展研究，2008（24）：80－83．

③ 徐廷福．美国教师专业伦理建设及启示［J］．比较教育研究，2005（5）：71－75＋83．

④ 程亮．规范·专业·实践：当代教师伦理研究的三种取向［J］．教育发展研究，2009（12）：71－76．

（三）教师道德与教师职业行为准则

教师道德一方面指教师的道德品质，另一方面指教师应遵循的道德规范体系。教师道德规范体系包括核心价值与理想、原则或准则、具体规则等多个层次体系。“师德理想体现着教育专业至善至美的道德境界”，具有激励功能；“师德原则是指导教师职业行为的准则和依据”，具有指导功能；“师德规则是对教师职业行为的最低要求”，具有约束功能。[①] 相比教师道德的核心价值与理想，教师道德准则和规则更具体明确，侧重于对教师外在行为的指导与规约，其中规则更是多以否定的方式来表达对教师某些行为的禁止性要求。

教师职业行为准则是从行为层面对教师提出的明确的道德规范要求，通常以制度文本的方式公开呈现。教师职业行为准则的制定和使用是提高教师道德水平和增强教师道德规范效用的一种手段。“当今世界许多国家或地区的政府部门、教师团体及其他社会群体，都试图通过建立和完善教师专业伦理准则（code of ethics），指导和约束教师的专业活动。”[②] 我国教育部 2018 年 11 月正式印发了《新时代高校教师职业行为十项准则》《新时代中小学教师职业行为十项准则》和《新时代幼儿园教师职业行为十项准则》，并指出“制定教师职业行为准则，明确新时代教师职业规范，针对主要问题、突出问题划定基本底线，是对广大教师的警示提醒和严管厚爱，是深化师德师风建设，造就政治素质过硬、业务能力精湛、育人水平高超的高素质教师队伍的关键之举”。与教师职业行为准则相配套，教育部还颁布了《教育部关于高校教师师德失范行为处理的指导意见》《中小学教

---

① 傅维利，朱宁波．试论我国教师职业道德规范的基本体系和内容［J］．中国教育学刊，2003 (2) : 52 − 56.

② 程亮．规范·专业·实践：当代教师伦理研究的三种取向［J］．教育发展研究，2009 (12) : 71 − 76.

师违反职业道德行为处理办法》和《幼儿园教师违反职业道德行为处理办法》，指明了对违反职业行为准则教师的处理办法。可见，教师职业行为准则具有更强的制度约束属性。

第二节　教师道德的主要范畴

教师道德是由一系列规范构成的层次明确、结构清晰的规范体系。从纵向内容层次来看，教师道德规范可以分为理想、原则与规则三个层次，分别发挥着不同程度的作用，综合作用于教师的道德信念、道德判断与道德行为；从横向内容结构来看，教师道德规范有着相对的作用范围区分，规范和调节教师面对的不同类型的教育关系，包括师生关系、同事关系、亲师关系，以及教师与行业、社会和自身的关系。在教师道德规范体系中，教师道德范畴是最为关键的要素。“一个学科的基本范畴是这一学科知识体系之网上的‘纽节’，对理解整个学科的逻辑结构和基本内容都有重要的方法论意义。”①

教师道德范畴指教师道德规范体系中需要专门研究的基本概念。教师道德范畴既反映着教育关系中道德关系之本质，也体现着社会对教师之道德要求的核心。教师道德范畴可有广义与狭义两种理解。从广义上来讲，教师道德范畴既包括教师道德规范所涉及的基本概念，也包括“反映教师个体道德品质的基本概念（如‘谦虚’‘朴实’‘仁爱’‘乐观’），还包括教师道德评价、道德修养和道德教育等方面的基本概念（如‘善’‘恶’‘自制’‘慎独’）”②。从狭义上来讲，教师道德范畴专指教师道德规范中的基本

---

① 檀传宝.教师伦理学专题：教育伦理范畴研究[M].北京：北京师范大学出版社，2003：22.

② 同①.

概念，“主要包括教师义务、教师良心、教师公正、教师荣誉、教师幸福、教师威信等”[①]。这些概念根据其指向对象和功能的不同，大致可以分为教师道德的个人价值和教育意义两大类型。

一、教师道德的个人价值

教师道德的个人价值，主要指教师道德所具有的促进教师自我完善的价值。“师德养成的本质是教师的自我立德树人，是一种‘为己之学’，教师自身的成长是最大的师德所在。”[②]个体追求自我完善的终极状态是幸福，幸福是人的目的性自由实现的一种主体生存状态。“教师的幸福就是教师在自己的教育工作中自由实现自己的职业理想的一种教育主体生存状态。”[③]“教师的幸福是教师职业道德建构的出发点和归宿；理解教师的幸福是理解教师的职业道德和教育伦理体系的重要‘纽节’。”[④]也有研究从教师自爱角度表达了相似主张，认为“完整和理想的道德当是爱人与爱己的兼容和统一”，“‘自爱’通常是教师‘爱人’的重要前提，‘爱人’往往又是教师‘自爱’的动力和途径”。[⑤]

已有研究论述了教师道德与教师幸福的关系。正所谓德福一致，道德与幸福具有内在统一性。从幸福实现的外在条件来看，个体的德性是获得幸福的必要条件。个体获得幸福需要外部和谐社会关系的支持，和谐的社会关系又要求个体有道德的表现。良好的德性“可以为个人的追求营造优良的环境。而且良好的德性可以赢得他人和社会的尊重，可以使人得到自

---

① 钱焕琦．教师职业道德［M］．上海：华东师范大学出版社，2016：20.

② 于泽元，王开升．立德树人：师德的养成之道［J］．教育研究，2021（3）：149－159.

③ 檀传宝．论教师的幸福［J］．教育科学，2002（1）：39－43.

④ 檀传宝．教师伦理学专题：教师伦理范畴研究［M］．北京：北京师范大学出版社，2003：27.

⑤ 扈中平，张燕．自爱：师德的另一种表达［J］．教育研究与实验，2022（2）：40－48.

我满足”[①]。从幸福的内在精神性一面来看，幸福和德性都有自我完善、自我超越的内涵，二者是一致的。可以说，“教师道德是教师幸福的源泉”[②]。当然，现实的教育生活中存在德福不一致的情况，这源自教师个体对道德与幸福认识不清，“教师群体道德权利与义务的失衡”[③]，社会环境中的道德规范缺失、无效或不当，人与社会的价值尺度不协调，等等。

与一般幸福不同，教师幸福具有独特的职业特征。一是精神性，表现在教师劳动过程、劳动结果和劳动报酬的精神性[④]。二是关系性，表现为教师幸福的给予性与被给予性。教师的使命是给予而非索取。“教师劳动的成果必须建立在交流之上，必须通过对方才能肯定自身。”[⑤]三是集体性。“任何一个学生都是教师集体劳动的结果，也是学生集体劳动的结果。”[⑥]教师的幸福超越了个人利益得失，具有集体性。四是无限性。教师幸福在效果上会超越时间和空间的限制。五是教育性。教师的幸福对学生的幸福成长具有积极影响，“幸福的教育离不开教师职业幸福，教师职业幸福具有教育性”[⑦]。六是发展性。幸福不仅是教育的“本真要求”，也是教师专业发展的“动力”与“境界”[⑧]。

多个学科领域的研究者们在不同时间多次调查了教师幸福感的现状，

---

① 江畅．关于道德与幸福问题的思考［J］．湖北大学学报(哲学社会科学版)，1999 (3)：105－109.

② 徐生梅．论教师道德对教师幸福的影响［J］．内蒙古师范大学学报(教育科学版)，2006 (4)：90－92.

③ 狄潇．教师职业“德福冲突”现象探究及“德福一致”实践重构［D］．长春：东北师范大学，2014.

④ 王传金．教师职业幸福解读［J］．教育理论与实践，2008 (34)：36－40.

⑤ 檀传宝，张宁娟，吕卫华，等．教师专业伦理基础与实践［M］．上海：华东师范大学出版社，2016：42.

⑥ 同⑤ 43.

⑦ 同④.

⑧ 冯建军．教育幸福：教师专业发展的重要维度［J］．人民教育，2008 (6)：23－26.

并对教师幸福感的影响因素进行了多层次和多角度的探讨。相关研究表明，“我国中小学教师职业幸福感发展态势表现为，总体水平较高，横向静态维度不均衡，纵向动态发展曲折向上。教师职业幸福感，乐观中存在美好‘隐忧’，高尚中包含‘想说爱你不容易’，高幸福指数中有‘点阵塌陷’，价值追求中现‘道德绑架’，薪酬待遇含蓄诉求中暗示教育政策实施‘衰减’。”[①]对教师幸福感影响因素的探讨，关注了职业、学校、社会等多层次的外部因素，以及教师职业认同、职业道德等内部因素。例如，有以幼儿教师群体为对象的研究指出，“幼儿教师政府支持、组织支持和胜任力均是保护性因素，提升其职业幸福感。其中，组织支持影响最大。幼儿教师职业认同在政府支持、组织支持和胜任力对职业幸福感的影响中起中介作用”[②]。

如何实现教师的幸福是已有研究的重点。相比外部环境条件来讲，教师主观因素对教师能否实现幸福影响更大，且教师的道德修养是其中的关键。檀传宝认为教师应努力“做一个配享幸福的教育家”[③]，具有幸福能力。“狭义的幸福能力，主要是指主体必须具有健康向上的人生观、价值观，具有品味人生意义的价值性条件。”而广义的幸福能力还包括“良好的知识结构”“高超的教育能力”和“审美的素养”。[④]刘次林认为，教师的幸福“依赖于教师的积极创造，依赖于教师能否在教育过程中把与他相关的主客体内在地统一起来。教师在教育中的主客体关系主要表现在三方面：教师——教材，教师——学生，教师的角色自我——个性自我”。“教师的幸福就表现在他与教材、与学生、与自己的融合之中。”[⑤]冯建军描绘了幸福教师应有的面貌，包括“关怀生命”“具有阳光心态”“以教育为事

---

① 李广，盖阔．中小学教师职业幸福感调查［J］．教育研究，2022 (2) : 13 － 28.

② 王钢，范勇，黄旭，等．幼儿教师政府支持、组织支持和胜任力对职业幸福感的影响：职业认同的中介作用［J］．心理与行为研究，2018 (6) : 801 － 809.

③ 檀传宝．做一个配享幸福的教育家［J］．人民教育，2014 (17) : 1.

④ 檀传宝．论教师的幸福［J］．教育科学，2002 (1) : 39 － 43.

⑤ 刘次林．教师的幸福［J］．教育研究，2000 (5) : 21 － 25.

业”“具有专业自由”“富有创造”“追求专业持续发展和自我超越”[①]。有研究综合性地指出，“辛勤的劳动、高尚的师德、渊博的知识、科学的教育理念、非凡的能力、高超的教学艺术水平是实现教师幸福的保证”[②]。

尽管教师自身的幸福能力十分重要，但要实现教师幸福仍然“需要社会和教师双方共同努力”。就社会而言，要“为教师个体提供生存和发展的合理场境”，要“给‘圣化’的教师形象‘祛魅’，奉持合理的教师角色期望”，要“正视教师的职业倦怠，提供有助于教师职业成功的机会和条件”，要“优化教师职场环境，保障教师职业生涯中的正当权益”。[③]在学校管理中，当前部分学校“对教师存在过度规范和约束的现象，这样很容易导致教师劳动的异化和精神的枯竭，因此，现代学校的建设必须转到对教师促进的方向上来，在理解和尊重的管理前提下，为教师的生存发展搭建良好的成长环境”[④]。这包括建立和谐的人际关系，采用适度柔性的管理方式，建立有激励作用的考评制度，以及为教师提供支持其专业成长的平台。教师教育中的师德教育要“上升至职业尊严与职业幸福层面”，改变片面强调规范和约束的做法，转向对教师道德成长的培育，“应结合教师自身的职业生活状态或道德生态，采取体验、互动、反思、叙事、讨论等多种形式调动其主动参与、亲身感受、自我体认的积极性，从而使其学会分析日常教育生活中诸如对待学生、家长、同事以及教学活动等的不道德行为及其危害，自觉地恪守教师职业的底线道德，并在创造性的教育活动中追寻更高的道德境界”[⑤]。“在物质丰裕的新时代背景下，人民群众的优势需要正由最

---

① 冯建军 . 教师的幸福与幸福的教师［J］. 中国德育，2008 (1)：24 − 29 + 90.

② 陈艳华 . 谈教师的幸福［J］. 济南大学学报（社会科学版），2003 (1)：78 − 81.

③ 曹俊军 . 论教师幸福的追寻［J］. 教师教育研究，2006 (5)：35 − 39.

④ 饶细丽，林爱菊 . 论师德修养强化对教师职业幸福培育的作用［J］. 教育与职业，2012 (18)：74 − 75.

⑤ 唐爱民 . 道德成长：教师教育不能遗失的伦理维度［J］. 课程 · 教材 · 教法，2010 (2)：78 − 82.

基础的物质需要向更高级的精神需要转变”，“师德建设的逻辑也就需要实现从‘外驱逻辑’向‘内驱逻辑’的转变”[①]。

另外，有研究基于教师道德与幸福的内在一致性，反向探讨了通过增强教师幸福感来提升教师的道德修养。穆惠涛等认为，提升教师职业幸福感是师德的“内化突破口”，职业幸福感是教师“自身得到不断成长和进步而产生的幸福快乐的情绪体验”。“教师会以提升自身师德修养和改善自己的教育教学从而使学生知识水平和道德水平也实现提升为自己的乐趣和责任，因而，教师的职业幸福感会激发、增强教师内心的强烈责任感，这种情感体验使教师积极并乐于履行自身的专业职责和道德职责。”[②]

二、教师道德的教育意义

教师道德不仅能激发教师内在的自我完善，也有助于调适教师对待他人的态度与方式。教师在教育交往中需要面对学生、家长和同事等多种对象，学生无疑是其中最为重要的对象。可以说，教师所有的教育交往都是围绕着教师与学生的交往展开的。教师道德的教育意义，指的主要就是教师道德对学生成长和发展所具有的价值和意义。在教师道德的教育意义中，公正、关怀、良心是比较重要的范畴。

（一）教师公正

教师公正指“教师在自己的教育活动中对待不同利益关系所表现出来

---

① 檀传宝，姚尧．论新时代师德建设的逻辑转型［J］．中国电化教育，2022（10）：27－31.

② 穆惠涛，张富国．新时代我国教师队伍师德内化的突破口与实现路径：基于教师职业责任分析的视角［J］．现代教育管理，2019（4）：91－95.

的公平和正义"[①]，是教师道德规范中的一项重要原则。

教师公正的内容包括"返身性公正[②]、同侪性公正和对象性公正"[③]，其中最重要的是对待教育对象公正。正所谓"有教无类"，教师"要公正地对待每一个学生，不得以民族、性别、家庭背景、地域、相貌以及身心的发展水平为由偏袒或歧视某些学生"[④]，不得"排斥任何一个学生参加任何课程，剥夺任何一个学生的任何利益，给予任何一个学生以任何有利的条件"[⑤]。概括地说，教师在教育过程中对学生的公正主要表现为："第一，平等地对待学生；第二，爱无差等，一视同仁；第三，实事求是，赏罚分明；第四，长善救失，因材施教；第五，面向全体，点面结合。"[⑥]除了教育过程公平以外，教师对学生的公正还体现为机会平等和结果公正两个方面。有研究将教师公正解释为三个原则。"首先，教师公正意味着平等地保障每个学生的受教育权利；其次，教师公正意味着按照学生的相关特征给予相应地对待；最后，教师公正意味着要优先关照处于不利地位的学生。"[⑦]

教师公正具有深远的意义，对教育效果的取得和社会公平正义的保障都有积极影响。"对于每一个具体的学生来说，他是从自己的班级、从自己与教师的关系中认识教育公平和社会公平的。教师公正地对待学生，能够使学生产生对社会的信任感，激发学生的潜能，使学生建立起与教师的

---

① 檀传宝. 教师伦理学专题：教师伦理范畴研究[M]. 北京：北京师范大学出版社，2003：66.

② 即教师对自己的公正。

③ 同①71.

④ 傅维利，朱宁波. 试论我国教师职业道德规范的基本体系和内容[J]. 中国教育学刊，2003 (2)：52－56.

⑤ 张桂春. 国外教师职业道德建设的经验及启示[J]. 教育科学，2001 (1)：33－36.

⑥ 同①72.

⑦ 余维武. 论教师公正[J]. 教师教育研究，2013 (6)：1－5.

亲密联系。”[①] 可以说，教师公正“有利于良好的教育环境的形成”，“有利于教师威信的提高”，“有利于学生学习积极性的发挥”，“有利于学生的道德成长”，“有利于社会公正的实现”[②]。

教师公正具有职业特殊性，表现为“教育性”“灵活性”“自觉性”[③]。身正为范，即教师的公正行为对学生具有教育示范作用，这是对教师公正的教育性的最好解释。教师公正更注重的是实质公正，而非形式公正。教师要根据学生的个体差异对学生采取不同的教育措施，目的是让每名学生都取得进步，而非采用同样的要求与方式对待不同的学生。具备职业意识和一定师德修养的教师，会自觉地践行公正原则。

对教师不公正表现的批判分析是已有研究关注的焦点之一。有调查显示，“近九成教师表示大多数教师都能做到一视同仁”，但是只有“八成学生表示教师能够做到一视同仁”[④]。“不公正的师爱是导致学生片面发展和问题学生产生的影响源。”[⑤] 有研究总结了教育实践中教师不公正对待学生的表现，“一是安排座位不公”“二是课堂提问不公”“三是批改作业不公”“四是鼓励表扬不公”“五是为学生提供的示范、演示机会不公”“六是为学生提供的当干部的机会不公”“七是对待学生的态度不公”“八是与学生的交往不公”[⑥]。还有一项不公是惩罚不公，“同样犯有过错，教师对学习好的学生批评惩罚得轻，而对学习差的学生批评惩罚得重，常常因个体问题而惩

---

① 朱小蔓．回归教育职场 回归教师主体：新时期师德建设的思考［J］．中国教育学刊，2007 (10)：5 − 7.

② 檀传宝．论教师的公正［J］．现代教育论丛，2001 (5)：13 − 17 + 5.

③ 檀传宝，张宁娟，吕卫华，等．教师专业伦理基础与实践［M］．上海．华东师范大学出版社，2016：77 − 78.

④ 檀传宝，等．走向新师德：师德现状与教师专业道德建设研究［M］．北京：北京师范大学出版社，2009：151 − 152.

⑤ 明庆华．教师公正与学生发展的现实思考［J］．教育发展研究，2008 (Z2)：87 − 91.

⑥ 同⑤.

罚群体”[①]。在对待发展处于劣势的学生时,教师的不公正表现得尤为突出。有研究指出,“部分教师凭借一种潜在的权威优势,损害了在学习成绩、实践才能以及天赋等方面处于劣势的学生的正当教育权益,这种损害不仅体现为对劣势学生教育资源的剥夺,同时也体现为对劣势学生的身体规训、语言暴力以及师生之间交往关系的异化”[②]。教师不公正在不同学段的教育实践中都有表现。有研究调查了高校教师的师德,发现部分教师难以做到公正对待每一位学生[③]。

教师公正的实现是已有研究的重点。教师公正“在主观上受到自己情绪的好坏,客观上受到问题的情境性等因素的影响”[④]。教师“自觉进行人生修养”和“提高教育素养”是实现教育公正的主要方式。具体来讲,教师公正的实现“需要教师检视头脑中的偏见,在人的意义上公正对待每一个学生;超越利益的诱惑,在严格自律中实现公正;摆脱特权思维,创造公平的学校生活环境;正视自我局限,在自我反思和完善中实现公正;用仁慈补充公正,令公正的实现更加完整”[⑤]。另外,教师能否正确认识和使用惩戒手段是教育公正实现过程中最敏感的问题之一。“如果说违规是对他人和集体利益的损害,那么,惩戒则是对遭到破坏的平衡关系的恢复。惩戒的教育性就是要让每个人看到对违规者的惩罚是在维护自己的利益,是对每个同胞的补偿”[⑥],是对公正的追求。

---

① 于永顺.我国中小学教师职业道德面临的主要问题及解决对策[J].教育科学,2001(1):18-22.

② 徐洁.教师教学行为的公正困境及其超越[J].中国教育学刊,2021(4):85-88+92.

③ 何祥林,程功群,任友洲,等.高校师德建设的现状、问题及对策:基于湖北省H高校的调查[J].高等教育研究,2014(11):53-59.

④ 檀传宝.教师伦理学专题:教师伦理范畴研究[M].北京:北京师范大学出版社,2003:77-78.

⑤ 蔡辰梅,刘娜.论教师公正及其实现[J].教师教育研究,2017(4):1-6+12.

⑥ 刘次林.教育惩戒亟须理性治理[J].上海师范大学学报(哲学社会科学版),2021(5):100-106.

当然，社会环境、学校管理与教师教育本身的公正与支持对教师公正的实现十分重要，同时学生的权利意识对防范教师不公正的发生也有作用。“经济发展使教育资源丰富，这是教育公正的物质基础；政治民主、法制健全和文明程度提高是教育公正的前提和保证。”[①]社会创造有利的舆论氛围，公民具备公平公正的道德素质，教育系统“制定公正公平的教育制度、建立有利于公正实现的领导机制”，学校“形成公平公正育人的宽松环境”[②]，实施科学的教育评价，这些都有助于教师公正的实现。最重要的是，社会和学校要公正地对待教师。从教育公正的内涵来看，教师的真实生命成长是教育公正的重要考量维度。教师不仅是教育公正的践行者与实施者，也应是享用者。如果“教师长期享受不到教育公正的阳光，自然会影响到他们实施公正教育的心态”[③]。这要求社会赋予教师的权利要与对教师的义务要求对等，给教师的报酬要与教师的付出对等，采用公正的教师考评机制实现教师责、权、利的动态平衡。另一方面，教师教育帮助教师树立正确的教育公正观，提升教师的教育能力，也有助于教师公正的实现。有研究对美国教师教育项目进行比较分析后发现，美国教师教育项目注重“提升教师和学校领导的社会公正领导力”[④]，以促进社会公正。另外，有研究指出，“培育学生维护自己正当教育权利的意识与能力”是“超越教师教学公正困境”的有效路径。“教师教学不公正行为的产生不仅在于部分教师职业素养相对不高，同时也与劣势学生维权意识与维权能力的缺乏具有内在关联性。”[⑤]

---

① 冉玉霞.师生互动中的教师公正研究［D］.乌鲁木齐：新疆师范大学，2007.

② 同①.

③ 杨继利.论教师的形式成长与实质成长：教育公正的视角［J］.中国教育学刊，2014（1）：93－98.

④ 陈婷婷.教师教育与社会公正：ESSA、CAEP与UCLA的价值追求［J］.外国教育研究，2020（12）：25－36.

⑤ 徐洁.教师教学行为的公正困境及其超越［J］.中国教育学刊，2021（4）：85－88＋92.

（二）教师关怀

关心学生是教师道德规范中的核心原则。谈到“教师关怀”，相关研究中还会使用“师爱”“教师爱”“教育爱”“仁慈”“关心”等概念。已有研究主要关注了教师关怀的内涵、价值、现状与实现条件。

尽管已有研究对教师关怀的内涵有不同的解释，但共同认为教师关怀表现为教师尊重与理解学生，关注和支持学生的精神成长和心理需要，并在与学生的互动中表现出高度包容性。教师关怀最初强调的是教师“既要传授给学生系统的科学文化知识并使其形成相应的技能，同时必须时刻关心学生的思想和心理状况，并适时给予指导、帮助，促其健康成长”[①]。檀传宝在 2003 年的著作中指出，教师对学生的仁慈表现为“教师对学生无条件的爱心”“教师对学生的高度宽容”“教师对学生成长的有效帮助”[②]。朱小蔓认为教师关怀应该“建立在尊重的基础上”，还应该“是公正、公平的”[③]。檀传宝等在 2016 年的著作中认为，教师关怀的内涵主要表现为“教师要理解学生，无条件地爱每一个学生”“教师要尊重学生，对学生的发展有强烈的责任意识”“教师要自觉自愿地为学生的发展付出”[④]。

许多研究谈到了“教育爱”或“教师爱”，2014 年习近平总书记在同北京师范大学师生代表座谈时的讲话中提到教师的“仁爱之心”后，相关研究数量明显增多。习近平总书记指出，“做好老师，要有仁爱之心。教育是一门‘仁而爱人’的事业，爱是教育的灵魂，没有爱就没有教育。好

---

① 子丑．教师：给予学生以心灵的关怀［J］．江西教育科研，1994 (2)：72 + 71.

② 檀传宝．教师伦理学专题：教师伦理范畴研究［M］．北京：北京师范大学出版社，2003：102 − 103.

③ 朱小蔓．回归教育职场 回归教师主体：新时期师德建设的思考［J］．中国教育学刊，2007 (10)：5 − 7.

④ 檀传宝，张宁娟，吕卫华，等．教师专业伦理基础与实践［M］．上海：华东师范大学出版社，2016：98 − 99.

老师应该是仁师，没有爱心的人不可能成为好老师”[①]。林崇德认为应“把关爱学生或师爱作为师德的首要因素”,而“师爱”又包括了“爱在细微中”和“爱在生死时”两个方面，前者指教师“在日常的教育、教学和生活中，要关爱每一名学生，关心每一名学生的成长进步，以真情、真心、真诚教育和影响学生，努力成为学生的良师益友，成为学生健康成长的指导者和引路人”，后者则指“在危急时刻，教师能不顾自身安危，挺身而出保护学生的生命安全”，但不论何种“师爱”都是伟大的[②]。戚如强在论述习近平总书记的师德观时认为“为师者要敬业爱生”[③]。刘珊认为“教师爱”是“教师与学生在互动过程中，教师在了解学生真正需求的基础上付诸学生的关于教学及生活各细节方面的积极情感，同时也可以从学生处获得满足感、幸福感等情感体验的精神品质”[④]。肖凤翔等认为,“教师对学生睿智的爱是尊重与严格要求的统一。一方面，教师应尊重学生，它要求教师对学生有仁爱之心和宽容之情，表现为关心学生的学习和生活、理解学生的情绪和感受、包容学生的意愿和选择、容忍学生的过错和不足；另一方面，教师要按照教育目标严格要求学生”[⑤]。

受诺丁斯关怀理论的影响，许多研究使用“关怀”这个概念，并从不同角度探讨了教师关怀的内涵。从素养立场来看，苏静认为“教师关怀素养是指教师所具有的能敏锐体察学生的情感变化，知觉他们的需要，善于与学生对话与沟通，同时具备关怀知识和关怀信念，并能以适当的方式积极主动地关怀学生成长的个体素质和修养。教师关怀中还包含着责任、希

① 习近平．习近平谈治国理政［M］．北京：外文出版社，2014：184.

② 林崇德．基于中华民族文化的师德观［J］．西南大学学报（社会科学版），2014（1）：43－51.

③ 戚如强．习近平师德观述论［J］．社会主义研究，2018（3）：27－33.

④ 刘珊．教师爱及其养成研究［D］．南京：南京师范大学，2014.

⑤ 肖凤翔，张明雪．教育情怀：现代教师的核心素养［J］．河北师范大学学报（教育科学版），2018（5）：97－102.

望、理解与尊重”[①]。从行为立场来看，雷浩认为“教师关怀行为是一种强调教师尽责，支持学生的学习和身心发展，并且包容学生的亲社会性行为”，“主要包括尽责性、支持性和包容性等三个维度”[②]，即教师“在教育教学过程中尽职尽责地完成教学任务，投入时间来支持学生发展，并且包容学生等诸多行为活动”[③]。从关系立场来看，宋晔认为“教师关怀不同于一般意义上的师爱”，“教师关怀不是一味地要求教师对学生的关怀，而是通过师生之间的关怀关系来阐明关怀”[④]。班建武等认为，“关怀者的关怀不仅表现为一系列的行为，更表现为被关怀者对这一行为的内在认可和主动回应”。“作为关系的关怀，强调的是关怀者与被关怀者之间基于需要的识别与满足的交互行为，其核心是关怀者与被关怀者建立在需要基础之上的情感共鸣。”“教育中的关怀关系得以成立的基本要件就在于：首先，关怀者要能够识别被关怀者的真正需要；其次，关怀者要能够基于对被关怀者的需要做出相应的关怀行为；最后，被关怀者要能够对关怀者的关怀行为进行主动的确认与积极的回应。”[⑤]

教师关怀的重要性是不言而喻的。教师能否“对学生做到仁慈施教，是一个关系到教育工作成败的关键性伦理课题”[⑥]。对学生来讲，教师仁慈具有“动机作用、榜样效应和心理健康功能”[⑦]，对学生的全面发展都有积极影响。已有实证研究证明，教师的关怀有利于学生提高学业成绩。“教

---

① 苏静.论教师的关怀素养[J].教师教育研究，2006(6)：42－47.

② 雷浩.CSI：一种教师关怀行为的分析框架[J].上海教育科研，2014(4)：64－67.

③ 雷浩.教师关怀行为三维模型的建构[J].国家教育行政学院学报，2014(2)：67－72.

④ 宋晔.教师德性的理性思考[J].教育研究，2005(8)：48－52.

⑤ 班建武，曾妮，蒋佳，等.教师关怀品质的现状调查：基于北京市石景山区四所中学的调查数据[J].教育学报，2012(4)：105－112.

⑥ 檀传宝.教师伦理学专题：教师伦理范畴研究[M].北京：北京师范大学出版社，2003：96.

⑦ 同⑥.

师关怀行为能够直接正向预测学生的学习效能感”，“教师关怀行为能够对学生的学业成绩产生直接作用，并且学习效能感也能够直接正向预测学生的学业成绩”[①],且“教师关怀行为和中学生学业压力呈显著负相关”[②]。多项研究关注了教师关怀与农村学生发展之间的关系，发现“教师关怀既可以直接促进农村小学生的学习适应性发展，也可以通过心理资本间接作用于农村小学生的学习适应性发展”[③]。同时，从家校共育视角来看，“家长主观感知的教师关怀能显著改善农村儿童的非认知能力发展；家长接触到的客观教师关怀会对农村儿童的非认知能力产生差异化影响。具体来看，教师的学习关怀对农村儿童的外倾性、宜人性和尽责性产生显著的正向影响，并显著改善其神经质；心理关怀能显著提升农村儿童的宜人性和尽责性；交友关怀能显著提升农村儿童的外倾性和开放性。进一步分析发现，教师关怀会影响父母教养方式而对农村儿童非认知能力产生影响”[④]。有研究调查了大学生对“金课”的认知，发现教师道德是学生对“金课”的认知标准之一，对学生及其学习感兴趣并表示关心的教师更易受学生的喜爱[⑤]。

除了对学生的影响外，教师仁慈对教师自身也有重要意义。“仁爱之心有强烈的激发性、引导性和调控性，能使教师的道德行为更加发自内心，有更多‘我愿意’的情感动力。”[⑥]“仁慈德性能够增强教师的职业自信，使

---

① 雷浩，徐瑰瑰，邵朝友，等．教师关怀行为与学生学业成绩的关系：学习效能感的中介作用［J］．心理发展与教育，2015（2）：188－197.

② 蒋俊杰，王旭，喻婧，等．教师关怀行为对中学生学业压力的影响：睡眠质量的中介作用和生命意义感的调节作用［J］．心理与行为研究，2023（2）：260－265.

③ 张小菊．农村小学生学习适应性发展：基于教师关怀的视角［J］．全球教育展望，2021（10）：103－114.

④ 叶晓梅，曹晓婕．教师关怀对农村儿童非认知能力发展的影响：家校共育的机制分析［J］．华东师范大学学报（教育科学版），2023：98－112.

⑤ 马浚锋，罗志敏．什么是大学“金课”：学生如是说［J］．江苏高教，2019（5）：60－66.

⑥ 祝高波，刘畅．深化新时代教师的道德观：基于对赫尔巴特五种道德观念的分析［J］．广西社会科学，2020（1）：183－188.

之发现自己的职业意义，以更大的热情投身教育事业。”[1]

多项研究调查了教师关怀行为的现状，都指出教师关怀存在不足。檀传宝等在全国多个地区对中学生的调查显示，“40.1% 的学生能经常感受到教师的关心，有 54.4% 的学生偶尔能感受到教师的关心，有 5.5% 的学生从未感受到教师的关心”[2]。班建武等对北京市的初中生调查发现，教师关怀不足主要表现在：“（1）教师没有能够很好地识别学生的需要。教师看重的是学生学业成绩的提高，而学生更期待的是教师的尊重和公正对待。（2）教师发出的关怀行为没有得到学生的有效认可与回应。在关怀的尊重、理解和爱这三个层面上，学生的评价均低于教师的自我评价。（3）教师的关怀效果不佳。学生很少感受到来自教师的关心，教师没有成为学生倾诉心里话的对象。”[3] 雷浩从尽责性、支持性和包容性三个维度对中学教师的关怀行为进行了调查，将教师的关怀行为分为四种类型。一是理想型关怀行为（占比 21.10%），在三个维度上得分都较高。“这种类型的教师关怀行为的特点是既能够完成教学任务，也能够包容学生，还能够花时间支持学生。”二是任务型关怀行为（占比 19.72%），在尽责性维度上得分高，而在支持性与包容性维度上得分低。“这种关怀行为的教师只是一心完成教学任务，而忽略了在情感上包容、理解学生和花时间支持学生的身心发展。”三是放任式关怀行为（占比 30.60%），在包容性维度上得分高，而在尽责性和支持性维度上得分低。“这种关怀行为的教师主要是从情感上包容和理解学生，在他们不能够较好地完成教学任务时，也不愿花时间支持学生发展。”四是徒劳型关怀行为（占比 28.58%），在支持性维度上得分高，而

① 檀传宝．教师伦理学专题：教师伦理范畴研究［M］．北京：北京师范大学出版社，2003：96.

② 檀传宝，等．走向新师德：师德现状与教师专业道德建设研究［M］．北京：北京师范大学出版社，2009：157.

③ 班建武，曾妮，蒋佳，等．教师关怀品质的现状调查：基于北京市石景山区四所中学的调查数据［J］．教育学报，2012 (4)：105－112.

在尽责性和包容性维度上得分低。“这种关怀行为的教师愿意花时间来支持学生的发展，但是在教学任务上则表现一般，而且学生认为他们不能够完全理解和接纳学生。这一类型的教师，形式上看起来花了不少时间，但是实际效果比较差。”[①] 四种类型的教师关怀行为在不同职称教师群体中的分布情况为：“未评职称的教师主要表现为徒劳型，二级职称的教师主要表现为任务型，一级职称和高级职称的教师主要表现为理想型，特级职称的教师主要表现为放任型”[②]。除了对中学教师的调查外，有研究指出我国部分高校教师存在着“对学生缺乏爱心，师生关系趋于冷漠”[③] 的情况。

如何实现或增强教师对学生的关怀是教师关怀研究的一个重要方面。从教师主观方面来讲，教师应“具有崇高的道德境界”“拥有教育效能感——教育信心”“掌握高超的沟通与表达技巧”“做学生的心理关怀者”[④]。要做到有效地关怀学生，教师应加强对学生的关注与倾听，学会换位思考，理解学生，提高“对学生真正需要的识别能力”，并“改善关怀方式”[⑤]。除了对学生的直接关怀，教师还应努力在学校内营造关怀氛围和民主的管理环境。“教师和蔼可亲的形象和文明礼貌的言行、人性化的教室文化布置、对学生充满关爱的班规等，会让学生处处感受到教师的关心，必将对学生起着潜移默化的作用。”[⑥] 当然，教师做好教育教学工作，多投入时间和精

---

① 雷浩. 中学教师关怀行为的发展特征及其干预策略研究［J］. 中国教育学刊，2015（4）：70 − 74.

② 同①.

③ 何祥林，黄昊静，徐丽. 教师为本 师德为魂：关于当前我国高校师德建设现状的调研报告（上）［J］. 学校党建与思想教育，2010（22）：85 − 87.

④ 檀传宝. 教师伦理学专题：教师伦理范畴研究［M］. 北京：北京师范大学出版社，2003：104 − 108.

⑤ 班建武，曾妮，蒋佳，等. 教师关怀品质的现状调查：基于北京市石景山区四所中学的调查数据［J］. 教育学报，2012（4）：105 − 112.

⑥ 檀传宝，张宁娟，吕卫华，等. 教师专业伦理基础与实践［M］. 上海：华东师范大学出版社，2016：108.

力来关注学生的身心发展，持之以恒地践行关怀是根本之道。为了促进教师关怀的完善，应该“给予不同类型教师关怀行为有针对性的干预”，并“立足教师关怀行为发展的动态性，进行全面和重点的干预”①。其中，对于因职业倦怠而对学生关怀不足的教师，最重要的是增强教师的职业归属感，唤醒教师的专业发展需求。

（三）教师良心

良心“指主体对自身道德责任和道德义务的一种自觉意识和情感体验，以及以此为基础而形成的对于道德自我、道德活动进行评价与调控的心理机制”②。在相关研究中，学者往往将“教师良心”与教师的“责任感”“使命感”联系起来，认为“教师良心即教师的教育良心，是教师个体在教育实践中，对社会向教师提出的道德义务的自觉意识以及在此基础上形成的道德责任感和自我评价能力”③。教师良心的意义体现在对教育事业和对教师自身两方面的影响上。

首先，教师良心能增强教师对教育事业的使命感，并对学生直接起到教育作用。“教师劳动的特殊性表明，教师对社会、对学生以及学校集体负有很重要的道德义务，这些道德义务绝大多数是教师在独处的情况下，以个别劳动的形式表现出来的。在履行这些义务的过程中，教师能否尽职尽责、竭尽全力，主要是靠他们的良心来监督的。”④“良心作为一种道德自律机制对教师的调控，对教育工作的质量能够起十分关键的促进作用。此

---

① 雷浩．中学教师关怀行为的发展特征及其干预策略研究［J］．中国教育学刊，2015（4）：70－74.

② 檀传宝．教师伦理学专题：教师伦理范畴研究［M］．北京：北京师范大学出版社，2003：142.

③ 吴向丽．教师良心的遮蔽与澄明［D］．济南：山东师范大学，2007.

④ 戴景平，张玉荣．谈人民教师的良心［J］．昭乌达蒙族师专学报（汉文哲学社会科学版），1990（2）：54－59.

外，良心也会使教师拥有较高的人格，对学生本身有教育意义。”[①] 具体来看，教师良心影响着教师对自身行为的选择、监督、调节、评价[②]。

其次，教师良心对教师具有精神意义和师德生成价值。“教师的职业良心一方面抚慰自己，对自己的职业生活作出公正的评判；另一方面则要求教师即使是遇到较大的委屈时仍然能够按照职业良心的指示行事。”“教师的职业良心是教师精神人格的保护神，是教师鞠躬尽瘁、积极耕耘的重要精神支柱之一。”[③] “在一定意义上，教育良心决定了师德的高度。教师的教育良心在师德生成中发挥着驱动力、执行力和调控力等价值。”[④]

教师良心具有内生性、稳定性和导向性特点。“教学良心是教师在教学规范和教学实践中逐渐积累起来的道德修养，并会形成稳定的教学信念和意志，从而指导教学活动或转化为外在的教学行为。”[⑤] 与其他职业良心相比，教师良心具有独特性。檀传宝认为教师良心具有层次性高和教育性强两个特点。层次性高表现为教师“有较高的对于教育道德义务的自觉性”，且“教育良心的调整范围广泛，要求较高”。教育性强指“教师良心具有榜样作用，而且判断教育良心的最终标准是看良心是否真正符合教育事业的要求”。[⑥]

教师良心的内涵包括哪些呢？已有研究的表述各有不同，但共同认为对学生和教育工作的责任感是教师良心的核心内涵。吕育浩在 20 世纪 80

---

① 檀传宝．教师伦理学专题：教师伦理范畴研究［M］．北京：北京师范大学出版社，2003：152.

② 参见：蔡品进．教师的良心及其作用［J］．丽水师专学报，1996 (6)：70；潘翠娟．论社会主义教师职业良心的作用［J］．广西师院学报，1998 (2)：20 − 24.

③ 檀传宝．论教师的良心［J］．教育理论与实践，2000 (10)：29 − 32.

④ 马多秀．教师的教育良心：师德生成之基［J］．中小学德育，2014 (5)：18 − 21.

⑤ 李晓丽．教师的教学良心：内涵、内在形成机制及其研究路径［J］．教育导刊，2014 (6)：14 − 16.

⑥ 同 ① 155 − 156.

年代末认为，教师职业良心的内容包括："第一，热爱教育，做好本职工作"；"第二，热爱学生，教书育人"；"第三，勤奋学习，又红又专"；"第四，以身作则，为人师表"①。戴景平等将教师良心的内容概括为"对社会负责""对学生负责""对学校负责"三个方面②。曾钊新对教师承担的对学生的责任（即"树人"任务）进行了更具体的解释，认为"人师""人友""人范""人梯"的"四人"精神，构成了教师良心的基本内容。"人师"指教师要承担教学责任；"人友"指教师要与学生沟通情感；"人范"指教师要发挥以身示范的作用；"人梯"指教师要甘于提携后学。③檀传宝认为教师的职业良心主要表现为"恪尽职守、自觉工作、爱护学生、团结执教"④。马多秀认为教师的教育良心包含四层含义，即"对学生的仁爱之心""对工作的责任之心""对同事的团结之心""对失误的羞愧之心"⑤。

要培养教师的职业良心，应从哪些方面着手呢？从教师主观因素来看，已有研究认为教师自身的职业认同感、教育观、学生观和职业实践经历对其职业良心有重要影响。"对教育责任的透彻理解是教师教育良心形成的前提。""对教育生活的深刻体验是教师教育良心形成的基础。""在教育生活中践行是教师教育良心形成的关键。"⑥从环境客观因素来看，"社会状况""教师的同侪群体""教育对象"都会影响到教师的职业良心⑦。其中，营造尊师重教和人人恪尽职守的社会氛围，并"充分发挥社会舆

---

① 吕育浩．教师职业良心初探［J］．浙江农村技术师专学报，1989（2）：8－12.

② 戴景平，张玉荣．谈人民教师的良心［J］．昭乌达蒙族师专学报（汉文哲学社会科学版），1990（2）：54－59.

③ 曾钊新．论教师的职业良心［J］．有色金属高教研究，1992（1）：106－109＋114.

④ 檀传宝．教师伦理学专题：教师伦理范畴研究［M］．北京：北京师范大学出版社，2003：153.

⑤ 马多秀．教师的教育良心：师德生成之基［J］．中小学德育，2014（5）：18－21.

⑥ 同⑤.

⑦ 同④ 159－160.

论的作用”[①],为教师提供有力的支持和严格的监督是培育教师职业良心的重要途径。

第三节　教师道德的边界厘定

教师道德的边界厘定对于人们正确理解教师道德的内涵与结构十分重要，并且“它直接关系到规范本身制定的科学性与使用的适宜性，间接影响着教师对规范的认同与内化以及师德教育的内容”[②]。对教师道德边界模糊现象进行批判反思，并多角度讨论教师道德的边界，是我国教师道德研究中的一个重要方向。已有研究涉及对教师道德的内涵边界、时空边界与谱系边界的理性审视。

有研究指出，因为受到儒家道德传统、教师职业的身份特性、教育实践的场域特性等的影响，教师道德边界模糊的现象“几乎自教师职业的产生就存在”[③]。随着市场经济原理在社会生活中的广泛应用，以及社会价值的多元化发展，当代社会中由教师职业道德引发的争议逐渐增多，研究者们对教师道德边界的争论变得更加激烈。尤其在教师道德危机事件[④]时有发生，社会公众对教师道德的期待不断提高之际，关于教师道德边界的研究会更加集中地展开。

已有研究共同认为应尽可能厘清教师道德的边界，以凸显教师道德的

---

① 吕育浩．教师职业良心初探［J］．浙江农村技术师专学报，1989 (2)：8－12.

② 冯婉桢．教师职业道德规范的边界［J］．教师教育研究，2009 (1)：16－20.

③ 邓晨，吴黛舒．教师道德边界模糊化现象研究［J］．教育发展研究，2018 (10)：75－79.

④ 2000 年以来，在社会中影响较大的教师道德危机事件有多起。例如 2008 年汶川地震发生时某教师不顾学生安危而先行逃生，并公开发表言论，认为教师没有义务保护学生；又如 2018 年合肥某女教师因丈夫未及时赶到而阻止高铁发车，妨碍了公共交通系统的正常运行。

职业或专业特性，给教师的教育实践以有效的规范和指导，也避免教师陷入职业道德无边界的伦理困境。具体来看，已有研究聚焦于以下问题：从教师道德的内涵来看，教师个人道德和教师职业道德之间的边界在哪里？从教师道德的效用发挥来看，教师道德在时间和空间上的边界在哪里？从教师道德的内容层次与逻辑来看，教师的理想道德与底线道德之间的边界、教师的权利与责任之间的边界，以及教师应遵守的道德规范与非道德规范之间的边界又在哪里？

一、教师道德的内涵边界

如前所述，已有研究对教师道德这一概念的外延有不同的解释，有的将教师道德解释为教师的个人道德（即作为人的道德），有的用教师道德专指教师的职业道德（即作为教师的道德）。若将教师道德界定为个人道德，则教师道德是对教师所有生活领域的道德规定与调节，包括教师的个人生活领域、职业生活领域与公共生活领域。也就是说，教师道德包括教师的私德、职业道德和公德三方面的规定。或者说，教师道德既包括对教师作为自然人或普通公民的道德规定与调节，也包括对教师作为职业人或专业人的道德规定与调节。若将教师道德界定为职业道德，则教师道德只是对教师职业生活领域的道德规定与调节，或者是对教师在职业角色下的行为的规范与指导。已有研究一般从道德调节领域的交叉与区分或者教师身份的重叠与区分两个角度来研究教师道德的内涵边界。

有研究主张区分教师的普通公民身份与职业角色，并将教师的私德、公德与职业道德区分开来，以凸显教师道德规范的职业特性。黄向阳将教师应遵循的道德内容按“德门”“德纲”“德目”的层级列出了分类框架（表1-1），其中“德门”包括私德、公德和职业道德。他认为，“担当教职的人既要遵守职业道德规范，也要遵守私人生活和公共生活的道德规范”，“出于教育工作的特殊性，为了维持教师开展教育工作必需的道德力量，教师应该在可能与自身工作发生直接联系的私人生活和公共生活领域严以律己、为人师表，至少做到在道德上无可厚非”。但是，“师德限指教师职业角色的道德规范，而不是担任教职的人应该遵守的全部道德规范”。如果把适用于所有公民的公德和私德要求纳入教师职业道德范畴，就会“冲淡师德的职业特性，不利于我们具体而深入地思考师德的职业特点，不利于建设一套充分体现教育工作要求和特点的职业道德规范”。例如，“把‘作风正派’之类的道德要求列入教师职业道德规范，并不恰当。教师不但在工作中要作风正派，在工作之外的生活领域也要作风正派。作风正派，并不是针对教师职业的特殊道德要求，而是针对所有个人的私人生活道德要求”。[①] 另有研究通过对中外教师职业道德规范的比较，强调教师道德要求不适用于教师在教育场域之外的活动，也不应对作为普通人的教师提出额外的道德要求。例如，美国师德规范只涉及与教师工作内容和知识技能相关的职业道德（专业伦理），而没有公德和私德的内容。[②]

表 1-1　道德内容分类框架

德门	德纲	德目
私德	自我定向的道德	热爱生活，珍惜生命，卫生健康，自尊，独立自主，自制，自我负责，正派，坚强勇敢，自强不息，自我完善，等等
	他人定向的道德	尊重他人，平等待人，忠诚，诚实，守信，友爱，关心他人，扶助弱小，孝敬父母，宽容，谦让，等等

① 黄向阳．师德的边界：兼评电视辩论“先跑老师该不该受到指责？”［J］．河南教育学院学报（哲学社会科学版），2010 (6) : 63 − 68.

② 王正平，何云峰．教育伦理研究［M］．第二辑．上海：华东师范大学出版社，2015 : 344.

续表

德门	德纲	德目
公德	社会公德	遵纪守法，维护社会正义，维护社会公共秩序，爱护公共财物和设施，维护公共卫生与安全，保护环境，服务社会，等等
	国民公德	热爱祖国，捍卫宪法和民主制度，维护国家利益和安全，热爱人民，维护民族尊严和民族团结，热爱和维护和平，等等
职业道德	对待工作的道德	尽职，敬业，爱岗，忠于职守，勤恳工作，诚实劳动，团结合作，维护行业利益和声誉，等等
	对待服务对象的道德	诚实不欺，讲求信用，礼貌待客，办事公道，服务群众，奉献社会，等等

已有研究认为教师的职业道德与其私德、公德之间有着一定的关联，教师的私德与公德表现不仅要合乎社会对公民的期待与要求，而且不能危及教师履行教育职责。“虽然教师职业道德和教师道德（教师个人道德）均包含私德和公德两种成分，但教师职业道德相对更为关注教师在公德方面的表现，而教师道德相对更为关注教师在私德方面的表现，两者之间有交集，但不能混为一谈。在教育实践中，教师职业道德具有专业的职业生活特征，它拥有进入、参与、评价教育教学活动的优先权和合法权，而教师道德是一个日常生活概念，涉及个人道德体系中的所有层面和方面。”“教师道德以其偏重个人道德所独具的潜在性为教育教学活动提供有针对性的道德支持以及宽泛的道德环境。”“教师道德可以用境界上的高低来评判，而教师职业道德则需要具有鲜明职业特征的道德规范来衡量。”“人们可以要求教师职业道德从宗旨到内容完全为教育服务，但却不能奢望教师道德时时处处都要以教育需要为转移。”①

但是，已有研究反对因教师的职业身份而用教师职业道德规范约束其

① 檀传宝，等．走向新师德：师德现状与教师专业道德建设研究［M］．北京：北京师范大学出版社，2009：22.

私人生活和公共生活，对其提出过高或过多的道德要求。首先，基于身份的教师道德规范很容易被泛化应用到教师的各个生活领域中，因此教师道德需要从基于身份的规范转向基于教师角色的规范。无论是在教育研究中，还是在日常话语中，“人们通常认为教师是在学校里从事教书育人工作的人。这种认识将教师个体自身与其‘教师’身份糅合在了一起。这样，无论教师走到哪里，是否在工作时间以内，人们都习惯于称呼他们‘教师’，并以‘教师’的言行标准来期望或要求他们。然而，事实上，‘教师’只是那些正在从事教育活动的人的角色名称而已。当教师完成教育活动，离开教育场域之后，‘教师’的角色活动也随之停止”[①]。“在现代社会中，教师正在经历着一个从身份到契约的运动变化。”[②]这与整个社会中市场经济机制的广泛运行和教师聘任制的全面实施有着紧密的联系。教师在职业角色以外的社会行为应当和其他社会成员一样遵循一般伦理要求。

其次，将教师职业道德要求泛化应用于教师私人生活领域或公共生活领域，对教师的道德规定过多或要求过高，对教师个人和教育事业都有诸多不利影响。在学术研究中，很多人“将教师职业道德与个人道德相等同，认为师德建设的目标就是提升教师个人的道德水平”，这“将教师私人领域的个人道德转移到公共领域，让教师所有的道德情感、道德意识和道德行为全部袒露在职业监督之中”[③]。在社会生活中，我国媒体长期宣传的教师形象是不顾自己和家庭的劳苦形象。“一个好教师的评判标准就是将自我牺牲、自我奉献精神发挥到极致。”[④]“在舆论的强化下，公众眼里的好教师是病态的，好教师的个人生活是不健全的。”“它贬低甚至否认教师合理

---

① 冯婉桢.教师专业伦理的边界：以权利为基础［M］.北京：教育科学出版社，2012：32.

② 同①34.

③ 檀传宝，等.走向新师德：师德现状与教师专业道德建设研究［M］.北京：北京师范大学出版社，2009：21.

④ 同③25－26.

的个人权益，助长了轻视或忽视教师个人权益的风气。”“这种病态的师德观，不利于我们从教育专业工作自身的特点和要求出发，直抵教育工作的内核，不断深化我们的师德建设”，因为它难以取得教师自身的认同。[①]“调查结果显示，教师们普遍表示难以认同过于强调奉献精神和牺牲精神的教师职业道德，分别有 80.8% 和 74.4% 的教师最为反感树立‘牺牲自己的家人、家庭，一心扑在事业上’和‘不顾个人身体情况，带病坚持工作’的师德形象，这种态度在发达地区更为明显；又有 38.8% 的教师反感树立‘长期拿出个人的钱物补贴困难学生’的师德形象，这在欠发达地区表现得最为明显。”[②]诸如此类的师德认识或师德评价表现出“对教师规定过多或要求过高”的一面，很容易造成“教师不能兑现专业伦理之承诺的情况，从而极有可能导致教师与学生及社会公众之间信任关系的恶化”[③]。

其中，有研究集中批判了教师道德要求侵犯教师的私人生活领域或损害教师自然权利的现象。冯婉桢对有关教师道德的中外事实材料进行分析后指出，“教师专业伦理中的一些规定或要求以教师道德之名侵犯了教师的自然权利，或者削弱了教师自然权利的实现程度”[④]。这包括对教师私生活的干预、对教师言论自由的限制、对教师政治活动的约束、对教师福利要求的控制。“社会或者他人就会以教师要‘向善’或‘从善’为理由来压制或剥夺教师的自然权利。教师随之会陷入不自由的状态，甚至处于悲苦的境地。”[⑤]教师个体权利的缺失是目前我国教师所面临的教师道德无边

① 黄向阳．师德的边界：兼评电视辩论“先跑老师该不该受到指责？”［J］．河南教育学院学报（哲学社会科学版），2010 (6)：63－68.

② 檀传宝，等．走向新师德：师德现状与教师专业道德建设研究［M］．北京：北京师范大学出版社，2009：33.

③ 冯婉桢．教师专业伦理的边界：以权利为基础［M］．北京：教育科学出版社，2012：57.

④ 同③100.

⑤ 同③106.

界困境背后的核心症结[①]。正是由于缺乏对教师个体权利的尊重，这样的师德规定才会“限制，甚至取消了教师作为公民身份的某些权利，严重地越权限制了教师私人生活领域的自由”[②]。这样的教师道德“漠视了教师作为人的基本需要”[③]。

张添翼强调，“在私域，教师是以普通公民的身份存在。教师因个人修养而表现出较高的道德水准时，公众可以为其教育者的身份以及教师职业而加分，却不能以这种较高的道德水准时时刻刻要求作为普通公民的教师。在某种意义上，这是将教师私德职业道德化，要求教师在私人领域以职业领域的标准行事本身就是不道德的，势必给教师带来私域生活中的焦虑，给教师带来心理上的道德重负，从而间接影响教师在职业领域的教育教学工作，不利于学生的各方面发展”[④]。刘次林进一步提出，“无私”的教师不仅自己不幸福，还不能与学生建立起积极的师生关系，更不能让学生感受到幸福。学生并不能从教师的自我牺牲中感受到幸福，“他们只是焦虑、紧张、愧疚，并急于实现教师的期望”，教师“与学生的关系并不真正令人满意，双方都没有从相互关系中感到轻松自在”。[⑤]

如何确立教师专业伦理的边界，厘清作为人的道德与作为教师的道德之间的关系呢？冯婉桢提出，要确立教师专业伦理的内外边界，外部边界指教师专业伦理与一般社会伦理之间的界限，内部边界指教师专业伦理内部专业权利与专业义务之间的界限。教师伦理的建构应以教师个体的自然权利为基础与起点，并将个体的自然权利作为外部边界。在社会生活中，

---

① 冯婉桢．教师专业伦理的边界：以权利为基础［M］．北京：教育科学出版社，2012：4.

② 尹力．教师身份泛化：法治视野下亟待消解的问题［J］．教师教育研究，2007（1）：45－48.

③ 檀传宝，等．走向新师德：师德现状与教师专业道德建设研究［M］．北京：北京师范大学出版社，2009：25－26.

④ 张添翼．教师私域不得侵犯的理性探析［J］．中国教师，2011（13）：48－50.

⑤ 刘次林．教师的幸福［J］．教育研究，2000（5）：21－25.

教师和普通公民一样享有各种自然权利。以教师的自然权利为起点来构建教师伦理谱系是合理的，体现了“人是目的”、人人平等、权利和义务对等的理念。教师伦理的内容包括教师的自然权利与自然义务、专业权利与专业义务。“在教师专业伦理的内容中，他人对于教师专业义务的要求不能违背教师自然权利的规定，而教师专业权利的行使也不能侵犯他人的自然权利，尤其是学生的自然权利。”[①]教师的专业权利是教师的自然权利在教育活动中的延伸。教师的专业权利与专业义务之间应保持平衡。“教师很难承担没有专业权利支持的专业义务。任何超越专业权利规定的专业义务分配的合理性都值得怀疑。”“没有充分享有自然权利的教师也没有办法很好地履行专业义务，反之教师专业义务的履行也不得以损害教师自然权利为代价来进行。”[②]“不侵犯个体权利并非判断教师专业伦理体系好坏的充分条件，但它是必要条件。在此边界的约束下，人们才能更好地把握教师专业伦理的内涵，更好地发挥教师专业伦理的作用。”[③]黄向阳主张，“对于教师职业的道德要求应该公正、适度”，“在师德建设中大力倡导科学发展观，从职业道德上确保教师专业和学生身心的可持续发展”[④]。杨坚和杜时忠认为，当前教师专业伦理建设存在规范取向、美德取向和统一取向三种主要范式。这三种范式既各有其优点，也各有其内在的基本问题。“制定监管型规范、以正义作为规范边界和以值得信任的‘专业人’作为教师理想的最大公约数，是解决这些基本问题的可行方法。”[⑤]教师的专业伦理边界应该是建立在信任基础上的严格性限定，即教师专业伦理应该遵循不伤害

---

① 冯婉桢．教师专业伦理的边界：以权利为基础［M］．北京：教育科学出版社，2012：61.

② 同①49.

③ 同①67.

④ 黄向阳．师德的边界：兼评电视辩论“先跑老师该不该受到指责？”［J］．河南教育学院学报（哲学社会科学版），2010（6）：63－68.

⑤ 杨坚，杜时忠．我国教师专业伦理建设取向省思［J］．中国教育学刊，2022（5）：96－102.

原则和互惠原则。前者强调教师专业伦理不应该伤害教师作为人的正当权利，除非教师存在伤害他人的极大可能；后者则要求教师专业伦理不应剥夺教师的公平回报。[①] 此外，杜时忠和杨坚还指出，师德建设应该坚持“正义优先”，以正义而非关爱作为教师专业伦理的基本价值取向。具体而言，正义优先的师德建设应该将正义确立为教师道德的“底线”；突出教师必须履行的消极义务；强调教师正义感的培养。[②] 基于此，当代师德建设必须实现四个方面的转向，即“由社会管制转向社会支持、由师德规范转向专业伦理、由高标道德转向合宜道德、由遵纪合规转向尊严幸福”[③]。

二、教师道德的时空边界

在教育教学时间以外，在学校教育场域以外，教师是否仍然要接受教师道德的评价与约束，或者是否仍应遵守教师道德规范呢？通常，工作时间与工作场域以外是教师的私人生活和公共生活领域。作为人的道德与作为教师的道德之间的复杂关系在一定程度上影响着人们对教师道德时空边界的判断。

针对教师道德的时间边界，有研究认为，教师教育学生的任务仅限于上班时间；在非上班时间，教师并不担负教育学生的义务[④]。教师是否可以以明确的工作时间来决定教育责任的有无呢？这在教师群体中有不同的看法。饱受社会争议的“教师有偿家教”问题在一定程度上反映出人们对教

---

① 杨坚，杜时忠．教师专业伦理的严格性及其合理限度：一种信任论思路［J］．教育学报，2023（3）：52－64．

② 杜时忠，杨坚．师德建设“正义优先”：再谈师德建设的“转向”［J］．国家教育行政学院学报，2022（9）：6－10．

③ 杜时忠，倪峥．论师德建设的“转向”［J］．中小学德育，2019（12）：35－39．

④ 但昭伟．多元价值社会与教师道德枷锁的解除［M］//黄藿．教育专业伦理（1）．台北：五南图书出版股份有限公司，2004：47．

师道德时间边界的不同态度。调查显示，近半数的教师认为有偿家教是不合适的，因为这会造成教师对学校工作的疏忽（48.8%）、造成对学生的不公平对待（46.4%）。但也有教师认为这是“正当的，课外用自己的本事挣钱，在道德上无可指摘”（37.34%），或者是“可以默许的，只要教师的有偿家教没有被举报”（10.17%），因为教师是利用自己的课余时间、付出额外的劳动、用自己的专业本领正当地赚取更多的收入，不应受到诟病。① 有研究认为，“当教师从专业生活领域转入私人生活或公共生活领域，如果仍强制教师履行专业责任，对教师而言将是越界侵权之举。例如，在下班或休假期间，强制教师在校外继续负起教育或指导学生的专业责任。因为教师除承担专业责任以外，还拥有个人的合法权利，把教师专业责任的适用范围泛化至任何时间和空间，这无疑会造成教师专业责任对教师个人权利（如休息权）的侵犯。此外，在任何时间与空间承担专业责任，也超出教师承担专业责任的能力”②。

在空间边界上，教师道德是仅限于教育场域，还是适用于所有社会生活场域，已有研究也有不同观点。有研究指出，考察一个教师的师德表现，应该只考察他在教育场合中的表现；离开了教育场合，教师还原为普通社会人，就不应再以统一标准来衡量③。有研究区分了教师道德空间的狭义与广义界定。就狭义空间而言，教师职业道德领域涵盖传统学校环境，包括大学、中学、小学等不同阶段；就广义空间而言，教师职业道德领域指教师施行教育教学行为的所有场合④。

---

① 王正平，何云峰．教育伦理研究[M]．第二辑．上海：华东师范大学出版社，2018：391－395.

② 苏启敏．为责任而教：教师专业责任的概念澄清与边界划定[J]．教师教育研究，2017(4)：13－19＋23.

③ 钟海青，卢辉矩．广西中小学师德评价问题调研报告[J]．教师教育研究，2008(2)：48－53.

④ 邓晨，吴黛舒．教师道德边界模糊化现象研究[J]．教育发展研究，2018(10)：75－79.

在信息化时代背景下，教师道德空间已不再局限于现实空间，网络空间也需纳入考量。有研究特别指出，人工智能时代的网络生活，削弱了教师的专业道德边界意识。人工智能技术变得对用户友好且易于使用，教师容易在无意中形成在家里、学校或者其他非学校的公共领域中使用技术可以不用考虑教育后果的想法。教师在人工智能时代面临着网络生活的冲击，导致教师私人生活、公共生活、专业生活的交叉和重叠，从而使教师专业道德边界变得模糊，催生了新道德空间。“人工智能技术的发展使教师面临专业道德边界僭越和数据道德缺失的风险。为应对挑战，美国教师专业道德守则致力于明确虚拟时空下教师的专业道德边界，建构网络平台提升教师专业道德边界意识。”[①] 这是值得我们研究和学习的。

三、教师道德的谱系边界

教师道德的谱系边界聚焦的是教师道德内部各层次、各要素、各类型之间的关系。教师道德通常包括理想、原则和规则三个层次，教师道德规范在这三者之间应该如何定位呢？教师道德包括权利与义务两个要素，教师道德规范应该如何在权利与义务之间取得平衡呢？教师道德规范与其他类型的社会规范共同作用于教师的行为，例如技术规范、法律规范等，教师道德规范应该如何处理与不同类型规范之间的关系呢？已有研究围绕这些问题进行了一定的探索。

（一）教师道德理想与底线

长期以来，我国对教师的道德要求瞄准理想层面，社会公众对教师提出了圣人化的道德期待。20 世纪以后，这样的师德崇高理想定位受到了

① 苏启敏，陶燕琴．人工智能时代美国教师专业道德守则新动向［J］．比较教育研究，2021 (9) : 50 − 59.

多项研究的批判，人们反对不切实际地给教师过重的道德负担。甘剑梅曾追问 :“教师应该是道德家吗？”她认为，教师不可能成为社会道德表率，而且没必要和不应当成为社会道德表率。教师与普通人一样是“道德上的学习者,而不是一个已经成熟的道德完人”。“教师应该是有道德的”,但“不是完美无缺的高尚，也不是常人不可企及的高尚”。“从历史看，教师被视为道德家”，“与教师教育身份的政治化有关。在古代社会，教师的教育身份没有独立性，教育身份与道德身份是等同的”。“教师作为道德家，是一种历史的存在，社会文化的变迁使教师成为道德家丧失了文化的根基与可能。”在现代社会，“虽然教师仍在一定程度上是社会价值的代表，但他的道德身份已经不能直接控制和支配他的教育身份，教师的教育身份有了更多的内涵。”[①] 但昭伟也表示,“当老师的既然‘无力’承担社会对他们高规格的期许，基于可行性的考量，社会就‘不应’对他们有那么高的期许 ；老师就应和其他人士一样，接受同一套道德规范的约束，而不是去承受一套比较高规格的道德要求”。“一套太高远的道德要求可能会产生某些严重的副作用，这些副作用不是我们所乐见的。”[②] 班建武在分析教师的媒体形象时认为，社会媒体渲染了教师作为道德楷模的“神圣化”形象。这样过度拔高的形象不仅“使被宣传的教师背上道德的重负，在某种程度上影响了其人生的健全发展和生活质量的不断提高”，还“在一定程度上强化了教师角色的悲壮色彩，不利于广大教师的认可和学习”，更“不利于教师以及社会公众对教师形象多样性的认识和肯定”，对教师的创造性和职业幸福也是不利的。[③]

---

① 甘剑梅 . 教师应该是道德家吗 : 关于教师道德的哲学反思 [J]. 教育研究与实验 , 2003 (3) : 25 － 30.

② 但昭伟 . 多元价值社会与教师道德枷锁的解除 [M] // 黄藿 . 教育专业伦理 (1). 台北 : 五南图书出版股份有限公司 , 2004 : 45.

③ 班建武 . 教师媒体道德形象的影响及原因、对策分析 [J] . 教师教育研究 , 2007 (6) : 28 － 32.

同时，在社会环境对教师道德造成巨大冲击，且教师失范行为时有发生的时代背景下，崇高理想定位的教师道德显得无能为力，暴露出教师道德规范缺乏可操作性、教师道德约束力不强和引导性不足等问题。崇高理想定位的教师道德不仅让广大教师面临着圣人期待与常人表现的对比尴尬，还很难在教师陷入伦理困境时给予具体的道德指导，甚至无法成为教师判断、惩罚和失范行为纠偏的依据。“在教师职业道德的结构组成中，关于教师职业理想的表述过于抽象，以致架空了崇高师德的现实感。”①

为此，有研究主张应将教师道德定位为底线道德，为教师提供普适的、基础的、具体的道德要求。底线道德是相对理想道德或共同价值而言的一种道德层次上的区分。理想道德注重教师个人德性的修炼与表现，底线道德则关注教师行为的选择与实施。理想道德通常以“应该……”的方式表达对教师德性的最高期待，底线道德则通常以“不能……”的方式表达对教师行为的禁止性约束。甘剑梅从普适性出发认为，应将教师职业道德定位为底线道德。她区分了教师的个人德性与职业义务，主张义务优先。她认为个人德性只是教师履行职业义务的手段，可以有境界高下之分，但是职业义务是所有教师都必须履行的。“教师职业道德需要有起码的规范要求来确保教师教育行为的道德性，它是所有教师都必须遵守的道德规范，也是保证教师教育行为的道德底线，具有普适性与低调性。从职业的角度看，对教师的道德要求应主要是低调的职业道德要求，而没有必要对教师提出高度理想化的个人私德要求。如我们可以要求教师不得利用与学生的关系谋取私利，但不能要求所有教师都视金钱如粪土。”②冯婉桢从基础性出发认为，应将教师专业伦理定位为底线伦理。底线伦理“是个人价值与

---

① 檀传宝，等. 走向新师德：师德现状与教师专业道德建设研究［M］. 北京：北京师范大学出版社，2009：31.

② 甘剑梅. 教师应该是道德家吗：关于教师道德的哲学反思［J］. 教育研究与实验，2003（3）：25－30.

信念追求的基础和前提”，“是教育活动之所以成立的基本条件”。离开了底线伦理的规定，“教育活动就失去了其正当性”。[①]除了普适性和基础性要求以外，底线道德也有最低限之义。底线道德“从根本上说是一种消极的道德”，“为教师的活动确立了最低规范，这意味着教师不能够突破这样的底线，否则就会做出危害学生的事情”[②]。郝文清认为，“在道德实践中，否定的规范比肯定的规范更具有价值和意义，因为在否定了人们不应该有的行为之后，余下的都是应该做的，这样就可以避免以肯定形式而导致的圣人化倾向和道德绑架现象的发生”。“教师在任何时候都不能够损害学生的正当合法利益”是教师道德的底线。[③]

但是，底线道德定位面临着道德底线下移的风险，且底线道德无法充分激发教师努力追求教育理想。例如，20 世纪初“社会整体道德发生多方位下移”[④]，师德底线也在下移。吉永桃认为，“虽然在当前的教师专业道德建设中存在着底线师德与崇高师德博弈的现实困境，但如果底线师德完全泛化为师德本身，崇高师德失去其应有之位，教育工作者将底线师德视为师德的全部，忽视对崇高师德的自觉追求，教师专业道德的建设也将面临巨大的挑战”[⑤]。作为“提倡的道德”，理想道德是一种“积极的道德”“有为的道德”，具有“超越性特征”[⑥]，能够激励教师不断超越现实与自我，付出更多有益于学生的教育努力。

为此，大多数研究认为教师道德需要兼顾理想与底线，并在理想与底

---

① 冯婉桢 . 教师专业伦理的边界 : 以权利为基础［M］. 北京 : 教育科学出版社 , 2012 : 57.

② 杨林国 . 论教师道德 : 由“底线的道德”走向“提倡的道德”［J］. 中小学教师培训 , 2005 (12) : 52 − 53.

③ 郝文清 . 论教师道德的底线［J］. 齐鲁学刊 , 2010 (5) : 96 − 99.

④ 李敏 , 檀传宝 . 师德崇高性与底线师德［J］. 课程 · 教材 · 教法 , 2008 (6) : 74 − 78.

⑤ 吉永桃 . 底线与崇高 : 教师专业道德的坚守与追求［J］. 当代教育科学 , 2020 (3) : 3 − 6.

⑥ 同②.

线之间取得平衡。李敏和檀传宝提出，师德建设应“做到既尊重师德的高层次需要，又注重底线师德的合理性与贯彻落实，努力将师德建设推向专业化的发展道路”①。冯婉桢也认为，“底线伦理与专业信念相结合，才能构成完整的教师专业伦理”②。吉永桃提出，“在实践中应以‘常人’道德为基础建立符合教师专业特点的底线师德，保留对‘圣人’道德即崇高师德的理想形象的追求，在底线与崇高中寻求平衡，引导教师构建属于自己的真实的师德”③。因此，从外部环境给教师良好的支持，并激发教师内在的道德自觉，让“崇高师德成为可能”，“使底线不低”④，是教师道德建设努力的目标。

进一步来看，教师道德应整合规则（规范）取向与美德取向。“规范取向忽视‘应该做什么样的教师’这一理想问题，因而缺乏激励力量；而美德取向难以回答‘做什么是正确的’的规则问题，因而无法给予明确的道德指导。统一取向试图通过构建‘道德理想—价值原则—行为规则’的三层次体系，以实现道德理想与行为规则之间的平衡。”⑤“规则和美德共生共融，从道德的外在与内在、工具和目的之维分别解释教师的道德生活，协同展现了教师专业道德的多维、整体的图景，为我们审视教师的专业生活提供了更丰富、更宽容的多元化的道德生活观。任何单一的道德取向都无法支撑起教师专业道德的全部。”“规则立足于正当，强调教师的义务和责任，对教师提出道德要求和指令，为教师的道德选择和决策提供具体的、可直接参照的程式，为考察教师道德行为的正当性提供了标准。”“美德立足于善，鼓励教师道德人格的完善和自我实现，通过提供专业理念、塑造

---

① 李敏，檀传宝．师德崇高性与底线师德［J］．课程·教材·教法，2008 (6)：74－78.

② 冯婉桢．教师专业伦理的边界：以权利为基础［M］．北京：教育科学出版社，2012：57.

③ 吉永桃．底线与崇高：教师专业道德的坚守与追求［J］．当代教育科学，2020 (3)：3－6.

④ 同③.

⑤ 杨坚，杜时忠．我国教师专业伦理建设取向省思［J］．中国教育学刊，2022 (5)：96－102.

专业态度来影响、指引教师的当下行为，评价教师的道德品格和整体的专业生活。美德也是规则得以贯彻的主体性条件。”[①]“统一取向的教师专业伦理在行为规则层次应该选择监管型规范，以此为教师行为提供明确的规范依据；并且应该以正义作为教师道德义务的边界，以确保教师的正当权益特别是基本权利不受侵犯；还应该倡导‘专业人’形象，以尽可能实现多元道德理想之间的平衡。”[②]

（二）教师权利与责任

如果说理想与底线是教师道德纵向的层次划分，权利与责任就是教师道德横向的构成区分。大多数研究在探讨教师道德时只关注了教师的责任或义务，关于教师权利的讨论则集中在了对教师的惩戒权及其限度的分析上。

对于教师权利与责任的关系，已有研究均认为教师权利与教师责任之间应均衡，教师权利与学生权利之间应双向维护。作为教育专业活动领域中的特殊规范，教师专业伦理必定是对教师专业权利与专业义务的说明，而不是对教师一般权利与义务的解释。冯婉桢在研究中提出，“在教师专业伦理中，教师的专业权利与专业义务一定要并重”[③]，“而且要维持教师专业权利与专业义务之间的均衡”[④]。这是教师专业伦理的内部边界。“专业权利告诉教师可以做什么或不做什么，告诉学生及社会公众不可以对教师做什么；专业义务则告诉教师必须做什么以及一定不能做什么，告诉学生及

---

① 王夫艳．规则抑或美德：教师专业道德建构的理论路径与现实选择［J］．教育研究，2015（10）：64－71＋97.

② 杨坚，杜时忠．我国教师专业伦理建设取向省思［J］．中国教育学刊，2022（5）：96－102.

③ 冯婉桢．教师专业伦理的边界：以权利为基础［M］．北京：教育科学出版社，2012：59.

④ 同③ 60.

社会公众可以要求教师做什么。”[①]“在教师专业伦理中,教师所拥有的任何一项专业权利都要有与之相对应的专业义务的规定，教师所承担的任何专业义务都要有与之相对应的专业权利的保障。”[②]李晓燕从教育法学的角度解析教师权利与教师义务的关系时，也认为权利和义务之间是一种相互依存、不可或缺的关系。“权利的实现以相应义务的履行为保证，义务人如果不承担义务，权利人就不可能享受权利。”“权利的享有和义务的履行都不能超出法律允许和要求的范围。”[③]曹辉从教师劳动的专业特点出发，具体指出了教师道德权利与道德义务的内容。“教师应当享有获得尊重、获得人格尊严保障、获得教学话语表达、获得荣誉和公正评价等道德权利；同时，教师除了履行在社会交往关系中的普通公民的道德义务之外，还应当主动地提升自身的道德人格，自觉地尊重受教育者的发展主体性，不断加强道德自律,增强‘为人师表’‘教书育人’的专业道德义务感。”[④]曾妮则强调学生的权责与教师的权责之间应实现均衡。“教育是一种关系性实践，教育关系的改变往往会带来教育中各主体权利义务内涵的改变。”师德建设需要在“新的学生权利界定下重新阐释教师责任、明确教师义务”。[⑤]

然而，在现实生活中，教师权利与责任之间的边界是模糊的，且权利与责任常常失衡。“教师的专业权利与专业义务之间恰好构成对等关系，那应该是概率极小的偶然事件。在大多数情况下，教师的专业权利要么大于教师的专业义务，要么小于教师的专业义务。如果将这两种情况推至极

① 冯婉桢.教师专业伦理的边界:以权利为基础[M].北京:教育科学出版社,2012:59.

② 同① 60.

③ 李晓燕.我国教师的权利和义务论纲[J].华中师范大学学报(人文社会科学版),1998(1):32－37.

④ 曹辉.教师的道德权利和道德义务[J].东北师大学报(哲学社会科学版),2011(1):170－173.

⑤ 曾妮.高校师德建设应厘清学生权利边界[J].国家教育行政学院学报,2022(9):15－19.

端的话，就会出现教师专业权利无限膨胀与教师专业义务无限扩展的局面。”[①]“在教师专业权利大于教师专业义务的情况下，尤其是在教师拥有特权的情况下，与教师相对应的教育情境中的他人往往是不自由的。尤其，学生会对教师形成一种人格依赖关系。”[②]“教师的专业义务大于专业权利往往发生在两种情况之下：一种是教师的专业权利受制于某些因素不能发挥作用，使得教师在履行相应的专业义务时十分被动；另一种是教师承担了新的专业义务，却没有被授予相应的专业权利。教师的专业义务大于专业权利，就意味着教师在面对教育情境中的他人时要更多地选择服从，他们缺乏或只有微弱的制衡他人的力量。这样，教师就会处于不自由的状态，甚至处于一种受奴役的状态。”[③]苏启敏在研究中也指出，教师专业自主权与专业责任之间“多表现为不对称的失衡关系。此种失衡包括两方面。一是专业责任大于专业自主权，权力上的弱势导致教师无力承担责任；二是专业自主权大于专业责任，赋予教师的权力超出履行责任的界限且缺少法律监管，造成权力的滥用。两种情形下教师都难以正常履行专业责任”[④]。另外，有研究指出，“学生权利意识过度膨胀，将会为教师责任的落实带来一系列挑战”[⑤]。

其中，教师责任无限扩张是已有研究批判的焦点。“在当前我国的教育变革中，学校教育之外的教育力量弱化，教师被赋予了更多角色，教师责任标准也出现泛道德化倾向，教师在培养儿童中的责任被放大。由此带

① 冯婉桢．教师专业伦理的边界：以权利为基础［M］．北京：教育科学出版社，2012：95.

② 同①97.

③ 同①.

④ 苏启敏．为责任而教：教师专业责任的概念澄清与边界划定［J］．教师教育研究，2017(4)：13－19＋23.

⑤ 曾妮．高校师德建设应厘清学生权利边界［J］．国家教育行政学院学报，2022(9)：15－19.

来的是教师成长受阻乃至责任消解，最终受伤害的还是儿童。”[①]“将本该由学校、家庭和社会共同承担的教育责任全部交付给学校，使得学校处于孤立状态。”“尤其是在学生问题增多的情况下，越来越多的教师除肩负着教学、辅导任务外，实际上几乎承担了对孩子全部的教养和监护责任，甚至还要试图控制不良社会风气的影响或努力创建良好的社会资源。这些并非来自理论或由法律赋予教师的，而是完全由多种社会职能及其他社会角色向教师转移的社会责任，使教师承担了他们不该也无法承担的重任。”“过多的责任实际上就是消解责任，而过重的责任就会使教师无力承担教育责任。因此，给教师适量适度的教育责任才能真正使教师切实担负起教育责任。”[②]

李斌辉专门批评了高校教师责任被无限放大的现象。“以高校人才培养为例，高校教师必须为学生的发展负责。大学生的学习、生活、毕业找工作，甚至因为恋爱不成或考试挂科出走，都会追究教师的责任。教师为此不但要承担道义上的压力，有时还需承担经济上、法律上的责任。高校教师的学术责任、社会责任，也有着无限扩大的现象。”他认为这种现象会阻碍高校教师的专业成长。[③]吴虹雨和朱成科专门指出，农村教师社会责任扩大化现象在农村劳动力流向城市的背景下日益凸显，“表现在农村教师被动地承担‘监护人’的责任、孤立地承担促进学生社会化的责任和理想化地承担文化传承的责任”[④]。

为扭转教师权利与责任失衡现象，已有研究从不同的立场出发主张

---

① 李斌辉．教师能否“为了学生的一切”：对教师责任扩大化的一种反思［J］．教育发展研究，2010 (12)：35 － 40.

② 胡锋吉．教师的教育责任界限［J］．教育科学研究，2008 (1)：57 － 60.

③ 李斌辉．教师责任边界：高校教师专业发展的一个视角［J］．国家教育行政学院学报，2011 (3)：47 － 51.

④ 吴虹雨，朱成科．教师不能承受之重：对农村教师社会责任扩大化的思考［J］．教育科学研究，2012 (8)：36 － 40.

限定教师责任或教师权利的边界。李保强与陈忠伟建议，“对待教师责任，我们既不可硬性地、无限制地增加其责任负担和压力，也不可强行限制其主动承担责任的愿望和能力的发挥空间。这样的态度才是辩证而尊重人性的。”“教师的责任是有限的，不能无限制地将一切责任归结于教师。”“我们可以从责任的最低限度和最高限度两方面去界定教师责任的限度，确立一个适当的责任范围。”[①] 李斌辉则提出，应把社会对教师的期待“分离成最低期待和最高期待两个部分，并把其中的最低期待作为教师必须达到的要求，而最高期待则作为鼓励教师努力追求的境界”。与此同时，“根据中小学教育任务和教师工作的性质，对社会期待语附加恰当的说明或界定”，明确教师责任的边界。[②] 其次，学校、家庭、社会多方主体应共担教育责任，促使教师责任适度。例如，为促进高校教师责任均衡，高校应分层分类“明确自己的办学功能定位”，“建立责任共担体，赋权与高校教师”，“降低对高校教师的角色期待”，“建立教师责任标准，对高校教师责任‘有组织地舍弃’”。[③]

在教育场域中，教师个体、教师组织、政府三方主体应致力于再建教师专业伦理规范，寻求教师专业伦理的可能边界，以使教师权利与责任均衡。“第一，教师个体要具有边界意识与权利意识，并主动地发展和积累专业资本；第二，作为教师个体走向社会群体的中介环节，教师组织要发挥好权利救济与专业引领两方面的作用；第三，再建教师专业伦理规范，这是持续不断地变革教师专业伦理体系的可操作手段；第四，政府要有消极

---

① 李保强，陈忠伟．教师责任范畴：内涵、外延及其架构［J］．教育科学研究，2013 (5)：11 － 17.

② 李斌辉．教师能否“为了学生的一切”：对教师责任扩大化的一种反思［J］．教育发展研究，2010 (12)：35 － 40.

③ 李斌辉．教师责任边界：高校教师专业发展的一个视角［J］．国家教育行政学院学报，2011 (3)：47 － 51.

与积极两方面的作为，为教师专业伦理的改善创造好的社会与教育环境。”[①]其中，教师之间形成专业共同体，持一种平衡的取向与批判超越的立场来投身教育工作，对教师道德边界的动态平衡至关重要。有研究基于对挪威教师伦理文本的比较分析，强调“在教师共同体与社会的关系上，一方面，教师应该忠诚于教育目标，合乎法律地进行民主自治，形成规则来管理自己的机构，所有的行为都要与政治授权和专业伦理一致。另一方面，专业工作者应该维护自己的政治授权，在学术讨论中和关于教育的政策争论中自由积极地发言”。“在专业共同体内部，同事之间要互相支持，但在工作场合发现不能接受的情境时教师又不能姑息。当同事在工作中遇到某一个挑战时，要给予支持，并分担责任。”“教师有责任在专业共同体中创造并参与一种积极合作的文化氛围，在其中所有人的意见都会得到认真对待。”另外，教师要“尊重其他专业的能力，承认自己专业的局限性”，与其他专业的成员建立良好的合作，注意对他人专业权利的尊重，避免越俎代庖。[②]

具体到教师惩戒权来看，已有研究指出其边界不清，导致教师要么不敢对学生惩戒，要么惩戒过度的问题。“教师惩戒权是教师基于其职业身份而获得的一种强制性管理学生的权力，是教师的职业性权利之一。”[③]“教师在惩戒学生过程中，遇到的一个突出问题，就是如何区分惩戒与体罚、变相体罚。调查发现，只有39.5%的教师表示能准确区分惩戒与体罚、变相体罚，33%的人表示不能准确区分，另有27.5%的人表示不清楚。这样就给教师惩戒权的行使带来很大困惑。”[④]为明确教师惩戒权的边界，有研究建议“必须明确惩戒权行使的法律前提，确立教师惩戒权行使的基本原

---

① 冯婉桢.教师专业伦理的边界：以权利为基础[M].北京：教育科学出版社，2012：137.
② 冯婉桢.由《教学工作专业伦理》看教师责任的边界[J].中国德育，2017(21)：9－10.
③ 梁东荣.教师惩戒权存在的合理性及实施初探[J].中国教育学刊，2003(8)：59－62.
④ 刘冬梅.中小学教师惩戒权的调查与思考[J].教师教育研究，2016(2)：96－100.

则，正确选择合法的惩戒方式，明确区分惩戒与体罚、惩戒与侵权的界限”[①]。在教育过程中，教师要合理使用惩戒权，以不妨碍学生利益、教学秩序和公共利益作为行使惩戒权的前提，并遵循一定的原则。第一，目的正当，以教育学生为目的；第二，措施适度，既要考虑学生所犯错误的性质与程度，也要考虑惩戒对象的身心特点与可接受程度；第三，尊重学生的人格尊严与权利，不能对其造成伤害或其他不利影响；第四，程序公正，遵循学校的惩罚程序和标准规定，有错才有罚。还有研究建议学校为教师惩戒权的合理使用提供规制、引导与保护，相关部门“运用行政指导或者行政命令指导学校制定教师惩戒规则，或者直接授权学校制定教师惩戒规则”。这“符合教师惩戒的教育行为属性，也是对教师专业权利的尊重”[②]。

（三）教师道德规范与其他规范

在社会规范体系中，道德规范是依靠社会舆论和个人自觉来调节人际交往的一种规范，不同于政治规范、法律规范、习俗规范、技术规范等。同样地，在教育领域，教师道德规范应有清晰的边界，与其他类型的约束教师行为的规范区分开来。

以 2008 年教育部颁布的《中小学教师职业道德规范》文本以及社会公众日常谈论的师德规范为分析对象，黄向阳认为该文本中的条目规定不完全是道德规范，还存在政治规范、法律规范、习俗规范和业务规范等。“中华人民共和国的教师要热爱祖国，热爱人民，拥护中国共产党领导，拥护社会主义，全面贯彻国家教育方针，不得有违背党和国家方针政策的言行。这是教育工作的政治规范。违背这种规范，是政治错误，而不是道德错

① 刘冬梅，程丽．论教师惩戒权的法律边界［J］．新疆师范大学学报（哲学社会科学版），2020 (1) : 84 − 92.

② 胡劲松，张晓伟．教师惩戒行为及其规制［J］．华东师范大学学报（教育科学版），2020 (3) : 25 − 31.

误。”“教师要自觉遵守教育法律法规，依法履行教师职责权利。这是教育工作的法律规范。违反这种规范，叫违法，称之为‘道德过失’并不恰当。”“教师衣着要得体，不要穿奇装异服进入校园。教师举止要文明，对学生和同事都要彬彬有礼。这是教育工作的礼仪规范。违反诸如此类的规范，是失礼，是失仪，但称不上‘缺德’。”“教师开展工作要使用普通话，用语要规范。有的学校还规定，任课教师印制习题和试卷需经教研组长审批，调课要在教务处备案。凡此种种乃是教育工作的业务规范。”这些规范在教育工作中是必要的，但不属于纯粹的道德规范。教师道德规范“是靠教师群体舆论维系、教师个人良知支持的一套评价教育工作的善恶标准及以之为基础的行为准则”。[①] 这是教师道德规范与其他规范不同的特点。

其中，教师道德规范与法律规范的边界不清受到了更多研究的关注。孟俊红对比分析了 2008 年的《中小学教师职业道德规范》文本和《中华人民共和国教师法》文本，认为“教师职业道德规范与法律规范趋同化现象严重”[②]。导致该问题的原因包括制定主体和制定程序的同化，以及规范制定技术因素和我国传统文化精英化的影响。徐万山强调，教师职业道德规范应该具有道德属性。教师道德规范与法律规范的不同表现在：“首先，法律是以权利和义务为内容的，一般要求权利和义务对等，没有无权利的义务，也没有无义务的权利。而道德一般只规定了义务，并不要求对等的权利。比如说，面对一个落水者，道德要求你有救人的义务，却未赋予你向其索要报酬的权利，向被救起的落水者索要报酬往往被视为不道德。其次，法律规范具有强制性，道德规范更多的是通过大家的认同而得到遵守。违反法律规范要追究法律责任，违反道德规范主要是通过舆论谴责和自我

---

① 黄向阳．师德的边界：兼评电视辩论“先跑老师该不该受到指责？”［J］．河南教育学院学报（哲学社会科学版），2010（6）：63－68.

② 孟俊红．论教师职业道德规范的边界［J］．河南教育学院学报（哲学社会科学版），2010（6）：70－73.

反省来解决问题。最后，从深度上看，如果没有违法行为存在，法律并不惩罚主观过错本身，而道德不仅调整人们的外部行为，还调整人们的动机和内心活动，它要求人们根据高尚的意图而行为，要求人们为了善而去追求善。”[①] 正因如此，教师职业道德规范与教育法律规范应分工运作。“教育法律规范所关注的应当是教师职业的底线道德问题，其应当有相应的可执行的法律责任作为保障。教师职业道德规范则应当在底线道德基础之上对不同层次的教师提出不同的职业道德规范要求。”[②]

除了教育部制定的《中小学教师职业道德规范》中存在多种类型的规范，地方和学校使用的教师道德规范中也存在边界不清的问题。冯婉桢搜集了全国十多个地市或学校（分布在不同省份）正在使用的教师职业道德规范的文本，并对这些文本进行了分析。“研究发现这些教师职业道德规范不只反映了教师职业生活中的道德价值标准，还涉及教师职业活动中的政治标准和法律规范，甚至对教师的教学方法、程序和使用的语言，以及职业经济活动等都做出了具体规定。换句话说，教师职业道德规范并没有与教师教育活动领域中的经济、政治、法律、技术和语言这些非道德规范区分开来，终致教师职业道德规范的边界不甚清晰。”研究建议修改教师职业道德规范中的非道德规范，“只保留其道德意蕴”。“教师职业道德规范不可以直接包含教师活动中的经济、政治、法律、技术和语言规范，但可以在道德与教师的经济、政治、法律、技术和语言活动的联系中考虑教师职业道德规范对这些活动的限定。”[③]

综合来看，对教师道德的概念、范畴和边界的认识勾勒了教师道德规

① 徐万山. 教师需要什么样的职业道德规范[J]. 河南教育学院学报(哲学社会科学版), 2010 (6) : 68 − 70.

② 孟俊红. 论教师职业道德规范的边界[J]. 河南教育学院学报(哲学社会科学版), 2010 (6) : 70 − 73.

③ 冯婉桢. 教师职业道德规范的边界 [J]. 教师教育研究, 2009 (1) : 16 − 20.

范研究的概貌。在新的时代背景下，教师道德的规范研究还会随着社会需求与教育实践的变化而发展，并在发展中实现“历史、理论、实践三重逻辑”[①]的统一。

① 杨霞，范蔚. 论教师伦理发展的三重逻辑［J］. 教师教育研究，2022(6)：16－22.

第二章
教师道德的比较研究

教师道德的比较研究侧重于通过对我国港澳台地区和国外师德建设的主要做法、典型案例、实践路径等方面的介绍，总结提炼出若干对我国内地（大陆）师德建设具有启示作用的有益经验，从而达到“他山之石，可以攻玉”的借鉴目的。可以说，对港澳台地区和国外师德建设情况的研究，是我国教师道德研究的重要领域。

第一节　港澳台地区的教师道德

总体来看，我国内地（大陆）学者对于港澳台地区的教师道德研究较少。从目前所掌握的文献来看，对台湾地区教师道德的研究论文最早发布于 2006 年，对香港地区教师道德的研究论文最早发布于 2009 年，对澳门地区教师道德的研究论文最早发布于 2017 年，这也与三个地区出台相应的教师专业伦理规范的顺序一致。这些研究的内容也比较有局限性，主要集中在对各地区的教师专业伦理建设现状的分析上，主要目的在于介绍港澳台地区的师德建设情况、制度、具体规范内容和特点等，并与内地（大陆）进行对比，以期为内地（大陆）的研究提供一定的借鉴经验。

一、台湾地区的教师道德

当前我国大陆学者对台湾地区的师德研究主要集中在对台湾地区教师专业伦理建设的经验介绍和对相应政策规范文本的分析上。一方面，学者们梳理了台湾地区教师专业伦理建设的进程；另一方面，学者们对台湾地区的教师专业伦理规范文本进行了分析，并试图将其与大陆的教师职业道德规范文本进行比较研究。

（一）台湾地区教师专业伦理建设的经验介绍

台湾地区的教师专业伦理建设源于教师专业化概念的兴起及其在台湾地区和国际社会的广泛影响。1985 年，美国学者 Strike 和 Solits 出版了《教学伦理》（*The Ethics of Teaching*）一书，引发了国际社会对教师专业自主权和教育伦理的普遍重视，这也在一定程度上催生了台湾地区的教师专业化运动。除此之外，随着台湾地区社会的发展与变革，传统的教师形象和地位受到冲击，教师伦理道德观欠缺，这些都迫使台湾社会重新认识教师身份，并进行教师专业伦理建设。

对台湾地区教师专业伦理建设现状的研究主要包括两方面，一是学术层面的研究进程，二是政策层面的推进过程。从台湾地区教师专业伦理的发展进程来看，对教师专业伦理的学术研究先于政策落实。杨旻旻梳理了台湾地区教师专业伦理的建设情况，从中可以看出，台湾学者们首先关注到教师的专业发展和专业伦理，然后这些理念通过各种政策得以在实践层面落实，并在此后形成了政策推动与学术研究相互融合和促进的局面[①]。早在 20 世纪 70 年代，林清江、贾馥茗等台湾学者便就教师专业和专业伦理

---

① 杨旻旻．略论台湾地区的教师专业伦理建设［J］．集美大学学报（教育科学版），2006（4）：30－35.

展开了学术讨论。1985 年，谢文全将全美国际教育协会的教师专业化标准介绍到了台湾地区，提供了先进的现实经验。1994 年，台湾地区出台了所谓的“师资培训法”，提出要重视教师道德品格的陶冶。1995 年的所谓“教师法”中规定要制定教师自律公约，1999 年台湾地区据此成立了全地区的教师会，并于 2000 年正式实施全地区的《教师自律公约》。这一公约是台湾地区首部教师专业伦理规范，是台湾地区教师专业伦理建设的重要里程碑，让台湾地区教师的专业化发展迈出了重要一步。此后台湾各地和有关教师团体也开始制定更加具体细致的教师专业伦理准则。所谓的“师资培训法”颁布后，教师专业伦理在台湾地区得到了更大范围的讨论，《教师权利与责任》《教育伦理学》等书籍相继出版，美国学者 Strike 和 Solits 所著《教学伦理》台湾译本也随之问世。随着学术研究和现实政策的不断推进，台湾学者对教师专业伦理的关注点也逐渐从偏向理论的“教师专业伦理的重要性、内涵以及其与教师专业知能、专业自主、专业尊严的关系”等问题转向对台湾地区教师专业伦理建设的具体实践的讨论。

杨旻旻将台湾地区教师专业伦理建设所面临的现实问题概括为三个层面：一是传统与现实的冲突，二是专业自主与行政管束的冲突，三是中西方理念与台湾特色的冲突。这三种冲突具体表现为：第一，在台湾地区的传统社会中，“师道尊严”的思想一直存在，教师并不是普通的职业，教师具有道德上的崇高性和人格上的理想性。因此，有台湾学者赞成回归传统，对教师的要求更加严格，认为教师应当具备崇高的道德，提升理想信念，献身教育事业，等等。但与此同时，在台湾地区的现实社会中，传统的价值观在逐渐沦落，教师的形象日渐普通，只被看作众多职业中的一种，要求教师拥有崇高的职业理想和无私的奉献精神似乎不切实际。在传统与现实的冲突中，如何把握教师专业伦理的定位、寻找师德崇高性和底线性的立足点，是迫切需要解决的问题。第二，在所谓的“教师法”的推动下，教师团体成立了诸多专业组织，旨在维护教师的专业尊严和专业自主权，也对团体内的教师行为起到约束作用，以形成一个高度自治和高度自律的专业团体。但在现实操作中，教师专业团体的威信和约束力并不理想。一方面，由于专业团体无法强制所有教师加入，因此仅能对团体内成员进行约束；另一方面，专业团体并不具备准入和解聘的行政权力，这就导致教师的专业自主往往被行政管理所干预。如何平衡教师的专业力量和行政力量，也是亟须解决的问题。第三，“教师专业伦理”的理念源于西方，无论是在内涵上，还是在教师形象上，与中国传统“师德”的理念都不可避免地具有明显差异。如何在借鉴西方经验的基础上找到自身的文化基础，建设立足于中华文化和台湾本土特色的教师专业伦理，更是需要不断挖掘和探究的问题。①

（二）台湾地区教师专业伦理规范的分析和比较

教师专业伦理规范的出台是教师专业伦理建设的重要进程，规范的内容也是对教师专业伦理要求的重要展现，因此更多学者将研究目光聚焦到了对台湾地区教师专业伦理规范的文本和内容的分析上。

孙鸣比较了台湾地区的《教师自律公约》和大陆的《中小学教师职业道德规范》，发现从制定规范的主体来看，大陆的《中小学教师职业道德规范》由教育部和中国教科文卫体工会制定，其制定主体是政府部门，而台湾地区的《教师自律公约》是由教师会制定的，其制定主体本质上属于教师专业化组织；从文本的格式来看，大陆的规范格式较为简单，总共包含六个条目，而台湾地区的规范则包含前言、教师专业守则和教师自律守则三大部分，内容更加全面具体；从语言表达和可操作性来看，大陆的规范以陈述句为主，四字词语居多，内容宽泛，没有对教师的外显行为做出具体要求，相比之下台湾地区的规范对教师的要求具体到教学方法和课程内容。此外，大陆的规范强调了教师的政治立场，而台湾

---

① 杨旻旻. 略论台湾地区的教师专业伦理建设［J］. 集美大学学报（教育科学版），2006（4）：30 - 35.

地区没有这方面的内容。[①]

徐宪斌分析了台湾地区 2016 年版《教师专业标准指引》，并对其进行了述评。他首先分析了《教师专业标准指引》出台的背景，认为在台湾地区所谓“师资培育法”颁布之后，其教师教育走向多元化，这也导致教师质量良莠不齐，教师的评价面临挑战，因此 2012 年台湾地区发布《师资培育白皮书》，计划重新设立教师专业标准和评价体系，而 2016 年版《教师专业标准指引》正是该计划的一部分。然后徐宪斌从设计理念、结构和内容三个方面对 2007 年版和 2016 年版《教师专业标准指引》进行了比较，发现在设计理念上，新版《教师专业标准指引》体现了“良师形象”，构建了“教育爱人师”“专业力经师”“执行力良师”的教师专业形象；在结构体系上，新版《教师专业标准指引》设置了十个维度的专业标准并列举了详细的指标说明；在内容方面，新版《教师专业标准指引》更加突出能力指标，教师职业道德方面的指标篇幅较小，同时表述更为精简，更强调操作性。[②]

刘学坤分析了台湾高校的教师专业伦理规范文本。他选取了台湾清华大学、台北大学、台湾中国科技大学、台东大学、台湾中华大学、台湾海洋大学、佛光大学、大叶大学、花莲教育大学、高雄医学大学等 10 所不同层次和类别的台湾高校，对这 10 所大学的教师专业伦理守则进行文本分析，并与大陆教师职业道德规范文本进行比较。研究发现，从出台动机来看，各高校的教师专业伦理守则均是为了教师专业尊严、专业自主和教师形象等方面的规范和维护，旨在预防大学教师可能出现的不良行为，并试图以守则的制定推动大学教师专业伦理的建设。从制定依据和方式来看，守则由各高校自主制定，并以所谓的“大学法”和所

---

① 孙鸣．我国内地和台湾省教师专业伦理比较［J］．考试周刊，2014 (A0)：12 – 13.

② 徐宪斌．我国台湾地区 2016 版《教师专业标准指引》述评［J］．上海教育科研，2016 (8)：21 – 24.

谓的“教师法”为主要依据。在制定过程中，各高校会成立“教师伦理守则推动委员会”，负责各项任务的推进，程序清晰明确。从适用对象和范围来看，守则的约束对象均为本校的教师，虽然不同高校对此的具体表述略有差异，但并无本质差别；守则的约束范围则是教师的具体行为，值得注意的是，教师校外的专业行为同样在守则约束的范围内。从具体内容来看，10 部守则都包括了基本信念、教学伦理、学术伦理、校园伦理、社会伦理等五大内容，对教师各方面的具体行为都进行了详细规定，有些还进行了原则性的概括。总体来看，不同高校的守则具有一致性，这也体现了台湾地区高等教育界在教师专业行为上的伦理共识。基于以上分析，可以概括出台湾地区高校教师专业伦理规范文本的特点。首先，这些守则的规定具体细致、专业指导性强，不仅对各种情况进行了详细描述，还给出了相应的说明和解释。其次，这些守则体现了对教师道德教育责任的重视，即重视教师对学生的道德教育与学术道德训练的责任。最后，这些守则对性别、性取向、性骚扰、宗教和动物伦理等当代社会的敏感问题给予了关注，体现了对现实和时代的观照和顺应。①

对比台湾地区和大陆的教师专业伦理规范文本，可以看出两岸之间存在诸多差别。首先，从规范文本的命名上看，台湾地区多使用“教师专业伦理”，而大陆仍习惯使用“教师职业道德”。其次，从规范内容来看，大陆的规范文本制定得不够具体，缺乏可操作性，且往往将思想政治教育责任放到教师的专业范畴内。最后，从规范制定的立足点来看，台湾地区的守则在制定过程中借鉴了西方对教师专业伦理内涵的界定，更加重视教师的专业地位，将教师专业伦理的制定视为教师专业发展和专业地位确立的重要标志，因此在规范制定上更加细化，能全面指导与规范本校教师的行为，以彰显大学教师的专业性。而大陆的高校教师职业道德规范则是从“师

① 刘学坤．台湾地区大学教师专业伦理建设现状与启示：以台湾 10 所大学的教师专业伦理守则为例［J］．现代大学教育，2012 (5)：65 − 71.

德建设”意义上来规范大学教师的专业伦理关系，缺少对大学教师社会伦理关系的清晰化，习惯于从总体的道德条目上陈述，因此显得笼统。虽然两岸的教师专业伦理规范存在较大差异，但由于受同一文化传统的影响，大陆和台湾地区的教师专业伦理是两岸公众对于教师的共同的角色期待，因此在教师基本信念和追求上具有共同的道德立场。①

二、香港地区的教师道德

当前内地学者对香港地区教师道德的研究主要集中在对其专业伦理建设的经验介绍和分析上，具体的研究内容可以分为以下三类：一是对香港地区教师专业伦理建设经验的介绍与分析，二是对香港地区教师专业伦理规范文本的分析与比较研究，三是对香港地区中小学师德问责制的介绍和分析。

（一）香港地区教师专业伦理的建设经验

香港地区的教师专业伦理建设开始于20世纪80年代，至今已经形成了比较成熟的体系。童宏保、谈丰铭认为，从专业发展的角度来理解教师伦理是香港地区教师专业伦理建设的一大亮点。他们从教师的专业操守建设、教师的价值观建设和教师的反腐倡廉建设三个方面介绍了香港地区的教师专业伦理建设经验。首先，教师专业操守的要求主要体现在《香港教育专业守则》中，该守则的出台和“教育人员专业操守议会”的建立是香港地区教师专业伦理建设的重要标志。其次，教师的价值观要求体现在2003年香港师训与师资咨询委员会发表的《专业的学习 学习的专业：教师专业能力理念架构及教师持续专业发展》中，其中提出了教师的六个基

① 刘学坤．台湾地区大学教师专业伦理建设现状与启示：以台湾10所大学的教师专业伦理守则为例［J］．现代大学教育，2012(5)：65－71.

本价值观，即“坚信学生人人能学”“弘扬师德，关爱学生”“尊重差异，多元取向”“恪尽本职，献身教育”“团队协作，乐于分享”“持续学习，追求卓越”。最后，香港地区还出台了关于教师反腐倡廉的各种政策，包括香港教育局出台的《学校及其职员收受利益和捐赠事宜》和香港廉政公署出台的《防贪锦囊：学校管治与内部监控》，对教师和校董会成员提出了洁身自好、廉洁自律的要求。[①]

童宏保、谈丰铭归纳和整理了香港地区教师专业伦理建设的经验，认为其具有文本制定注重民主与程序化、内容取向法理与德性并举、问责与惩戒严格的特点。此外，他们梳理了2018年以后香港地区教师专业伦理建设的三个新进展。其一是专业发展阶梯的提出为教师专业发展提供了新理念，同时，重视师德的教师专业伦理内容顺理成章地成为教师专业阶梯项目的核心内容。其二是《香港教育专业守则》不断修订，并新增诸多阐释和例子，内容更加具体化。其三是师德要求实现标准化，《香港教师专业标准参照》及《香港校长专业标准参照》的出台为教师提供了一套连贯的专业标准，帮助教师更好地确立专业角色目标，实现个人的专业成长。[②]

此外，也有一些学者着重介绍了《香港教育专业守则》的出台和修订过程。冯婉桢详细地梳理了《香港教育专业守则》出台的历史背景以及筹备委员会的艰难讨论过程，足以见得该守则的出台有赖于各类教育团体的努力，并以教师的专业组织为坚实后盾，其讨论和制定过程实质上是教师群体追求专业自治的过程。[③] 陈雄飞在介绍《香港教育专业守则》制定过程的同时，也介绍了其实施和不断修订的历程。操守议会自2009年起正式着手修订《香港教育专业守则》，并尝试加入具备参考事例的《实务指引》，

---

① 童宏保，谈丰铭．香港地区教师专业伦理建设：内容、特点与趋势［J］．中小学德育，2019 (9)：35－39.

② 同①.

③ 冯婉桢．《香港教育专业守则》的制定之路［J］．中国德育，2009 (1)：85－86.

但因存在争议，它们又被作为两个文件征求修订意见，截至陈雄飞发表相关文章时，这两个文件仍未获得通过。而与《香港教育专业守则》同步修订的《个案处理程序》则获得通过，并于 2018 年 6 月 1 日生效。根据修订计划，《守则》中增加了原则性的标题；《个案处理程序》将案件审理程序进行了优化，从原来的六个阶段精简为两个主要阶段；《实务指引》则收入了各种真实案例，以便教师能够对原则性的意见有更好的了解和掌握。①

（二）香港地区的教师专业伦理规范的分析和比较

内地学者对香港地区教师专业伦理规范的研究侧重于与内地的对比分析。张维、黄路阳都选取了国家教委、全国教育工会 1991 年颁布，1997 年修订的《中小学教师职业道德规范》和香港“教育工作者专业守则筹备委员会”1990 年制定的《香港教育专业守则》两部文本，并从多个角度进行了对比分析，旨在介绍和分析《香港教育专业守则》的内容和特征，并为内地从教师职业道德规范转向教师专业伦理规范提供借鉴。其主要发现是②：

第一，从规范的表述形式来看，内地的表述为“教师职业道德”，而香港的表述为“教师专业守则”。内地视教师专业伦理为一般行业道德规范，要求教师的行为符合一般的德行规范，最终导致道德规范的抽象、模糊，不能凸显教师工作的专业性。而香港将教师行为规范解读为教师专业伦理，是职业道德转化为专业伦理的体现，从专业化的角度讨论规范的建立，其建立的伦理标准有充分的理论依据，更加符合教师实际工作和专业发展的需要，符合历史趋势，更加有利于教师专业化的发展。这两种表述也暗含

---

① 陈雄飞．香港地区教师专业伦理建设进展基于《香港教育专业守则》制定与实施的考察［J］．中小学德育，2019 (9)：40 － 43.

② 张维．中国大陆与香港教师专业伦理的比较研究［J］．亚太教育，2016 (3)：178; 黄路阳．中国大陆、中国香港、美国教师专业伦理比较［J］．安康学院学报，2007 (2)：97 － 101.

着香港和内地两种师德建设的不同内在伦理逻辑。黄路阳认为，内地的教师职业道德规范更多地体现为约束教师行为的规范伦理，而香港的教师专业伦理规范更多地体现为引领教师专业行为向理想境界发展的德性伦理[①]。《香港教育专业守则》中提到，“在教育专业人员中发扬认同感，通过制定一套共同承认、共同努力的道德准则，提高教育专业人员的士气”。因此，内地的师德规范应当从教师职业道德转向教师专业伦理，从规范伦理到德性伦理，使教师专业伦理成为广大教师共同认可并努力追求的专业道德理想，引领教师的专业发展。

第二，从规范的目的和功能来看，内地的《中小学教师职业道德规范》侧重于对教师职业行为的约束，而香港的《香港教育专业守则》侧重于促进教师的专业发展[②]。内地的教师职业道德规范作为一种一般意义上的职业行为规范，强调对教师的管理，旨在通过教育行政部门和学校的定期检查和考核，对教师进行奖惩，确保教师具有基本的道德品质，遵守职业行为的最基本要求，成为一名合格的教师，避免出现影响正常教学的行为，严防出现道德败坏、违法乱纪的行为。而香港的教育专业守则更希望通过规范促进教师的专业发展，为教育专业人员提供专业指引和自律准则，保证他们在专业工作中做出合理的判断和恰当的行为，从而提高教育工作者的专业水平，维持高水平的教育，最终达到加强专业化、提高教育专业的自主权和社会地位的目的，这在《香港教育专业守则》规定的目标中也有所体现。

第三，从规范的制定主体来看，内地的教师职业道德规范主要由中央政府的教育行政部门制定，教师参与较少；而香港的教师专业伦理规范则由教师团体制定，充分听取了教师意见[③]。《香港教育专业守则》由“教育

---

① 黄路阳．中国大陆、中国香港、美国教师专业伦理比较［J］．安康学院学报，2007（2）：97－101.

② 同①.

③ 张维和黄路阳分别在文章中表达过相同的观点。

工作者专业守则筹备委员会”制定，该委员会由香港 25 个教育团体组成，其中包括了幼儿园、中小学教师和校长团体代表。该委员会通过举行教育会议，进行广泛的调查咨询，历时数年，最终制定了《香港教育专业守则》。与内地相比，香港教师组织在教师专业规范的制定中起到了更加重要的作用，这符合专业规范由职业道德向专业伦理转变的诉求。

第四，从规范的适用对象来看，《中小学教师职业道德规范》属于专门约束中小学教师的规范文本，而《香港教育专业守则》的约束对象则是广大的教育工作者，适用对象包括各级各类学校的教师和行政人员。虽然内地之后也相继出台了学前教育和高等教育领域的教师职业道德规范，但是相比来看，香港的规范适用范围更加广泛，也更体现教育工作人员之间的平等性。张维提出，虽然教师是教育专业人员的主要代表，但是教育行政人员也应该遵守专业伦理规范，否则容易导致教师和其他人员的对立，不能形成教育的合力，教育教学的效果将会大打折扣，同时也不利于对行政人员的必要指导①。黄路阳认为，内地的教师职业道德规范也应将适用的范围扩大到全体教育工作者，或者明确把教师的外延扩大到包括各级各类学校的全体教育工作者，而不要再把教师约定俗成地限定为从事教学的一线教师②。

第五，从规范的文本格式来看，内地的《中小学教师职业道德规范》格式简洁，仅有规范中小学教师职业道德的八项规条及其说明，显得较为单薄、片面。虽然内地对教师职业道德的意义、性质及实施要求等内容也作了较为详细的规定，但多出现在各类通知中，并未呈现在规范文本中。而《香港教育专业守则》的格式则更为严密，全文共四章，第一章为守则制定过程及有关背景简介，第二章为守则具体内容，第三章为权利，第四

① 张维．中国大陆与香港教师专业伦理的比较研究［J］．亚太教育，2016 (3)：178.

② 黄路阳．中国大陆、中国香港、美国教师专业伦理比较［J］．安康学院学报，2007 (2)：97 – 101.

章是建议执行方法。[①]

第六，从规范涉及的内容来看，内地和香港的规范文本均对教师在专业领域所应承担的义务进行了规定，包括对专业本身的义务、对学生的义务、对同事的义务、对家长或社会的义务等，但在其他内容上有所不同。[②]一方面，内地在《中小学教师职业道德规范》中明确规定了教师必须持有政治立场，将教师的思想政治素养与道德并重，而《香港教育专业守则》中则不涉及对教师政治立场的约束，这也可能是出于教育专业人员政治中立或将政治立场与专业规范分设的理念。另一方面，《香港教育专业守则》不仅规范了教师应当承担的专业义务，还专设一章阐述了教师的专业权利，这也是《香港教育专业守则》具有特色的一点。守则中指出，“作为公民，专业教育工作者应享有法律赋予的一切权利及基本人权”，还享有“作为专业工作者的权利”，比如“对教育问题公开发表意见”“拒绝与职务无关的非专业工作”等，此外教师还享有“作为雇员的权利”。任何活动都是权利和义务的统一，仅有义务而不享有应享的权利是不全面的，也不利于从业人员的专业发展。因此，香港的做法更有利于规范和保护教师的专业利益和权利。

第七，从规范的可操作性来看，内地的规范文本比较抽象、笼统，可操作性差，而香港的规范文本详细具体，且有具体的执行办法和执行机构，可操作性强。[③]内地的《中小学教师职业道德规范》中对教师行为原则性的要求较多，具体的描述性的要求较少，因此可操作性相对较差，这也是众多学者公认的内地师德规范文本的通病。而香港的规范对教育人员行为规定的条目较多、较详细，且具体的描述性的规定较多，可操作性较强。

① 黄路阳．中国大陆、中国香港、美国教师专业伦理比较［J］．安康学院学报，2007 (2)：97－101.

② 同①.

③ 同①.

此外,《香港教育专业守则》在第四章专门阐述了规范的执行办法，以确保守则的有效实施，对具体的实施过程也有翔实细致的规定。1990 年，香港公布《香港教育专业守则》时，将守则发放到了每一位一线教师手中。1994 年 4 月，香港专门成立了守则的执行机构——“教育人员专业操守议会”。该议会由教育团体代表、教师代表、教育行政部门代表和社会代表共同组成，其职能之一是就涉及教育工作者的纠纷或指称行为失当个案，向教育统筹局常任秘书长提供意见。同年 12 月，该议会制定了《个案处理程序》，详细规定了相应个案的处理程序，并在之后不断修订完善。这些措施都确保了《香港教育专业守则》的有效落实和执行。

（三）香港中小学的师德问责制

师德问责制一直是众多学者关注的问题，司林波、朱旭介绍了香港中小学师德问责制的内容和特点，以期为内地的师德问责制的建设和完善提供借鉴经验。其研究发现如下[①]：

香港师德问责制是教育问责制的重要组成部分，在经过长期、持续的教育改革后形成了以校内问责为主、校外问责为辅的问责模式。从问责主体来看，香港中小学师德问责的主体既包括学校内部问责主体，又包括以香港教育局、中小学学生家长、廉政公署为主的外部问责主体。学校作为内部问责的主体，承担主要的问责工作。香港教育局制定了“学校发展与问责架构”，强调以学校自我评估为主，以视学（督导）和校外评价为辅，推动学校进行自评。学校通过“策划—推行—评估”的自评循环，促进自我问责和完善。在外部问责主体中，香港教育局在师德问责过程中的主要任务是为学校开展自我评估提供外部保障，通过颁布一系列文件，对评估指标进行界定和说明，引导学校建立符合校情的自评机制。而家长作为学

① 司林波，朱旭．香港中小学师德问责制：内容、特点及启示［J］．西华大学学报（哲学社会科学版），2018 (4)：93 － 100.

校的共同决策者，也可以就学校的发展发表意见，并就学校的管理提出建议。家长有权就教职员工的不良表现向校方进行投诉，校董会负责调查相关投诉并开展后续跟进工作。此外，香港廉政公署作为反贪机构，也在一定程度上促进教师保持廉洁的作风、遵守职业道德，在师德问责机制中具有预防、监督、惩戒和教育的作用。总体来看，多元的问责主体有效地保障了香港中小学师德问责的专业性、透明性和公正性。

从具体的制度设计来看，香港中小学师德问责制主要依托两个制度体系展开，一是中小学教师职业培养制度，二是中小学教师师德评价制度。此外，相应的法律法规保障了对中小学教师的纪律惩戒得以有效执行。

中小学教师职业培养制度包括职前培养、教师注册及聘任资格审查和在职培养三个层面。教师职前培养的主要对象包括两类：一类是完成四年制学士学位课程且获得教育学士学位的大学毕业生；另一类是具有学士学位且学位的学科与即将选修的课程有关的大学毕业生，通过一年全日制的教育学位课程学习，掌握成为教师所必需的知识、技能和态度，明确教师的责任和义务，以具备在香港担任教师职位的资格。香港教师职前培养课程设置包括教育理论课、教育技能课、教育实践课、教育活动课和隐性教育课等五大部分，课程设置全面。此外，培养对象还需要完成实习，才能获得教师注册的资格；完成注册的教师才有资格在香港的中小学任教。注册教师要获得学校的聘任资格，还需要进行一系列的资格审查，包括居民身份、学历、身体状况、资历文件、犯罪记录等。香港教育局非常重视教师的道德操守，对于严重违法违纪的教师，教育局会拒绝其注册申请或撤销其注册资格。教师入职后，还需要在不同的教学阶段接受相应的在职培养，这项工作由香港教师及校长专业发展委员会负责。教师需要完成一定时长的进修学习，以提升自身素质和教学水平，增强责任意识，适应不断发展的教育教学需要。

香港中小学教师师德评价制度是建立在完整的中小学教师评价制度的基础之上的，具有完整的制度结构，包括评价周期、甄选评价者、评价范围、评价方法、评价报告和专业发展的跟进六个方面。香港中小学教师的评价模式共有三种，包括问责模式、专业发展模式和二者兼有的混合模式，其中问责模式以问责和考核为重点，专业发展模式注重教师的专业发展和进步，混合模式既强调问责又注重教师的专业发展。第一，评价周期是香港中小学教师评价制度的重要组成部分，一般为一年或连续两年，根据教师资历有所调整。定期评价为师德问责提供了周期保障，有助于及时发现师德问题并进行改正。第二，在评价人员的选择上，自评人员包括教师、家长、学生和特殊学校的专责人员；外评人员则要求更高，往往是教育局邀请的专家学者，这使得外评具有更高的透明度和专业性。此外，评价人员的选择会根据学校选择的评价模式而定。第三，评价范围包括教师教学或有关教学的职责、非教学的职责、教师的专业和个人能力三个方面，学校会制定明确、客观的评价指标作为依据，并根据实际情况调整指标。评价指标的制定和实行充分体现了中小学师德问责制以学校问责为主和动态问责的特性，这使得香港的中小学师德问责更具实证性和科学性。第四，评价方法主要包括收集资料和进行评核会晤两个方面。收集资料包括自我评核，观课，个人教学资料匣，其他表现资料，审核教学计划、教案以及习作 / 试卷的评阅情况五个方面。评核会晤包括协助教师进行检讨、了解教师的教学潜质和教学风格、拟定改进方案等方面，为评核人和教师提供了对话的机会，让双方就教师在评核期内的工作表现交换意见。第五，评价报告会系统地记录教师的工作表现，包括教师的个人学历、从事教育工作的经验、以往进修的记录、评核记录、评核会晤记录等。教师在评核会晤结束后还可进行申诉。第六，评价结束后还会继续跟进教师的专业发展状况，帮助表现欠佳的教师通过研讨会、旁观学习等方式改善表现。若教师并未在规定期限内做出改进，则有可能被学校终止聘用。

此外，纪律惩戒也是中小学教师师德问责制的重要一环，对教师失德行为的发生具有预防和震慑的作用。根据《雇佣条例》及《资助则例》，校董会可以根据教师的工作表现，视情况采取纪律处分。处理的程序也清晰明确，且根据教师行为是否属于刑事性质而采取不同的处理办法。对于非刑事性质的教师行为，由学校自主处理，学校通过召开会议、听取陈述、复核等步骤确定处分决定，并将结果上报所属地区的学校发展组。对于负有刑事责任的教师的处理，学校则需要协助警方或廉政公署裁决。值得注意的是，不管教师是否负有刑事责任，如果教师有失德行为，教育局会在其案件结束后，按事件的性质和严重程度，并参考法庭文件或相关的调查报告，重新审查其注册资格。

司林波、朱旭总结了香港中小学师德问责制的特点，认为其主要有问责主体多元化、问责对象的专业自主化、问责过程程序化等特点[①]。首先，多元问责主体的参与增强了问责的科学性、透明性和权威性，也增强了社会对学校的认同。其次，问责对象的专业自主体现在教师既是问责的客体，也是问责过程的主动参与者，教师可以在专业团体中表达对师德规范的体悟，进而形成一种自下而上的师德规范。这不仅充分体现了教师的专业自主权，也使教师能够充分发挥专业所长，主动参与到师德问责制度的制定过程中。最后，香港中小学师德问责制具有十分清晰的规范，执行程序明确，评价指标客观，体现了问责过程的规范性、合理性。

三、澳门地区的教师道德

当前内地学者对澳门地区的教师道德研究成果相对匮乏，且以实证研究为主，这些研究主要集中在对澳门教师专业伦理建设历程和现状的描述上，并且以《澳门教师公约》为主要研究对象，其主要目的在于介绍澳门的现实情况和问题。王毓珣、王颖梳理并总结了《澳门教师公约》制定的

---

① 司林波，朱旭．香港中小学师德问责制：内容、特点及启示［J］．西华大学学报（哲学社会科学版），2018（4）：93－100.

缘由和历程，并对《澳门教师公约》进行了相应评价。其研究发现[①]：

相比台湾和香港地区，澳门地区的教师专业伦理建设发展较晚，因此受到了来自国际、港台和澳门本土的多方面影响。《澳门教师公约》制定的缘由有三：第一，世界范围内的教师专业化建设如火如荼，按照西方发达国家的经验，一般都是在教师专业立法前后，着手制定本国或本地区的教师专业伦理准则或行为规范。英、美、俄、日、韩等国家均出台了相应的教师专业伦理规范，而我国内地和台湾、香港地区也相继出台了教师专业伦理规范，这些都为澳门地区教师公约的制定提供了较好的借鉴经验。第二，制定教师公约是为了顺应澳门地区教育的发展需要。澳门回归后，教育领域得到了迅速发展，免费教育覆盖年级增加、师生比降低、课程改革推进等现实因素都使得澳门需要一支师德高尚、专业精湛的教师队伍，这需要教师专业伦理规范的支撑。第三，澳门自身的教师专业化进程不断推进。由于私立学校在澳门基础教育中占主要部分，原来的教师队伍专业化程度较低。2006 年，澳门特区政府颁布了《非高等教育制度纲要法》，在法律上明确了教师的专业身份。澳门立法会 2010 年通过了《非高等教育公立学校教师及教学助理员职程制度》，2012 年通过了《非高等教育私立学校教学人员制度框架》，进一步在法律层面保障了澳门非高等教育学校教师享有应享的权利，也对教师的专业素养提出了更高的要求，制定教师公约已是大势所趋。

《澳门教师公约》的制定工作由澳门中华教育会主导，澳门天主教学校联会和澳门公职教育协会共同参与推进。其从筹备到制定历时 7 个月，总共可以分为 5 个阶段。一是项目启动阶段，澳门中华教育会及澳门公职教育协会联合成立了澳门教师公约工作小组，通过发布海报、举办专家讲座等方式大力宣传，并通过问卷征询收集、整理教师意见。二是内容咨询阶段，包括编写教师公约内容咨询小册子并发放问卷进行咨询、举办 4 场

---

① 王毓珣，王颖．我国澳门教师公约：缘起、历程与评价［J］．教育理论与实践，2017 (25)：36－40.

座谈会或集思会征求意见与建议等，并按照问卷的“勾选率”确定教师公约的内容。三是文本形成及咨询阶段，包含了拟定草稿、专家评审、编制咨询文本小册子和问卷咨询 4 个步骤。四是定稿公布阶段，工作小组在公约条文前添加导语，形成定稿，并于 2012 年 11 月 5 日正式公布。五是宣传推广阶段，公约发布后，工作小组将定稿译成葡文、英文，并向各学校派发公约，积极开展宣传推广活动。

《澳门教师公约》在制定过程中具有几个非常明显的特征。第一，制定公约的宗旨十分明确：一是规范教师的伦理言行，提升教师的师德修养，推动教师的专业成长，提高教师的专业素养。二是保护服务对象的权益，促进澳门学生健康快乐成长。三是争取公众的社会认同，取得公众的支持，提升教师的专业声望。第二，公约由专业团体自主制定，具有明显的自律自约的特征。公约凝聚了澳门教师的共识，是教师群体共同制定的行规，这也使得广大教师易于接受、愿意遵守。第三，公约的推动和制定过程属于明显的自下而上型，主要由教师组织主导发起，没有官方介入，发动全体教师参与，具有民间基础，得到广泛认同。第四，公约在制定过程中非常重视专家的引领作用，确保了公约制定保持的方向专业、采取的方法专业、表述的语言专业。第五，工作小组广泛征集了一线教师和社会各界人士的意见，确保公约是集思广益、凝聚共识、自定自守的公约，并最终促成了由教师自发进行的专业操守提升运动。第六，公约制定的过程也是广大澳门教师学习、思考、讨论、宣传与受教育的过程，比起公约制定本身，澳门教师对教师专业伦理学习的过程、思考的过程、讨论的过程与自律的过程更为重要。

即便如此，也有学者指出了《澳门教师公约》存在的一些问题，这些问题主要可以分为以下几个方面①：第一，缺乏系统性。工作小组对公约内

① 李睿，马早明，谢桂新．澳门地区教师专业伦理建设的特点及展望：基于《澳门教师公约》的分析［J］．中小学德育，2019（9）：44－46.

容及文本的选取完全依据问卷咨询中的勾选率，问卷的回收率也不高，代表性不足，缺乏对教师专业伦理的系统思考。第二，缺乏全面性。公约内容只涉及教师与学生、与职业、与自身三大关系，而没有论及与家长、与同事、与社会三大关系。第三，缺乏可操作性。公约的内容都是比较原则化、抽象化的行为准则，需要靠教师的自律去执行，缺乏在特定情境中对教师具体的外显行为的要求。第四，边界不够清晰。一方面是将个人品德纳入公约内容，存在公德与私德边界不清的问题；另一方面是公约更多地是从教师的义务角度出发进行相关规定，较为忽视教师的专业权利，存在权利和义务边界不清的问题。

第二节　国外的教师道德

我国学者对其他国家的教师道德研究从 20 世纪末开始涌现。随着国内学者对教师道德问题关注度的不断增进，以及国外教师专业化思潮对中国影响的不断加深，学者们开始尝试借鉴其他国家的先进经验，通过对国外教师道德观念及其实践的介绍及中外对比分析，来探究国外教师道德建设理论和实践的内涵与特点，以便更好地促进我国的教师道德建设和发展。从研究内容来看，学者们的研究兴趣主要集中在以下两个方面：一是理念层面的研究，即对中外教师道德观念的对比研究；二是实证层面的研究，即对世界主要国家教师专业伦理建设的实证经验的介绍与分析。

一、国外教师道德观念的内涵

我国学者对中外教师道德观念的研究主要是从比较宏观的层面对西方的教师道德观念进行概括和阐述，以及相应的中西方对比研究。这些研究一方面旨在介绍西方较为先进的师德观念，帮助读者了解中西方由于文化传统、政治思想、经济文化水平等差异所导致的师德观念的不同，另一方面旨在促进国内教师道德研究的多元视角和理论创新。研究的侧重点主要可以分为两个方面：一是对西方师德观念的阐述；二是对中西方师德观念的差异及其原因的分析。

（一）国外师德观念的主要特点

在早期的师德研究中，由于缺乏丰富的实证资料，学者们对西方师德观念的阐述往往基于对西方教育家的师德思想的分析，并以此提炼出教师形象和师德规范。比较有影响力的西方教育思想家包括柏拉图、奥古斯丁、赫尔巴特、昆体良、裴斯泰洛齐、杜威等。除此之外，对西方师德政策和教学实践的感性认知也为学者们初步理解西方师德提供了依据。通过这些分析，学者们对西方师德观念形成了比较一致的观点[①]。

要理解西方的师德观念，最基本的是要把握西方对教师形象的认识。西方的教师形象具有明显的个人本位特征，教师担当的是引路人、指导者和“唤醒者”的角色，而不是权威者、“传道者”。他们不强迫学生去学习，而只是激励学生、引导学生、启发学生自主地学习。[②]因此，教师与学生的关系也更为平等。这一基本的教师形象也为师德规范的主要内容奠定了基础。

师德规范的内容是师德观念的重要体现。根据学者们的分析，西方师德规范的主要内容可以概括为以下四点：一是尊重学生，注重学生身心发

---

① 这部分主要参考并综合了以下文献的观点：孙文旗．中西教师道德略说［J］．泰山乡镇企业职工大学学报，2000（2）：27－28；矫海霞．西方教育中的师道理念与师德规范［J］．重庆邮电学院学报（社会科学版），2002（4）：99－101；郭法奇．西方教育中的“师德”及其特征［J］．教育评论，2002（6）：89－91；梁燕雯．从西方国家的师德追求看我国的师德创新［J］．广西商业高等专科学校学报，2004（2）：19－21.

② 矫海霞．西方教育中的师道理念与师德规范［J］．重庆邮电学院学报（社会科学版），2002（4）：99－101.

展；二是培养学生的独立性；三是友善、平等地对待学生；四是塑造学生健康的个性和民族精神。可以看出，我国学者早期对师德规范和教师责任的理解，主要还是围绕教师对学生的责任展开的。

首先，在西方师德规范中，最重要的就是尊重学生，具体要求主要包括以下几点：第一，教师应当关心爱护学生，尊重学生个性的发展，因材施教，反对压抑学生的天性，不能因为强调知识和学习的重要性，而增加学生的学习负担，损害学生的身心健康。第二，反对教师对学生进行粗暴和野蛮的教育。教师对学生要有爱心，禁止对学生进行言语上的侮辱和身体上的伤害。第三，教师在教育实施过程中应当平等地对待每一个学生，尊重学生的差异，保护学生的隐私。第四，教师在道德品质和行为上要为学生树立良好的榜样，为学生的发展创造良好的道德环境。将尊重学生作为师德的基本要求，反映了西方国家教师教育发展的基本趋势，即尊重学生是教育实施的一个重要前提。只有充分尊重学生才能为学生的健康成长创造一个较好的条件，才有利于教育实践中学生主体地位的实现。因此，必须对教师在管理和教学上有一些基本的要求，加强教师自身言行对学生的正面影响，使学生有较好的发展环境。①

其次，西方的师德规范要求教师培养学生的独立性和独立思考的能力。教师应当以探索和创新的态度，帮助学生成为知识的积极追求者，使学生最终成为一个在学习上不依赖别人、具有独立性的人。在具体的教育实践中，这样的规范体现为教学应当“以学生为中心”，教师既不能放纵学生，也不能压制学生的积极性，而是应当削弱学生对教师的依赖，鼓励他们探索未知领域。教师应当打破传统的传授模式，通过“引导”的教学模式，让学生有自主探究问题、获取知识的能力。教学过程主要是培养学生独立

① 郭法奇．西方教育中的“师德”及其特征［J］．教育评论，2002（6）：89－91；梁燕雯．从西方国家的师德追求看我国的师德创新［J］．广西商业高等专科学校学报，2004（2）：19－21.

解决问题的能力，帮助学生学会对自己负责，使学生善于用自己的头脑去思考和判断，并得出自己的独立见解的过程。好教师并不意味着要对学生提供一切帮助，相反，让学生完全依赖教师的帮助可能会毁掉他们的判断力和独立性。

再次，教师除了要尊重学生天性、培养其独立性之外，还需要用和蔼、友好的态度对待学生，构建平等互爱的师生关系。教师应当关爱学生，做到和蔼而不放纵、严峻而不冷酷。在此基础上，就很容易生发出一种互敬互爱、平等合作的师生关系。师生之间要相互信任，紧密合作，平等交流。

最后，教师对学生人格的培养也负有一定的责任。教师的责任不仅在于传授知识，更重要的是要塑造人的个性和心灵，培养学生的民族精神。

基于对西方师德观念的认识，郭法奇归纳出西方教育中“师德”的几个基本特征：第一，西方教育中的“师德”比较重视对教师规范性的要求。这种规范性主要体现在学校教育对教师品行规范提出一定的严格要求。当然，这种规范不是对教师行为的一种束缚，而是教师工作应当遵循的原则。它是教师与学生交往，以及教师帮助学生学习和成长的过程中，教育机构或组织对教师的品行和道德所形成的一种规范性要求。第二，西方教育中的“师德”比较重视对学生独立性的培养。它首先来自教师自身对独立性的追求，并且通过教育和教学体现为教师在学生的成长过程中对学生的期望和引导，使学生也形成一种追求独立性的品质和能力。它也反映了现代社会培养具有独立性和创新精神的人才的一种必然要求。第三，西方教育中的“师德”还比较重视教师对社会一般规范的超越性。这种超越性主要体现在当社会正义与一些社会规范或制度发生冲突时，教师更应重视对社会正义的追求。任何社会制度和规范都具有一定的保守性，强调教师的师德具有一定的超越性是非常必要的。它是现代教育制度创新的需要，更是追求社会公正的需要。重要的是，教师追求社会正义或教育正义的行为，已经超出了教师行为的一般意义，也超越了教师教育活动的一般价值，对学生的积极影响是无限的和终身的。[①]

（二）中西方师德观念的差异及其原因

基于对西方师德观念的感性认识，学者们对比了中西方师德观念存在的差异，并从历史、文化等视角解释了这些差异产生的原因[②]。

第一，中西方师德观念的思想源头不同。古代中国注重人伦关系的适应和调整，许多著名的哲学家和教育家都提出以协调师生关系为目的的师生观，如孔子就十分重视教师以身作则、为人师表的价值，认为“其身正，不令而行；其身不正，虽令不从”，并切实履行“有教无类”“诲人不倦”的教育理念。荀子提出“礼者所以正身也，师者所以正礼也”。这些观点汇入强大的儒家伦理道德和文化主流，为封建社会历代为人师表者所效法和遵循，直到今天对中国乃至整个东亚地区仍有极大影响。西方文化出自古代希腊和罗马繁荣昌盛的科学文化，受当时崇尚自然和科学风气的影响，其师德思想也体现了自然主义教育的特征。如德谟克里特提出，教育必须适应儿童的天性，充分利用儿童的求知欲。柏拉图、昆体良、亚里士多德都强调教师必须了解学生。

第二，从思想本位来看，中国属于社会本位，而西方属于个人本位。中国古代的私塾采用个别教学的形式，它以教师为中心，十分强调教师“修身”，不仅要求教师养成“尊己爱人”“孝为公理”“尊人卑己”“见利思义”等充分体现社会本位价值的道德观念，而且要求其在教学中灌输给学生，做到教书育人。教师不仅要做到培养学生，自身还需要具备很高的社会责任感。“仁者爱人”“谨庠序之教，申之以孝弟之义”“为天地立心，为生

① 郭法奇．西方教育中的“师德”及其特征［J］．教育评论，2002（6）：89－91.

② 此处主要整合了以下两篇文献的观点：孙文旗．中西教师道德略说［J］．泰山乡镇企业职工大学学报，2000（2）：27－28；金保华，金肖梅．论中西师德思想之殊异及现实启示［J］．教学与管理，2007（21）：11－12.

民立命，为往圣继绝学，为万世开太平”等经典论述都体现了中国师德思想的社会本位色彩。与中国师德思想相比，西方师德思想则呈现出浓厚的个人本位色彩。古希腊职业教师、智者学派的代表人物普罗塔哥拉所提出的“人是万物的尺度”，是个人本位在西方师德思想中的初露端倪。随后，苏格拉底发展了这一思想，提出了“有思考的人是万物的尺度”。从那时起，西方开始要求教师在教育实施过程中提倡人的价值和尊严，维护人的需要和利益，强调人的地位和作用。文艺复兴时期，西方师德思想中更是体现出提倡人性、反对神性，提倡人权、反对神权，提倡个性解放、反对压抑个性的个人本位色彩。17 世纪英国资产阶级革命爆发后，受资产阶级“自由”“平等”“博爱”学说的影响，西方师德思想中的个人本位主义迅速发展。洛克从“自然人权”和“契约论”出发，阐述了个人自由和权利，认为凡是给个人带来快乐和幸福的行为就是善的德行。从卢梭到杜威也都一直强调在教育教学中要“以儿童为中心”，要求教师具备民主品德，反对教师把自己的目的强加给学生，主张学生个性自由发展。

第三，从师生关系来看，中国古代师道尊严的观念根深蒂固，而西方则更倾向于师生和谐的关系。在中国，几千年的文化发展逐渐形成了师道尊严的文化观念，在师生关系中竭力推崇教师的权威。《尚书 · 泰誓》中已有“天佑下民，作之君，作之师”的说法，将君师并称。荀子则把“天、地、君、亲、师”并列起来，将教师提到了非常崇高尊贵的地位，视尊师与否为国运兴衰的征兆。《学记》在中国师德思想史上明确提出了师道尊严的观念，认为“凡学之道，严师为难。师严然后道尊，道尊然后民知敬学”。韩愈更是感慨于“师道之不传也久矣”的现象，奋笔写就《师说》一文，提倡尊师重道，强调师道尊严。受师道尊严传统的影响，至今我们仍然强调教师的地位和作用，并赋予师道尊严以新的时代内涵，提倡尊师重教。西方文化高扬自由意志，提倡人与人之间的平等、博爱关系。因此，萌生于这种社会文化土壤中的西方师德思想也必然带有这片土壤所赋予的独特色彩，具体体现为西方师德思想十分强调师生之间关系的和谐，要求教师尊重学生，与之平等相处，建立友好和睦的关系，使学生健康、茁壮地成长。夸美纽斯十分注重师生之间良好关系的确立，他要求教师像慈父一样爱护学生，和善愉快地传授知识；苏霍姆林斯基要求教育者应当是受教育者的知心人，应善于跟他们交朋友，关心孩子的快乐和悲伤，了解孩子的心灵，时刻都不忘记自己曾经也是个孩子。这些都是西方师德思想强调师生和谐的反映。

第四，从教师德性的出发点来看，中国师德思想呈现出明显的感情本位的特征，而西方师德思想则展现出理性本位特征。中国文化是伦理型文化，在处理人与人的关系时，一直受血缘和宗教关系的左右，形成了以“孝”和“忠”为核心的家族化价值取向，这种价值取向一直在潜移默化地影响着中国师德思想，使其呈现出情感本位的色彩。孔子师德思想之核心“仁”，即仁爱的情感，“孝弟也者，其为仁之本与”，要求教师道德以孝悌为本。王阳明也对教师提出了“今教童子，惟当以孝弟忠信礼义廉耻为专务”的要求。不难看出，中国师德思想对情感异常关注。西方师德思想则较为重视理性的判断，理性精神一以贯之。理性精神早在雅典“新教育”中已经发端，其师德思想已经很清楚地显现出注重理性精神的陶冶。苏格拉底提出了“美德即知识”，把知识与道德发展等同起来，明确提出了具有丰富的知识、高超的道德是教师道德高尚的主要表现，使理性精神在西方师德思想中的张扬得到了最早的奠基。亚里士多德认为，人生的最终目的是追寻美满的生活，美满的生活应该是理性的生活，即无过之无不及而恰到好处的生活，为此，他十分重视教师道德中理性精神的培养。另外，西方许多教育家还从不同方面论述了在道德修养中理性应居于指导地位的思想，因为理智可以把人的愿望引向良好的轨道，形成完美的德行。

第五，中国的师德理论长期依附社会伦理道德，师德规范存在泛化和模糊的问题，而西方的师德规范则更加系统化和制度化。中国传统的师德思想以孔孟之道为代表，从广泛的社会考察中得出一种泛化了的师德思想，即用“君子之道”去规范教师的人格，缺乏专门的研究和论证。可以说，中国的教师职业道德长期只是作为一种思想而存在。当代西方社会则比较重视师德问题的研究，特别是美国的教育伦理学和教师伦理学水平较高，注意从心理角度去探索人与社会的适应性，探索教师在教学过程中的人格和行为规范，通过科学的学术研究和制度化的规范来落实师德理念。从规范形式来看，中国的师德规范常常被归纳为语录体的形式，虽能十分凝练地概括出问题的实质，但这种伦理形式泛化了师德的伦理范畴，导致概念不清、难以操作。西方则不同，其言语朴实简单，自十三四世纪就力求用白话俗语著文立说，更易于深入人心，不过又有普遍适用性差、范围狭窄等缺点。

有学者分析了中西方师德观念存在差异的原因[①]。首先，中西方的人性观存在差异，中国传统的儒家文化主张人性善，而西方基督教主张人性恶，这一差别使中西方教师作为人的存在在看待道德问题方面产生了不同，进而形成了不同的师德逻辑。其次，中西方的意识形态在社会价值观念上存在差异，导致了教师道德的出发点不同。中国一直是中央集权国家，传统文化中褒扬牺牲与奉献的精神，以人伦关系构建社会道德结构，强调集体利益先于个人利益，深具集体主义传统。集体主义强调的牺牲与奉献赋予了教师极高的道德形象。西方的意识形态中一直带着浓厚的个人主义色彩，是资本主义私有制下个人利益至上的结果。在强调个人利益的基础上，个人主义进而强调尊重个人的价值、尊严、自由及平等权，并注重个人的独特性和发展，因此更强调权利和义务。最后，中西方有着截然不同的哲学思想体系。儒家以人伦道德为中心，把社会人文作为对象而发展出了价值理性的哲学体系；西方强调人服从于自然规律，将道德视为一种自然规律，把自然科学作为对象而发展出了科学理性的哲学体系。价值理性表达的是一种主观价值合理性，科学理性表达的是一种客观必然性。因此，中国的

---

① 张珩，杨超．中西不同文化背景对教师职业道德养成影响的比较研究［J］．内蒙古师范大学学报（教育科学版），2012（6）：78－80.

师德标准多为宽泛、高尚的抽象要求，而西方在制定师德规范时更强调对行为的明确要求，并通过条款细化来确保实施的有效性。

二、国外教师道德建设的情况

我国学者对教师道德的比较研究主要集中在对国外教师专业伦理建设情况的介绍上，可以说，后者占据了前者的半壁江山。目前我国学者主要是从以下几个方面对国外教师专业伦理建设的情况进行介绍：一是对国外教师专业伦理制度建设情况的介绍；二是对国外各层次教师专业伦理规范文本的分析；三是对国外师德问责制的专门研究；四是对国外教师道德培养状况的研究。

从研究对象的选取来看，我国学者研究的国家主要包括美国、英国、法国、德国、加拿大、澳大利亚、俄罗斯、日本等经济水平较为发达、教育发展较为先进的国家。其中美国作为最早开始教师专业化运动和教师专业伦理建设的国家，是绝大多数学者的研究对象，对美国教师专业伦理建设情况的研究成果也最为丰富、最具系统性和代表性；对其他国家的研究相对比较笼统和零散，还有待继续深入。

（一）国外教师专业伦理的制度建设

教师专业伦理建设往往以相关教师专业伦理规范或准则的制定和出台为起点，这些规范或准则体现了整个社会对教师专业性和伦理责任的要求，并以不同主体（如政府、教师组织、学校）的制度化运作作为执行保障。因此，研究国外教师专业伦理规范要求、制定过程和建设情况的大部分文献，都可以归类到制度建设研究的范畴。出于系统、全面地认识不同国家教师专业伦理建设情况的需要，学者们以纵向研究为视角，梳理了美国、英国等发达国家教师专业伦理的制度建设情况，以便在比较中为我国实现教师伦理专业化提供经验和启发。

比起美国和英国，学者们对其他国家教师专业伦理制度建设的研究相对较少。张凌洋、谢欧主编的《新时代教师职业道德概论》中介绍了美国、加拿大安大略省、英国、澳大利亚、新西兰、日本和印度等国家和地区教师职业道德的制度建设和规范内容。① 庞维国、罗良等也整合了我国各学者对美、英、德、法等 10 个国家的教师专业伦理建设研究的内容，比较细致地展现了这些国家的教师道德规范和要求的具体情况②，在此主要介绍这些国家的教师专业伦理建设的概况和特点。

1. 国外教师专业伦理制度建设概况

（1）美国——开教师专业伦理建设之先河

美国作为最早开展教师专业伦理建设、最早制定教师专业伦理规范的国家，无疑是学者们研究的核心对象，众多学者介绍了美国的教师专业伦理制度建设经验，并将其建设历史梳理和划分成了几个比较完整的发展历程。

任志锋、孟茹玉指出，美国师德建设始于殖民地时期。当时美国的教师主要来自教会人员群体，他们必须遵守教会或政府颁布的一系列教师管理法令，这些法令对教师职业道德，特别是教师信奉践履由新教和清教产生的宗教德目的情况，提出了严格且明确的要求及规范。此时的教师道德具有明显的宗教意味。比如，最早兴起公立教育的马萨诸塞州早在 1642 年就以法令的形式框定了教师教育教学的主要内容，包括刑法知识、上帝信仰、读写技能等；1654 年又专门颁布法令，将宗教信德作为教师从业资格审核的重要标准，违反从业道德的教师将被处以罚款甚至开除等处罚。③

---

① 张凌洋，谢欧．新时代教师职业道德概论［M］．北京：科学出版社，2021：148 － 160.

② 庞维国，罗良，杨洁，等．教师职业行为规范的国际比较及其启示［J］．北京师范大学学报（社会科学版），2019 (1)：47 － 52.

③ 任志锋，孟茹玉．美国高校师德建设的历程、特点与启示［J］．思想理论教育，2017 (4)：106 － 111.

学界普遍认为，美国真正意义上的教师专业伦理建设进程始于 19 世纪末期。独立战争结束后，伴随资本主义经济的快速发展，美国社会对教师数量和质量的需求均日益提升，对教师专业化水平也提出了更高要求，催生了美国教师专业化发展的理论和实践。教师专业伦理建设的重要标志就是教师专业伦理规范或守则的出台，根据这些规范或守则出台的节点，学者们将美国的教师专业伦理建设进行了阶段划分，虽然不同学者的划分有所不同，但大致可以分为以下几个阶段[①]。

一是早期探索阶段，从 19 世纪中期到 20 世纪 20 年代。在这一时期，美国开始出现教师专业组织，并在州的层面出现了教师专业伦理规范。亚拉巴马州成立了美国第一个州教育协会。1857 年，费城成立了“全国教师协会”（National Teachers Association）。1870 年，全国教师协会与师范学校协会、学校督导协会两个组织机构合并，并于 1907 年正式命名为“全国教育协会”（National Education Association），成为美国非官方的全国性教师组织，在推动全美教育发展，提高教师的专业水平和经济、社会地位等方面发挥了重要作用。1896 年，为顺应教师专业化趋势，佐治亚州教师协会发布了第一份教师专业道德守则，揭开了教育专业组织制定守则的序幕。此后，美国各州的教育协会纷纷制定了自己的守则，如亚拉巴马州（1909 年）、新泽西州（1914 年）、密歇根州（1918 年）、宾夕法尼亚州（1920 年）等。

二是实证研究阶段，从 20 世纪 20 年代到 40 年代。在这一阶段，美国开启了对教育专业伦理较为系统、规范性的研究，并由全国教育协会出台了第一部全国性的教师专业伦理规范文本。卡他斯和韦伯斯等美国学者开始采用实证研究的方法系统地分析教师的品质人格。他们通过调查学生、

---

① 此处主要综合了以下几篇文献的观点：苏启敏，陶燕琴．美国教师专业道德守则的演进轨迹、理论旨趣与政策启示［J］．教育科学，2019 (2)：91－96; 王正平．美国教育职业伦理的理论研究、行为规范与实践［J］．上海师范大学学报（哲学社会科学版），2013 (6)：32－40; 韩文根，田丽阳．美国教育职业伦理准则及其启示［J］．教学与管理，2020 (6)：117－120.

家长、教师以及教育教学管理者等不同人群，概括出适应能力、体谅他人、节俭、诚实等 25 条教师应具备的职业品质和行为规范。1929 年，全国教育协会在亚特兰大召开的全国教育会议上提交并通过了名为《教学专业伦理规范》的教师道德行为标准，这是美国第一部全国性的教师道德行为准则。此后，《教学专业伦理规范》历经 6 次修订，以适应不同时代美国教育职业的发展需要，一直到 1975 年才最终成型。1948 年，全美教育委员会所属的师范教育委员会组织专家学者在已有研究的基础上进一步开展教育职业伦理的实证研究，并发表题为《我们时代的教师》的报告，提出了教师必须具备的 13 条职业道德标准，对教师的社会责任、师德品质和专业素养作了具体要求，并在全美教师中执行。

三是发展成熟阶段，从 20 世纪 40 年代到 20 世纪末。这一阶段的教师专业伦理建设主要体现为相关守则和规范的不断调整，以适应美国教育领域出现的种种问题。1968 年，全国教育协会正式制定了《教育职业伦理准则》(也称 NEA 准则)，规定了教师在教育教学活动中的 8 个不准，对教师的行为准则做了硬性规定。这一师德问责制度的建立在美国产生了巨大的反响，当时约有 200 万的美国教师和教育工作者签名赞同《教育职业伦理准则》，使美国教师职业伦理规范以制度化和法律化的条文形式出现。此后，美国对《教育职业伦理准则》又作了两次修订。1983 年，美国出台了《国家在危急中：教育改革势在必行》的报告，其中突出了教师职业伦理的制度建设和改革。1986 年，卡内基基金会和霍姆斯小组分别发表了《国家为 21 世纪的教师做准备》和《明日之教师》报告，其中对迎接 21 世纪到来的教师职业伦理作了明确的规定。1996 年，美国在《教育职业伦理准则》和《教师专业标准大纲》的基础上又制定了《优秀教师行为守则》。

四是重构阶段，从 21 世纪开始至今。随着 21 世纪通信技术的快速发展和广泛应用，美国的教师职业伦理建设迎来了适应人才战略发展期。教师的专业水平和职业伦理素养受到了高度重视，《教育职业伦理准则》在原先修订的基础上进行了再修订和重构。2015 年 6 月，美国教师教育与认证州管理者协会（National Association of State Directors of Teacher Education and Certification，简称 NASDTEC）发布了《教育工作者专业伦理准则》，期望这一文件成为全美教育工作者公认的日常行动指南。与以往不同的是，《教育工作者专业伦理准则》以 21 世纪核心素养框架为依据，凸显了职业伦理的核心价值，进一步强调了教师的责任和义务。美国教师教育与认证州管理者协会表示，该准则是美国第一份面向全国教育工作者的专业道德标准，有助于提升教育工作者的专业地位，并能指导现在和未来的教育工作者明确认识并忠实履行其专业道德责任。

除了对美国教师专业伦理建设进程的整体研究外，也有学者从不同的学段或教育领域视角出发，梳理了专一类别教师专业伦理建设的进程。如聚焦高校领域，探究美国高校自主制定教师专业伦理规范的进程①；再如对学前领域②、特殊教育领域教师专业伦理规范文本制定过程的研究和分析。区分学段和领域的研究使得学者们对美国教师专业伦理建设情况的认识更加聚焦，突出了不同领域教师专业伦理要求的独特性，诸如高校领域对教师学术诚信和科研责任的强调，特殊教育领域对教师开展融合教育能力的要求等，进一步强化了教师的专业身份。

（2）英国——统一的标准化规范

除了美国，英国的教师专业伦理制度建设情况也获得了一些学者的关注③。1870 年，英国成立了“全国小学教师联合会”，其成员主要为小学教师。

---

① 何颖．美国高校教师专业伦理规范体系的经验与启示［J］．比较教育研究，2012 (2)：36 − 40.

② 王小溪，姚伟．美国幼儿园教师专业伦理规范的制定及其启示［J］．学前教育研究，2013 (4)：33 − 37.

③ 这部分内容主要综合了以下几篇文献的观点：王小飞．当代西方教师专业伦理研究与发展现状述评［J］．中国教师，2008 (23)：13 − 16; 戴少娟．教师专业伦理建设的国际比较及启示［J］．福建教育学院学报，2013 (4)：52 − 56; 党志平．中、英、美教师专业伦理规范建设的比较与启示［J］．社科纵横，2016 (8)：160 − 163.

后来随着队伍壮大以及中学教师的加入，该组织于 1889 年更名为“国家教师联合会”（NUT），其主要任务是推进免费的义务教育、维护教师权益、追求教育公平。同时，该组织制定并颁布了《专业人员行为守则》，该守则规定了教师专业伦理和行为规范，内容涉及面广，规范对象包括学校所有成员及其之间的关系。苏格兰 1964 年就成立了负责教师专业组织的教学总会，而英格兰、威尔士和北爱尔兰也在 2000 年成立了各自的教学总会。教学总会负责发放教师证书和制定伦理标准或准则等事务，同时还设有专门的专业行为委员会来评判教师的专业行为。为进一步提升教师专业伦理素养，2012 年 9 月，英国政府颁布了新修订的《教师标准》，并开始在英格兰地区实施。2012 年版的《教师标准》对教师所要具备的专业操守和个人素质进行了明确规定。该标准的实施解决了《合格教师资格标准》《初级教师专业标准》《注册教师行为实践守则》三个标准中对相关标准规定不统一的问题，极大地提高了英国中小学教师的专业化程度。

（3）法国——有力的督导制度

法国实行的是中央集权制教育管理制度，其教师行为规范建设突出表现在法律建设和纪律惩戒两方面。法律要求教师必须遵守职业道德，做到廉洁无私，不得以权谋私、贪污腐败；任何违背廉洁无私的行为，都将受到刑事和纪律双重制裁。如果教师在个人生活作风方面做出了与教师身份不符的行为，也会受到免职处罚。[①] 由于属于公务员，法国教师除了需要遵守教育法规外，还必须遵守《公务员总章程》，违反公务员相关制度的行为要被行政问责。从师德建设经验看，法国建立的督导制度机构设置合

---

① 胡锋吉．中小学教师解聘制度研究［J］．教学与管理，2008 (28)：39 − 41. 转引自：庞维国，罗良，杨洁，等．教师职业行为规范的国际比较及其启示［J］．北京师范大学学报（社会科学版），2019 (1)：47 − 52.

理、职责明晰，有效约束了教师的行为。[①]

（4）德国——严格的准入要求

德国教师是国家公务员，他们除了承担普通公务员的义务外，还须承担作为国家教师应承担的义务。德国的师德规范重点突出两个方面：一是要求教师热爱学生及自己任教的学科，二是要求教师具有人道主义和民主精神[②]。德国的师德规范建设，在很大程度上是通过严格的教师准入制度来实现的。教师身份的获得，必须经过大学教育、第一次国家考试、实习、第二次国家考试四个阶段；而在每个阶段，都必须按照联邦《教师教育标准》的要求，学习相关的教育法规，掌握恰当应对学生问题的方法。[③]

（5）加拿大——地方化的教师专业伦理建设

加拿大在教育上实行地方化管理，其教师职业行为规范是以各省教师组织行业规范的形式出现的[④]。比较受到学者关注的是安大略省。该省的《教师职业道德标准》由省教师协会制定，其核心要求是必须对学生及其学习高度负责；该标准重在引导教师的积极行为，而非约束、管理和惩戒。该省教师职业规范的建设，还要结合《安大略省教师协会法案》《儿童和家庭服务法》《学生保护法案》等法律。例如，《安大略省教师协会法案》

---

① 王楠，乔花云．法国中小学师德问责制的内容、特点及启示［J］．教学与管理，2017 (4)：79－82. 转引自：庞维国，罗良，杨洁，等．教师职业行为规范的国际比较及其启示［J］．北京师范大学学报（社会科学版），2019 (1)：47－52.

② 李翠艳．现代国外师德规范及其借鉴［J］．教育教学论坛，2011 (27)：237. 转引自：庞维国，罗良，杨洁，等．教师职业行为规范的国际比较及其启示［J］．北京师范大学学报（社会科学版），2019 (1)：47－52.

③ 孙进．德国教师教育标准：背景·内容·特征［J］．比较教育研究，2012 (8)：30－36. 转引自：庞维国，罗良，杨洁，等．教师职业行为规范的国际比较及其启示［J］．北京师范大学学报（社会科学版），2019 (1)：47－52.

④ 王维荣，约瑟夫·布朗．美加等国教师职业道德教育的特点［J］．教育科学，1999 (3)：56－58. 转引自：庞维国，罗良，杨洁，等．教师职业行为规范的国际比较及其启示［J］．北京师范大学学报（社会科学版），2019 (1)：47－52.

中包含《职业失当行为管理规章》，规章中明确列出了教师的职业失当行为，包括：随意泄露学生信息给他人；违背教师资格认证要求，提供错误信息或文件；没有遵守《儿童和家庭服务法》中规定的职责；等等。该省教师协会在年度报告中会专门分析师德状况，并据此提出对下一年教师管理和发展方面的建议。[①] 该省的《教师专业伦理标准》列出了关心、尊重、信任和正直四个标准，并对教师提出了具体的要求。[②]

（6）澳大利亚——重视教师核心价值

与加拿大一样，澳大利亚的教育权限在各州和领地，各州、各领地的教师职业行为规范普遍强调“正直”“尊重”“责任”等核心价值[③]。以其首都地区 2006 年颁布的《教师专业实践守则》为例，该守则主要强调四个方面：①对于职业：教师要遵守法律规则和民主系统；贯彻当选政府的政策，尤其是教育政策；时刻保持专业性和公正性；避免利用职务之便为自己或他人谋取利益。②对于学生：教师要保护学生免受侵害；要对学生和其学习负责；要尊重学生的家庭、文化和宗教背景，并根据其个体需求以恰当的方式施加教育。③对于家长：教师要与家长和监护人保持建设性的关系；与家长和监护人进行开放性交流；及时告知学生的进步情况和学习选择。④对于同事：要为遇到困难的同事提供帮助；以最有利于学生的方式与同事合作。[④]

---

① 陈丹．加拿大安大略省教师职业操守管理系统评析：以安大略省教师协会为例［J］．外国教育研究，2014（4）：74－79．转引自：庞维国，罗良，杨洁，等．教师职业行为规范的国际比较及其启示［J］．北京师范大学学报（社会科学版），2019（1）：47－52．

② 张凌洋，谢欧．新时代教师职业道德概论［M］．北京：科学出版社，2021：150．

③ 张家雯，王凯．激励、共享和引导：澳大利亚教师伦理规范建设取向［J］．教师教育论坛，2016（5）：87－91．转引自：庞维国，罗良，杨洁，等．教师职业行为规范的国际比较及其启示［J］．北京师范大学学报（社会科学版），2019（1）：47－52．

④ 戴少娟．教师专业伦理建设的国际比较及启示［J］．福建教育学院学报，2013（4）：52－56．转引自：庞维国，罗良，杨洁，等．教师职业行为规范的国际比较及其启示［J］．北京师范大学学报（社会科学版），2019（1）：47－52．

（7）俄罗斯——法律和标准的双重约束

苏联解体后，教师的社会地位、职业声望不断降低。近年来，俄罗斯政府逐渐认识到，提高教师的社会地位和待遇固然重要，加强教师职业道德建设更为关键。为此，在 2013 年新修订的《俄罗斯联邦教育法》中，多项与教师职业道德相关的内容被纳入进来。如第 48 条“教育工作者的义务和责任”中，有两项涉及师德：一是遵守法律、道德和伦理规范，遵循职业道德要求；二是尊重学生及其他教育参与者的荣誉和尊严。2017 年公布的《教育工作者职业标准（草案）》特别强调了教师的职业道德意识和以育人为目的的职业取向，要求教师达到“掌握德育工作的形式和方法，善于将其运用到课内外的学生活动中”“善于与学生交谈，认可他们的优长，理解学生”“善于同其他教育者和专家合作解决德育任务”等 18 项职业标准。①

（8）新西兰——注册教师的专业标准

新西兰非常重视教育，在教师的培养、评价等方面要求都较高，因而新西兰教师的专业化程度在世界范围内处于较高水平。

20 世纪 80 年代，新西兰教育领域的改革逐渐加快步伐，教师专业标准成为改革的重点。1990 年，新西兰实行统一的中小学教师注册制度，并将其视为确保师资队伍质量、促进教师专业成长的重要举措；1997 年，新西兰强制所有学校实行绩效管理制度；1999 年，新西兰教育部颁布《专业标准：优质教学标准——中学教师与学校所有者标准》和《专业标准：优质教学标准——小学教师与学校所有者标准》；2005 年，新西兰教育部颁布《幼儿园教师专业标准与绩效管理制度整合指南》；2007 年，新西兰教

① 雷蕾，叶·弗·布蕾兹卡琳娜．新时期俄罗斯教师职业道德建设的现实诉求与实践路径［J］．现代教育管理，2017（10）：124－128．转引自：庞维国，罗良，杨洁，等．教师职业行为规范的国际比较及其启示［J］．北京师范大学学报（社会科学版），2019（1）：47－52．

师协会编制《师范生教师教育毕业生标准》。其中《新西兰注册教师职业道德规范》规定了注册教师对学生的责任、对学生的监护人和家庭的责任、对社会的责任以及对本职业的责任。①

（9）日本——多方位的培养路径

在日本，教师是公务员。日本法律对教师职业道德从“对自身”“对他人”“对自然”“对个人与团体的关系”四个方面提出要求，包括：自主、自律、诚实并具有责任心；有进取心，热爱真理，努力实现自己的理想；尊重自己和他人；具有谦虚的态度和宽广的胸怀，对同事、朋友真诚相待；热爱自然、敬畏自然，尊重生命并努力克服人类的弱点；明确团体中个人的义务与责任；具有公德、遵纪守法，履行公民的权利和义务；热爱家庭、热爱学校、热爱家乡、热爱祖国；等等。日本对教师职业道德的培养，主要通过如下途径实现：①法令规定。如《教育基本法》规定教师是为全人类的奉献者，应为完成自身职责不断奋斗。②把社会对教师的期望转变成教师的自律行为。通过把教师群体树立为公众文明的典范，让教师不断提醒自己模范地遵守国家公务员的道德规范。③在培养教师的学科教学中进行职业道德教育。④聘任新教师时严把教师职业道德关。⑤工作过程中的要求与督促。②

（10）新加坡——强调教师的公职形象

新加坡的教师作为公务员，受教育部直接管理。该国从两方面对教师提出师德要求：①对学生的承诺与责任，包括：不许限制学生以自己的方式学习；不许压制学生的意见；不许刻意羞辱学生；应全力确保学生在安全的环境中学习；不许用老师的身份从学生身上谋取任何私利；等等。②

---

① 张凌洋，谢欧．新时代教师职业道德概论 [M]. 北京：科学出版社，2021：155 － 156.

② 杨民．日本教师的职业道德及培养［J］．教育科学，1999 (3)：59 － 61. 转引自：庞维国，罗良，杨洁，等．教师职业行为规范的国际比较及其启示［J］．北京师范大学学报（社会科学版），2019 (1)：47 － 52.

对工作的承诺与责任，包括：不许在申请职位时虚报自己的教育程度及工作能力；不许滥用自己的专业教育资格；不许协助不符合条件的申请者进入教育行业；不许伪造申请者的资历；不许诋毁同事；等等。新加坡强调，教师代表教育部的形象，不能做出 19 种不当行为，包括"不守时""未经批准擅离岗位""讽刺或毁谤政府""自行采用体罚"等。一旦触犯这些禁令，教师将面临轻则"书信谴责"，重则"立即解雇"的处罚。①

（11）印度——教师的多方义务

印度的师德行为规范主要由其全国教师教育委员会制定。2010 年，全印教师教育委员会颁布了《学校教师专业伦理规范》，指出教师要在伦理规范的原则框架下履行对学生、家长、同事和社会的义务。对于学生，教师要有爱心和亲情，要尊重学生的人格，公正公平地对待学生；要通过有计划的系统努力，帮助学生充分发挥其潜力和天赋，促进学生的全面发展。对于家长，教师要建立与家长的信任关系，不得贬损家长。对于同事，教师要积极创建以合作为目的、形成良好对话关系的文化环境。对于社会，教师要始终保持国家至上的理念，不参与不同社区、宗教组织和族群的争斗。②

2. 国外教师专业伦理制度建设的特点

回顾美、英、法、德等西方主要国家教师专业伦理制度的建设历程，学者们总结了各国（尤其是美国）教师专业伦理建设的种种特点。整合不同学者的论述，这些特点主要包括以下几个方面：

首先，教师专业伦理制度的建设与实践是基于教师专业化的现实需求而推进的，专业化也是各国教师专业伦理制度建设过程中的核心特点。随

---

① 庞维国，罗良，杨洁，等．教师职业行为规范的国际比较及其启示［J］．北京师范大学学报（社会科学版），2019 (1)：47 － 52.

② 戴少娟．教师专业伦理建设的国际比较及启示［J］．福建教育学院学报，2013 (4)：52 － 56. 转引自：庞维国，罗良，杨洁，等．教师职业行为规范的国际比较及其启示［J］．北京师范大学学报（社会科学版），2019 (1)：47 － 52.

着教师专业化浪潮的不断推进，教师越来越被当成一种专业身份而不是一般职业，成立教师专业组织，制定相应的规范、制度等就成了促进教师专业伦理发展必要的路径。基于对教师专业身份的认同，外国的规范文本往往使用“教师专业伦理”这个概念，强化了对教师专业性的认识。

其次，多数国家的教师专业伦理规范由教师专业组织主导和出台，体现了自下而上的群体约束性。这就意味着教师专业伦理规范的内容代表了教师群体的专业意志，是教师群体内部出于维护自身专业性的需要而制定的自律性规范。这使得规范的制定能够建立在广泛征求教师意见的基础上，规范的认同度和实效性也相对较高。此外，也有部分国家和地区同中国一样，由政府部门主导教师专业伦理规范文本的制定，属于自上而下的外部规约。多数学者认为，由教师专业组织制定教师专业伦理规范，更能体现教师的专业身份特征。教师专业伦理的建设需要健全不同层次的教师专业组织，重视教师专业组织建设主体在专业伦理规范制定过程中的作用，增强教师行业协会的自治和维权意识，发挥教师行业协会的自组织、自协调能力，切实维护教师专业主体权益，使教师专业自主权得到充分体现。

再次，教师专业伦理规范的适用范围反映了教育的实践状态和时代特征。以美国为例，教师专业伦理规范的适用对象是包括教育行政人员在内的所有教育工作者，而不仅仅是各个学段的一线教师，这使得规范的约束范围更为广泛。

最后，教师专业伦理的制定过程往往经历了大量的实证研究，具有科学性和广泛性。很多国家在正式出台教师专业伦理规范前，都对国内教师进行了比较充分和广泛的问卷调查和意见征集，并以相关学者的研究为基础，才最终确定了教师专业伦理规范的内容。这种实证性特征一方面保障了教师专业伦理规范制定的科学性，另一方面也充分考虑了社会各界以及全体教师对于教师专业伦理规范的意见，代表了教师群体内部的专业意志。

（二）国外教师专业伦理规范文本的特点

除了对世界重要国家教师专业伦理制度建设历程的纵向研究外，学者们也将研究的目光聚焦到教师专业伦理规范本身上，通过对文本的分析和横向比较，来探究这些国家教师专业伦理的内容、特点，并着重与我国相应的教师道德规范文本进行对比，发现我国教师道德规范文本存在的问题，并提出相应的评价和改进意见。

从研究文本的选取来看，学者们研究的教师专业伦理规范文本以全国性规范文本为主，诸如美国的《教育专业伦理规范》《美国优秀教师行为守则 26 条》，英国的《教师标准》等；也有部分学者聚焦专门领域的教师专业伦理规范进行分析，其中高等教育领域是学者们重点关注的对象，例如姚琳琳研究了美国研究生导师的职责及伦理规范文本[①]，陈梦鸽分析了美国高校教师专业伦理的文本[②]。从研究文本的数量来看，学者们的研究主要可以分为三类：一是单一文本分析，仅选取一部具有代表性的教师专业伦理规范文本，对其内容、结构、逻辑特征等进行系统分析；二是中外文本对比分析，选取一部国外教师专业伦理规范文本，与我国相对应的教师道德规范文本进行对比，以便更好地探究中外在规范制定上的差异；三是多文本分析，选取同一层次的多个教师专业伦理规范文本，对它们进行横向的对比和分析，主要目的在于提炼这些规范文本在内容、结构等方面的共性。

通过对国外教师专业伦理规范文本的分析，学者们提炼出它们的主要特点以及与中国教师道德规范文本的差异，并试图分析造成中外差异的内在原因。以最具代表性、学者们分析最多的美国《教育专业伦理规范》为

① 姚琳琳．美国研究生导师的指导职责、伦理规范及启示［J］．学位与研究生教育，2019（9）：65－71.

② 陈梦鸽．美国高校教师专业伦理核心内容研究：基于对美国相关教师专业伦理的文本分析［J］．教育现代化，2019（A3）：87－91.

研究对象，尤其是通过将其与我国的教师职业道德规范加以对比，可以窥见西方教师专业伦理规范文本的核心特点[①]：

第一，从规范文本的内涵来看，美国《教育专业伦理规范》使用的概念是“教师专业伦理”，而我国相应的规范文本往往使用“教师职业道德”这一概念，这就导致了二者内涵上的差异。一般来说，教师专业伦理强调教师的专业性和规范的伦理性，这使得规范的目的是维护教师的专业身份，规范的内容则围绕教师所面临的伦理关系展开。而教师职业道德则将教师作为一般职业，更加强调教师作为个体的道德表现。也有学者指出，教师专业伦理本质上是一种德性伦理，而教师职业道德是一种规范伦理。德性伦理意义上的教师专业伦理的核心是对生命和教育意义的领悟和践履，教师要求自己的行为符合伦理规范，不是源自对行为结果的担心，而是源自行为主体的内在责任感，其驱动力是自我超越的意义感而不是对惩罚的恐惧感，其养成方式是反思、体验、领悟而不是约束、强制、命令。这种理念将教师专业伦理规范视作教师专业化发展和专业精神提升的一种需要，同时也使得教师拥有较高的遵守意愿与认同度，而规范伦理则具有较为明显的外部约束的性质。

第二，从规范文本所涉及的内容来看，美国《教育专业伦理规范》与我国的教师道德规范虽然都强调了教师对于学生和教学的道德义务，但是仍有较大区别。美国的规范围绕教师的专业工作展开，涉及的内容主要包括两个方面，一是对学生的责任，二是对本专业的责任，不涉及对教师在

---

① 这部分内容主要参考并综合了以下文献的观点：兰英．中美教师职业道德规范的文本分析及建议［J］．西南大学学报（社会科学版），2012（5）：56－61；李敏，余慧珍．当代中美中小学教师职业道德的对比与反思［J］．教学与管理，2012（6）：158－160；王俏华．对我国教师师德规范的重新思考：从中美两国师德规范比较的角度［J］．教育导刊，2010（9）：51－53；邱哲．美国教师专业伦理的制定及其启示［J］．教育研究与实验，2010（2）：38－41；于龙．教师专业化视野中的伦理标准建构：以中美教师专业伦理标准的价值取向为例［J］．教育科学论坛，2007（3）：56－58.

教育教学以外的个人行为的约束。而我国的教师道德规范对教师的道德要求则比较泛化，对教师的政治态度、意识形态、衣着举止等均有所要求，具有比较明显的政治性，同时也在一定程度上混淆了公德和私德的内容。也有学者指出，虽然中西方都认可服务学生是教师专业伦理的核心，但是我国的《中小学教师职业道德规范》中仅有一条涉及教师对学生的义务，美国的《教育专业伦理规范》则用了很大的篇幅来阐述教师对学生的责任[①]。此外，有学者指出了美国教师专业伦理规范的缺陷，即仅仅围绕教师的伦理义务展开，在一定程度上忽略了教师的专业权利[②]。

第三，从语言格式来看，美国的《教育专业伦理规范》中多为具体的行为描述，且多以“不应……”的否定句式对教育工作者提出规范要求，这也是从规则的角度对教育工作者的行为进行规定，体现的是道德规则层次的要求，触及的是道德底线。我国的《中小学教师职业道德规范》中的内容则多以肯定句式呈现，且体现的多是道德理想和道德原则的要求，分别从思想和行为上对教师提出了要求，更侧重的是从思想上、精神上对教师进行规范。总体来看，美国的规范文本在规范描述上具有层次性，依照师德理想、师德原则、师德规则的不同层次使用了不同的表述方式，更具有实操性，而我国的教师道德规范则比较抽象笼统。

第四，从规范的价值取向来看，美国的教师专业伦理规范表现出一种现实主义的价值取向，而中国的教师职业道德规范则表现出一种理想主义的价值取向。现实主义价值取向的特征体现在底线思维浓厚，教师专业伦理规范的出发点是规范教师的底线行为，使其不违反教师专业身份的基本要求，并未对教师提出过高的道德要求。而理想主义价值取向的特征则体现在对教师崇高道德的追求，即希望教师树立崇高的教育理

---

① 申玉宝 . 中美“师德规范”的差异及其原因［J］. 当代教育科学 , 2013 (4) : 32 − 34.

② 黄路阳 . 中国大陆、中国香港、美国教师专业伦理比较［J］. 安康学院学报 , 2007 (2) : 97 − 101.

想，拥有超乎职业本身的道德水平，对学生乃至全社会起到道德示范的作用。也有学者用“义务论”和“美德论”的观点来阐释这二者之间的差异，前者将教师的专业伦理视为教师基于专业身份所需要履行的基本义务，因此只能从底线层面进行规范和约束；而后者将教师道德视为一种美德，其不可避免地具有高尚性，因此更多地从理想的层面进行规范和倡导[①]。学者们普遍认为，造成这种差异的原因与中西文化差异有关。在我国传统“师道尊严”、教师德高望重思想的影响下，社会公众对教师的期待和要求就比较高；而西方语境下更注重对个人权利、义务的讨论，因此也偏向底线思维。

（三）国外的师德问责制

除了世界其他国家一般教师专业伦理建设情况，师德问责制也是一个被学者们关注的主题。一般来讲，师德问责制是一项旨在约束和规范教育者师德行为的制度设计，是指为了提升教师职业责任的绩效表现，对教师在处理师生关系、同事关系、学校和社会关系时应该遵守的相关规则、标准和程序进行约束性规范，并就失范行为进行责任追究的制度安排[②]。师德问责制度作为教育体系中的一项核心制度，其本质是对教师行为做出客观价值判断，从而达到提高教师专业能力、促进教育体制改革的目的[③]。比起一般的教师专业伦理规范，师德问责制更强调制度属性，以及对教师的纪律约束和评价，尤其是对师德失范行为的惩戒和处理。

当前，关于师德问责制的研究主要关注两个命题：一是问责主体。

---

① 王俏华．对我国教师师德规范的重新思考：从中美两国师德规范比较的角度［J］．教育导刊，2010 (9)：51 － 53.

② 司林波，乔花云．新制度主义视角下西方发达国家中小学师德问责制的经验与启示：基于美、加、英、法、德的比较研究［J］．当代教育论坛，2021 (6)：25 － 33.

③ 乔花云，聂晓云．韩国中小学师德问责制内容、特点及启示［J］．教学与管理，2017 (34)：80 － 83.

问责主体是有权力对教师的师德进行监督、评价乃至惩戒的组织或群体，不同的问责主体往往会形成不同的问责环境。因此，问责主体的确定对问责制的运行至关重要。二是对问责制的效力起到重要作用的因素。良好的问责制不应局限在对存在师德问题的教师的判定和处罚上，而应该配套良好的培训制度和监督制度，以防患于未然，减少教师师德失范行为的发生。

不同国家的师德问责制经历了不同的发展历程，形成了各自的制度特色。以下将分国家简要介绍我国学者关于这些国家师德问责制的主要研究发现。

1. 澳大利亚

澳大利亚的师德问责主体包括联邦政府、州政府、地方教育组织、学校、学生、家长和社会媒体。

（1）联邦政府主要通过颁布教育法令法规、制订财政拨款计划、提议和运作教育政策等方式参与问责。从 20 世纪 80 年代联邦政府制定师德规范开始，到 1999 年《阿德莱德宣言》将教师专业发展作为国家重要教育目标之一，再到 2002 年《一种值得关注的道德——对新教师的有效计划》等教育政策强调教师新专业主义中教师的公众责任和道德行为标准，国家层面对师德问题不断加强管控。2011 年，《全国教师专业标准》颁布，详细规定了毕业教师、熟练教师、娴熟教师和主导教师四个阶段的教师职业道德标准，并从专业知识、实践和发展三个维度对教师进行评价，涉及教师的知识、技能和道德三方面的考核，道德在其中占据很大比重。

（2）州政府层面，各州自行设定教师伦理规范，如新南威尔士州的《行为规范》和首都领地的《教师专业实践规范》，划定了教师在处理与学生、同事、家长等关系时的具体行为界限。

（3）地方教育行会组织也会参与师德规范的制定和问责。如教师必须通过所在州成立的独立的教师资格认证机构的考核，才能获得正式教师资格，且之后教师还要参加教师注册局每五年一次的考核，师德不端会面临强制性的处罚或撤销注册。地方的学科教师协会也会颁布本学科的教师专业规范。

（4）学校问责的主要方式是在政府推动和指导下校长负责的“教师绩效评价”项目，师德是评价的主要方面之一。评价包括两部分，一部分是校长负责的对校长助理和骨干教师进行的评价，一部分是校长助理和骨干教师负责的对普通教师的评价，后者以对教师的三次正式访谈为形式。这种评价给教师带来压力，但也形成了教师之间的互助共识。

（5）学生意见在对教师的评价中占据很大比重。学生有权就自己认为的教师有违师德的情况进行投诉，学校管理部门会要求教师对自己的行为做出解释，同时教育部门也会派遣工作人员进校，公开审查教师的所有教学情况，审查结束后做出是否吊销其教师执业资格证的决定。

（6）家长方面，澳大利亚的学校是开放的，家长可以随时参观和参与教师的教学活动并进行评判。教师评价标准则要求教师认真对待家长会，与家长详尽地探讨学生的情况。

（7）社会问责主要通过媒体进行。媒体会跟进报道教师的失职或不当行为。

澳大利亚的师德问责制体现出问责主体多元、问责标准具体、评价体系有层次、配套制度完善等特点。问责主体多元，指完成问责是各方全面合作的结果，既有上下级政府的密切合作，也有教师间、教师和社区间、教师和学生及学生家长间积极平等的沟通，科学、民主、有效的问责可以让教师对师德问责的态度由忽略和抵制转为适应和接纳。问责标准具体，体现在各种制度文件对教师师德行为的明确规范。以收受礼品问题为例，澳大利亚教育部门规定教师不得收取价值超过 50 澳元的礼物，除非教师自己付款，否则会被认定为受贿。新南威尔士州做出了更加明确的规定，只有礼品价值少于 10 澳元、家长或学生出于友情而非功利目的而送、教师不会因为收受礼物而影响决策和行为时，教师才能接受礼物。评价体系有层次，体现在 2011 年颁布的《全国教师专业标准》详细规定了毕业教师、熟练教师、娴熟教师和主导教师四个阶段的教师职业道德标准，并从专业知识、实践和发展三个维度对教师进行评价，层次清晰明确。配套制度完善，体现在除上述教师专业伦理规范和师德问责制度以外，澳大利亚的相关配套制度、组织和教育内容进一步防止了师德失范现象的发生，如澳大利亚的各种人权法案的制定、儿童保护组织的存在，以及教育过程中对学生安全意识的强调、教师专业规范文件中对教师公共理性的强调等。[①]

2. 法国

法国的立法权限和评价权限集中在国家层面，师德问责主体与督导制度有密不可分的联系。法国的师德问责主体主要包括中央的青年事务、国民教育与科研部内部设立的总督导部门，学区的学区督学，省一级的国民教育督学，校长和家长。

（1）国家总督导部门内设的国民教育总督学负责中小学教师的宏观考核和评价工作。

（2）学区督学主要确保国家发布的各项教育法律和政策在本地区的实施。

（3）国民教育督学受学区长领导，和学区督学一起对教师的教学行为进行直接监管，主要管理教师职位的设置，教师的任命、调动、晋升、休假，以及将犯有严重错误的私立学校教师交国民教育审议会处理。

（4）校长具有师德问责的客体和主体双重身份，作为问责主体，校长的问责形式主要体现在对教师行政方面的考核。校长每年须根据教师的实际表现写一篇简短的书面意见，并有权向督学提出对教师奖励或惩罚的建议。

（5）法国的《教育法典》规定家长有参与学校生活的权利，教师每年应至少与学生家长进行两次正式会面，与家长深入沟通学生学业情况，学校则必须尽量满足这些会面的需求。

---

① 王萃萃，乔花云．澳大利亚中小学师德问责主体及其启示［J］．教学与管理，2016 (35)：55 – 57.

法国的师德问责制度涵盖了职业培养制度、评价制度和纪律惩戒制度。

（1）职业培养制度包括入职标准、职前培养、职后培训三个方面。法国政府在 1989 年建立的“大学级教师培训学院”（IUFM）主要承担了中小学教师职前职后培训的功能，这使得所有教师能以相同标准接受培养和评价。在法国，要想成为一名教师，首先要身体健康、没有犯罪前科且拥有大学三年级学业文凭或同等学力，然后参与 IUFM 组织的招生考试，经过多轮选拔，有 10%~20% 的学生可以进入该机构学习。通过 IUFM 入学考试的师范生，需要在该机构进行两年的硕士课程学习，通过教育部组织的教师资格考试，拿到硕士学位，再经过一年的带薪实习，经 IUFM 评估通过，颁发教师资格证书，才能获得教师聘任资格并上岗任教。职后培训作为一种权利，在法国教育部和全国初等教育教师工会 1972 年发布的《关于初等教育教师终身教育基本方针的宣言》中得到保障。初等教育教师在工作的第五年到退休前五年的时间段中享有带薪接受继续教育的权利，培训时间为一个学年（即 36 周）。

（2）法国对教师的评价采用评分制度。小学教师一般受国民教育督学监督，满分为 20 分；中学教师一般由学区督学和中学校长共同监督，满分为 100 分。中学教师评价中，校长负责对教师的行政方面打分，占 40 分；学区督学负责对教师的教学方面打分，占 60 分。联合委员会将两项得分相加，由各级行政官员评判，得出最后得分。欧盟委员会 2005 年发布的“欧洲教师能力和资格的共同标准”和法国 2010 年提出的“中小学教师应具备的十大能力”是法国教师评价的主要标准，两项内容中均涉及对教师教育责任和职业伦理的强调。督导评价结果和教师的晋升、流动紧密挂钩，不同级别、不同岗位教师的工资待遇具有明显差别。

（3）法国的教师管理已经走上了法治化轨道，教师纪律惩戒方式明确且严厉。法国对教师的纪律惩戒不仅涉及行政职责方面，还涉及私人生活方面。且法国教师作为国家公务员，必须遵守教师和公务员的双重标准，违反则可能受到纪律处分，必要时还会依刑法论处。纪律处分程序通常包括部门负责人与涉事教师的面对面询问式谈话、纪律委员会听取教师和证人的陈述并提出处分意见、行政主管机关作出纪律处分决定、教师（如果对处分不服）通过行政和司法途径进行申诉、在纪律处分做出之前暂停教师职务、对有特殊原因的纪律处分进行解除。

法国中小学师德问责制的特点包括强调职业传统、制度体系完备、问责权力集中、问责结果严厉等。强调职业传统指法国自拿破仑时期建立的师范学院就非常重视道德引导，这种教学理念被继承和延续到了师德培养中。制度体系完备指法国师德问责制度包括培养、评价和惩戒制度三个方面。严格的培养制度能做到全国标准统一、智力因素和非智力因素综合考察，保障了教师的高素质；评价制度和晋升流动、福利待遇的紧密联系推动教师追求进步；惩戒制度要求教师同时遵守教育方面的法律法规和《公务员总章程》，惩戒法治化特征明显。问责权力集中指对教师评价的权力主要集中在中央层面。问责结果严厉指法国教师问责制度中对教师在行政职能上和工作时间以外的私生活方面的双重要求。[①]

3. 韩国

韩国的师德问责实行中央集权的分层管理，即中央、地方和学校综合型管理体制。韩国相继颁布了《全国教育公务员条例》《教育公务员人事管理规定》《教师专业发展策略方案》《全国中小学教师评价制度》等一系列法律规范，并通过健全的初任教师教育培训制度、规范的教师资格认证和聘任制度、完善的教师在职培训体系、全面的教师评价制度和严厉的问责手段保障教师的职业能力和师德。

（1）初任教师教育培训阶段是指初任教师研修阶段，由各地市的教育行政机关委托各地市的进修院对通过国家考试的初任教师进行培训。初任教师教育培训内容主要包括公共基础课程、教职课程、专业课程三方面，

① 王楠，乔花云．法国中小学师德问责制的内容、特点及启示［J］．教学与管理，2017 (4)：79－82.

总计 10 天 60 小时的培训课时。其中公共基础课程主要包括对初任教师的使命和责任、传统文化等的培训，总计 14 学时；教职课程包括生活指导、教育伦理、课程的编排和管理等内容，总计 40 学时；专业课程包括课堂教学和学习方法、教学评价等内容，总计 6 学时。

（2）韩国的教师资格认证和聘任是两个相互独立的过程，评聘分离原则保证了教师的教育质量和职业门槛。1946 年的《教师许可制》、1953 年的《教育公务员资格检定令》、2000 年的《教师职业发展综合方案 (试行)》不断对教师专业化提出规定，连续性资格认证制度进一步丰富了教师资格制度的形式。

（3）韩国的教师在职培训在形式上呈现多样化的特点，培训种类包括专门机构培训、学校培训和教师自主培训三类。其中专门机构培训又包括资格培训、一般性培训、特别培训等多种形式。资格培训是教师培训体系中的核心，与职务晋升有关，其培训内容与学时有统一的标准，培训时间为 180 小时以上；一般性培训，即职务培训，包括授课技能、职业素养和生活指导等相关课程，培训课时超过 60 小时；特别培训是由韩国教育人力资源开发部发起，为特定教育公务员制定的特殊培训计划，一般为期 2~3 年，并且受训教师须在 6 年时间内完成一定的义务服役。

（4）韩国《全国中小学教师评价制度》将校长、教师同事、学生和家长等都纳入了教师评价主体中。校长评价每年一次，评价内容包括教师对学生的学习指导（包括备课、授课、学生成绩评定等）和生活指导（学生个人和社会指导、帮助）情况，依据评价结果对教师给予不同支持（评价成绩优秀的教师享受带薪进修、休假，升职，调动等奖励，评价成绩差的教师必须完成规定的学习课程辅导,等等)。同事评价由 3 名以上的同级(小学）或同科室（初中）教师与校长共同参与，通过观察教师日常行为和听课的方式给出自己的评价。学生和家长评价主要通过问卷的方式，其中调查问卷主要包括 70 多个有关学生学习和生活的问题，例如是否创新授课方法调动学生积极性、是否指导学生遵守学校规章制度，涉及 18 个相关指标，以李克特五点量表呈现，教师评价结果若达不到要求就必须接受相应的培训。

（5）韩国《教师惩戒、处分再审规定》《教育公务员人事管理规定》《教育公务员纪律处罚条例》等对教师职业道德有着严格的评价标准。教师问责坚持职业问责和道德问责相结合的原则，要求教师除了教书育人、传授知识以外，还必须保持诚实、公正及清廉等道德品质，且禁止随便脱离单位进行营利活动。

韩国的师德问责制度同样体现出问责主体多元化、问责制度完备、问责结果严厉等特点。①

4. 英国

英国中小学教师师德规范是随着教师专业化进程发展起来的。英国的师德规范主要包括《让孩子安全教育》《教师标准》《幼儿教师标准》《教师不当行为》，这四项法律内容相互联系、相互支持。《教师标准》（最新版本为 2012 年修订）中的“个人行为准则”属于道德理想层面，对情感和态度提出要求，主要起激励作用。《教师标准》的其他部分、《幼儿教师标准》及《让孩子安全教育》属于道德原则层面，对行为基准提出指向，具有指导作用。《教师不当行为》属于道德规则层面，对行为底线提出要求，主要起约束作用。英国的问责制包括培训制度、评价制度和问责制度。

（1）培训制度方面，职前教育主要指向受训人员的师德理想和基本品质；入职教育培训注重的是规范师德中的“不准许”行为；在职教育培训则将师德行为深化到教学技能中，注重提高教师的团队精神和教学自信，以达到教师自觉遵守师德规范的效果。

（2）评价制度方面，英国对教师师德的评价被囊括在绩效评价过程中，依据的法律文件主要有《教师标准》《教师评价与能力》《教师薪酬与条件》。

---

① 乔花云，聂晓云.韩国中小学师德问责制内容、特点及启示[J].教学与管理，2017(34)：80－83.

按照评价对象不同，英国师德评价设定了校长评价和普通教师评价两种类型。在每个评价期开始之前或之后，每个教师都会被告知评价期间将被评价的标准。校长由管理机构进行评价，管理机构必须咨询外部顾问的意见，评价目标由管理机构与外部顾问磋商后确定。一般教师由校长决定由谁来当评价师，评价目标是具体的、可衡量的、可实现的、现实的和有时限的，并且要求评价目标适合教师目前的角色和经验水平。评价结果有通过评价和不通过评价两种。如果通过评价，会收到书面的评价报告，评价报告中包括此次评价期间教师的评价细节和下一个评价期的规划。如果不通过评价,则面临能力全面评价。英国教师的绩效评价结果和其薪金密切相关,《教师薪酬与条件》中明确规定了合格教师和不合格教师的薪酬范围。

（3）问责制度方面，英国师德问责的主体主要可分为宏观与中观两个层面，包括全国层面的教育部、全国教学与领导协会（NCTL）和地方层面的当地政府部门、当地教育部门。问责程序基本遵照举报、调查、临时禁令、正式调查和答复、教师不接受时召开听证会的流程。针对教师的不端行为，学校（或雇主）、警方、其他监管机构和公众都可以向 NCTL 提交指控。正式投诉前一般先进行非正式投诉，即向学校、当地议会投诉，如果认为学生正处于紧急危险中，则直接联系警察局。如果举报人对非正式投诉的回复不满意，可以提起正式投诉。一般教师不当行为由当地学校或议会进行审查处理，严重的不当行为由当地审查后交由 NCTL 处理。调查主要由 NCTL 进行，教师对程序进展有获悉权，也可以联系法律专业人员或工会代表征求意见。NCTL 审查无误则有权给出对该教师的禁止令，即该教师不能在英国的任何学校以及相关的青少年或儿童之家任教。当新证据出现时可以在问责程序中进行再次调查。

英国中小学师德问责制体现出明显的规范和程序的完备性和规范的可操作性，问责立法动态发展，问责程序规范完整，师德培训贯穿始终，师德规范具体可操作。[1]

5. 德国

德国的问责制度体系主要包括教师聘用和培训制度、评价制度、问责制度和惩戒制度。

（1）在德国，要想成为合格的中小学教师，在获得教师资格证书之后，还要经过一定课时的课程科学和教育科学培训，并通过教师资格认证考试。教师入职前要经过本科、硕士培训和试教三个连续阶段，试教时间一般是一到两年。职后培训包括外出培训和自主学习，但去大学在职进修的名额极少，需要经过严格、规范的选拔。

（2）德国政府明确指出，要对中小学教师实行综合评判，每四年进行一次。德国中小学教师的评判主体具有多样化的特征，内部评判主体主要包括理事会和校长，外部评判主体主要包括同行和评判专家，评判部门是由评判机构或评判委员会组成并代表教育当局的独立单位。完全中学、实验中学教师的评判一般由校长负责，每四年一次，按照教师的日常工作表现作出评判。国民小学、主体中学教师的评判主体以督学为主、校长为辅，督学的职责是到校内听课，记录和评判教师的授课能力，为教师建立教师工作报告表。德国的教师评判内容包括两部分：一部分是教师负责的班级和学生状况，以及教师承担的教学工作量；另一部分是教师的教学成果和教学态度等。

（3）德国中小学师德问责主体包括联邦政府、州和地区政府、校长、学生和家长，其中，由于德国各州享有教育行政管理的主导权，所以问责以州政府层面为主。联邦政府主要颁布教育法令法规，州和地区政府颁布地方性教育政策，并对当地学校进行集中管理。校长具有问责主体

---

① 乔花云，司林波．英国中小学师德问责制述评［J］．上海教育科研，2018 (9)：51 − 54 + 77；司林波，乔花云．新制度主义视角下西方发达国家中小学师德问责制的经验与启示：基于美、加、英、法、德的比较研究［J］．当代教育论坛，2021 (6)：25 − 33.

和问责客体的双重身份，有权提交个体奖惩意见报告给督学。学生对教师综合评判的结论具有相当重要的参考价值。家长组成民间自治组织——家长委员会，任期一年，协助督查支持学校工作，是家长和学校有效交流的渠道。

（4）德国教师作为国家公务员，需要遵守教育法规和公务员法规的双重要求。德国对中小学教师的处置流程大致为：负责人进行事实确定并报告校务委员会；校务委员会进行问题认定并报告区教育厅；区教育厅成立特别评判机构，听取当事人和证人的阐释，做出处置意见或建议；行政主管部门对指导水平不够的教师进行培训，如果培训依然不合格再做处置，对违反规定的教师则直接作出处罚；不服结果的教师可以申诉；对处理错误的教师要加以弥补，恢复职务，并进行相应赔偿。

从上述国家问责制的特点可以看出，各国问责制的共性在于，都强调问责主体的多元化以保障评价和惩戒的公开、科学、民主，都强调问责制度的体系化（如将教师评价结果与教师待遇、教师的晋升流动机会等挂钩）以从源头减少师德失范现象、保障教师队伍的高素质，都强调问责标准的具体化和问责主体责任的清晰划定以提高问责制度的可操作性。但依然有一些问题在制度设计中难以被解决，如中央加强干预和地方教育自治如何平衡、教师外部问责与教师专业自治如何协调、对教师的评价如何不流于表面等。

已有文献较为系统地梳理了世界各国的师德问责制度，但目前的研究也体现出一定的局限性：已有的问责制研究针对的学段只有中小学，未涉及高等教育阶段；已有的问责制研究往往依托大的教师专业伦理规范，而非专门的师德规范，研究对师德内容的针对性较弱；已有研究主要挖掘了各国问责制的特点和优势，但没有深入分析其在实际运行过程中的问题和不足，削弱了研究的可借鉴意义。

（四）国外的教师道德教育

国外的教师道德教育也是学者们关注的一个研究课题。虽然目前相关的文献数量有限，但是已有研究基本呈现了美、英、日等国家在教师教育过程中对教师进行道德教育的理念路径和实践经验，并试图通过对国外经验的介绍，来推动我国自身教师专业伦理教育的开展。从表述方式来看，在研究西方国家时，学者更多使用教师专业伦理教育这个概念，而在研究亚洲国家时则倾向于使用教师职业道德培养这个概念。总体而言，当前关于教师道德教育的研究主要包括广义和狭义两种类型。广义的教师道德教育包括政策规章对于教师道德教育提出的要求、教师道德教育的职前培养、教师道德评估与考核、职后的师德促进措施等，而狭义的教师道德教育指对期望获得教师资格的教师进行的专业伦理或职业道德教育，即职前教师道德教育。由于广义的教师道德教育研究与其他研究领域有较多重合部分，这里我们主要介绍学者们对于各国的职前教师道德教育的研究成果。

1. 美国的教师专业伦理教育

周坤亮梳理了美国教师专业伦理教育的路径，并介绍了美国研究者对这些路径的反思和创新，以期对我国的教师专业伦理教育起到借鉴作用。其研究认为当前美国的教师专业伦理教育的路径主要可以分为三类：一是基于规范教育的路径；二是基于伦理学理论应用的路径；三是基于案例分析的路径。这三种不同的路径均有其优点和劣势存在，简述如下[①]：

基于规范的伦理教育是让教师学习相关的专业伦理规范，并能够将这些伦理规范应用于教学实践，这也是教师教育中最常见的一种伦理教育路径。伦理规范的教学对于教师职前培养起到了一定的积极作用，包括可以让教师知晓伦理规范存在的意义，并能够自觉遵守规范要求；有助于清晰

---

① 周坤亮．美国职前教师专业伦理教育的途径与趋向［J］．全球教育展望，2017 (11)：67－75.

地阐明先前模糊的教学实践的伦理维度，提升教师在实践中的伦理意识；能够在教师处理困难事件时给其提供真实的伦理指导和明晰的建议。但是，这种教育路径也存在着一些问题。比如教师伦理规范并不能涵盖教学的所有伦理维度；伦理规范自身也可能存在相互冲突的情况；教师不仅仅需要知道应该做什么，还需要知道背后的逻辑道理，因此只知道伦理规范是不够的。

基于伦理学理论应用的教育路径的主要方式是让教师学习伦理学理论并付诸应用。教师需要学习一个或多个伦理学理论，主要包括功利主义、义务论和美德伦理，然后应用这些理论去理解和解决伦理困境。教师教育者通过让职前教师学习和应用这三种伦理理论，来发展他们的伦理思考和伦理判断能力。在某种程度上，教学伦理理论为职前教师理性、客观地思考和解决实践中的伦理问题提供了基础，有助于提高职前教师的伦理决策能力。但这种教育路径同样有其缺陷。这些伦理理论比较抽象，往往与日常复杂的伦理问题脱节，导致对实践的忽视；伦理问题没有绝对的对错之分，依据不同理论可能会得出不同的回答，因此可能形成伦理的相对主义；基于理论应用的伦理教育方式也可能促使职前教师优先考虑某种伦理理论并草率决定，从而忽视了每一个个案问题存在的特殊方面。所以，伦理学理论应用虽然是伦理教育的重要组成部分，但是伦理教育必须超越理论应用的局限。

基于案例分析的教育路径在一定程度上弥补了伦理学理论应用路径的缺陷。这种教育路径以伦理困境案例为基础，由教师教育者指导职前教师分析其中的具体细节，找出其中涉及的道德意涵和可能的行动路径，并达成一个合理的结论。这种路径可以让职前教师更多关注到现实的教学情境，发展其伦理对话能力、道德洞察力和道德想象力。然而，也存在对这种教育路径的批评声，包括缺乏伦理学理论的指导、案例的普遍实用性不足、可能导致伦理主观主义等，因此这种教育路径同样具有局限性。

2. 英国的教师专业伦理教育

英国也是在教师专业伦理教育领域比较有经验的国家。杨秀玉、程海婵对英国职前教师伦理教育的目标、路径与实践阻力进行了探析，以期对我国的职前教师专业伦理教育提供参考。其基本发现如下[①]：

英国为职前教师提供的专业伦理教育的总目标是：为职前教师未来课堂中的伦理生活奠定基础，使职前教师为其教学角色的伦理责任做好准备。英国职前教师专业伦理教育的具体目标按重要性由高到低排序，前十项依次为：帮助职前教师发展他们自己的个人教育哲学；帮助职前教师澄清他们自己的价值观；发展职前教师对具体情境下伦理事件的敏感性；发展职前教师的专业素质，例如诚实、公平、同理心等；促进职前教师对教学的专业价值的认识；提升职前教师关于教师专业性的意识；帮助职前教师熟悉在教学中与伦理有关的概念或理念；帮助职前教师理解教师的专业责任；帮助职前教师熟悉当地的法律和规则；发展职前教师伦理推理的技巧。其中最重要的目标就是帮助职前教师发展个人教育哲学和澄清他们自己的价值观，这对于教师做出伦理判断和选择，以及准备好在未来履行伦理责任具有重要意义，所以，教师教育者会要求职前教师思考他们的深层教育信念并揭示、解释和捍卫他们的伦理理想。

从教育模式来看，英国教师专业伦理教育以“统合式”的教育模式为主，即专业伦理教育隐性地贯穿于职前教师教育之中，以各种方式与其他职前教师教育课程融合在一起。专业伦理教育的实施是含蓄而非明确的，既没有聘用伦理学方面的专家来参与课程设计与教学，也没有为受教者提供专门定制且独立设置的专业伦理课程或模块。在英国“统合式”的职前教师专业伦理教育模式中，专业伦理教育在课程的不同领域中是分散的，并且以多种方式融合到其他课程内容之中。其中，“统合”的主要途径是将专

① 杨秀玉，程海婵．英国职前教师专业伦理教育：目标、路径与实践阻力［J］．外国教育研究，2020，47（5）：3－13.

业伦理教育融入职前教师教育课程中的“专业研究”和“学科研究”两个课程板块，具体的实施方案主要是系列讲座后进行专题小组讨论。

从教育方法来看，英国职前教师专业伦理教育过程中运用了很多方法。其中案例讨论是主要方式，即通过对有关伦理冲突或伦理困境的案例进行讨论，为职前教师提供逼真的课堂或基于学校的情境，使他们将实际的困境与道德理论和伦理原则联系起来。引导职前教师进行反思性实践活动也是英国职前教师专业伦理教育的方法之一，这种教育方式可以让教师更加深刻地意识到自身的伦理责任。此外，还有一种方法是让职前教师参与哲学式的研讨与追问，通过这种形式帮助职前教师深入理解伦理行为的意义，从而引发他们更多、更深层次的伦理思考。

在以上研究的基础上，学者们也分析了英国当前的职前教师专业伦理教育存在的实践阻力。首先，这种阻力源自职前教师自身，当他们在思考自身的价值观和实践中的伦理问题时，可能会由于自身的认识不足而产生内在的抵制力量，使得专业伦理教育难以有效落实。其次，实践阻力还来自教育项目内容在时间安排上的紧张与限制，职前教师教育者需要投入大量的时间和精力来加强教学知识和技能的养成，对于专业伦理可能有所忽视。最后，实践阻力还可能来自教师教育者，“统合式”的专业伦理教育模式对职前教师教育者的专业能力提出了较高的要求，可能使得一些教师教育者难以胜任。

3. 日本的教师职业道德培养

和西方国家的“教师专业伦理教育”不同，日本使用的概念是“教师职业道德培养”，且有一整套相应措施，强调每位教师把约定俗成的教师职业道德内化成自己的自觉行动。杨民将这些措施总结为五个方面，即通过明确的法令规定教师的职业道德责任，以高层次的社会道德要求提醒教师时刻约束自身行为，在教师教育课程中加入职业道德教育内容，在挑选、聘任新教师时严把教师职业道德关，工作过程中的要求与督促。其中对职前教师开展职业道德教育是重要一环。战后日本采用开放型教师培养制度，取消原有师范院校，由有资格的大学培养各级各类教师。这些大学开设的教育类课程均结合教学内容对教师进行职业道德教育，如结合教育法的学习讲解为什么不能体罚学生，通过对宪法的讲解阐明教育的作用，通过讲授教育的公共性引申出教师要具有教育责任感和奉献精神，等等。可见，日本教师培养过程中的教师职业道德教育不以教师职业道德课的面目出现，而是分散在其他课程的教学中，此种职业道德教育方式不易引起学生反感，也能更好地收到陶冶之功效。①

除了对美国、英国和日本的师德教育的研究外，也有学者关注了其他国家的情况。傅维利在其主编的《教师职业道德教育指南》中介绍了加拿大、德国的师德教育经验。加拿大是一个强调多元文化的移民国家，公平、正义、人权、忍让和尊重他人等是人们共同接受的观念，因此学校强调教师需要接受这些观念并使其在公民教育中发挥作用，在与学生相处时尊重学生的不同背景，这些内容成为师德教育的重点内容。此外，加拿大的一些学院率先开设了职业道德教育课程，例如 1988 年加拿大阿尔伯塔大学开设了《教学伦理》课程，其目的是帮助未来的教师能够正确、谨慎地使用处罚和评价方法。德国的教师具有国家公务员身份，因此德国也有严格的、独特的教师培养模式。德国的教育家提出了好教师的标准，包括强健体魄、敬业、具有人道主义精神、热爱所教的学科、对自己执教的学科有信心、懂得学习、具有民主精神和具有良好师德。德国的师德教育强调对教师教育学理念的培养，重视教师对教育关系的理解，重视教师的教育实践与体验以及教师的自我教育。②

回顾近几十年我国学者对我国港澳台地区和国外的教师道德比较研究，可以看出我国学者在关注点和研究范式上的规律和特点，同时也能看到未来的教师道德比较研究的大致方向。

---

① 杨民．日本教师的职业道德及培养［J］．教育科学，1999 (3)：59－61.

② 傅维利．教师职业道德教育指南［M］．北京：高等教育出版社，2002：53－54.

首先是学者们使用概念的转变。早期的研究更多地使用师德、教师职业道德这样的本土化概念，而随着教师专业化在国内的不断推进，更多学者选择在学术表达中使用教师专业伦理这样的概念，以便更好地传达西方语境下的教师道德规范内涵。其次是研究范式的转变。早期的研究更多地偏向于对中西方师德观念和概念的对比，属于理论研究范畴，而之后的研究主要集中在制度建设和师德培养等现实层面的对比，进入了实证研究的阶段。最后，从研究的目的和侧重点来看，我国学者对国外师德的研究从单纯的经验描述和介绍，发展到更加详细的中外对比分析，进而重新理解教师专业伦理的内涵，研究越来越深入。

虽然我国学者对于我国港澳台地区和世界主要国家师德的比较研究已经取得了比较丰厚的成果，但是依旧存在一些局限，需要在未来更好地改进。第一，我国学者对于这些区域的师德研究更多地还停留在制度、规范等客观层面，以现实描述和文本分析为主，缺乏对政策规范具体落实的效果和反馈的研究。第二，当前我国学者的研究在方法上比较单一，除了单纯的描述外，主要采用自然阅读文本分析法，大多停留在感性认知层面，使得研究结果很容易受到研究者的假设、前见、期望和兴趣等因素的制约，从而忽视文本所传达的一些重要信息，最终影响分析结果。虽然后期有学者开始使用比较系统的质性研究方法[①]，但是这种方法还未在学界得到广泛使用，因此未来有待出现更多的量化、质性研究，以增强这一研究领域的科学性和实证性。第三，目前我国学者的主要研究立场是我国应当充分借鉴西方师德实践中的种种经验，但是缺乏批判性的思考，即学者们对我国

① 这方面的研究主要有：殷玉新，楚婷．优秀教师具有怎样的道德素养？——基于对 71 名美国“年度教师”的深度分析［J］．比较教育学报，2021 (4)：120－132；陈梦鸽．美国高校教师专业伦理核心内容研究：基于对美国相关教师专业伦理的文本分析［J］．教育现代化，2019 (A3)：87－91；陈黎明．如何完善我国教师职业道德规范？——基于对五个国家教师职业道德规范的质性内容分析［J］．教育科学研究，2019 (2)：74－81.

本土环境的思考比较欠缺，对西方理念下的教师专业伦理建设经验能否直接本土化的讨论比较薄弱，这也使得研究成果对我国教师道德建设的指导作用受到了局限。

第三章
教师道德的历史研究

教师道德的历史研究，主要探索的是教师道德在不同历史时期的价值内涵、表现形态、时代特征等问题，目的是寻求教师道德建设的历史文化根基，并从中总结、提炼出教师道德发展的一般特点，从而为当下的教师道德建设提供历史借鉴。

纵览我国学者的相关研究，可以将其分为三个主要部分：一是从教师道德的理论视角出发，提炼和分析中国传统的师德观念和师德文化，以期古为今用；二是立足于古代著名教育思想家的师德思想，阐释我国的师道传统；三是从理论和实践反思的角度，对传统师德思想的历史局限与时代价值开展讨论与分析。

第一节　中国传统师德的理念与文化

中国古代师德是中华民族传统道德的重要组成部分。作为一种文化传统，古代师德已经扎根于民族文化心理之中。研究中国传统师德理念与思想，对了解古代师德内涵有着重要意义，同时有助于传承我国的优秀传统师德，并将传统理念与现代师德融合起来，从而最终实现传统师德的创造性转化和创新性发展。

我国几千年的历史进程发展出了丰富的教育理念和教师文化，其中大多都与教师道德相关。虽然我国历史上并未出现系统化的师德理论或思想体系，但是在不断的历史实践与探索中，也形成了比较稳定的师德理念和师德文化。在目前已有的研究中，不少学者都是通过对经典论述、历史资料的剖析以及对相关史实的梳理，来描绘几千年来我国形成的传统师德理念与文化。从资料来源上看，大多数学者都从经典论述入手总结传统师德理念，也有个别学者关注到了我国传统的教育场域，并从中解析出传统师德文化的意涵。

一、中国传统师德理念

古代历史资料和典籍是学者们研究传统师德理念的重要资料。古代很多著名的教育家、文学家、理学家对教师道德都有过相关论述，而这也让当今的学者们能够通过梳理和归纳这些论述，分析和总结出我国的传统师德理念。具体来看，这些分析和总结的结果又可以分为以下几个方面：一是传统师德的内涵；二是传统师德的特点；三是传统师德的理论溯源；四是传统师德的形成路径。

（一）传统师德的内涵

有不少学者都根据自身的理解梳理和总结了中国传统师德的标准与要求，并进行了归纳整理。比如，徐少锦论述了古代师德从官德中分化出来的过程，并将师德分为君王、国家对教师的道德要求，调控教师之间关系的道德要求，处理师生关系的道德要求以及教师自身修养等类别，具体概括为六个方面：其一，有教无类，教育公正；其二，爱生亲徒，乐教不倦；其三，言行一致，以身作则;其四，循循善诱，耐心引导;其五，教学相长，惟道是从；其六，以情感化，激发兴趣[①]。顾冠华则指出，在古人心中教师是“道”的化身，因而拥有崇高地位，与之伴随而生的则是对教师的高标准要求。他将这些要求分为五个方面：一是教师必须具有崇高师德和完善人格；二是教师要学识广博，学业精深；三是教师要做到无论在道德还是学识上都身体力行，以身作则，为人师表；四是教师要熟谙规律，掌握教学方法；五是教师要做到学而不厌、温故知新，不断提高自身水平。[②]李建军则将历代教师的道德实践归纳为有教无类、公正无私，尊重信任、严格要求和鼓励学生成才三个方面[③]。田爱丽提炼出了我国传统师德中的几个核心要素：一是教师肩负着服务国家、服务天下的社会责任，理应具有崇高的教育信仰；二是教师在教导学生时要做到德育为首，首先教学生做人；三是教师也要修己以敬，为人表率；四是教师之间共处时应切磋琢磨，在论辩中交流思想；五是教师应当不断学习，成为专业大师[④]。

虽然学者们之间的分类有所不同，但是纵览当今学者对于传统师德内涵与要求的认识和理解，可以看出他们主要从以下几个方面入手进行讨论。首先是聚焦传统师德对教师自身的要求，这些要求又可以分为两个层面：一是对教师个人道德、品行的要求；二是对教师学识的要求。这意味着即便在古代，师德也不仅仅是一个道德范畴的概念，还包括了教师的学问水平，即教师需要在道德和学问上都达到较高的水平，才能成为弟子学习的榜样。其次是关注传统师德对教师教育理念与教育技巧的要求，包括教师要关爱学生、有教无类、循循善诱等，这其实涉及了教师的专业性问题。

---

① 徐少锦．中国传统师德及其现代价值［J］．道德与文明，2002 (5)：73 − 78.

② 顾冠华．师德与师质：中国传统教育中教师的标准和要求［J］．黑龙江高教研究，1998 (6)：36 − 41.

③ 李建军．传统师德理论的教育实践及现代意义［J］．苏州大学学报，2004 (6)：107 − 111.

④ 田爱丽．中国传统教师职业道德的时代价值研究［J］．教师教育研究，2012 (5)：45 − 49.

也就是说，教师不仅要品学兼优，还要了解一定的教育规律和方法，能够将自身的良好品质和学识传递给学生。最后是重视传统师德对教师发展的要求，包括教师要学而不厌，不断提升自身的德性和学问。放在现代语境下，这其实指向教师的终身学习和专业发展。可以看到，即便在古代，教师的成长与进步也为人所重视。

（二）传统师德的特点

在梳理和概括传统师德的内涵与要求的基础上，为了进一步理解传统师德，也有一些学者试图剖析传统师德的特点。比如，李建军认为：首先，传统师德重视“道”和“道统”的传承。“道”是经国济民之道，教师作为“道统”的代表能与政治权威分庭抗礼，从而形成知识分子与君主的“师、友、臣”三类关系，其中师徒关系在首位。其次，传统师德重视道德人格的塑造，教师在“正人”之前必须先“正己”，实现内在的自我超越和理性选择，才能起到示范作用。最后，传统师德重视培养德才兼备的综合人才，为师之道不仅包括自身德行，还包括教师的基本素质和主要能力。[①]王泽应提出，师德作为一种德性伦理，具有个体化、内在化、精神化等特点，师德是诸种美德的集成，其中最重要的是师爱、师义、师礼[②]。

杜钢和朱旭东则更加细致地归纳了中国传统师德的几个本质属性，分别是全摄性、实化性、通达性、谦和性与新成性。第一，在古代，君、父、师三者相互关联，将师生关系与朋友、父子、君臣等人伦关系融通为一体化的关系存在，因此，传统师德是一种全摄之德。其既有师生之德的面向，又兼有朋友之德、父子之德和君臣之德的面向，师德的全摄面完整地包括

① 李建军．传统师德理论的教育实践及现代意义［J］．苏州大学学报，2004（6）：107－111.

② 王泽应．遵师道以安身立命 铸师德以教书育人：对传统师道与师德的新思考［J］．探索与争鸣，2014（4）：18－19.

了传统社会人伦关系的各个主要向度。因此，在传统社会中，师德在国家治理和民众教化中都发挥着重要的作用。第二，传统师德具有实化性，这意味着师德实际上是一种道德感化，教师只有在修身立德上以身作则，才能够感化学生，让学生心悦诚服，从而实现教化和传承。第三，传统师德具有通达性，教师要做到“仁、智、勇”，以此来安身立命，并推己及人，实现内圣外王的终极理想。第四，传统师德的本质意涵还包括谦和性，即要具有虚心向学、不耻下问的谦虚品德。教师以谦立德，方能做到海纳百川，和而不同，从而获得源源不断的师德生长力。第五，传统师德具有新成性，这意味着师者立德治学的过程必然是一个持之以恒而又循序渐进的新新不已的过程。这就要求师者在一个持续而完整的师德养成过程中不断做到不废旧功而又有所新成。①

（三）传统师德的理论溯源

当前我国学者对传统师德的研究多从教育伦理、教师教育、思想政治等角度入手，而历史文化和社会的研究视角相对匮乏。因此，郑家福和蒋亚星从历史学和伦理学的角度出发，对中华传统师德的生成进行了溯源性研究，最终从理论溯源、文化渊源和实践探索三个层面整合出对传统师德的全面认识②。

其一，从理论溯源来看，中华传统师德与传统道德有着天然的、本体意义上的联系。可以说，中华传统师德是传统德治主义在教育领域中的典型表现。首先，中华传统师德源于先秦利他主义的“德”观念。先秦的“德”观念，是融政治、宗教、伦理于一体的复杂概念，并经历了从政治理念向

① 杜钢，朱旭东．中国传统教师文化的基本特质与当代价值［J］．当代教育科学，2019（9）：44－48．

② 郑家福，蒋亚星．中华传统师德溯源研究［J］．西南大学学报（社会科学版），2022（2）：223－232．

一般伦理的转变，这使得道德作为一种意识形态具有了主客观两个面向。主观层面指的是个人道德意志和道德践履，而客观层面则指现实社会要求民众在公共伦理关系中共同遵守的道德规范、道德标准和共同信奉的道德理想。而中华传统师德是在以师生为主的伦理关系范围内，为师者有志道信念、有仁爱情怀、重礼尚德、学识广博，以道德为教育活动原则的整体概括。其次，中华传统师德是传统德性主义价值观影响下人性修养的产物。传统师德既是客观方面的社会伦理要求，又是主观方面师者角色所必须承担的个人德性修养义务，所以中华传统师德注重师者的道德修养、精神追求和社会贡献。最后，中华传统社会建构了“宗统”“君统”“道统”三位一体的德性伦理关系，而“道统”所倡导的德治教化实现了道德与政治的统一。师德是宗法社会“道统”的传承，师者在道德修养上的理性自觉，成为让“道统”得以传承的道德理想人格，并为协助君主治平天下创造人治基础。

其二，从文化渊源来看，中华传统师德受到了道德中心主义价值取向的文化影响。在中国传统社会，“治道”重在“人治”，而“人治”则重在道德教化。首先，道德教化表现在处理人际关系时重视人伦纲常，而人伦道德是师德生成的前提。其次，道德教化表现在传统社会的教育重视立德树人，而这是由传统文化注重人文化成、文治教化的本质内蕴所决定的。树人先树己，师者只有成己才能达人。传统师者立德树人即立为师之德、树达人之范，这是古代师者实现人生理想与生命目的的基本要求。最后，道德教化表现在士人社会重视厚德载物。作为社会精英群体，厚德载物是士人在道德理性自觉前提下形成的道德价值选择，进而形成了师者和知识分子与官僚的结合体——“士大夫”群体。他们用学识回报社会，将个体的道德情操和社会责任结合起来。处理人际关系时重人伦纲常、传统教育重立德树人、士人社会重厚德载物，这些共同凝聚成了中华传统文化道德中心主义的价值取向。

其三，从实践探索来看，中华传统师德的形成离不开古代师者们长期的实践探索。历代师者在实践探索中，将立志有恒、博学善思、克己改过、言传身教等传统师德凝聚于师者形象之上，使师者成为“仁且智”的道德典范。在为世师范的从教历程中，历代师者践行了“己欲立而立人，己欲达而达人”的立身之道，奠定了传统教育德教为本的根基，铸就了国人奋发有为、自强不息的民族精神。

（四）传统师德的形成路径

除了对传统师德内容和意涵的分析、理解与溯源，也有学者关注到了传统师德的养成路径。张家军等认为，有德性的教师的养成，不仅可以通过对外求知的路径来达成，还可以通过内部反省和制度规训的方式来实现。因此他梳理了三种传统教师道德形象的形成路径，即个体自身的内化、外部环境的教化和社会的制度化。其具体观点如下[①]：

首先，内化要求教师做到克己内省，通过成就自我来达到提高自身修养的目的。克己内省强调靠自身的主观努力，充分发挥自身的主观能动性，以不断提高自身的学识和道德修养。

其次，社会教化也使得教师获得熏陶，进而形成良好道德。在我国，教化侧重社会的外部影响和感化，具体指政教风化、教育感化、环境影响等有形和无形手段的综合运用，使人们在潜移默化下达事明理。传统社会对教师的教化主要体现在道德修养和学识培养两个方面，德性高尚之人成为人们推崇和学习的对象，博学之人则能求取功名。在当时的社会风气下，作为“士”的教师，须不断提高自身道德修养，提升自身学识水平，方能以身作则、言传身教地教育学生。

最后，古代师者具有良好的道德形象与严格的制度要求息息相关。古代社会非常重视教师的选聘，官学选拔严格，而私学则是自然选择的结果，这使得名师弟子三千。此外，为了强化教师管理，防止有些教师名不符实，

① 张家军，龙玉雕．传统教师的道德形象、形成路径及其启示［J］．教育科学研究，2020(3)：74－79.

还建立了一套严格的考核和督查机制，涉品德、学识和业绩等方面。古时制度上对教师道德和学识的严格规定，保障了教师品行优良、学识过人。

二、中国传统师德文化

教育实践是师德理念和文化生成的重要途径。我国古代官学、私学并举，形成了丰富的教育生态，这也衍生了与不同教育场域相匹配的教育理念和文化，与此相关的师德也呈现出明显的文化特点。对此，有学者关注到了一些特殊教育场域下的师德文化问题，并进行了比较细致的分析和研究。其中有代表性的是对唐宋以来中国传统书院中形成的师德文化的研究，以及对私塾教育中所涉及的师德文化的研究。

（一）中国传统书院的师德文化

书院是唐宋以来我国古代非常重要的教育机构，是中华民族道德文化的重要汇聚地，推动着中国道德价值的历代传承和中华优秀传统文化的弘扬传播。书院中也形成了独特的师德文化，具有重要的研究意义。因此，郭艳琳和陆俊分析、提炼了中国传统书院的师德文化，并将其与当代高校师德建设进行类比，希望可以通过批判性地继承传统书院师德文化的精华，更好地促进我国当代高校师德建设。其具体观点如下[①]：

第一，书院教师的任职条件是“师道尊严，学范德高”。中国古代书院将培养“具有崇高道德的圣贤”作为教育的最高乃至唯一目标，足见道德教育在书院中的地位。在书院教师选拔中，“德”和“道”是重要考察因素。书院秉持“正己修为”的原则，将教师自我的修养教育放在首位。同时，教师要具有渊博的学识和育人能力，具备过人的教学感染力和教学技能，

① 郭艳琳，陆俊．中国古代书院师德文化与当代高校师德建设［J］．思想教育研究，2018(4)：122－125.

如此方能赢得学生的尊重。

第二，中国古代书院云集了众多在道德和学术水平上具有深厚造诣的学派名家，他们的学术观点、人格魅力和道德情操逐渐形成了一种典型的优秀师德文化传统。首先，教师要敬业爱生，潜心人才培养。教师重视自身学识的养成，认真投入教学事业，讲究“身教重于言教”，全身心热爱学生。其次，教师要诚实求新，潜心学术研究。中国古代书院将“诚信”视为书院和教师安身立命的重要道德信条，“诚”指内心真诚，“信”则指恪守信用，这就要求教师在治学上保持严谨求实、开拓创新的精神。再次，教师要知行合一，潜心明辨笃行。在加强道德实践方面，中国古代书院高度重视教师的日常修养，倡导学以致用，身体力行，精进而不断思辨和推敲。在“知行合一”的道德观指引下，中国古代书院形成了将祭祀、读书、讲学、出游等融为一体的全方位道德培养体系。最后，教师要丰富教育途径，潜心文化传承。中国古代书院作为弘扬传统文化的重要阵地，在千余年的发展演变过程中肩负着文化传承的重任。在教育内容方面，中国古代书院将儒学教育纳入自身体系并将其制度化。在教育方式方面，中国古代书院通过祭祀、讲学、藏书、建筑、碑刻等有形和无形的方式对文化进行传播，使文化得以历代传承。在文化延续方面，中国古代书院生徒通过追随大师不断成长，并延续思想和文化的传播。

当前我国高校的师德要求和师德状况相比中国古代书院已经发生了很大的变化。

首先，教师职业目标的唯一性发生变化。中国古代书院教师将“崇高的道德”作为其毕生最高乃至唯一的追求目标。当代社会的教师与古代教师面临的社会背景不同，随着高等教育的发展，他们从事的教育活动已成为一个日渐复杂的过程。目标多元化和外部挑战复杂化，使教师职业追求的目标唯一性即道德唯一性发生转化，导致教师行为的重心发生变化。教师综合水平的评价体系中也纳入了除道德水平外的更多因素，如教学效果、科研实绩等，教师在重重压力下分身无术，师德培养的自觉性和主动性减弱。

其次，教师“知行不一”的状况愈发突出。在中国古代书院中，“知行合一”是道德培养的基本目标，也是检验道德培养效果的基本标准。书院教师宣扬什么观点多为个人选择并致力于实践，因此具有强烈的道德实践主观能动性。当代社会要求教师所宣扬的观念和行为与主流价值观一致，其在教育过程中传达的道德观念在一定程度上已成为执业与生存的需要，但其个人的实际行为有时则会表现得与其宣扬的观念不一致，导致言传身教的效果减弱。因此，与社会主义核心价值观相匹配的道德观念如何切实有效地落实到教师的道德实践中，进而正向地传递给受教育者，是当代高校师德建设中一个值得探讨的课题。

最后，我国高校师德建设对传统师德文化的传承不足。回顾百年来中国高等教育现代化的历史进程，中国的高等教育很长一段时间都在模仿欧美模式，借鉴和移植先进国家高等教育的课程体系、教学内容与观念，在一定程度上忽视了对我国深厚的历史文化资源的挖掘与传承发展，忽视了当代师德建设必须植根于特定的文化土壤之中，对中国优秀师德文化的研究深度和传承力度不够。因此，我国当今的师德建设要高度重视中国古代书院优秀的师德文化，科学地加以诠释，批判性地加以继承，挖掘其中与当代社会主义核心价值观一脉相承的因素，使其成为当代师德建设的根基和源泉。

（二）中国传统家训中的师德文化

古代一些家庭会聘请教师（主要是私塾中的教师，简称“塾师”）来教育自己的子女，而对塾师的要求和期待则记录在家训中。因此，从传统家训中的相关内容中，也可以看到中国传统的师德理念。王烁生就从传统家训入手，整理了诸多碎片化的家训文本，最终梳理出传统家庭对师德的评价和认知。他将传统家庭对塾师的师德理念与要求归纳为以下几点①：

---

① 王烁生．传统私塾教育中的师德理念窥探［J］．教育评论，2016（4）：161－165.

首先，塾师必须为人师表。行为端正、德行出众、循礼而行是为人师表的外在道德体现。塾师应当是弟子学习的榜样，因此必须自身德行端正，这样弟子才能效仿。在学习的过程中，塾师的言行和品德对弟子具有潜移默化的影响，是师德的外在体现，会成为弟子学习和模仿的对象，所以诸多家训中都提到，选择塾师时必须考察教师的行为是否端正，以期对子女形成良好的影响。

其次，塾师要品行端正。品行端正包括对教师伦理道德观念的要求，诸如通晓儒家伦理，做到“智、仁、礼、义”，这样才能教育好弟子。此外，严师也是家训对理想师德品质的表述。传统家庭聘请塾师训其子弟，希望塾师能够从严治学，使子弟学有所成。

最后，塾师要德业兼资。除了对塾师品行层面的要求，传统家训中也对塾师的学问提出了要求。尽管师德是伦理层面的要求，但是仅有德还算不上良师,必须德业兼资才能算是优秀的老师。因此,古人重视塾师的学问，并且更看真才实学，而不慕虚名。此外，传统家训中进一步提到，塾师在教授知识时，不能一味地灌输，而要做到融会贯通。

传统家训对师德的重视体现了传统家庭对教育的重视，也反映了当时社会对教师的职业道德要求之高。这些蕴含在家训中的师德理念受到传统社会文化的影响，也体现了传统家庭对师德更为具象化的生动理解。因此，通过传统家训透视我国古代的师德观念这一课题有重要的研究价值。

第二节 古代著名思想家的师德思想

几千年来，我国诸多思想家都曾对教师道德有所论述，他们的师德思想往往夹杂于他们关于教师、教育乃至为人的各种论述中，还未形成系统的师德理论。但是这些传统的师德观念依旧对今天产生着深远的影响，并值得当下的我们借鉴。对此，学者们有针对性地研究了自先秦孔子以来的众多思想家的师德思想和观念，并试图从中提炼出精华部分运用到今天的师德建设中来。从已有的研究文献来看，有关古代思想家师德思想的研究，主要集中在两个领域：一是对先秦时期以孔子为代表人物的儒家师德思想的研究；二是对以韩愈为代表人物的师道理念的研究。此外，也有个别学者研究了朱熹、王阳明、王夫之等思想家的师德思想。

一、以孔子为代表人物的先秦师德思想

先秦时期形成了百家争鸣的思想繁盛局面，以儒家为首的诸子百家从社会的各个方面提出了自己的观点。其中，以孔子为代表人物的儒家思想中蕴含着丰富的教育思想，其中也包括了对师德的论述。因此，有不少学者都将目光聚焦到对孔子的师德观和师德实践的分析，也有学者关注了孟子、荀子、墨子等人的师德思想，通过对他们思想的提炼，总结出先秦时期师德的主要意涵，以期能为今天的教师道德建设提供借鉴和参考。

作为中国历史上最有影响力的思想家，孔子无疑是我国学者最关注的对象之一。孔子的教育思想融合在其众多思想和论述之中，这些思想和论述也包括了他的教师观、教学法、对教师修养的要求等。此外，在传统语境下，“为师”和“为人”往往不能分开，所以对教师人格形象和道德修养的要求,往往也是对人的要求。孔子的思想主要体现在《论语》中,因此《论语》也是学者们分析的主要材料。此外，孔子弟子三千，传道授业，他本身就是良师，他的实践经历也凝结着他的师德思想。因此，学者们也参考了孔子的生平和经历，以便在更好的语境下理解《论语》中孔子的思想。

学者们对孔子师德思想的分析和提炼主要可以分为以下几点：

其一，“立人”“达人”被视为孔子师德思想中最核心的概念。有学者指出，“夫仁者，已欲立而立人，已欲达而达人”中的“立”就是“有所成就”，“达”就是“通晓学问、成就才能”。“仁”包含着对不同行业应该达到的最高境界的要求，教师的“仁德”就是“立人”和“达人”。希

望自己有所成就、建立功业，那就应该帮助和促成别人实现自己的理想；希望自己学有所成、通晓世务、明白事理，就应该引导和帮助别人达到这样的境界。作为教师，良好的职业道德就体现在“立人”和“达人”上。孔子所说的“立人”“达人”实质上是他培养人才的指导思想，也是他教育的出发点和最终的归宿。[①]也有学者将这两个概念视作教师之“志”，即立志从教[②]。

其二，教师应当崇尚学问、谦虚好学，做到“学而不厌，诲人不倦”。古人非常重视广博的知识对一名好教师的重要性，认为知识的不断积累与更新是为师的先决条件。一名合格的教师，首先必须具备扎实的理论功底和问学求实的探索精神，要热爱自己的职业，并勇于钻研、开拓进取。对于一名教师来说，他必须耐得住寂寞和清贫，能够抵挡住外面浮华世界的诱惑，踏踏实实、认认真真地做学问，不能浮躁。孔子自身的经历也证实了这一点，他不是“生而知之者”，而是“好古，敏以求之者”。孔子虚心好学、不耻下问，并且一生都在不断学习，“十有五而志于学，三十而立，四十而不惑，五十而知天命，六十而耳顺，七十而从心所欲，不逾矩”正是他自己“学而不厌”之生命进程的真实写照。

其三，教师应当为人师表，提升自身的道德修养。孔子非常注重教师个人的德性修养，强调言传身教、为人师表。所谓“为己之学”，就是说学习的第一要义在于培养个体人格，而不是为了追求富贵名利，沽名钓誉。教师既然是专门的教育者，就必须有自己的人格和严格的操守，不论学问水平有多高，首先就要为人师表、率先垂范，用自己的言行为学生做出表率。一名好老师，是做人与问学的统一，通过克己复礼、见贤思齐，使自己的思想道德修养达到较高的境界，从而成为学生效法的楷模，在学生心目中留下崇高的形象。孔子一生安贫乐道、严于律己，正是用自己的实际行动

---

① 赵常丽．孔子师德观的现代意义［J］．青海民族学院学报，2008 (2)：129－131.

② 黄正．孔子重义轻利师德观的积极意义［J］．江苏高教，2000 (4)：110－112.

践行着他的思想。

其四，教师在面对学生时，应当做到关爱学生、有教无类。孔子认为，一个有德性的人，心中一定是充满爱的。这反映在师生关系上，就是对学生的关心和爱护。有学者指出，孔子对学生的爱首先表现在不隐其学，毫无保留地传递知识；其次表现在对弟子的尊重和严格，不吝赞美也严格批评，总是一语中的地指出弟子们的优缺点；还表现在有教无类，不论人的贵贱之分，均一视同仁。此外，孔子与弟子感情深厚，弟子冉伯牛生病了，孔子亲自去探望；颜回死时，孔子痛哭着说："天丧予！天丧予！"只有热爱学生和尊重学生才会去精心地培养学生，只有爱得深，才会更认真、更耐心、更细心地对学生进行教育。同样，学生也会回报给老师同等的尊重，这从孔门弟子对孔子的敬重就可以看出。①

其五，教师应当提升自身的教学水平和能力，做到循循善诱、因材施教。循循善诱和因材施教是孔子最主要的两个教学策略。循循善诱指在教学中必须使受教者先面对困难，有求知的动机，再去启发他。这就要求教师把学生作为教学的主体，在教学中要最大限度地发挥学生的学习主动性，不断提高自己的教学水平，注意教学方式、方法的运用，不断寻找解决问题的最佳方法和最好途径。因材施教则指要关注到每个学生的个性，孔子对其弟子的特点了如指掌，并将其弟子按特长分为德行、言语、政事、文学四类，因人而异，分别施教，发展他们的个性，最终帮助他们成长为有用之才。因此，教师在教学时要实施差异教育和开放式教育，尊重学生的个性化发展。

除了孔子，部分学者还将目光聚焦到孟子的师德论述上。有学者探究了孟子"四心"说中蕴含的教师德性伦理价值，其中"四心"指"恻隐之心""羞恶之心""辞让之心""是非之心"。"恻隐之心"与仁和爱相通。"仁"

---

① 孙利．从《论语》看当代教师职业素养［J］．北京理工大学学报（社会科学版），2009(2)：118－120.

的本质是“爱人”，孟子思想中“仁”的体现就是其所说的“恻隐之心”，即对他人的“爱”，是对陷入困难境地之人的一种特殊情感，是对他人的一种同情心理，是对他人产生关爱的最核心、最基底的情感。因此，“仁”既以“恻隐之心”为根源，也是“恻隐之心”产生、发展的重要条件。“羞恶之心”与义和耻相通。孟子将“羞恶之心”归为“义之端”。君子以义为行事标准，以自己的不善为耻，以他人的不善为恶，这是对君子的行为做出的明确的规范。知“耻”便会有“悔”，进而产生“改过”的可能性。这一过程是内在德性对外在行为的规范，亦是外在行为对内在德性的深化和完善。因此，“羞恶之心”的生成是个人道德准则生成的条件之一。“辞让之心”与礼和谦相通。“礼”的本质在于“辞让”，故以辞让保证竞争，实际上也就是通过个体的辞让实现群体的和谐。也就是说，“辞让”并不是对竞争关系的否定，而是强调“道德自我”对自我私欲的克制，要求不一味地追求自己私心的满足，这是符合道德伦理前提下的一种和谐有序的竞争关系，即发自内心地谦让他人、尊重他人，进而养成“大丈夫”的谦逊人格。“是非之心”与智和公相通。“是非之心”是一种对是非对错的判断能力，是对自我或他人言行是否符合法律法规、是否符合道德规范的判断,也是一种价值选择,因此被孟子视为“智之端”。“是非之心”所要求的，就是以道德自我支配自身的判断力，坚持公平公正，彰显自身的理性智慧与德性品格。基于此，教师也应当强化对“四心”的认知，做到以仁安人、爱人以德，以义正我、知耻后勇，以礼待人、谦恭仁厚，识明智审、明公正道。[①]

除了孔子和孟子，也有学者对荀子、墨子等人关于教师道德的思想进行了简要的分析。荀子提出了“师术有四，而博习不与焉。尊严而惮，可以为师；耆艾而信，可以为师；诵说而不陵不犯，可以为师；知微而论，

---

① 王昊宇．孟子“四心”说蕴含的教师德性伦理价值［J］．教育观察，2020（43）：29－31.

可以为师”的教师道德标准。唐代杨倞注释此句云：“言有四德则可以为人师。”荀子提出的教师四德就是：尊贵庄严且让人敬畏；年纪大而且有威信；诵读和解说有条理，而且不违反礼法；了解精微的道理且能讲解清楚。墨子从“兼相爱，交相利”的政治主张出发，要求教师要有以教人为己任的胸怀。他把“隐匿良道而不相教诲”视为教师的大恶，把“有道者劝以教人”视为教师的大善，认为身为知识的传授者，不能因为世道不顺就放弃了自己的职责，而是要坚持“扣则鸣，不扣也鸣”的积极入世态度，主动而热情地向世人进行“劝教”“说教”。[①]

二、以韩愈为代表人物的传统师道思想

在我国古代，“师道”一词经常被使用。韩愈曾在《师说》中发出“师道之不传也久矣”的感叹，引发了后世诸多文人学者的关注和讨论。新中国成立以来，“师道”一词一度被弱化，甚至被“师德”所取代。当前，学者们对师道的研究重点主要可以分为两个部分：一是对师道概念内涵的阐释和辨析；二是对当时境况下“师道不传”问题的探究。

对于师道的内涵，诸多学者在分析古人论述的基础上给出了自己的理解。据萧承慎研究考证，成书于战国时期的儒家经典著作《学记》明确提出“师道尊严”，强调教师的作用和地位。“师道”观念深入人心始于汉代，为我国社会奠定了悠久的三大师道传统，即为师之道、尊师之道与求师之道。唐代韩愈《师说》明确提出教师的三种基本职能“传道、授业、解惑”。[②]陈桂生辨析了师道的概念，认为其具有广义和狭义之分，其中广义的师道包括“为师之道”“尊师之道”“求师之道”三个问题领域，而狭义的师道仅为“为师之道”。从一般意义上理解，“为师之道”的内涵就是“传道授

---

① 马红娟．论先秦教师的道德标准［J］．兰台世界，2013 (21)：35 − 36.

② 萧承慎．师道征故［M］．台北：师大书苑有限公司，2000：1.

业解惑”，但韩愈所说的“师道”本意在于续“先王之教”，即“仁义道德”，教授诗书句读不是教师的根本职责，使学生遵“先王之教”才是为师之道的精髓。此外，陈桂生还辨析了“师道”与“师德”的概念，认为“道”是一种价值观念，“德”是指以日常合乎规范的行为把隐在规范中的价值观念，也就是道，内化为自己的德性。因此，“师道”与“师德”不只是话语的不同，更是对教师的两种要求。前者涉及为什么当教师的问题，即“志于道”；后者属于当合格教师的问题，即“据于德”。[①] 付粉鸽指出，为师之道是师德、师才、师术的统一，道德情操的高尚、思想境界之超越是为师者的首要品质。此外，教师还需具有渊博的知识，懂得合理正确的教学方法。[②] 相似地，孟艾菊也将师道分为师智、师法、师德三个维度，分别对应教师的专业知识、专业技能和道德素养[③]。屈博则认为，要理解“师道”，应分别从“师”和“道”两个层面进行。韩愈《师说》中所强调的“师”既是具体知识的传播者，又是人格的塑造者。如果只是知识的传播者，其“师”的身份就会受到质疑。“道”则是由“仁”产生的合乎其原则的行为，所以韩愈所指的“道”特指儒家之道。韩愈以弘道为志向，并将“道”的概念重新演绎，强调儒家仁义之道的交相传递。“道”与“师”的关系，则是“道之所存，师之所存”，“道”是“师”的规范与标准，“师”应该成为“道”的体现者、传播者和捍卫者。[④] 与师道概念联系密切的，除了“为师之道”，还有“尊师重道”这一概念。“尊师重道”的说法由来已久，“尊师”源自“重道”，中国文化以“道”为重，这就使得传播和承载“道”的师者的价值得以凸显。因此，古代教师具有极高的社会地位，尊师重道成为

---

① 陈桂生．师道辨析［J］．河北师范大学学报（教育科学版），2008（5）：86－87.

② 付粉鸽．从“尊师重道”到为师之道的历史嬗变［J］．教育评论，2012（5）：132－134.

③ 孟艾菊．中国传统“师道”及其对构建新型师生关系的启示［J］．江苏师范大学学报（教育科学版），2013（S2）：10－12.

④ 屈博．何以为师？——《师说》中的“师道不传”的问题辨析［J］．教师教育研究，2019（5）：100－104.

中华传统文化的基本精神。[①]

韩愈所提出的“师道之不传也久矣”的现象，虽然处于历史的时空之中，但是学者们依然从当下的视角对其进行了审视，以期通过对当时“师道不传”的原因进行分析，寻找当代破解教师地位和道德困境的方法。当今社会对于教师的期望与要求不断提升，随之而来的教师权威、使命、责任担当逐渐弱化等问题愈发凸显，“重振师道”的呼声也愈发强烈。虽然韩愈由“师道不传”而提出恢复师道传统有其特定的历史意义，但在尊师重教的精神实质与重构师道的价值内涵上，古今是一脉相承的。因此，对师道的研究同样具有现实意义。

屈博将“师道不传”的原因主要归结为三个方面的问题，即“师”的问题、“道”的问题、“众”的问题。“师”的问题体现在“经师”与“人师”的区分，即教师作为“道”的体现者、传播者、捍卫者等身份缺失，人们不再以“道”为求师的标准，而是以能否帮助自己求取功名等功利性标准来评价教师。此外，教师知识水平与教学能力的下降进一步导致了“师道不传”。“道”的问题体现在儒家思想的衰微。学校教育的式微，使得汉以来所奠定的儒家思想的权威地位受到动摇，人们的教育期许也不再只聚焦于儒家之道，佛老之道开始盛行。儒家仁义之道未能适应人们在思想、教育等方面的需求，面对当时错综复杂的政治环境、竞争激烈的考试制度，人们迫切需要寻找新的精神慰藉。“众”的问题指普通大众对教师的态度也在转变。在魏晋以来的士族社会中，非师无学的狂妄学风，使得人们不再以求师、拜师为荣，学校教育的发展受到阻碍。到了科举盛行、文学风靡的唐代，甚至进一步转变为“耻师”“不敬师”。[②]韩愈之后，“师道不传”的呼声仍然存在。有学者研究了后韩愈时代“师道仍不传”的原因，其中

---

① 付粉鸽. 从“尊师重道”到为师之道的历史嬗变［J］. 教育评论, 2012 (5) : 132 − 134.

② 屈博. 何以为师？——《师说》中的“师道不传”的问题辨析［J］. 教师教育研究, 2019 (5) : 100 − 104.

涉及教师的问题主要是教师唯"名利"是求。有一定地位和话语权的教师通过广收徒众来提升自己的声望和影响，进而获得名利，而出身贫寒的教师只能把教师这一职业作为一种谋生手段。学生的问题主要体现在"士不慕学"。在士子心中，无名位的道德之师、博学之师根本不在他们选择的范围之内，他们一心所想只是借助有名位之"师"的名位，以利科举之途。这也导致了师生关系的恶化，从以"求道"为基础的教学互动变为权势和功名的利益交换。针对这些问题，韩愈及后世学者也提出了诸多解决办法。为使师道重新得以传承，首先就要提高择师的标准，让真正有"师实"的人成为教师，教师本身当以"不可易之师"作为自己的职业追求，全社会也应共同营造"尊师重道"的氛围，从而真正提高教师的社会地位。①

三、其他思想家的师德思想概述

我国学者除了对以孔子为代表人物的先秦师德思想和以韩愈为代表人物的师道思想进行了相对集中的研究之外，还对朱熹、王阳明、王夫之等思想家的师德思想进行了初步的探索。

杨建犹从目的观、修行观和学生观三个方面对朱熹的师德思想进行了归纳。他认为，首先，从师德目的观来看，朱熹认为师德高尚的教师要有志于教学生立志做圣贤，在教育中让学生做到"存天理，灭人欲"。这就要求教师身先示范，并引导学生由士而进圣人，教给他们从基本的礼仪到格物致知、修身齐家，最后教学生治国平天下之道。其次，从师德修身观来看，朱熹对修身功夫的要求极高，认为无论师生，都要从"立志""主敬""存养""省察"四个方面进行修身。最后，从师德的学生观来看，朱熹强调择师要慎重，要严格选择德高望重、学识卓著的老师；老师要做到率先垂范、

① 孟祥庚．后韩愈时代的"师说"："师道仍不传"的困境与出路［J］．教师教育研究，2021（2）：115－123.

以身作则，才能感染学生。此外，朱熹强调教师要关爱学生，用平等的姿态关注到每个学生的成长，并给予教诲。朱熹还指出，教师想要培养学生的知、情、意、行，就要做到学而不厌、诲人不倦，并且按照一定的教育规律时刻引导学生进步。[①]

王阳明的心学是中国传统教育思想中的宝贵财富，也是其师德建设的重要切入点。王阳明的核心思想之一就是“致良知”。“良知”就是知善恶、知是非之心，“致”就是推及、实行。对于教育工作者而言，教师职业所特有的良知即为师德。据此张晓方将师德划分为三个层次：一是教师要有良知，即明白是非善恶，知道作为教师哪些该做，哪些不该做；二是教师要通过体悟把良知深入心灵，只有通过自身的体悟，感之于行为，付之于行动，良知才真实，师德才有生命；三是教师还要具有实践师德的能力，防止好心办坏事。[②]郭齐家也提出，“良知”是人心的本来面目，不但是真实的自我，而且是道德的本源和道德行为的源头，教师只有体会到这一真己，才会有真正的师德意识和师德行为[③]。王阳明的另一思想是知行合一，其中“知”指的是道德观念、思想意念和事物之理；“行”是指道德践履和实际行动。这就意味着教师需要处理好认识和实践的关系，做到师德的认知和行动的统一。对此，吴颍惠认为王阳明的师德目标就在于培养有德性的良师，要强调“成于内”而“形于外”。“成于内”对教师的要求是，教师德性并非天生就存在于人的意识中，要充分学习和反思、修炼与提升。“形于外”则强调教师要把德性转化为德行，在教育生活中富有智慧地把握道德冲突，合理对待自我与他人的利益关系，充分践行德性人格。[④]

王夫之是明清时期杰出的唯物主义思想家，也有一些学者通过他有关

---

① 杨建犹．试析朱熹的师德观［J］．吉安师专学报（哲学社会科学），1999 (1) : 84 − 89.

② 张晓方．致良知与师德［J］．宁波通讯，2021 (3) : 76.

③ 郭齐家．中华传统文化中的师德与教师观［J］．中国教师，2018 (S2) : 188.

④ 吴颍惠．知行合一与教师德性［N］．中国教师报，2017 − 07 − 05 (14).

教育的论述来探究他的师德思想。早在 1992 年，彭纳揆就分析了王夫之的师德观，并将其概括为以下几点：教师的作用在于正人心，教师的基本条件是躬行、正道和博学详说。教师必须根据学生的具体条件严格施教，不断提高自己的教育素养，懂得教育规律，尽可能使所有学生都学好。[①] 庞渤指出，王夫之非常重视教师的品质问题，认为教师是一种道义的化身。因为教师负有"正人心"的重要任务，因而教师的道德要求应该是高层次的；"智辩有余者"和"诵习有功者"都是伪学者，背离了为人师者的基本治学精神，不配为人师表。此外，王夫之在师德思想上还提出了格物穷理、重在笃行，"学"与"思"并重，"博"与"约"辩证发展等诸多观点。[②] 王芳芳、邓子纲从教师的治学态度、精神境界、教育素养、自身道德品质几个方面论述了王夫之的师德观：在治学态度上，教师要做到"明人者先自明""恒其教事"；在精神境界上，教师要做到学术研究和教书育人相结合；在教育素养上，教师要善于培养学生的志向，并懂得教育规律，采取灵活多样的教学方法；在自身道德品质上，教师要做到以身作则、为人师表[③]。

第三节　传统师德的历史局限与时代价值

对师德的历史研究虽然重在分析和理解中国传统师德的特点，但学者们常常都带着当下的目的在思考，因此，对传统师德的历史研究往往旨在为现代师德的建构和完善提供借鉴经验。传统师德作为中华文化的重要内容之一，既有其历史局限性，也有其重要的现代价值。因此，客观地认识和评价

---

① 彭纳揆．王夫之的师德观［J］．衡阳师专学报（社会科学），1992（5）：62－65.

② 庞渤．浅析王夫之的师德思想［J］．黑龙江科技信息，2008（28）：179.

③ 王芳芳，邓子纲．王夫之的师德观及其现代意义［J］．文史博览（理论），2009（5）：44－45.

传统师德，并对其进行批判性的继承和发扬，就成为学者们研究的重要目的。

一、传统师德的历史局限

传统师德在漫长的中国古代社会中发挥了重要的作用，但也不可避免地存在着历史局限性。因此，学者们在研究传统师德的同时，还保持了一定的审慎思维，对传统师德的局限性进行了主动的反思。

徐少锦认为，传统师德的局限性主要体现在内容的封建宗法性与方法的强制性上。传统师德把师生关系视为家庭父子关系，虽然包含着不忘师恩、尊师重教的传统美德，但是也容易造成师生之间在知识和人格上的不平等。在古代，教师往往具有绝对权威，学生要完全听从教师的教诲，不能有怀疑、责难或忤逆。教师权威的另一个问题就是教育方法的过分强制。教师往往用体罚的方式教训不专心听讲或成绩不好的学生，这种方式简单粗暴，很难起到真正的说服作用，甚至可能损害学生的身心健康。直到今天，还有一些教师受到这些传统观念的影响而体罚学生，无疑对学生造成了伤害。在社会主义核心价值观不断得到践行的当下，师生关系不再被视同为血缘关系中的父子关系，也不再是支配和服从的关系，而是在道德学问、知识技能的传授与承继过程中所形成的朋友关系，其主要特征是平等、民主、互尊、互信、和谐。因此，现代师德不能一味追求教师权威，而是要建构民主型的师生关系，尊重学生的权利和自由。[①]

黄永刚、张健华也提到，如今的时代需要培养创造性、开放性人才，这也使得我们需要重新审视传统师德。他们认为，传统师德更强调教师对定型知识的传承，缺少对未知知识的创造，忽视了对学生探索精神的培养，不利于培养学生的创造力。此外，传统师德具有一定的封闭性，具体表现

---

① 徐少锦．中国传统师德及其现代价值［J］．道德与文明，2002 (5)：73－78.

为：在教学内容上把古人的重要著述绝对地经典化，当作绝对权威，使得一般的教育对象或学子的学习只能囿于经学的有限范围；在教学方法上要求教育者“信而好古”，用“注释”的方法去阐明其思想；在师生关系上则表现为崇尚教师的权威；等等。这些师德规范，表现为因循守旧、抱残守缺，缺乏与时代共鸣的内驱力，无益于开放性人才的培养，因此需要批判和摒弃。要实现传统师德的创造性转化，就要调整“师道尊严”“德育独尊”的观念。这就要求既承认教师的特殊地位，又倡导民主的师生关系；既追求道德完善的目标，又重视综合素质的培养。①

因此，传统师德也需要跟随时代不断进步和发展。田爱丽总结了传统师德需要根据当今的社会特征和教育需要进行转化的几个要点：首先，从义利关系来看，传统知识分子往往强调重义轻利，认为教师不应有过多的利益追求，但是在如今的时代，教师也是普通大众的一员，有着一般大众的欲望和需求，因此也应当尊重和保障教师的利益。其次，从师道尊严来看，当今时代要谨防教师权威的过分膨胀，忽视学生的感受和意见。再次，从学生管理来看，传统师德倾向于培养严师，教师往往通过体罚来施行教化，但现代社会逐渐认识到体罚对学生身心健康的伤害，因此教师要做到适度惩戒，严而有格，宽而不松。最后，从教育目的来看，教师既要强调“礼之教化”，即对学生道德修养和入仕之道的培养，也要注重学生内在天赋的发现和发展，培养学生的批判分析能力、创新精神和实践能力等。②

二、传统师德的时代价值

传统师德的时代价值一方面体现在其中有很多优良的品质需要继续传

① 黄永刚，张健华．关于中国传统师德的批判与继承［J］．道德与文明，2001 (4)：61－62.

② 田爱丽．中国传统教师职业道德的时代价值研究［J］．教师教育研究，2012 (5)：45－49.

承和发扬，另一方面还体现在传统师德在融入当今社会的过程中可以得到发展和转化。不少学者都肯定了当今社会我们依旧需要继承和发扬传统师德，如教师要通过不断内省和学习来提升自身的道德修养，并注重言传身教[①]。田爱丽认为，教师职业具有一定的稳定性，而教师的职业道德也有较强的恒定性和历史传承性，中华文明延续的几千年中优秀教师所展现出的品格和实践经验，依旧是我们需要继承和大力弘扬的[②]。王欣瑜、刘文霞总结了传统师德对于高校师德建设的一些启示：首先，教师依旧要有“浩然正气”。在当今社会，功名利禄、权谋机变使得浩然正气被蒙蔽，学校也不再是一方净土，所以在师德建设时要注重培养正义凛然的大丈夫精神和自尊自强的人格气质。其次，教师要有“为万世开太平”的教育情怀。教师不仅要在学校、课堂中发挥师者言传身教的作用，更要把自己置身于社会中，履行公共知识分子的道德引领义务，去影响世道人心；不仅要在教育教学的情境之下处处好为人师、乐为人师，在平淡、平凡的生活中也要适时、适地、适人、适度地践行师者“传道、授业、解惑”的道德本色。再次，教师要守住格物致知的科学精神。近些年来，人们评价一名教师是否优秀，往往会考察其职称学历、教学技能、科研成果等显性素养，却忽略了教师是否具有严谨的科学精神与信念这样的隐性素养，因此必须重新重视教师科学精神的养成。最后，教师要持有“止于至善”的教育理想。即便在现代社会，教育的本质也在于完善人格、完满人生、至善社会，教师依旧应该树立崇高职业志向与教育理想。[③]郑家福、蒋亚星也看到了传统师德对当代师德建设的重要意义和价值。他们认为，要让中华传统师德

① 李建军. 传统师德理论的教育实践及现代意义[J]. 苏州大学学报, 2004 (6): 107－111.

② 田爱丽. 中国传统教师职业道德的时代价值研究[J]. 教师教育研究, 2012 (5): 45－49.

③ 王欣瑜, 刘文霞. 儒家传统师德视阈下的高校师德建设[J]. 内蒙古师范大学学报(教育科学版), 2012 (3): 28－30.

为新时代师德建设助力，就要从理论、文化和实践三个层面不断充实和完善、巩固和提高。在理论层面，构建新时代教师道德理论体系，需要借鉴传统师德中师德修养的利他性、示范性、传承性、整体性。在文化层面，要汲取传统教师在家国关系和社会人伦关系上的和谐之德，在教育上传道授业、以身作则的感化之德，作为士人安身立命、厚德载物的通达之德，以及虚心求教、学无常师的谦和之德。在实践层面，要继承和发扬传统教师既有“通德”又有“通识”的优点，做到德性和学识的统一。①

总体而言，我国学者对教师道德的历史研究，从总体上勾勒出我国传统师德的基本内涵、主要特点、文化渊源和养成路径。这对当代师德建设毫无疑问具有十分重要的借鉴价值。如何更好地结合时代的发展和社会的需要，对传统师德进行创新性继承和创造性转化，是当下师德建设的重要时代课题。对此，有学者从中西比较的角度，对我国的传统师德与西方国家的教育伦理要求做了对比分析。比如，檀传宝就对孔子的“仁”的概念与诺丁斯的“关怀”伦理做了较为系统的对比。他认为，孔子和诺丁斯“一中一西、一古一今的两位思想家在时空上相距甚远，孔子的语录体与诺丁斯体系化的现代学术话语表达风格迥异，他们的思想体系与具体内容更有许多不同，但相隔两千五百余年的两个思想体系的核心概念‘仁’与‘关怀’却有某种有趣而重要的交集”②。这对我们思考传统师德的现代转化具有很好的方法论启示。

---

① 郑家福，蒋亚星．中华传统师德溯源研究［J］．西南大学学报（社会科学版），2022 (2)：223 − 232.

② 檀传宝．爱的解释及其教育实现：孔子的“仁”与诺丁斯的“关怀”概念之比较［J］．教育研究，2019 (2)：149 − 152.

第四章
教师道德的描述研究

教师道德的描述研究旨在揭示教师道德的结构特征、形成机制、现实特征等层面的问题，属于教师道德的科学范式研究。开展教师道德的描述研究，对深入了解教师道德的科学性问题、提升师德建设的专业化水平意义重大。长期以来，人们对教师道德的理解，大多源于个人经验和直观感受，缺乏科学事实作为必要的支撑，这就使得师德建设十分容易受到各种非理性因素的影响，导致师德建设实效性低下。本章将围绕教师道德的心理结构、现实特征和政策演进等三个方面，对教师道德的描述研究状况作概览式的呈现。

第一节　教师道德的心理学分析

心理学是借以对教师道德进行描述研究的重要学科。在很大程度上，心理学可以较为深入细致地对教师道德的内部心理机制进行客观的描述，这对于揭示教师道德的形成和发展的基本规律，具有十分重要的价值和意义。总体而言，当前学者对教师道德的描述研究，主要聚焦于两个方面：一是对教师道德形成的心理机制的研究；二是对教师道德的主要品质，如关爱、共情、职业认同等内容的分析。

一、教师道德形成的心理机制

当前，学者们关于教师道德形成的心理机制的研究主要包括两个层面：一是从个体心理的角度分析教师道德的形成；二是从群体心理的角度探索教师道德的发展。

（一）教师道德形成的个体心理

了解教师道德形成的个体心理，对于我们具体把握教师道德形成的个体发生机制具有十分重要的意义。对此，学者们从多个角度进行了研究。傅淳华、杜时忠认为，从自然遗传的角度来看，人的本性中其实包含天生的道德能力，即道德是人的本能，那么教师道德学习就具有了前提和基础。同时，他们还提出，人的自然成熟性是教师道德学习的先在基石，任何道德观念、道德行为都能反映一定的身心成熟水平。[①]而朱永跃、过旻钰则从社会认同理论出发探寻影响教师师德的内在驱动因素，强调了教师的个体认知和行为动机对其职业道德形成的重要价值[②]。刘高宇认为，教师道德的心理发生过程必然包括师德认知、师德情感、师德行为三个方面。按照人类活动的心理机制，师德认知经过师德情感或师德意志的强化，再到师德行为是一个动态的过程。其中，师德认知是基础，师德情感是中介，师德行为是外显方式。[③]

还有一些学者认为，教师道德的形成与教师人格塑造有关。塑造教师

---

① 傅淳华，杜时忠．论教师道德学习的影响因素［J］．中国教育学刊，2018 (4)：47－51.

② 朱永跃，过旻钰．劳动契约对高校教师师德水平的影响研究［J］．江苏大学学报（社会科学版），2021 (5)：102－113.

③ 刘高宇．道德心理学视角下师德内涵探析：基于词频分析法［J］．黑龙江科学，2021 (23)：6－10.

的理想人格，发掘教师的道德潜能，不断完善教师的价值观，才能使教师具备履行教师职业应有的人格和品行。教师专业伦理的形成是伦理认知、伦理情感、伦理智慧和伦理行为和谐统一的过程。学校进行的教师职业道德培育对教师的品德心理产生塑造作用，并通过规范化的制度和形式使教师道德形成和发展。在教育活动中，教师按照固有的道德规范行事，并严格按照相关规定要求自身的道德素养。檀传宝认为，教师的道德人格在内容和结构上的特性是“人格与师格的统一”，即一般道德人格与职业道德人格的统一[①]。

值得注意的是，一些学者把研究的目光放在了个体的意识结构上。李琰、易连云提出，教师道德形成需要教师道德想象力的提升和道德选择能力的培养，具有道德想象和道德选择能力的教师才能成为“道德能动者”[②]。李铮、姚本先认为师德意识的构成要素理论中，影响较大的是“四因素论”，该理论将道德分为道德认识、道德情感、道德意志和道德行为四种成分[③]。冉汇真、刘宗发也提出，教师职业道德的心理结构大体上包括师德认识、师德情感、师德意志和师德行为四种基本成分，这四种成分相互联系，相互影响，相互渗透，相互促进，相互制约，组成一个有机的、统一的整体[④]。而程印学认为，教师道德品质的构成有六个最基本的要素，分别为教师道德认识、教师道德情感、教师道德意志、教师道德信念、教师道德行为、教师道德习惯[⑤]。

---

① 檀传宝．教师的道德人格及其修养［J］．江苏高教，2001 (3) : 75 － 78.

② 李琰，易连云．从“道德榜样”到“道德能动者”：教师道德形象的当代变迁［J］．教育发展研究，2014 (10) : 75 － 80.

③ 李铮，姚本先．心理学新论［M］．北京：高等教育出版社，2001 : 162.

④ 冉汇真，刘宗发．教师职业品德心理结构分析［J］．西南民族学院学报（哲学社会科学版），2002 (6) : 259 － 261.

⑤ 程印学．教师伦理学［M］．上海：东方出版中心，1998 : 302.

（二）教师道德形成的群体心理

教师道德的形成，不仅是其个体努力的结果。在很大程度上，教师个体对于教师群体的心理认同，也会对其道德形成产生重要影响。徐继存认为，教师只有遵循其教师身份所规定的伦理普遍性去行动，才能使自身的教师身份拥有合法资格和合理价值①。在教育实践过程中，师德受到各种因素的影响。教师要学习相关规则，提高对社会思想准则、教育教学行为规范等观念体系的认识，并在此基础上形成正确的观念，以及对是非、美丑、善恶的评价能力。②与上述观点相似的是徐廷福的研究，其认为，教师需要通过教师职业道德规范形成一定的道德价值观念，并且接受专业理论的指导，完成从经验方式到理论方式的转换；以教育专业工作的特点为主要依据，完成从身份伦理向专业伦理的转换③。李清雁、易连云聚焦于教师的身份认同，特别强调了他者认同和群体认同在教师道德形成过程中的重要作用④。

另外，李玉霞将施恩教授的“心理契约”理论引入教育学，进行了相关研究。心理契约指组织与成员之间在正式的、书面的经济契约之外存在的一种主观心理约定，是内隐的、没有明文规定的各自所怀有的一系列相互的心理期望，是双方对彼此之间相互责任和义务的期望与认知。她提出，师德是心理契约的一种，教师道德的形成受到心理契约的规定和限制。⑤汪耀提出，规范制约、活动体悟、集体意识等因素可以由外而内

---

① 徐继存．教师身份的伦理认同［J］．教育科学，2020 (4)：38 － 43.

② 韩忠月，韩光举，邓朝玲．教师职业道德形成路径的系统思考［J］中国成人教育，2013 (9)：45 － 46.

③ 徐廷福．论我国教师专业伦理的建构［J］．教育研究，2006 (7)：48 － 51.

④ 李清雁，易连云．身份认同视域下的教师道德发展［J］．高等教育研究，2009 (10)：69 － 73.

⑤ 李玉霞．基于心理契约理论的高校师德建设［J］．中国成人教育，2011 (3)：17 － 19.

地对教师形成文化伦理暗示。他强调了教学中的集体无意识现象的作用，并基于此提出了构筑良性教学文化氛围的建议。① 而夏青认为，受集体无意识的影响，教师容易将个人思考融入主流之中，从而抑制了个体思考，不利于教师真正的道德发展，并基于此强调，教师要增强对现有道德规范的反思，反对“无思之恶”②。申继亮、赵景欣则从人性的角度分析认为，当教师的自然性和社会性不能得到满足，甚至受到威胁时，其主体性就会产生一些偏差。因此他们指出，低经济回报下的不平衡心理、职业倦怠不利于教师的职业道德发展。③

二、教师道德心理的要素分析

当前，学者们对教师道德心理的重要构成要素，如关爱、共情、职业认同、职业倦怠等进行了专门化的研究。

（一）教师关爱

教师对学生的关爱是教师道德的重要构成部分，指的是教师能够通过共情、关注、便利、尊重和肯定等行为在与学生互动过程中与学生建立并维持的信任型、支持型关系，它兼具过程性和关系性④。研究发现，教师关爱对学生的学习动机和学业表现有着直接或间接的积极影响，能够成为学

---

① 汪耀 . 教学文化影响师德养成的心理机制探寻［J］. 上海教育科研 , 2012 (1) : 52 － 54.

② 夏青 . 教育场域中的“集体无意识”: 阿伦特“平庸之恶”的教育学探析［J］. 湖南师范大学教育科学学报 , 2017 (3) : 51 － 55.

③ 申继亮 , 赵景欣 . 中小学教师职业道德的现实思考［J］. 北京师范大学学报 (社会科学版), 2006 (1) : 48 － 55.

④ 孙炳海 , 申继亮 . 教师的教学关爱 : 涵义及其作用［J］. 中国教师 , 2008 (15) : 49 － 52.

生心理弹性的保护因子[①]。

教师在履职过程中与学生有着紧密的接触和联系，他们的道德能够对学生产生深刻且久远的影响。道德情感作为道德认知和道德行为之间的桥梁，能够促使个体积极为他人和社会幸福思考，具有无私诱因和亲社会行为两个典型特征。[②]不同的职业群体具有不同的道德情感结构。对于教师来说，关爱感作为其道德情感的核心所在，频频被研究者所提及。孙炳海等明确指出，关爱感是教师职业独有的特性，并且与共情、宜人性成正相关[③]。如果教师能够很好地履行对学生的关爱，对学生给予更多的关爱，那么其自身职业满意度也就更高[④]。

通过选取在职教师、职前教师和初中学生三个不同群体，研究者发现这三个存在差异的样本群体都认为关爱学生这一规范最能够代表教师职业的道德特殊性要求[⑤]。此外，方晓义等以中小学特级教师为研究对象，让被试人员撰写文章，再用编码的方式统计被试人员提及的教师道德行为，结

---

① WENTEL K R. Student motivation in middle school: the role of perceived pedagogical caring [J]. Journal of Educational Psychology, 1997 (3): 411－419; WENTEL K R. Students' relationships with teachers as motivational contexts [C] // WENTEL K R, WIGFIELD A. Handbook of motivation at school. New York: Routledge, 2009 : 301－322; WENTEL K R, BATTLE A, RUSSELL S L. Social supports from teachers and peers as predictors of academic and social motivation [J]. Contemporary Educational Psychology, 2010 (3) : 193－202.

② HAIDT J. The moral emotions [M] // DAVIDSON R J, SCHERER K R, GOLDSMITH H H. Handbook of affective sciences. Oxford: Oxford University Press, 2003 : 852－870.

③ 孙炳海，彭琳，申继亮．中小学教师关爱认同的启动与测量［J］．集美大学学报（教育科学版），2012 (4) : 21－32.

④ 孙炳海，申继亮．教师的教学关爱：涵义及其作用［J］．中国教师，2008 (15) : 49－52.

⑤ 孙炳海，蔡志良，申继亮．"关爱学生"是教师职业道德特殊性要求的集中体现：基于对教师职业道德规范内容的排序分析［J］．中国教师，2010 (3) : 23－25＋29.

果发现“热爱学生”被提及了 631 次,共占比 23%[①]。还有研究者调查发现，最受学生喜欢的教师品质就是“热爱、尊重与同情学生”，学生对师德的重视程度远超对教师教学技能的重视。

教师关爱作为教师群体职业特殊性的具体表现，强调教师以学生需求为立足点，与学生建立起情感连接的支持性关系，旨在促进学生健康成长与发展。教师关爱在教师道德影响中有着关键性作用。孙炳海对 170 名中小学教师和 209 名学生报告的教师关爱行为进行质性分析，对 1612 名中小学教师进行问卷测试，发现教师关爱行为的心理结构包含尽责性、接纳性与可依性三个高阶因素。尽责性强调教师要认真负责、以身作则、严于律己，切实促进学生的全面发展；接纳性强调教师要尊重理解学生，以学生为中心，接受学生的情感与想法；可依性由亲和、助人与关注组成，强调教师要亲近和关注学生，热情主动地帮助学生。[②] 此外，孙炳海通过调查 405 名中小学教师发现，关爱推理、关爱认同和共情能够影响教师关爱行为。关爱推理是建立在关爱取向基础上的认知推理能力，能够对教师关爱道德认知发展进行判断，是决定教师道德行为的认知条件。关爱认同包含内化与符号化，强调关爱在个体自我概念中的形成与个体行动的向外表达，是调节教师道德行为的人格因素。共情则强调个体对所观察到的他人体验的反应倾向，是个体在对他人理解基础上的情感反应，是影响教师道德行为的重要情感因素。[③]

---

① 方晓义,陈浩莺,王永丽,等.中小学教师师德观的内隐研究[J].北京师范大学学报(人文社会科学版),2002(1):28－33.

② 孙炳海.中小学教师职业道德行为的心理学研究[J].教育科学研究,2018(3):93－96.

③ 同②.

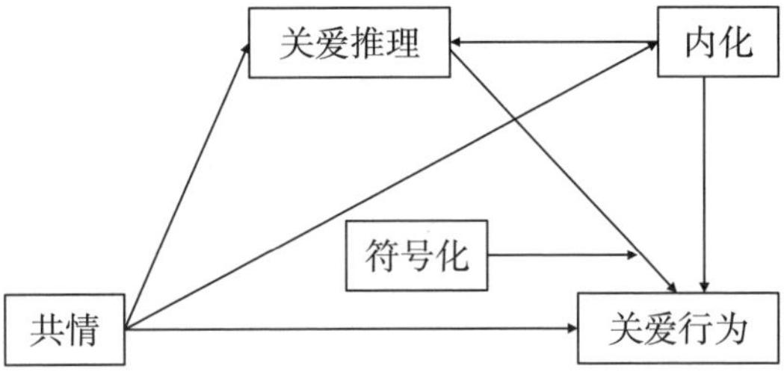

图 4-1　教师关爱行为影响因素[①]

教师关爱作为稳定的教师道德行为模式，具体表现为以下四个方面：第一，强调以爱为基础的教师情感。爱是教师应当具备的友善态度，没有爱就没有教育。教师对每名学生传递爱，在传授知识、传播真理的过程中融入情感和关怀。第二，强调为人师表的道德榜样作用。教师关爱是教师和学生之间建立联系的重要手段，学生也在这个过程中不断向教师学习如何表达关爱、如何传递善意，教师成为他们不断学习、完善自身的重要榜样。第三，教师关爱是教师道德中的理想人格。教师以义务、责任为前提向学生表达关爱，将自己的行为与美德、德性相联系，自觉承担教育过程中的主体责任。第四，仁爱之心作为教师关爱中的核心所在，更是教师群体的教育精神。能够将教师关爱履行到位的教师是让学生尊重并敬仰的好老师，其关爱行为体现了教育的本质——浇灌学生的品行。

（二）教师共情

"共情"最早由人本主义创始者罗杰斯提出，意指对他人内心世界和情感的体验和理解能力，具有设身处地和换位思考的意味，是一种积极的情绪反应。罗杰斯将教师共情概念化并指出高度共情是能够引发学习和变化的重要因素。Meyers 等将教师共情进一步定义为教师深入了解学生个人

---

① 孙炳海. 中小学教师职业道德行为的心理学研究[J]. 教育科学研究，2018 (3)：93 - 96.

和社会状况，并关心学生情绪变化，从而给予学生充分关心和关怀的过程，教师同时借助这一过程将自己的理解和关心传达给学生[①]。教师共情包含认知、情感和行为三要素[②]，是个体重要的道德情感之一。

从认知角度来说，教师共情侧重对学生思想和行为的了解，包括主观和客观情况，以实现对学生情绪和感受的即时性了解和共通；从情感角度来说，教师共情侧重对学生的感觉和认识，其中包含对学生积极和消极情绪的反应；从行为角度来说，教师共情侧重对学生的回馈性反应，强调与学生形成互动。教师共情有助于营造积极的学习环境和学习氛围，Tettegah 和 Anderson 认为教师共情能通过让学生参与积极互动来提高教学质量[③]。Schutz 和 Decuir 则通过研究证明了教师共情可以增强学困生对学校的归属感和认同感，加强他们与教师、同龄人的关系，提高他们对学校环境的信心[④]。在社会化发展方面，教师共情可以促进学生的主体表达，提高师生交流质量。如果教师共情程度高，那么其对学生的学习生活也会产生积极的持续性影响，帮助学生生成责任感、诚实、善于协作和尊重他人等品质。具体来说，如果教师在校园内的共情言行练习越多，那么校园和课堂中发生的欺凌事件就会越少，教师共情可以有效促进学生之间共情的应用。[⑤]

---

① MEYERS S, ROWELL K, WELLS M, SMITH B C. Teacher empathy: a model of empathy for teaching for student success [J]. College Teaching, 2019 (3) : 160–168.

② 傅淳华，杜时忠．论教师共情［J］．教师教育研究，2022 (1) : 1 – 6 + 31.

③ TETTEGAH S, ANDERSON C J. Pre–service teachers' empathy and cognitions: statistical analysis of text data by graphical models [J]. Contemporary Educational Psychology, 2007 (1) : 48 – 82.

④ SCHUTZ P A, DECUIR J T. Inquiry on emotions in education [J]. Educational Psychologist, 2002 (2) : 125 – 134.

⑤ 傅淳华，杜时忠．论教师共情［J］．教师教育研究，2022 (1) : 1 – 6 + 31; LOPEZ S J, SNYDER C R. Positive psychological assessment: a handbook of models and measures [M]. American Psychological Association, 2003 : 411 – 425.

孙炳海通过研究发现，教师道德行为的发生机制和影响因素是多元复杂的，其中共情是影响教师关爱行为的最重要因素，既可以直接影响关爱行为的发生和变化，也可以借助关爱推理的内化方式进一步作用于关爱行为[①]。教师共情强调教师站在学生的立场上认真思考和考虑问题，基于学生的感受和想法进行思考并进一步调节自己的教学行为，以促进学生的全面发展[②]。孙炳海根据共情的成分和过程搭建了教师共情的三维结构：共情感知、共情表达和共情动机。共情感知是指教师对学生想法和感受的敏感感知；共情表达是指教师能够感同身受地以学生理解的语言和非语言途径向学生表达关心和帮助；共情动机是指充分激发教师的共情思考和信念，从而促使其系列教育行为的发生。[③]认知共情和情感共情是教师共情行为产生的最终结构，认知共情是指认知层面对学生想法和感受的理解与反应，情感共情是指对学生在情感层面的理解和反应。[④]

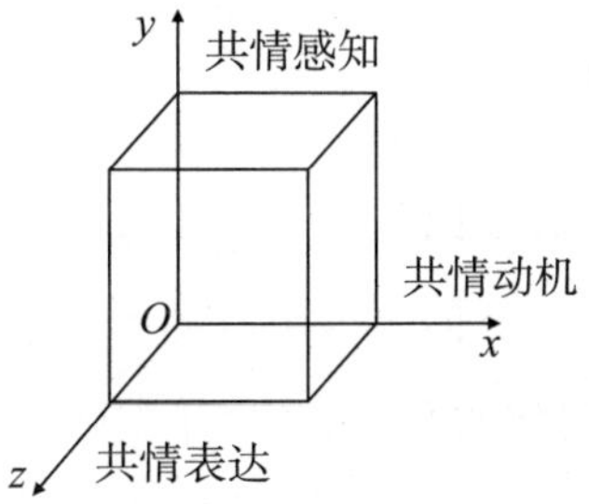

图 4-2　教师共情的三维结构[⑤]

① 孙炳海 . 中小学教师职业道德行为的心理学研究［J］. 教育科学研究，2018 (3) : 93 − 96.

② 孙炳海，於丽娜，黄小忠，等 . 教师的共情偏好：自我判断与学生判断的一致性研究［J］. 中国特殊教育，2008 (11) : 81 − 85 + 89.

③ 同①.

④ 孙炳海，黄小忠，李伟健，等 . 观点采择对高中教师共情反应的影响：共情倾向的中介作用［J］. 心理发展与教育，2010 (3) : 251 − 257.

⑤ 同①.

教师共情的三维结构为教师共情提升提供了理论指导。第一，教师应保持适度共情动机。过低的教师共情动机会促使教师产生以自我为中心的行为表现，冷漠对待学生；过高的教师共情动机会给教师和学生带来过大的工作和学习压力，进而产生共情疲劳，导致个别教师出现麻木、倦怠等状态。第二，教师应提高共情感知的准确性。提高教师共情感知准确性的主要方法有两种，即标准范式和非标准范式。标准范式是指学员观看录制好的视频并推断视频中主人公的想法和感受；非标准范式是指学员自己就是视频中的主人公，需要记录自己在拍摄过程中的特殊想法和感受。第三，依托于认知共情和情感共情，有效提高教师的共情表达水平。研究者发现可以通过精微训练来提升教师共情的表达水平和技巧，如使用录影教学和实际演练，让教师借助模拟个案充分学习和了解相关技能。[①]

（三）教师职业认同

教师的职业认同是其爱岗敬业程度的重要体现，在教师道德中具有十分重要的基础性作用。“认同”最早起源于哲学研究，意指个体对自身、群体的态度和行为进行内化的心理过程，并在行为模式方面有所体现[②]。“职业认同”将概念范围进一步缩小，指个体对自身所从事职业的认知和评价，主要包括个体职前、职中和职后三个阶段对自身职业形成相应的态度看法和行为对待，具体来说就是职业信念、职业情感和职业行为[③]。基于此，教师职业认同就是指个体对教师角色的认识，兼具动态和静态双重特性。从

---

① 孙炳海．中小学教师职业道德行为的心理学研究[J]．教育科学研究，2018 (3)：93－96.

② 荆其诚．简明心理百科全书［M］．长沙：湖南教育出版社，1991：397；朱智贤．心理学大词典［M］．北京：北京师范大学出版社，1989：990.

③ 崔新玲，梁进龙．我国教师职业认同研究综述［J］．晋城职业技术学院学报，2011 (4)：68－71.

动态角度来说，教师职业认同是随着教师职业发展不断发生改变的过程[①]，其中也存在相应的波折变化，需要经历生存状态、生活形态和生命姿态三重境界[②]；从静态角度来说，教师职业认同是一种对教师当下工作状态的描述，即个体如何看待教师这份职业并采取相应的行为和措施。[③]Sachs 认为教师职业认同是教师区别于他人的一系列特征与价值[④]。

教师职业认同作为教师自身的内部情感结构，直接影响教师的想法和行为表现，甚至在更高层面影响着师德的形成和深化。

一方面，教师职业价值观影响教师职业认同与工作认知，从而塑造教师的道德认知与态度。魏淑华、山显光研究发现，教师工作价值观与职业认同维度呈现显著相关，并且工作价值观可以正向预测职业认同[⑤]。职业价值观作为教师的工作“三观”，具有个体独异性，其中蕴含着教师本身的情感结构。职前，个体在成为教师时，原有的价值观被带入工作中；职中，个体原有价值观在工作过程中被不断地改造，与教育实践相结合，对教师工作产生的相应看法也掺杂其中，进而形成相应的师德师风。

另一方面，教师职业认同影响教师的满意度、幸福感、效能感。教师满意度、幸福感和效能感即教师对个体及教育事业的态度和情感，是教师道德产生和发展的基础。教师职业认同包括情感认同、持续认同和规范认同三部分内容。情感认同指个体对职业的依恋、认同和心理投入；持续认

---

① 梁进龙．中小学教师职业认同的特点及其与自尊、幸福感的关系研究［D］．兰州：西北师范大学，2012.

② 黄培森．由生活需求到生命追求：教师职业认同的三重境界［J］．教育探索，2011 (7)：105 − 107.

③ 宋广文，魏淑华．影响教师职业认同的相关因素分析［J］．心理发展与教育，2006 (1)：80 − 86; 魏淑华．教师职业认同研究［D］．重庆：西南大学，2008.

④ SACHS J. Teacher professional identity: discourses,competing outcomes［J］. Journal of Education Policy, 2016 (2) : 149 − 161.

⑤ 魏淑华，山显光．教师工作价值观与职业认同的关系［J］．济南大学学报（社会科学版），2012 (2)：81 − 85.

同指个体认识到离开本职业可能要付出的成本；规范认同是个体的职业忠诚感。[①]教师职业认同与工作满意度存在显著相关[②]，不断提高教师职业认同度有助于教师较高满意度的产生[③]。高程度教师职业认同能够提升教师职业幸福感，而低程度教师职业认同则会使得教师幸福感降低[④]。此外，教师职业认同度的不断提高可以有效提高教师效能感，有助于减少教师离职行为。

图 4-3　教师职业认同内容

综合以上研究可以发现，教师职业认同对教师道德的影响主要依托教师职业认同结构发挥作用。正是教师工作情况、自身情感、自我认知等诸多方面共同形成了教师职业认同，而不同程度的认同情况最终塑造了教师群体道德和个体道德。目前国内外许多研究都进一步佐证了教师职业认同结构的维度化和多元化，但作出清晰架构的研究仍较少。魏淑华运用理论分析的研究方法将教师职业认同概括为六个要素：职业认识、职业情感、职业意志、职业技能、职业期望和职业价值观[⑤]。丁楚楚认为中学教师职业认同由职业能

---

① MEYER J P, ALLEN N J, SMITH C A. Commitment to organizations and occupations: extension and test of a three-component conception [J]. Journal of Applied Psychology, 1993 (4) : 538 - 551.

② 汤国杰. 普通高校体育教师职业认同与工作满意度的关系研究 [J]. 心理科学, 2009 (2) : 475 - 477 + 483.

③ 胡芳芳, 仇云霞, 桑青松. 幼儿教师职业认同与工作满意度的关系：核心自我评价的中介作用 [J]. 内蒙古师范大学学报 (教育科学版), 2012 (2) : 51 - 54.

④ 梁进龙. 中小学教师职业认同的特点及其与自尊、幸福感的关系研究 [D]. 兰州：西北师范大学, 2012; 罗佳. 民办高校教师幸福感及其与职业认同、离职意向的关系研究：以江西蓝天学院为例 [D]. 南昌：南昌大学, 2011.

⑤ 魏淑华. 教师职业认同与教师专业发展 [D]. 济宁：曲阜师范大学, 2005.

力、职业意义、职业特征、工作认同等九部分构成[①]。翟艳提出幼儿教师职业认同包含专业准备、工作动机、教学实践、自我形象和未来展望五个维度[②]。

教师职业认同的形成和发展是复杂多变的，主要受到个体、学校和家庭三个层面因素的影响。个体层面主要包括教育实践和个人情况两方面，教师职业认同的形成根源于教育实践[③]，特别是课堂环境、师生互动、知识交流等。个体参与教育实践的积极度能够有效影响教师职业认同的形成和发展[④]。个人情况涉及年龄、性别、职称、教龄等多种内容，研究者们运用不同的研究方法探究了这些因素对教师职业认同的影响[⑤]。家庭环境对教师职业认同的形成有着非常重要的作用[⑥]，具体表现为家庭关系质量、文化程度、教养方式和家人期望等因素对个体或多或少的影响。家庭关系是其中的重要因素之一，和谐稳定的家庭关系能够促进教师职业认同度的提升[⑦]，而不和谐的家庭关系则会降低教师职业认同度[⑧]。学校作为教师完成教育教学活动的主要场所，是教师职业认同形成的重要土壤。学校的所处地域、

---

① 丁楚楚．中学青年教师职业认同现状研究［D］．长沙：湖南师范大学，2006.

② 翟艳．幼儿教师专业认同对教师专业发展影响的个案研究［D］．重庆：西南师范大学，2005.

③ 殷晓静，文进荣．教师职业认同与教师教育［J］．广西教育学院学报，2009 (1) : 52 – 55.

④ NEWMAN C S. Seeds of professional development in preservice teachers: a study of their dreams and goals［J］. International Journal of Educational Research, 2000 (2) : 123 – 217.

⑤ 方明军，毛晋平．我国大学教师职业认同现状的调查与分析［J］．高等教育研究，2008 (7) : 56 – 61; 张寿松．特级教师与普通教师职业认同的比较研究［J］．教育理论与实践，2011 (11) : 34 – 36; 魏淑华，宋广文．教师职业认同与离职意向：工作满意度的中介作用［J］．心理学探新，2012 (6) : 564 – 569.

⑥ BERRIOS-ALLISON A C. Family influences on college students, occupational identity［J］. Journal of Career Assessment, 2005 (2) : 233 – 247.

⑦ HARGROVE B K, CREAGH M G, BURGESS B L. Family interaction as of vocationa lidentity and career decision-making self-efficacy［J］.Journal of Vocational Behavior, 2002 (2) : 185 – 201.

⑧ PENICK N L, JEPSEN D A. Family functioning and adolescent career development［J］. Career Development Quarterly, 1992 (3) : 208 – 222.

软文化和硬件设施建设情况[①]、教师的人际关系和教学学科、教学感受等都影响到教师职业认同。

教师职业认同是教师对自身所做教育工作和所处教育环境所持的情感、态度的集中表现之一，如果职业认同度降低，那么教师对工作的热爱程度也会随之下降，进而影响到教师的工作状态，尤其是工作态度，教师会自然而然地降低对自身的道德要求，最终表现为教师道德的失范。

（四）教师职业倦怠

"职业倦怠"的概念由美国心理学家 Freudenberger 提出，主要是指长时间、过度工作从而导致超出个人承受能力的疲劳状态[②]。Maslach 和 Jackson 将职业倦怠具体描述为人们在职业领域表现出的三种状态：情绪衰竭、去个性化和低成就感，概括来说就是个体自身能量和资源无法满足和应对职业活动的需要[③]。随着研究内容的不断深入，职业倦怠研究的对象群体不断扩充，其中教师职业倦怠研究数量不断上升。

教师职业倦怠是指教师长期无法如常应对职业压力，对职业活动缺乏兴趣，从而出现认知、情感和行为多重衰竭的情况[④]。胡春梅、姜燕华则进一步提出，教师职业倦怠是个体长期在工作压力下缺乏对工作疲劳感和人际关系的有效处理所造成的生理和心理衰竭[⑤]。教师职业倦怠作为教师的消极存在状态，是教师无法很好应对工作的极端表现。

---

① 于慧慧 . 中学青年教师职业认同现状研究［D］. 长沙 : 湖南师范大学 , 2006.

② FREUDENBERGER H J. Staff burn-out［J］. Journal of Social Issues, 1974 (1) : 159 – 165.

③ MASLACH C, JACKSON S E. The measurement of experience burnout［J］. Journal of Occupational Behaviour, 1981 (2) : 99 – 113.

④ 赵玉芳 , 毕重增 . 中学教师职业倦怠状况及影响因素的研究［J］. 心理发展与教育 , 2003 (1) : 80 – 84.

⑤ 胡春梅 , 姜燕华 . 近三十年来国内外关于教师职业倦怠的研究综述［J］. 天津市教科院学报 , 2006 (3) : 51 – 54.

教师职业倦怠直接影响到教师行为和教学质量，从而对学生发展产生负面影响[①]。甚至，有理论研究表明，教师职业倦怠会消极化教师履行职业道德规范的过程和效果，具体来说就是会影响教师“关爱学生”“爱岗敬业”“教书育人”“为人师表”等道德规范的落实[②]。产生职业倦怠的教师易出现冲动性行为，他们难以控制自身的情绪和行为，甚至会对学生造成教育伤害。这部分教师对教育工作也存在低效能感，缺乏收获感，因此他们对工作大多秉持敷衍、得过且过甚至厌烦的态度，在事实上为学生树立了不好的榜样。那么到底如何判断教师是否处于职业倦怠状态呢？

基于教师职业倦怠量表设计并运用问卷进行调查是目前教师职业倦怠的主要测量方法。Maslach 和 Jackson 所开发的职业倦怠量表较有代表性，且得到了广泛使用，其中教育版职业倦怠量表基于缺乏成就感、去人性化和情感衰竭三维度表现展开[③]。国外教师职业倦怠研究起步早，持续时间长，量表的信效度高，适用范围也更为广泛。国内研究者一方面依据我国教师队伍建设现状和文化特色对国外量表进行了修改，另一方面结合已有文献重新编制了具有我国教师职业倦怠特点的测量量表。如王国香、刘长江、伍新春在 Maslach 职业倦怠量表已有三维度的基础上进行了修编[④]；徐富明、吉峰、钞秋玲重新编制了中小学教师职业倦怠问卷，共分为情绪疲惫、成就感低和去个人化 3 部分 15 道题目[⑤]；王晓春等通过面对面访谈中学教师

---

① 范琳，杨杰瑛. 高校英语教师职业倦怠及应对策略探究：基于教师专业发展的视角[J]. 外语教学，2015 (3)：44 − 49.

② 郝雁丽. 职业倦怠对中小学教师职业道德水平的影响及其消解［J］. 理论导刊，2012 (10)：101 − 103.

③ MASLACH C, JACKSON S E. The measurement of experience burnout［J］. Journal of Occupational Behaviour, 1981 (2)：99 − 113.

④ 王国香，刘长江，伍新春. 教师职业倦怠量表的修编［J］. 心理发展与教育，2003 (3)：82 − 86.

⑤ 徐富明，吉峰，钞秋玲. 中小学教师职业倦怠问卷的编制及信效度检验［J］. 中国临床心理学杂志，2004 (1)：13 − 14 + 95.

和发放开放性问卷，设计了热情衰竭、精力衰退和职业成就感降低三因素中学教师职业倦怠量表①。

教师职业倦怠很大程度上是教师自身职业发展过程中必经的阶段，如果不能合理应对教师职业倦怠情绪，甚至放任自流，那么将会对教师师德失范、失职行为产生正向影响。教师职业倦怠是多数教师在职业生涯中所面临的瓶颈性问题，影响其产生和发展的因素也是多方面且多变的，综合来说，可以分为个体和学校工作两个层面。

在个体层面，有研究发现，作为个体在从事工作时所秉持的重要价值信念，个体工作价值观对教师职业倦怠有着显著预测作用。将外在价值如薪酬等作为追求目标的教师更容易产生职业倦怠，而对内在价值更为重视的教师则更易于调节和缓解职业倦怠情绪。②司继伟等研究发现，工作价值观能够负向预测教师职业倦怠的非人性化与认知枯竭表现，正向预测教师个人成就感③。教师角色意识是教师职业工作中重要的自我觉醒，教师觉醒程度越高，越能够意识到教师的身份与职业规范，从而越能够降低教师职业倦怠感④。此外，诸如年龄、性别、婚姻等个人客观因素也会对教师职业倦怠产生不同程度的影响。

在学校工作层面，学校的物理和文化环境，校长的领导风格和对教师的态度，学生的行为表现，教师自身的工作量和负担、教学效能感等多重因素都会对教师职业倦怠感的形成和发展产生影响。比如高教学效能感可

---

① 王晓春，张莹，甘怡群，等．中学教师工作倦怠量表的编制［J］．应用心理学，2005 (2)：170 － 175.

② 荆伟，耿文侠．教师职业价值观对其职业倦怠的影响［J］．河北师范大学学报（教育科学版），2011 (6)：71 － 74；闫丽英．中学教师职业倦怠与职业价值观的关系研究［J］．教育理论与实践，2011 (35)：50 － 52.

③ 司继伟，王金素，杨佃霞，等．教师工作价值观、成就动机对职业倦怠的影响［J］．山东师范大学学报（人文社会科学版），2009 (5)：135 － 138.

④ 周天梅，傅佑全，罗利．四川农村中学教师职业角色意识与职业倦怠的关系：工作满意度的中介作用［J］．中国特殊教育，2012 (5)：92 － 96.

以缓解教师情绪衰竭和去人性化的倦怠表现，并逐渐提高个人成就感。[①]

无论是个人层面还是学校工作层面，最后所形成的工作压力是教师职业倦怠的主要来源，后者主要表现为情绪、行为的失范，从而对教师道德的履行造成了阻碍。过大的工作压力会给教师心理健康带来负面影响，让教师进一步丧失工作控制感，对工作的厌烦感也随之提升，幸福感和满意度不断降低，教师对于职业的态度和行为也逐渐转变。由此可见，教师职业倦怠感是教师师德失范的重要导火索。

教师职业倦怠感作为教师工作情感，本身对教师个体有着消极影响，甚至会干扰教师的心理状态和行为选择，从而造成教师道德行为失范。因此，帮助教师学会化解自身倦怠状态，改善情绪问题，是教育工作中的重要一环。

（五）教师心理健康

心理健康是指个体能够充分发挥内部潜能和外部行为协调一致性的良好状态，具体表现为个体对环境的适应性行为和稳定和谐的心理特征[②]。对于教师心理健康标准的研究在学术界由来已久，综合来看，目前学者们较为认可的教师心理健康标准共有七条内容：能够正确认识自我，明白自身的独异性；能够认识社会现实和环境，乐观地适应教育工作的要求；热爱教育工作和学生，能够获得教育效能感；教育心境平稳乐观；能够控制情绪，调节好自身状态；人格健全，具有和谐的人际关系；具备改造教育环境的能力。教师心理健康状态，可以划分为三种，即正常状态、亚健康状态和不健康状态。亚健康状态是指教师个体适应性等特征不断减弱，在生理和心理两方面均出现功能降低的状态，是介于健康与病态之间的灰色

---

① 李永鑫，张阔，赵国祥．工作倦怠结构的验证性因素分析［J］．心理学探新，2005 (4)：70 － 73.

② 石学云，高丽．教师职业发展与心理健康［M］．西安：陕西人民教育出版社，2009：265.

状态[①]。

国外对教师心理健康的研究起步较早。20 世纪 30 年代，美国教育协会对美国 5 150 名教师进行了心理健康调查分析。研究发现，37.5% 的教师有严重焦虑和精神紧张现象，30% 的教师在情绪上对社会不适应，37.5% 的教师对个人健康、睡眠和工作效率感到极度忧虑，20% 的教师甚至想离开教师行业，在心理健康方面特别需要帮助。[②]芬敦通过对 241 名教师心理健康状况的研究发现，4% 的教师有严重适应不良情况，7.1% 的教师有中等适应不良情况[③]。Shipley 通过研究发现，美国约 1/3 的教师有情绪适应困难现象，具体表现为过度神经质、神经病或者神经障碍症[④]。在教师心理健康问题结构化研究方面，亚当·孟斯 1999 年基于实证法探讨了教师压力和教师个人素质的关系，发现教师主要压力源有职业角色准备、工作与生活满意度、疾病等；布伦纳综合已有研究，提出教师具有潜在和实际职业压力源[⑤]。日本心理学者中西信男提出，困扰教师的主要有抑郁、神经症、工作中眩晕和焦虑等问题[⑥]。

国内心理健康研究起步较晚，但也已有不少相关著作、论文以及调查报告。广东省教育工会联合中山大学、暨南大学、广东外语外贸大学对广东省 19 所高校进行了教师心理健康问卷调查，发现心理健康的教师只占 10.4%，有轻、中度心理障碍的教师占 69.18%，处于疾病状态的教师

---

① 牧之 . 心理健康枕边书全集［M］. 北京：新世界出版社，2011：2 − 7.

② 田敏岚 . 高校女教师工作满意度与心理健康问题研究［D］. 西安：西安建筑科技大学，2009.

③ 甘静 . 内蒙古高校中年教师心理健康状况及其影响因素研究［D］. 呼和浩特：内蒙古师范大学，2006.

④ 陈俊斐 . 高校体育教师心理健康水平影响因素的实证研究［D］. 开封：河南大学，2012.

⑤ 王赐文 . 高校教师职业压力与缓解策略［D］. 长沙：湖南大学，2008.

⑥ 高明书 . 教师心理学［M］. 北京：人民教育出版社，1999：127 − 129.

占 20.42%[①]。中国社科院 2006 年发布的“人才蓝皮书”指出，教师长期处于工作时间长、心理压力大的亚健康状态，将随时可能因为积劳成疾而突发身体潜在疾病，甚至丧失生命[②]。2011 年，南京航空航天大学公布的教师压力问卷调查结果指出，高校教师最主要的压力源来自职称和职务晋升[③]。尤其值得关注的是，有自杀心理和行为倾向的教师在教师群体中比例不断升高，教师心理健康问题日渐凸显。

心理素质在个体综合素质结构中属于工具和中介性内容，它对其他素质的形成和发展有着调节和整合作用。教师心理不健康的表现是多样的，如情绪抑郁焦虑、人际关系一般、职业行为出现问题、职业倦怠等[④]。教师只有具备好的心理状态才能表现出好的师德行为，不健康的心理状态是很难成为师德内化与外显的培育土壤的。如果教师处于烦躁、郁闷、冷漠等亚健康或者病态心理状态，那么其就很容易做出师德失范行为，最突出的便是使用暴力。很多教师由于承担过大的工作压力，又无法合理缓解和释放，导致自身情绪处于“低谷期”。随着时间的推移，其就可能做出将自身情绪转移到学生身上的行为，更严重的是还可能将学生作为自己的“出气筒”，这就进一步激化了教师和学生之间的矛盾，让教师面临“成为没有师德的教师”的困境。心理不健康的教师本身就难以落实教师应当具备的道德价值精神，他们对学生、朋辈和学校领导都会表达出不满，对自己也十分苛刻。

教师职业道德多体现为教师与他者（如学生、其他教师、学校集体

---

① 李刚．高校教师心理健康问题及其对策研究［D］．长沙：湖南农业大学，2005.

② 潘晨光．中国人才发展报告蓝皮书 No．3［M］．北京：社会科学文献出版社，2006：402－405.

③ 张才安．社会支持对高校青年教师心理健康的影响研究［D］．长沙：湖南师范大学，2012.

④ 余国良，曾盼盼．论教师心理健康及其促进［J］．北京师范大学学报（人文社会科学版），2001（1）：20－27.

等）的关系准则和行为规范。相较于教师心理健康，教师道德具有一定政治性和阶级性，评价多采用是非、好坏与善恶的标准。在塑造途径方面，教师心理健康依托自我调节和自我约束来规范自身行为，调节心理状态，教师道德则需要自我塑造与制度塑造相结合才能实现内在修养与外在规范的统一。心理健康侧重调节，教师道德侧重塑造。在问题表现方面，教师心理健康出现问题，往往是从教师生理和心理行为方面进行探究；而教师道德出现问题，往往被称为失范，是对照教师规章要求辨别出的区别行为。

心理健康的概念在我国的传统文化中虽然没有直接明确提出，但是在相关著作和理论中皆有渗透。第一，儒家强调“仁人”的培育，助力个体成为君子。孔子曾说“君子坦荡荡,小人长戚戚”,说的就是,君子内心坦荡、光明磊落、身心和谐，小人则会计较利益得失从而患得患失，产生抑郁心理，甚至造成心理负担和疾病。此外，儒家强调通过“节欲”来保持身心健康，“欲虽不可尽，可以近尽也；欲虽不可去，求可节也”。人要根据自身发展的不同阶段和需要有针对性地调节身心，从而保持心理健康。诸如“中庸”“和谐”等观点均渗透着维护教师心理健康的核心要义。第二，道家提出的“至乐活身”“形动身静”便是期望个体通过运动保持身体强健，通过清心寡欲保持心理健康。这是道家基于养生学角度对教师心理健康的形成和保持提出的要求。第三，佛学当中“境由心造，魔由心生”等观点也点明了心灵、欲望等对心理健康的重要影响。保持愉悦精神和乐观心态是我国传统文化中心理健康观的重要观点。

教师的心理健康是教师道德践履的关键依托，如果教师拥有好的心理素质，那么他作为教师个体将会感染学生和朋辈教师群体，从而充分调动起学生的学习积极性，营造良好的教育氛围和环境。相反，如果教师没有健康的心理状态，那么不仅会降低教育教学的质量和效率，而且也不利于学生健康人格的养成。

第二节 教师道德的现状调查

加强教师道德建设，一个基本的前提是对教师道德的现状有正确的认识和准确的把握。只有充分了解教师道德的实际情况，师德建设才能够真正做到有的放矢。当前，围绕教师道德现状，很多学者从不同的角度进行了较为全面和系统的研究。总体而言，这些研究中既有关于教师道德学段特征的分析，也有围绕教师道德当中某一具体内容的调查。同时，这些研究也对教师道德存在的问题和其原因，以及改进的建议进行了较为深入的探索。

一、教师道德的学段特征

要促进教师道德的专业化发展，必须考虑其学段特征。对不同学段的教师在道德上的要求应该与其所属学段的教育特点相匹配，这样才能更好地促进教师道德的发展。当前，学者们对幼儿园、中小学、大学以及职业学校教师的道德状况都开展了相应的调查研究。

（一）幼儿教师道德的总体表现

《国家中长期教育改革和发展规划纲要（2010—2020 年）》对推进学前教育事业高质量发展作了战略部署，充分体现了我国对学前教育的重视。目前，尚且缺乏在全国范围内开展的幼儿教师道德现状调查研究。现有研究大多是以某个区域为对象展开的。从已有的区域性调查来看，我国幼儿教师道德总体表现良好。

一项面向湖北省 A 市幼儿教师道德现状的调查研究显示，随机抽取的 8 所幼儿园（4 所公办园、4 所民办园）的 180 名幼儿教师道德总体表现得分为 4.11 分，超过理论中值 3 分（参见表 4–1）①。这在一定程度上说明，A 市幼儿教师道德总体表现良好。

表 4–1　湖北省 A 市幼儿教师道德总体得分（N=167）

	爱岗敬业	热爱幼儿	严谨治学	为人师表	师德总分
平均值	4.24	4.03	3.69	4.40	4.11
标准差	0.50	0.46	0.56	0.46	0.40

这一调查结果与一项面向河南省 X 市幼儿教师道德现状的调查结果在总体上保持一致。该市幼儿教师道德总体表现得分为 4.43 分，超过理论中值 3 分（参见表 4–2）②。

表 4–2　河南省 X 市幼儿教师道德总体得分（N=167）

	职业理解与认识	对幼儿态度与行为	对幼儿保育和教育的态度与行为	个人修养与行为	专业理念与师德
平均值	4.10	4.49	4.87	4.20	4.43
标准差	1.25	0.82	0.37	1.20	1.01

而一项专门针对农村幼儿教师道德现状的调查研究，也得出较为类似的结论。被调查的成都市农村幼儿教师道德总体表现得分为 4.33，超过理

① 朱美玲．幼儿园教师的师德研究［D］．武汉：华中师范大学，2016.

② 孙现茹．幼儿教师专业理念与师德的现状与对策研究［D］．新乡：河南师范大学，2016.

论中值 3 分（参见表 4–3）[①]。这在一定程度上表明，农村幼儿教师道德总体表现良好。

表 4–3　成都市农村幼儿教师道德总体得分

	职业理解与认识	对幼儿态度与行为	对幼儿保育和教育的态度与行为	个人修养与行为	总体
平均值	4.37	4.39	4.18	4.36	4.33
标准差	0.42	0.42	0.33	0.41	0.33

（二）中小学教师道德的总体表现

中小学教师道德水平直接关系到中小学德育工作状况和亿万青少年的健康成长，良好的教师道德水平是基础教育高质量发展的重要保障。已有调查研究显示，当前中小学教师道德总体表现良好。

一项面向中小学教师道德现状的调查研究在上海市随机选取了 8 个区的小学、初中、高中学校的 5 810 名中小学教师及 17 555 名中小学学生进行了调查。调查结果显示，教师职业道德总体表现得分为 4.11，标准差为 0.47。以问卷的理论均值 3 作为检验值做单样本 t 检验，教师职业道德得分显著高于理论均值（t=178.59，P<0.001），说明上海市中小学教师职业道德状况整体良好（参见表 4–4）[②]。

---

① 程维薇，曾珍．农村幼儿教师专业理念与师德的现状与思考［J］．教育科学论坛，2021 (25)：56 – 61.

② 刘次林，张兴旭．上海市中小学教师职业道德现状的调查研究［J］．教师发展研究，2022 (3)：30 – 36.

表 4-4 上海市中小学教师道德总体得分与各维度差异性检验（N=5810）

	总体得分		差异性检验		
	均值	标准差	关爱学生	教书育人	为人师表
关爱学生	4.37	0.55			
教书育人	4.33	0.57	6.69***		
为人师表	4.06	0.65	42.05***	30.79***	
爱岗敬业	3.54	0.78	84.43***	66.77***	54.57***

注：***$P<0.001$

这一调查结果与面向内蒙古自治区与贵州省开展的两项调查结果，在总体上均保持一致。

有学者于 2017 年上半年进行了一项针对我国中西部地区中小学师德现状的问卷调查，在贵州省某县级市回收的 541 份有效问卷中，认为该县级市师德现状“优秀”和“比较好”的教师比例分别是 66.7% 和 29.3%，调查对象涵盖了不同学段、教龄、性别、学科的教师。也即，96% 的中小学教师认为该市师德总体情况良好。此外，对调查数据的交叉分析显示，教龄不同、性别不同的教师对该市师德的评价并无显著差异。①

一项针对内蒙古自治区部分中小学教师道德现状的调查研究显示，在随机抽样的 7 个盟市的 19 所中小学中，80% 以上的学生认为教师在教书育人、热爱学生、敬业奉献、为人师表等方面有较好的道德，且这一结论与教师自评问卷以及家长问卷所得出的结论具有一致性②。

① 刘竑波，张旭菲．中西部地区基层中小学师德现状调查（节选）：以我国贵州省某县级市为例［C］//全国第五届教育伦理学学术研讨会论文集，2017：329－332.

② 陆明玉．内蒙古中小学教师职业道德现状的调查研究［J］．赤峰学院学报（自然科学版），2015（2）：273－275.

（三）高校教师道德的总体表现

近年来，随着我国高等教育的快速发展，国家日益重视加强高校教师道德建设。2011 年，教育部和中国教科文卫体工会全国委员会联合印发《高等学校教师职业道德规范》，从“爱国守法”“敬业爱生”“教书育人”“严谨治学”“服务社会”“为人师表”六个方面对高校教师的职业道德提出了具体要求。从现有研究来看，我国高校教师道德表现的整体态势是积极的、健康的。

一项针对山东省普通高校教师道德的调查研究显示，在教师和学生“您对本校教师教学道德的整体满意度”评价中，分别有 30.4%、46.7% 的教师、学生表示满意，分别有 35.7%、33.6% 的教师、学生表示比较满意①。

这一结论与针对南京市三所“211”高校教师道德展开的调查结论基本一致。此次南京高校调查中，83% 的教师和 66% 的学生认为所在院校的教师整体素质较好，77% 的教师和 75% 的学生对所在院校教师的整体道德素质比较满意②。这在一定程度上说明，被调查者普遍认为所在学校的教师整体素质较高，对教师道德比较满意。针对天津市部分高校开展的教师道德现状调查，得出了与此类似的结果③。

在针对具体高校教师道德开展的调查研究中，也获得与上述调查一致的结论。一项针对 M 省高校青年教师道德开展的调查研究显示，参与调查的 4 860 位大学生中，有 78.60% 的人认为该校教师道德表现良好。这一比例在总体上与青年教师的自我评价保持一致。在参与调查的 1 081 位青年

---

① 张香兰，曹文．地方高校教师教学道德现状的实证研究：基于山东省的调查［J］．当代教育科学，2018 (6)：50 － 55.

② 王敏，刘兆磊，韩键．当前我国高校师德现状调查研究及启示：以南京市三所高校为例［J］．上海教育评估研究，2014 (3)：55 － 59.

③ 刘红英，王雪超，魏尚．高校师德师风的现状与对策：基于天津市部分高校的调研［J］．思想政治工作研究，2019 (8)：49 － 50.

教师中，自评“优秀”者占 45.04%，自评“较好”者占 43.35%。[①] 这一调查结果与何祥林等对湖北省 H 高校教师道德开展的调查得出的结论基本一致。何祥林等在对湖北省 H 高校 379 位教师、613 位学生的调查研究中发现，61% 的学生对我国高校教师道德的总体状况表示“比较满意”，62% 的教师对我国高校教师道德的总体状况表示“比较满意”或“非常满意”[②]。

（四）职业学校教师道德的总体表现

中等职业学校教师是提高中等职业教育办学水平和教学质量的关键，而良好的教师道德是中等职业学校高质量发展的重要保障。现有研究表明，中等职业学校教师道德总体表现良好。

一项针对陕西省中等职业学校教师道德的调查研究显示，在满分 5 分的标准下，中职教师道德总体表现较好，均值 M 为 3.92 分，处于中高水平（参见表 4–5）。在四个维度中，中职教师得分由高到低依次是：教育教学态度与行为、对学生的态度与行为、个人修养与行为、职业理解与认识。[③]

表 4–5　中等职业学校教师道德总体及各维度得分

	职业理解与认识	对学生态度与行为	教育教学态度与行为	个人修养与行为	教师道德
均值	3.726	4.010	4.014	3.962	3.917
标准差	0.547	0.607	0.625	0.600	0.535

① 姚昌，张晓波．高校青年教师师德现状透析［J］．学校党建与思想教育，2015 (23)：87 – 88.

② 何祥林，程功群，任友洲，等．高校师德建设的现状、问题及对策：基于湖北省 H 高校的调查［J］．高等教育研究，2014 (11)：53 – 59.

③ 周蕴．中等职业学校教师专业理念与师德现状及对策研究［D］．西安：陕西师范大学，2018.

一项针对天津市 3 所中等职业学校教师道德开展的调查研究，得出的结论与上述结论在总体上保持一致。此次调查发现，参与调查的 236 名教师对师德现状的自我评价总体较好（参见表 4–6），204 名学生对中等职业学校教师师德现状在总体上是比较满意的（参见表 4–7）[①]。

表 4–6　中等职业学校师德现状教师评价四维度的描述统计

	极小值	极大值	均值	标准差	方差
职业理解与认识	2.00	5.00	3.857	0.65060	0.423
对学生态度与行为	3.00	5.00	4.393	0.72283	0.522
教育教学态度与行为	3.00	5.00	4.179	0.52453	0.275
个人修养与行为	3.00	5.00	4.186	0.75593	0.571

表 4–7　中等职业学校师德现状学生评价

	极小值	极大值	均值	标准差	方差
对学生态度与行为	2.00	5.00	3.829	0.6925	0.480
教育教学态度与行为	2.00	5.00	3.855	0.8059	0.649
个人修养与行为	2.00	5.00	3.658	0.7229	0.523

一项针对岳阳市中等职业学校青年教师道德现状的调查研究，得出的

① 张凤．天津市中等职业学校师德现状调查研究［D］．天津：天津职业技术师范大学，2015.

结论与上述调查基本保持一致。在此次调查中，中等职业学校青年教师道德总体得分在教师卷与学生卷中均表现较好。其中,教师卷平均得分为 3.75（参见表 4–8），学生卷平均得分为 3.47（参见表 4–9），均高于理论中值 ①。这在一定程度上说明，该校青年教师道德总体表现良好。而在广西某高等职业院校开展的一项师德现状调查研究，也发现该校师德师风总体状况良好，绝大部分师生对该校教师的职业道德素养比较认可 ②。

表 4–8　中职学校教师道德总体得分（教师卷）

	爱国守法	爱岗敬业	关爱学生	教书育人	为人师表	终身学习	教师道德
总数	86	86	86	86	86	86	86
均值	4.05	3.61	3.81	3.56	3.92	3.52	3.75

表 4–9　中职学校教师道德总体得分（学生卷）

	爱国守法	爱岗敬业	关爱学生	教书育人	为人师表	终身学习	教师道德
总数	665	665	665	665	665	665	665
均值	3.34	3.52	3.55	3.36	3.86	3.18	3.47

二、教师道德的内容维度

教师道德主要包括以下几方面的内容：对待教育事业的道德；对待学

① 肖永光 . 中职学校青年教师职业道德问题及对策研究：以岳阳市中职学校为例［D］. 长沙：湖南师范大学，2021.

② 陆芸 . 高职院校师德师风建设现状调查分析与对策研究［J］. 广西教育（高等教育），2017 (8) : 19 − 20 + 41.

生的道德；对待教师集体的道德；对待自己的道德[1]。因此，对教师道德现状的分析可以从上述四个维度具体展开。

（一）对待教育事业的道德

教育活动是教师职业的主要活动，是教师为人类和社会服务的具体形式。对教师道德的刻画与描述，也应首先聚焦于教师对待教育事业的道德。

1. 教师对教师职业的认同度

调查显示，当前多数教师的职业信念不够坚定。

一项针对中学教师师德现状的调查研究显示，“不会”和“很难说”会再次选择教师作为职业的教师分别占接受调查教师总数的 36.4% 和 43.2%，共计 79.6%；而“会”再次选择教师作为职业的只占 20.5%（参见表 4-10）[2]。这在一定程度上反映出多数教师的职业理想不够远大、职业信念不够坚定。

表 4-10 “假如让您再选择一次，您还会选择教师职业吗？”（教师问卷）

	选项	频数	百分比（%）	有效百分比（%）
有效	会	63	20.3	20.5
	不会	112	36.0	36.4
	很难说	133	42.8	43.2
	合计	308	99.0	100.0
系统缺失		3	1.0	–
总计		311	100.0	–

① 鲁洁．铸造一代师魂［M］//林崇德．师德通览．济南：山东教育出版社，2000：901.

② 檀传宝，等．走向新师德：师德现状与教师专业道德建设研究［M］．北京：北京师范大学出版社，2009：143.

一项针对中学科学教师专业发展现状的调查研究发现，教师在专业发展意识方面（包括“是否把教师工作作为自己的事业”“作为一名科学教师能否实现自身价值”等题目）的得分仅为1.89分，介于问卷设定的“非常不符合”与“不符合”两个标准之间[①]。这在一定程度上表明部分教师缺乏对教师职业的由衷热爱和幸福体验。

在针对高校教师开展的一项师德现状调查研究中，25.7%的被调查者对自己高校教师的身份缺乏认同感[②]。在另一项针对中职学校师德现状的调查研究中，对于“作为职业学校的教师，我感到很自豪”这个说法，有29.6%的教师觉得较符合自己的情况，37%的教师觉得基本符合，而有35.5%的教师觉得不符合[③]。这也反映出部分中等职业院校教师的职业理解和认识不到位，尤其是对中职教师的价值、角色和社会地位并不认可。

2. 教师从教原因分析

教师从教原因在一定程度上反映了教师的职业理想与职业态度，而职业理想与职业态度是衡量教师师德的一个重要维度。调查显示，当前多数教师从教的原因是相对积极的。

一项针对中学教师师德现状的调查研究显示，教师根据自己的兴趣选择职业的占35.9%，由父母做主的占22.9%，考虑到教师职业声望而作出选择的占8.3%，由于其他原因的（诸如身体原因、家庭原因等）占32.9%（参见表4–11）[④]。从选择的比例来看，积极认可教师职业的教师（选择“自

① 王波．初中科学教师专业发展现状调查与对策研究［D］．重庆：西南大学，2009.

② 王敏，刘兆磊．我国高校师德现状调查研究及启示：基于南京市三所高校的问卷调查［J］．继续教育研究，2014 (6)：54 − 56.

③ 张凤．天津市中等职业学校师德现状调查研究［D］．天津：天津职业技术师范大学，2015.

④ 檀传宝，等．走向新师德：师德现状与教师专业道德建设研究［M］．北京：北京师范大学出版社，2009：145.

己的兴趣”与“教师职业声望”）接近半数。

表 4-11 “您出于什么原因从事了教师职业？”（教师问卷）

	选项	频数	百分比 (%)	有效百分比 (%)
有效	父母做主的	69	22.2	22.9
	自己的兴趣	108	34.7	35.9
	教师职业声望	25	8.0	8.3
	其他原因	99	31.8	32.9
	合计	301	96.8	100.0
系统缺失		10	3.2	–
总计		311	100.0	–

一项针对广东省四个地区乡村教师师德的调查研究显示，73.1% 的教师选择从事教育工作的原因是“热爱教育工作”，还有 7% 的教师认为教育工作属于相对好的职业，有 12.1% 的教师从事教育工作属于偶然选择，而 7.8% 的教师从事教育事业是考试分数决定下的选择（参见表 4-12）[①]。这也在一定程度上反映出，乡村教师选择从事教育事业相较于非乡村教师而言，更多地出于对教育事业的热爱。

① 李宁，席梅红．乡村教师职业道德现状调查研究［J］．现代基础教育研究，2022 (4)：87 − 96.

表 4-12　不同教龄乡村教师选择从事教育工作的原因

教龄		您选择从事教育工作的原因				
		热爱教育工作	偶然性	相对好的职业	考试分数决定下的选择	合计
低于 5 年	N	49	5	6	3	63
	百分比（%）	77.8	7.9	9.5	4.8	100.0
5—10 年	N	25	10	8	2	45
	百分比（%）	55.6	22.2	17.8	4.4	100.0
11—15 年	N	41	11	3	4	59
	百分比（%）	69.5	18.6	5.1	6.8	100.0
16—25 年	N	144	22	13	19	198
	百分比（%）	72.7	11.1	6.6	9.6	100
25 年以上	N	115	15	6	12	148
	百分比（%）	77.8	10.1	4.1	8.1	100.0
合计	N	375	62	36	40	513
	百分比（%）	73.1	12.1	7.0	7.8	100.0

在一项针对中小学新手教师师德现状的调查研究中，在选择“我选择教师这个职业是因为热爱教育事业”这个描述与自己的实际情况的符合程度时，有 11.8% 的新手教师选择“比较不符合”，32.3% 的新手教师选择“不确定”[①]。这在一定程度上反映出，有部分教师在从教之初就对教师职业缺乏必要的积极评价和坚定信念。

① 孔程程．中小学新手教师师德现状及培育路径研究［D］．济宁：曲阜师范大学，2021.

3. 教师的工作状态

调查显示，当前我国教师的工作状态总体上表现良好，但部分教师的工作状态有待提高。

一项针对中学教师师德现状的调查研究显示，当前中学教师工作状态为“非常积极”与“比较积极”的接近八成（参见表 4–13）[①]。这反映出当前中学教师工作状态尚可，但部分教师的工作积极性有待进一步提高。在一项针对我国中西部地区开展的中小学师德现状调查研究中，有 52.31% 的教师认为，“教师自身缺乏工作热情、不积极投入工作”，这是一个不容忽视的现象；特别是教龄 3 年以下的教师“对教学工作不钻研、不热忱，混日子”这一问题相对于其他教龄段的教师要严重得多（77.78%）[②]。

表 4–13　“您认为当前教师普遍的工作状态？”（教师问卷）

	选项	频数	百分比 (%)	有效百分比 (%)
有效	非常积极	24	7.7	7.9
	比较积极	216	69.5	70.8
	被动应付	65	20.9	21.3
	合计	305	98.1	100.0
系统缺失		6	1.9	–
总计		311	100.0	–

一项针对高校教师展开的师德现状调查研究发现，部分教师爱岗敬业

① 檀传宝，等．走向新师德：师德现状与教师专业道德建设研究［M］．北京：北京师范大学出版社，2009：145.

② 刘竑波，张旭菲．中西部地区基层中小学师德现状调查（节选）：以我国贵州省某县级市为例［C］∥全国第五届教育伦理学学术研讨会论文集，2017：329 − 332.

精神不足，主要表现在对校、院组织的政治理论学习不关心（68.6%），对国内外重要时事不关心（37.2%），对学生在课堂上的违纪行为不管或不及时处理（22.9%），不约束个人作风（14.3%）等方面①。

一项针对中职教师师德的调查研究发现，中职教师最不满意的师德内容集中在“职业理解与认识”和“教育教学态度与行为”两个维度。仅有25.9% 的教师认为自己可以随时关注国家职业教育政策法规的变化，仅有7.4% 的教师能够了解本行业的最新研究成果或发展趋势，而 55% 的教师只关注自己感兴趣的国家政策和国内国际形势。②

4. 学生对教师的评价

从学生角度考察教师对待教育事业的道德，更能客观地评价教师的工作，因为学生接触的是完整的教师群体，他们有更多的机会对教师群体形成整体性的、稳定的、客观的评价。现有的调查显示，学生对教师的评价总体上较为积极。

一项针对中学教师师德现状的调查研究显示，60.1% 的学生认为教师在课堂上充满激情，而 26.5% 的学生认为教师在课堂上热情不足（参见表 4–14）③。这在一定程度上反映出，虽然中学教师在课堂上总体上能够流露出对教育事业的热情，但仍有部分教师未能激发出应有的热情。

---

① 王敏，刘兆磊．我国高校师德现状调查研究及启示：基于南京市三所高校的问卷调查［J］．继续教育研究，2014（6）：54 － 56.

② 张凤．天津市中等职业学校师德现状调查研究［D］．天津：天津职业技术师范大学，2015.

③ 檀传宝，等．走向新师德：师德现状与教师专业道德建设研究［M］．北京：北京师范大学出版社，2009：148.

表 4–14　“你认为当前教师普遍的工作状态？”（学生问卷）

	选项	频数	百分比 (%)	有效百分比 (%)
有效	充满激情	731	60.0	60.1
	热情不足	322	26.4	26.5
	精神萎靡	46	3.8	3.8
	其他	117	9.6	9.6
	合计	1216	99.8	100.0
系统缺失		2	0.2	–
总计		1218	100.0	–

一项针对中职教师师德的调查研究显示，中职学生对教师最满意的师德内容集中在“教育教学态度与行为”和“个人修养与行为”两个维度。学生认为，教师能够帮助学生解决问题与困难；教师不仅注重对学生知识技能的培养，还注重对学生思想品德的教育；教师采用多种方式引导、启发学生；教师上课时举止文明，精神饱满热情；等等（参见表 4–15）。学生最不满意的师德内容则集中在“对学生的态度与行为”和“个人修养与行为”两个方面。学生认为，教师还存在以成绩作为评价学生优劣的唯一标准的问题，还会体罚或变相体罚学生，等等（参见表 4–16）。这些都是亟须改进的问题。①

① 张凤．天津市中等职业学校师德现状调查研究［D］．天津：天津职业技术师范大学，2015.

表 4-15　学生最满意的师德内容

排序	题项内容	平均数	标准差
1	老师既注重培养我们的专业技能，又重视对我们进行思想品德教育	4.00	1.05
2	老师关心我们是否学会、懂得所授知识和掌握专业技能	3.97	1.10
3	老师能够运用多媒体等多种方法进行教学	3.95	0.76
4	老师乐于帮助我们解决学习生活中的困难	3.92	1.08
5	老师对我们进行职业观教育，帮助我们树立正确的择业观、就业观	3.89	1.01
6	我们不能正确理解学习内容时，老师会变换方式，引导、启发我们理解	3.88	1.07
7	老师言谈举止文明，能够做到为人师表	3.88	1.26
8	老师精神饱满、情绪稳定、乐观大度	3.88	1.11

表 4-16　学生最不满意的师德内容

排序	题项内容	平均数	标准差
1	老师在课堂上有意无意流露出对社会、学校的不满情绪以及消极的人生观和价值观	2.88	1.41
2	老师随意调课	2.92	1.46
3	课后老师询问我们的学习感受并进行指导交流	3.53	1.25
4	老师不以学习成绩为评价我们优劣的唯一标准	3.55	1.39
5	对我们的日常表现,老师及时评价反馈,采用多表扬、少批评，多肯定、少否定的激励方式	3.55	1.23
6	在教学管理中老师不体罚或变相体罚我们	3.62	1.4

（二）对待学生的道德

师生关系是教育实践中最为重要的关系之一，教师对待学生的道德在师生关系中发挥着重要的作用，因而也成为衡量与考察教师道德的重要维度与指标。

1. 教师对待学生的道德品质排序

一项针对中学教师师德的调查研究通过考察教师对其看中的师德品质的选择与排序来确定教师对待学生的道德内容。调查发现，教师认为“爱心”在师德品质中占据着十分重要的位置。此外，“严格负责”和“尊重信任”也是十分重要的师德品质（参见表 4–17）。[①]

表 4–17 “请将下列教师品质按您认为的重要性排序（不必全选）”（教师问卷）在各选项上的百分比（%）

	第一位	第二位	第三位	第四位	第五位	第六位	第七位	第八位
严格负责	23.8	19.8	12.3	10.1	11.1	9.7	10.4	9.6
爱心	49.0	20.1	7.0	6.7	6.6	6.6	5.2	2.7
尊重信任	9.3	18.5	26.8	12.4	9.8	8.7	6.9	2.1
理解宽容	2.6	11.4	16.5	20.2	14.3	11.7	11.0	16.4
公正	5.0	11.7	13.4	18.4	20.5	11.7	9.3	5.5
民主	1.7	5.7	7.4	11.6	14.3	21.4	17.9	14.4
平等	4.3	8.7	10.6	10.9	10.7	15.4	21.4	15.1

① 檀传宝，等. 走向新师德：师德现状与教师专业道德建设研究［M］. 北京：北京师范大学出版社，2009：148.

续表

	第一位	第二位	第三位	第四位	第五位	第六位	第七位	第八位
信守诺言	4.3	4.1	6.0	9.7	12.7	14.8	17.9	34.2
总计	100.0	100.0	100.0	100.0	100.0	100.0	100.0	100.0

在一项针对中职教师师德现状进行的调查中，中职教师在对待学生的态度与行为方面的教师评价平均分在 4 分以上（参见表 4–6）[①],表明中职教师对自身对待学生的态度与行为表示满意。一项中国中学科学教师道德与 17 个其他国家或地区的对比研究也得出与此相类似的结论，即当前我国教师强调以学生为本，重视尊重学生的主体性与主体地位，并认为这与我国新课改以来强调以学生为中心、重视学生主体性的精神密切相关[②]。

2. 教师的公正品质

在教师对待学生的道德中，十分受学生关注的是教师的公正品质，即教师能一视同仁地对待学生的品质。

一项针对中学教师师德进行的调查研究显示，近九成的教师认为大多数教师对学生能够做到一视同仁（参见表 4–18），而八成的学生也表示教师对学生能够做到一视同仁（参见表 4–19）[③]。

---

① 张凤 . 天津市中等职业学校师德现状调查研究［D］. 天津：天津职业技术师范大学，2015.

② 辛伟豪，王晶莹 .“四有”好老师视角下我国中学科学教师师德现状的实证研究［J］. 教育科学研究，2019 (4)：41 － 46.

③ 檀传宝，等 . 走向新师德：师德现状与教师专业道德建设研究［M］. 北京：北京师范大学出版社，2009：148.

表 4-18　“您认为大多数教师对学生能做到一视同仁吗？”（教师问卷）

	选项	频数	百分比 (%)	有效百分比 (%)
有效	能做到	53	17.0	17.1
	基本能做到	217	69.8	70.0
	不可能做到	40	12.9	12.9
	合计	310	99.7	100.0
系统缺失		1	0.3	–
总计		311	100.0	–

表 4-19　“你认为老师对你们能做到一视同仁吗？”（学生问卷）

	选项	频数	百分比 (%)	有效百分比 (%)
有效	能做到	266	21.8	21.9
	基本能做到	742	60.9	61.0
	不可能做到	209	17.2	17.2
	合计	1 217	99.9	100.0
系统缺失		1	0.1	–
总计		1 218	100.0	–

3. 教师的关心品质

一项针对中学教师师德的调查研究显示，40.1% 与 54.4% 的学生分别能够经常感受到、偶尔感受到教师的关心，而仍有 5.5% 的学生从未感受到教师的关心（参见表 4-20）[①]。一项针对高校教师师德现状展开的调查研

---

① 檀传宝，等．走向新师德：师德现状与教师专业道德建设研究［M］．北京：北京师范大学出版社，2009：148.

究显示，虽然大部分高校教师能够关心学生的健康、重视学生的全面发展，但总体比例仍有待提高①。在一项针对高校体育教师进行的师德调查研究中，95.37% 的大学生认为高校体育教师师德不好的具体表现是不尊重学生的主体地位②。部分中职教师也存在对学生关注不够的问题，调查数据显示，仅有 40% 的教师能够对学生的思想和生活情况比较关心，有 45% 的教师只是一般性的关心③。

表 4-20 “你能感受到老师对你的关心吗？”（学生问卷）

	选项	频数	百分比 (%)	有效百分比 (%)
有效	经常	489	40.1	40.1
	偶尔	662	54.4	54.4
	从来没有	67	5.5	5.5
	合计	1 218	100.0	100.0
系统缺失		0	0	–
总计		1218	100.0	–

在教师关心学生的具体做法方面，一项针对乡村教师师德的调查研究显示，17.7% 的教师认真组织教学，17.0% 的教师课后答疑、指导学习，24.8% 的教师关心学生的心理健康，21.2% 的教师关心他们的生活和实际

① 王敏，刘兆磊．我国高校师德现状调查研究及启示：基于南京市三所高校的问卷调查［J］．继续教育研究，2014 (6)：54 － 56.

② 梁占歌．高校体育教师的师德现状调查及对策研究［J］．四川民族学院学报，2016 (1)：81 － 84.

③ 张凤．天津市中等职业学校师德现状调查研究［D］．天津：天津职业技术师范大学，2015.

困难，还有 19.3% 的教师以综合的方式关心学生（参见表 4-21）[①]。

表 4-21　不同教龄乡村教师以什么方式关心学生

教龄		课后答疑、指导学习	认真组织教学	关心他们的生活和实际困难	关心他们的心理健康	综合方式	合计
低于 5 年	N	14	10	14	22	11	71
	百分比(%)	19.7	14.1	19.7	31.0	15.5	100.0
5—10 年	N	9	10	7	7	5	38
	百分比(%)	23.7	26.3	18.4	18.4	13.2	100.0
11—15 年	N	22	32	26	34	30	144
	百分比(%)	15.3	22.2	18.1	23.6	20.8	100.0
16—25 年	N	29	33	54	51	44	211
	百分比(%)	13.7	15.6	25.6	24.2	20.9	100
25 年以上	N	13	6	8	13	9	49
	百分比(%)	26.5	12.2	16.3	26.5	18.4	100.0
合计	N	87	91	109	127	99	513
	百分比(%)	17.0	17.7	21.2	24.8	19.3	100.0

4. 教师对学生的理解

有效的教育教学活动需要教师理解与尊重学生的身心发展规律，这也

① 李宁，席梅红．乡村教师职业道德现状调查研究［J］．现代基础教育研究，2022 (4)：87 － 96.

要求教师加强对学生的了解。调查显示，当前教师在总体上是比较理解学生的，但仍有部分教师在这方面有待加强。

一项针对中学教师师德的调查研究显示，在受调查的学生中，认为教师“很理解”学生和“根本不理解”学生的比例分别为 15.2% 和 17.2%，认为教师“比较理解”学生的比例最大，为 67.6%（参见表 4–22）[①]。

表 4–22 “你认为老师理解你们吗？”（学生问卷）

	选项	频数	百分比 (%)	有效百分比 (%)
有效	很理解	185	15.2	15.2
	比较理解	823	67.6	67.6
	根本不理解	210	17.2	17.2
	合计	1 218	100.0	100.0
系统缺失		0	0	–
总计		1 218	100.0	–

（三）对待教师集体的道德

教师与教师之间的关系以及教师与整个教师集体之间的关系，是教师专业道德生活的重要构成要素。如何处理教师与教师之间以及教师与整个教师集体之间的关系，是考察与衡量教师道德的重要维度。

1. 教师与教研组的关系

在一项针对中学教师师德的调查研究中，有 45.8% 的教师认为“教师对教研组有很强的归属感，教研组能促进教师的发展”，有 12.7% 的教师

---

① 檀传宝，等．走向新师德：师德现状与教师专业道德建设研究［M］．北京：北京师范大学出版社，2009：157.

认为“教师和教研组的关系很矛盾，教研组既有对教师有益的一面，也有不利的一面”。综合这两个结果来看，教师对教研组的评价总体上偏向正面，比例接近六成。但还有 38% 的教师认为教研组只是一种形式上的组织关系，更有 3.6% 的教师对教研组的评价是负面的（参见表 4–23）[①]。

表 4–23　“您觉得教师和教研组的关系，最常见的是以下哪一种？”（教师问卷）

	选项	频数	百分比(%)	有效百分比(%)
有效	教师对教研组有很强的归属感，教研组能促进教师的发展	141	45.3	45.8
	教师和教研组只是一种形式上的组织关系，对教师个人没有什么实质影响	117	37.6	38.0
	教师和教研组的关系很矛盾，教研组既有对教师有益的一面，也有不利的一面	39	12.5	12.7
	教研组对教师形成一种压制和束缚，使教师的个性发展受到抑制	11	3.5	3.6
	合计	308	99.0	100.0
系统缺失		3	1.0	–
总计		311	100.0	–

在对我国中学科学教师道德与 17 个其他国家和地区的中学教师道德的横向对比中发现，我国中学科学教师教研活动的平均得分（学术教研平

① 檀传宝，等. 走向新师德：师德现状与教师专业道德建设研究［M］. 北京：北京师范大学出版社，2009：162.

均得分 3.38，活动教研平均得分 3.71）显著高于该 17 个国家和地区的平均得分（学术教研平均得分 2.94，活动教研平均得分 3.22），从侧面证明了我国教师的教研水平较高[①]。但相关教研活动是否能促进教师内容知识的发展，以及如何通过教研活动促进教师内容知识和教学知识的发展值得研究者和实践者进一步探讨[②]。

2. 同事评价

教育是一种合作行为，合作行为本身是离不开同事间关系的[③]。现有调查也证明，教师间的信任关系在教育教学中具有多种积极效应，如促进教师间的协作、提高教师的效能感[④]、消解工作中的不良情绪[⑤]等。

一项针对中学教师师德的调查研究显示，有 81.7% 的教师认为大多数教师能够公正地评价自己的同事，有 11.9% 的教师认为大多数教师不能公正地评价同事，极少数教师（0.6%）认为所有教师都不能公正地评价自己的同事（参见表 4–24）[⑥]。

---

① 辛伟豪，王晶莹．“四有”好老师视角下我国中学科学教师师德现状的实证研究［J］．教育科学研究，2019 (4)：41 – 46.

② 陈法宝．基于教研活动的教师学科教学知识 (PCK) 发展模式研究［J］．教师教育研究，2017 (3)：75 – 80.

③ ZUCKER L G. Production of trust: institutional sources of economic structure［J］. Research in Organizational Behavior, 1986 (8)：53 – 111.

④ TSCHANNEN–MORAN M. Collaboration and the need for trust［J］. Journal of Educational Administration, 2001 (4)：308 – 331.

⑤ 贯云，尹坚勤，吴巍莹．同事间信任对幼儿园教师消极情绪的影响：职业延迟满足的中介作用［J］．学前教育研究，2021 (6)：70 – 80.

⑥ 檀传宝，等．走向新师德：师德现状与教师专业道德建设研究［M］．北京：北京师范大学出版社，2009：164.

表 4-24　“如果学校评选优秀教师，您觉得教师们会在这一活动中对自己的同事公正评价吗？”（教师问卷）

	选项	频数	百分比 (%)	有效百分比 (%)
有效	都能	18	5.8	5.8
	大多数能	254	81.7	81.7
	大多数不能	37	11.9	11.9
	都不能	2	0.6	0.6
	合计	311	100.0	100.0
系统缺失		0	0	–
总计		311	100.0	–

（四）对待自己的道德

在教育教学活动中，教师自我的道德修养与自我提高问题对教师道德水平的提升具有重要的意义，教师对待自己的道德也成为衡量与考察教师道德水平的重要因素。

1. 教师的道德学习

现有的调查显示，教师在自我道德学习方面总体上表现较好。

在一项针对中学教师师德的调查研究中，有 44.8% 的教师选择“经常会”对自己的教育行为进行道德方面的反思，但仍有 11.9% 的教师“很少”对自己的教育行为进行道德方面的反思（参见表 4–25）。教师在道德学习方面的自我评价与学生对教师在道德学习方面的评价在总体上保持一致，有 19.0% 的学生认为教师在日常教学生活与品德修养方面并不重视自我提高（参见表 4–26）。[①]

表 4–25 “在日常教育活动中，教师会对自己的教育行为进行道德方面的反思吗？”（教师问卷）

	选项	频数	百分比 (%)	有效百分比 (%)
有效	经常会	139	44.7	44.8
	有时会	134	43.1	43.2
	很少	37	11.9	11.9
	合计	310	99.7	100.0
系统缺失		1	0.3	–
总计		311	100.0	–

表 4–26 “你的老师们在平时的教学生活中和品德修养上重视自我提高吗？”（学生问卷）

	选项	频数	百分比 (%)	有效百分比 %
有效	重视	986	81.0	81.0
	不重视	231	19.0	19.0
	合计	1 217	99.9	100.0
系统缺失		1	0.1	–
总计		1 218	100.0	–

① 檀传宝，等．走向新师德：师德现状与教师专业道德建设研究［M］．北京：北京师范大学出版社，2009：169 – 170.

2. 教师的道德自律

教师的道德自律是教师道德发展的内在动力，发挥教师的道德自律效应、激发教师形成道德自律是加强师德建设的重要举措[①]。

一项针对高校教师师德的调查显示，在对“您认为影响高校青年教师师德水平的最重要因素”一题的回答中，分别有 24% 的受访教师和 43.9% 的受访学生选择了“教师自我修养”这一因素[②]。而一项针对江苏 4 所高校教师进行的道德自律调查，也得出类似的结论。在高校教师师德自律的 6 大结构要素中，从行政管理者、学生和授课教师群体的综合选择结果来看，“职业品德素养”被排在了第一位（参见表 4–27）[③]。

表 4–27 不同工作性质对高校教师道德自律评价结构的要素选择

结构要素	行政管理者（%）	学生（%）	授课教师（%）	综合排序
社会舆论监督	11（22.0）	22（16.9）	31（28.2）	3
职称评聘标准	2（4.0）	32（24.6）	21（19.1）	2
职业品德素养	16（32.0）	40（30.8）	26（23.7）	1
教学管理制度	9（18.0）	12（9.2）	16（14.5）	5
师德规范要求	7（14.0）	14（10.8）	10（9.1）	4
校园文化影响	5（10.0）	10（7.7）	6（5.4）	6
总计	50（100.0）	130（100.0）	110（100.0）	–

① 郑爱平，张栋梁．立德树人根本任务指引下研究生导师师德建设研究：基于 12 所高校 1496 名师生的调查分析［J］．研究生教育研究，2017 (4)：30 － 35.

② 廖良．高校青年教师师德现状及建设研究［D］．武汉：华中师范大学，2014.

③ 刘中亮，崔诣晨，刘青玉，等．高校教师职业道德自律评价结构要素的确立和实证分析：基于江苏四所高校数据调查［J］．江苏高教，2021 (6)：94 － 98.

值得注意的是，一项针对我国东部某市 394 位义务教育阶段教师的职业道德行为表现和动机水平的调查发现，在职业道德行为认知方面，教师对“禁止性师德行为”的判定要稍优于对“正面导向性”职业道德行为的判定（坏的行为分数：0.81> 好的行为分数：0.76），而这可能与当前师德建设不断明确和强调“禁止性师德行为”有关。而在道德动机方面，教师对“好的职业动机”有清晰的认识和理解（分数为 0.81），但对“不好”的职业动机，尤其是对较低层次的职业道德动机的理解程度却远远不够（分数仅为 0.42）。这在一定程度上反映出教师道德动机发展水平有待提高。[①]

三、教师道德问题的原因分析

造成教师道德问题的原因是多方面的，既有社会环境、制度设计等客观原因，也有教师自身的主观原因，后者应引起关注。

（一）社会环境对教师道德带来的冲击和挑战

经济全球化、文化多样化以及市场经济的发展，虽然有助于释放个体的主动性、激发人的潜能，但也为功利主义、逐利思潮的出现提供了温床。市场经济以利益为驱动机制，以实用为标准，所以性能标准和力量逻辑已经成为进行社会分配的基本依据。在市场经济浪潮导引下，有的高校教师把挣钱当作第一要务，热衷第二职业，不安心本职工作；有的为了追求短期利益，在职称评定和学术研究中弄虚作假[②]。在一项针对高校青年教师的调查研究中，38% 的受访教师认为“价值观失衡、职业理想动摇”是目前

① 钱晓敏，刘次林，鞠玉翠．基于 ICM 中层概念测评法的教师职业道德调查［J］．教育发展研究，2020 (2)：69 － 76.

② 王敏，刘兆磊．我国高校师德现状调查研究及启示：基于南京市三所高校的问卷调查［J］．继续教育研究，2014 (6)：54 － 56.

高校青年教师师德现状中存在的主要问题之一，部分青年教师在个人利益和集体利益、物质享受和精神追求、名利与荣誉、实用主义和理想主义等问题上，选择个人利益、物质享受、名利和实用主义，追求过于世俗化，缺乏积极向上的道德情操[①]。

（二）教师评价体系不够健全

“德才兼备”是教师选拔和评价考核时的重要标准，但是由于“师德”属于思想道德范畴的内容，很难量化，因此实际上师德在教师的选拔和评价体系中仍长期处于不受重视的地位。这一方面导致了教师自身忽视师德建设，另一方面也导致了管理部门难以建立起对师德有效的监督和管理机制。一项针对中小学教师师德的调查研究显示，64.3% 的教师认为，影响教师师德进取心的主要原因在于，教师职务晋升条件中常常把考试成绩、课题论文作为“硬指标”，而把师德表现作为“软指标”，实际上忽略了教师日常的、教学过程中的师德表现。而对于这一晋升指标上的导向性（或者说偏差），教师认为“师德考核缺少公平合理的标准”（43.07%），“具有良好师德的教师没有得到应有的利益和评价”（53.05%），同时“学校在日常管理中对师德建设缺乏提醒和指导”（8.87%）。[②]上述几种原因叠加，导致了教师群体对于当前师德评价的不满意，也直接或间接地造成了基层教师整体上师德进取心不足、师德建设受阻的结果。

（三）师德培训专业化不足

近年来，加强教师道德建设已经受到教育行政部门和各级各类学校的普遍重视，各种师德培训也得到广泛开展，但总体而言，师德培训还存在

---

① 廖良．高校青年教师师德现状及建设研究［D］．武汉：华中师范大学，2014.

② 刘竑波，张旭菲．中西部地区基层中小学师德现状调查（节选）：以我国贵州省某县级市为例［C］//全国第五届教育伦理学学术研讨会论文集，2017：329－332.

明显的专业化不足的问题。在一项针对高校青年教师的调查研究中，74%的受访教师表示自己所在的学校有专门针对青年教师的师德培训活动，但是其中 16.22% 的教师认为师德培训活动效果不好，而 43.24% 的教师则认为“说不清楚”[①]。目前，师德培训专业化不足的问题主要表现在以下几个方面：

其一，师德培训的系统性与整体性有待进一步加强。师德培训与师德建设是一个系统性工程，无法通过简单的一次或几次培训完成。但在现有的不同学段的师德培训中，普遍存在系统性不足的困境，而这也影响到师德培训的效果。一项针对高校教师师德建设的调查显示，58.61% 的高校青年教师在回答“您在入职前，是否接受过系统的师德培训”这一问题时选择了“接受过但不系统”。一项针对小学教师师德的调查显示，35.6% 的新任教师表示在上岗前接受了系统的培训，但是有 57.7% 的教师反映，培训比较零散，不成系统[②]。

其二，师德培训过程中对教师的主体性与主动性的重视仍有不足。当前教师岗前师德培训大多以讲授为主，内容多围绕教师职业道德规范及其解读展开，理论讲授多，案例分析少，方法单一，课堂效果不好，使得受训教师不能很好地把学习和实践结合起来。上述针对小学教师师德的调查显示，仅有 9.6% 的小学教师表示在师德教育课上“学员主动，课堂活跃”；24% 的教师表示“仅是听课而已，很少互动”；66.4% 的教师表示课堂上“没有互动”[③]。

其三，师德培训的针对性仍有不足。一项针对高校体育教师师德的调查显示，在受访的 37 名高校体育教师中，47.48% 的教师对参加的师德培训的满意度一般，18.31% 的教师则明确表示对参加的师德培训不满意，而

---

① 廖良．高校青年教师师德现状及建设研究［D］．武汉：华中师范大学，2014.

② 曾琳娜．小学教师师德建设调查研究［D］．长沙：湖南大学，2018.

③ 同②.

其中一个重要的原因在于师德培训并没有与体育教师的专业发展特色建立联系①。

（四）部分教师自我修养意识不足

师德属于意识层面，要加强师德建设，仅靠外部制度约束很难达到预期效果，还须重视教师自身修养。一项针对高校青年教师师德的调查显示，在对“您认为影响高校青年教师师德水平的最重要因素”一题的回答中，分别有 24% 的受访教师和 43.9% 的受访学生选择了“教师自我修养”这一因素②。但仍然有部分教师片面地认为教师只需要教好书就行了，或者认为育人是次要的，没有充分认识到教师教书与育人的双重职责，对师德内涵的认识和理解不深。在一项针对高校青年教师师德建设的调查中，受访教师被问到对师德培训的看法时，有 11.33% 的青年教师认为“教好书是最重要的，其他都是次要的”，另有 8.28% 的青年教师表示“没考虑过”师德培训活动的效果③。

第三节　教师道德的政策演进

目前我国学者对教师道德政策演进的研究，主要聚焦于描述我国不同历史阶段的师德政策的主要内容，并在此基础上揭示其发展演变的基本规律和主要特点。我国的师德政策主要见于中共中央、全国人大、国务院及其部委公开发布的规范、意见、办法、法规、条例等多种类型的政策文本中。

---

① 梁占歌．高校体育教师的师德现状调查及对策研究［J］．四川民族学院学报，2016 (1)：81 － 84.

② 廖良．高校青年教师师德现状及建设研究［D］．武汉：华中师范大学，2014.

③ 赵妍．陕西高校青年教师师德建设研究［D］．西安：西安工程大学，2018.

当前，我国学者对教师道德政策的分析，主要采用一种历时性的政策演变视角，分别对中小学和大学学段的师德政策发展特点进行了较为全面的分析和研究。

一、中小学师德政策的历史演进

我国学者对我国历史上的师德政策文本进行了梳理，将师德政策的纵向演进划分为多个阶段。由于学者们在梳理过程中所依据的标准不尽相同，其阶段划分的结果也各不相同。有学者以政策的出台情况为标准，将新中国成立以后我国中小学师德政策的演进历程划分为《中小学教师职业道德规范》“一枝独秀”的规范垦拓期（1949—1999年），“多苞并放”的机制探索期（2000—2012年）与“全面开花”的体系深化期（2013年至今）三个阶段[①]。下面将综合各位学者的研究成果，大致介绍我国中小学师德政策发展的主要阶段和演进的基本特点。

（一）中小学师德政策发展的主要阶段

1. 新中国成立初期的师德建设起步期：1949—1965年

1949年新中国成立，我国的教育事业刚刚开始起步。1949—1965年，我国以解放区原有教育经验为基础，吸收旧教育和苏联教育的有益经验，开始创建社会主义新教育。这一时期国家层面颁发的关于教师制度的相关文件中，并没有专门针对大中小学教师师德的要求，相关要求反而零星地出现在中共中央、教育部等颁发的关于教育工作的指示、规程、工作条例中。这一时期先后颁布的蕴含师德要求的相关文件主要包括《关于在学校中进行思想改造和组织清理工作的指示》（1951）、《小学暂行规程（草案）》《中

---

① 邹红军，柳海民. 新中国70年中小学师德政策建设回眸与前瞻[J]. 中国教育科学（中英文），2020（1）：38－44＋106.

学暂行规程（草案）》（1952）、《中央人民政府政务院关于改进和发展中学教育的指示》（1954）、《教育部关于加强中等学校在职教师业余进修的指示》（1955）、《教育部直属高等学校暂行工作条例（草案）》（1961）、《全日制小学暂行工作条例（草案）》《全日制中学暂行工作条例（草案）》（1963）等。

从师德要求来看，这一时期的师德要求具有十分明显的政治色彩，教师的思想政治素养几乎成为其师德水平的代名词。1949 年，第一次全国教育工作会议提出“教育必须为国家建设服务，学校必须向工农开门”的新中国教育方针，要求对思想状况比较复杂的教师队伍进行思想改造，使教师成为马列主义者。1951 年，发表于《人民教育》的社论文章《人民教师必须成为马克思主义者》也提出，人民教师应该掌握马列主义、毛泽东思想的基本观点和基础知识；教师要拥护共产党的领导，拥护社会主义制度；教师要培养无产阶级世界观，弘扬爱国热情；等等。文章还要求教师克服帝国主义、封建主义和官僚资本主义的思想影响，改变个人主义及不团结的现象，开展批评和自我批评，积极进行师德改造。有学者分析了这一时期师德政策强调政治导向的原因。一方面，这样的师德要求源自新中国成立初期国家对广大知识分子和教师进行思想改造工作的指示。新中国成立伊始，由于国内的政治、文化、教育环境纷繁复杂，广大知识分子和大中小学教师亟须进行思想改造工作。另一方面，思想政治教育工作也是新中国成立以来全体教师的重要和主要工作。基于教师对学生品德教育的重要作用，为防止资产阶级思想对青年学生的侵蚀，教师首先就应当具备良好的思想政治素养。此外，这一阶段的师德要求也部分沿袭了我国传统的师德观，比如“因材施教”“循循善诱”“以身作则”“严于律己”等内容，同时，也体现了一定的时代特征，增加了诸如师生平等、爱岗敬业、热爱集体等内容。

2.“文革”前后的师德建设动荡期：1966—1977 年

在“文化大革命”前后这一特殊的历史时期中，教师的政治性被过分强调，教师的政治觉悟成为其是否具有师德的首要甚至唯一标准。早在

1957 年“反右”和 1958 年的“教育革命”中，政治思想就不断挤占师德内涵。[①]1957 年，毛泽东在最高国务会议第十一次（扩大）会议上作了题为《关于正确处理人民内部矛盾的问题》的讲话，讲话中指出，不论是知识分子还是青年学生，都应该努力学习，不仅要学习科学文化知识，而且要学习马克思主义。他明确指出：“没有正确的政治观点，就等于没有灵魂。”1958 年 9 月，中共中央、国务院颁布了《关于教育工作的指示》，强调以政治觉悟来衡量教师工作和学生学习的成绩，并进一步指出：一切教育行政机关和一切学校都应该受党委的领导，学校党委应当经常在教师中进行思想政治工作，选拔教师和评价学生时要突出政治觉悟。在“文革”时期，这种政治信仰代替一切精神价值的急风暴雨式的思想改造运动愈演愈烈。受“左”倾错误影响，在当时错误估计了教师队伍的政治素质和思想素质状况，错误批判了一些教授和专家，“师道尊严”“专家治校”“学术权威”受到抨击，教师被贬低为“臭老九”“走资派”，教师的教育信仰和职业道德修养受到严重冲击。[②]新中国成立最初 17 年教育事业的发展几乎遭到全面破坏，广大知识分子和教育工作者遭到迫害打击[③]。

3. 改革开放初期的师德建设恢复期：1978—1991 年

1978 年，改革开放初期，历经十年“文化大革命”破坏的教育领域逐渐开始重视教师物质待遇、社会作用和政治地位的提高。以《中共中央关于教育体制改革的决定》《中华人民共和国义务教育法》等系列政策、法规的颁布为标志，我国教师制度建设开始进入发展阶段，师德建设也开始恢复和发展。1984 年，教育部、全国教育工会颁布了《中小学教师职业道

① 于珍．建国以来教师道德标准的发展与反思：以“人类灵魂工程师”喻义在中国的变化为例［J］．山西师大学报（社会科学版），2006（6）：142 – 144.

② 秦苗苗，曲建武．新中国成立 70 年师德建设回顾总结和展望［J］．现代教育管理，2019（10）：21 – 26.

③ 严虹．新中国成立 70 年来我国师德要求的回顾与展望：基于国家教师制度的文本分析［J］．当代教育论坛，2020（5）：1 – 9.

德要求（试行草案）》，这是国家正式颁布的第一份关于教师职业道德要求的文件。文件对中小学教师的职业道德要求进行了比较详细和系统的描述。比如，第一条中要求教师爱国、爱党、爱社会主义，热爱人民教育事业；第二条要求教师执行教育方针，遵循教育规律，帮助全体学生实现德、智、体全面发展；第三条要求教师学习马列主义、毛泽东思想，学习科学文化知识和教育理论；第四、五、六条分别从学生、学校、教师的角度出发要求教师爱学生、爱学校、爱自己。此外，在这一时期颁布的其他文件中也可以看到对教师职业道德的要求。

有学者通过研究这一时期的相关政策文本，梳理了这一时期师德建设的几个特征[①]。

第一，师德规范依旧注重教师的思想政治素质。教师作为"学生灵魂的工程师"，自身的思想政治素质必然成为其师德要求的重要内容之一。这一时期教育部颁布的相关文件，均强调了对教师思想政治素质的要求。教师除了必须不断提高自己的政治、文化、业务水平，还须持续提升自身的思想政治素质，后者依旧是教师考核的重要方面。

第二，相关师德政策对教师个人道德和职业道德方面的要求逐渐丰富。教师既要具有无产阶级世界观，又要掌握专业知识和专门技术，个人道德和职业道德因此分离。个人道德主要是指教师首先作为国家公民所要遵循的道德要求，例如遵纪守法；职业道德主要是指教师作为特定职业的从业者所要遵循的道德要求，包括爱岗敬业、严谨治学、为人师表、热爱学生等。

第三，国家开始出台专门的师德要求文件，师德要求进一步规范，师德内容进一步细化。新中国成立初期和"文化大革命"时期的师德要求，往往从思想意识和信仰层面出发，缺少外在明确的制度约束。《中小学教师职业道德要求（试行草案）》的颁布明确了教师道德的具体要求。1991 年，

① 严虹．新中国成立 70 年来我国师德要求的回顾与展望：基于国家教师制度的文本分析［J］．当代教育论坛，2020 (5)：1 – 9.

国家教育委员会、全国教育工会修订1984年版《中小学教师职业道德要求（试行草案）》，颁布《中小学教师职业道德规范》。作为对1984年版要求的微调，新的规范表述更为简洁，逻辑结构更为清晰。文件主要有两个层面的要求，即教师作为国家公民的道德要求以及教师作为特定职业从业者的道德要求。第一层面要求教师具有思想政治素养，遵纪守法；第二层面则要求教师具备四个方面的道德规范：爱岗敬业、热爱学生、严谨治学、为人师表。

也有学者指出，这一阶段的师德要求文件虽然在时代的要求下进行了修订，但对教师职业道德的要求都是比较基本的，主要表现为对教师的思想政治、言谈举止以及工作职责等方面的基础性要求，并未提出教师这一独特身份要达到的更高要求。

4. 改革开放中期的师德建设全面发展期：1992—2008年

随着改革开放进程的不断推进，我国的师德建设也进入了全面发展阶段。1993年，中共中央、国务院制定了《中国教育改革和发展纲要》（以下简称“《纲要》”），对未来教育的发展做了具体的部署与规划，系统地做出了如何进行教师队伍建设的安排。《纲要》指出，“教师是人类灵魂的工程师，必须努力提高自己的思想政治素质和业务水平”，要“热爱教育事业，教书育人，为人师表”，这表明教师师德建设工作已在我国全面展开。

从这一时期颁布的规范文本来看，这一阶段的师德建设体现出明显的法治化特点，相关的法律体系得到完善，“依法执教”也成为教师应当遵守的核心规范之一[①]。1993年，全国人大常委会审议通过了《中华人民共和国教师法》（以下简称“《教师法》”）。这是我国首部专门针对教师制定的法律，规定了教师的权利与义务、资格和任用、培养和培训、考核、待遇、奖励以及法律责任等，既保护了教师的合法权益，也使得对教师队伍的管

---

① 任胜洪，林智慧．改革开放以来我国师德师风的政策演进、特征及展望［J］．当代教育论坛，2020(6)：1－9.

理有法可依。法律属于硬性社会规范，强调并发挥“法治”作用，既能帮助教师养成良好的师德意识，也能更有效地、强制性地促进师德建设，《教师法》也成为此后制定师德师风政策的主要法律依据。1997 年，经过修订的《中小学教师职业道德规范》（以下简称“《规范》”）正式颁布，其中第一条规范就是“依法执教”，明确要求教师自觉遵守《教师法》等法律法规。这表明教师的职业道德有了明确的法律依据，教师对自己所要服从的法律规则也有了清晰的认知，其所有的行为都需要在法律框架之内做出。1999 年 6 月 13 日，中共中央、国务院颁布《关于深化教育改革 全面推进素质教育的决定》，对教师的师德提出了更高要求。基于此，教育部于 2000 年 8 月 15 日印发了《关于加强中小学教师职业道德建设的若干意见》（以下简称“《意见》”），标志着国家对师德的关注由理想化的要求向行动性的建设转变。《意见》提出，中小学教师职业道德的建设需要建立在《教师法》的基础上，并将其作为主要依据，这表明教师师德建设的实际活动也是基于相关法律基础，并将其作为基本底线。此外，《规范》在此之前已经经历了几次修订，2008 年 9 月 1 日重新修订后的《规范》由教育部发布。

较之 1997 年版，2008 年版的《规范》增加了新的师德要求，共 6 条内容，包括：针对国家责任和公民意识提出“爱国守法”内容；在“爱岗敬业”内容中增加了“志存高远”“乐于奉献”要求，涉及职业道德理想范畴；在“教书育人”内容中增加了“实施素质教育”这一具有时代特色的要求，并将其具体化为“培养学生良好品行，激发学生创新精神，促进学生全面发展”，同时强调“不以分数作为评价学生的唯一标准”；首次将“终身学习”列为中小学教师职业道德内容之一。《规范》中的很多内容都可以在《教师法》的具体条文中找到对应之处，这反映出法律成为国家制定师德师风政策的主要依据。可以看出，在这一阶段，不论是对教师师德的要求，还是实际的师德建设活动，又或者是国家制定的师德政策，都凸显了法治精神，这为我国的师德建设提供了强大的保障。

从师德规范的具体内容来看，这一阶段的师德政策主要呈现出以下几条特征[①]。首先,这一时期教师自身的思想政治素质要求仍然是师德要求的首要内容。比如,《纲要》要求提高教师自身的思想政治素质;《教师法》在教师应当履行的义务中，包含了教师自身思想政治素养的要求——“遵守宪法、法律”以及“不断提高思想政治觉悟”；1997 年版的《规范》首条亦明确提出了对教师思想政治素质的要求，即“学习和宣传马列主义、毛泽东思想和邓小平同志建设中国特色社会主义理论，拥护党的基本路线”。其次，在原有师德内容基础上，对教师队伍师德水平提出了更高的要求，如教师需要树立正确的教育观、质量观和人才观，增强实施素质教育的自觉性。再次，师德规范的约束范围也从聚焦中小学教师逐渐向其他学段教师扩展，比如 1999 年《关于新时期加强高等学校教师队伍建设的意见》和 2000 年《中等职业学校教师职业道德规范（试行）》的颁布等。最后，师德规范进一步具体化，可操作性增强。2008 年修订后的《规范》对教师职业道德规范作出了更为具体、更具可操作性的概述，其中既有公民个人道德方面的要求，又有教师职业道德方面的要求，并突出了师德规范的时代性。

5. 近年来的师德建设深化期：2009 年至今

近十余年来，我国的师德建设越来越受到重视，成为教师队伍建设中最重要的任务。2010 年，中共中央、国务院印发了《国家中长期教育改革和发展规划纲要（2010—2020 年）》，对教师队伍的建设提出了相关要求，即“努力造就一支师德高尚、业务精湛、结构合理、充满活力的高素质专业化教师队伍”，从中可以清楚地看到师德在教师队伍建设中的首要地位，这足以见得国家对教师师德的重视。此后《关于建立健全中小学师德建设长效机制的意见》《中小学教师违反职业道德行为处理办法（2018 年修订）》《新时代中小学教师职业行为十项准则》等政策文本相继出台，共同构成

① 严虹 . 新中国成立 70 年来我国师德要求的回顾与展望：基于国家教师制度的文本分析［J］. 当代教育论坛，2020 (5)：1 − 9.

了中国特色社会主义师德建设体系的新要求。

这一阶段的师德制度建设趋于丰富和完善，并呈现出以下几个特征①。

首先，政策目标更加注重师德建设的可持续性，进行全过程、全方位的师德建设。《国家中长期教育改革和发展规划纲要（2010—2020 年）》对加强师德建设提出“采取综合措施，建立长效机制”的要求，表明教师的师德情况处于一种动态的变化过程中，并非一成不变的，要使教师队伍永葆高尚的师德，则需要对此投入长期的关注。2012 年国务院颁布的《关于加强教师队伍建设的意见》构建了师德建设的工作机制，包括教育、考核、监督与奖惩等不同环节，囊括了从教师入职前的教育到入职后的管理全过程，对师德进行的是追踪性的监管。2013 年教育部印发的《关于建立健全中小学师德建设长效机制的意见》也提到了“引导教师树立远大职业理想”“促进教师自觉加强师德修养”“建立健全违反师德行为的惩处制度”等措施，对师德的管理机制既包括外部的规章制度，又有内在的自我约束，通过协同发挥内外部因素的作用，保持师德建设的可持续性。

其次，除了正面规范，对于违反师德的情况也进行了相关制度的完善，划定师德底线，增强政策实效性。例如《中小学教师违反职业道德行为处理办法》将属于违反职业道德的各项行为明确列出，对师德界限进行了清晰的划定，并从处分等级、原则以及结果等方面给出了具体规定；对教师的行为及惩处办法进行细化，列出师德行为的负面清单，提高了师德建设的实效性，这也成为此后制定相关政策的共同趋势。

最后，师德规范更加层次化、精细化。随着制度体系的不断完善，师德要求进一步按照幼儿园、中小学、职业院校、高等院校的层次精细化发展。如 2018 年颁布的《新时代幼儿园教师职业行为十项准则》《新时代中小学教师职业行为十项准则》《新时代高校教师职业行为十项准则》和《幼

① 严虹．新中国成立 70 年来我国师德要求的回顾与展望：基于国家教师制度的文本分析［J］．当代教育论坛，2020 (5)：1 − 9.

儿园教师违反职业道德行为处理办法》《中小学教师违反职业道德行为处理办法（2018 年修订）》《关于高校教师师德失范行为处理的指导意见》等系列文件，结合幼儿园、中小学、高校教师职业行为的不同表现、存在的不同问题以及不同学段教师队伍的差异性，提出了具体的行为要求，更显层次化、精细化。

（二）中小学师德政策演进的基本特点

我国中小学师德建设政策从无到有，由少到多，自单极到多维，逐渐形成了较为细致完善的政策体系，其演进过程主要呈现以下特征。

首先，从政策逻辑来看，我国中小学师德政策始终具有时代性，师德要求的内涵不断丰富。新中国成立之初，受制于国际、国内的复杂形势，教师的“思想政治条件”是师德考核的核心标准，体现出较为浓厚的政治色彩，具有较强的国家主义取向。改革开放以后，随着社会主义现代化建设的不断推进，教育的战略地位逐渐确立，教师的重要价值日益凸显，建设一支服务于社会主义现代化建设的专业教师队伍成为当务之急,因此“不断提高科学文化和教育理论水平”成为中小学师德建设的重要内容。20 世纪 90 年代以后，随着我国教育开放程度的不断提高，以及教育与社会联系的不断加强，新的历史形势对中小学教师职业道德提出了更高的要求，但市场经济不断繁荣的同时也暴露出诸多师德建设的新情况、新问题、新挑战,“廉洁从教”“终身学习”等也成为主要的师德要求。党的十六大以来，我国的师德建设取得显著成效，但教师队伍整体素质仍然有待提高。为了更好地支持科教兴国战略和人才强国战略，进一步提高师德素养被提上政策议程，这就要求我国不断建立健全中小学师德建设长效机制，对师德的要求也进一步提高。

其次，从规范架构来看，我国中小学师德政策从单极规范走向多元治理。改革开放以前，我国很少有关于教师的专项政策，遑论师德建设的针对性文件。1978 年教育部出台的《关于加强中小学教师队伍管理工作的意见》在一定程度上为我国师德建设文件的出台奠定了政策基础。一直到 20 世纪 90 年代初期，我国师德建设一直以《中小学教师职业道德规范》为蓝本，处于“一条腿走路”时期。直到我国教育改革里程碑式的纲领性文件《关于深化教育改革　全面推进素质教育的决定》出台，才真正催生了我国师德建设政策的多线并进。2002 年教育部印发《关于加强中小学教师职业道德建设的若干意见》，作为 1997 年版《中小学教师职业道德规范》的专项配套文件，终止了我国师德建设单极规范的政策史，从此走向多元治理时期。随着改革开放的不断深化，教育作为开发人力资源与储备未来智能的根本途径，其重要价值不断得以凸显，师德建设的重要性也被提高到前所未有的重要地位。以《中小学教师职业道德规范》为政策基点，国家有关部门相继研究制定、出台了《关于进一步加强和改进师德建设的意见》《中小学教师违反职业道德行为处理办法》《新时代中小学教师职业行为十项准则》等中小学师德建设专项文件，多措并举地推动我国新时代师德建设政策不断走向全面化、立体化，形成了多元治理的系统架构模式。

再次，从价值追求来看，我国中小学师德政策从工具理性走向人文本位。在新中国成立后的很长一段时期内，为了应对国际国内的复杂政治形势，巩固国家政权，从中央到地方开展了多项政治运动。这一时期，“思想政治条件”往往成为考核教师素质的首要标准，我国中小学师德最为明显的特征是过于政治化。改革开放以后，随着社会主义现代化建设的持续推进和市场经济水平的不断提高，国家急需大量服务经济社会建设的人才，教师肩负着为社会主义现代化建设塑造新生力量的职责。因此，国家开始探索师德建设的长效机制。随着人本主义理论、主体性理论的引入，教师作为人本身的人本主义价值不断彰显。不管是将教师作为学生成长的“引路人”，还是将教师作为中华民族伟大复兴“梦之队”的“筑梦人”，都体现了当下师德政策对人的价值的高度关注。尤其是 2023 年教师节前夕，习近平总书记首次提出并阐释的中国特有的教育家精神，更是彰显了对教师作为道德主体的高度肯定。

最后，从规范内容来看，我国中小学师德政策由模糊笼统走向细致严密。新中国成立后的30余年内，我国一直没有关于师德建设的专项政策，多以教师的“思想政治条件”框定教师的职业道德行为，这就导致对“师德”的理解与阐释难以摆脱泛化、混淆乃至误解的风险。2000年教育部印发的《关于加强中小学教师职业道德建设的若干意见》具有重大的突破意义，其对师德建设的必要性、目的、要求、形式以及保障机制等方面作了充分阐述，在推进政策细化、操作落实等方面具有重大进展。此后，我国师德建设政策不断走向细致严密，多部政策和规范文件对教师的具体行为作出了明确规定，如《中小学教师违反职业道德行为处理办法》《新时代中小学教师职业行为十项准则》等，为中小学师德师风建设提供了具体可参的操作指南。

总体而言，我国的中小学师德政策在师德内涵方面不断丰富，并呈现出时代性、多元化特征，增加了凸显时代特征的一些关键词[①]。其一，教师的专业发展得到关注，《小学教师专业标准（试行）》《中学教师专业标准（试行）》的颁布认同了中小学教师的专业性和独特性，并提出“师德为先”的基本理念，在注重教师专业发展的基础上明确了师德要求的必要性和重要性。其二，教师的教学能力和教育质量也更被重视，要求教师不断提升自己的教学水平和能力，尊重学生的个体差异，培养学生多方面的能力。2018年教育部等五部门发布的《教师教育振兴行动计划（2018—2022）》中提出，要“加强师德养成教育，用‘四有好老师’标准、‘四个引路人’、‘四个相统一’和‘四个服务’等要求，统领教师成长发展”。由此，有理想信念、有道德情操、有扎实学识、有仁爱之心的“四有好老师”要求进一步成为我国师德政策的重要价值追求。

---

① 严虹．新中国成立70年来我国师德要求的回顾与展望：基于国家教师制度的文本分析［J］．当代教育论坛，2020(5)：1－9.

二、高校师德政策的演进历程

高等教育有其不同于中小学教育的发展特点，高校教师与中小学教师在教育对象、工作职能等方面也有着诸多差异，因此，有关高校教师的师德政策要求也有其相应的特点。这就使得高等教育领域的师德建设具有其相对独立的演进脉络，这也成了我国学者研究的重要内容。

（一）高校师德政策演进的主要阶段

有学者梳理了新中国成立以来国家层面出台的高校师德政策制度，将我国高校师德规范的发展历程分为四个阶段：刻板化发展阶段（1949—1978 年）、模糊化发展阶段（1979—1998 年）、完备化发展阶段（1999—2011 年）和精细化发展阶段（2012 年至今）[①]。

在刻板化发展阶段，新政初立、百废待兴，教师和各类人才紧缺。在这样的情势下，党和国家对原有教师采取“包下来”的方针，通过开办各类培训班，引导其进行思想改造，使其投入到学校的教育教学之中。如 1961 年颁布的“高教六十条”中要求教师学习马列主义、毛泽东思想，提高思想政治水平。新中国成立后的 30 年内，师德规范均被政治要求占据，职业道德要求被压制、隐而不显，存在刻板化、政治化、单向度等趋向，这些问题影响了高校师德建设的发展，也是师德规范建设和发展过程中不得不面对的问题。

改革开放后，高校师德建设进入模糊化发展阶段。在这一阶段，党和国家颁布了一系列规范性文件，促进了师德规范建设的全面恢复和发展。虽然这一时期我国高等教育毛入学率明显上升，但仍处于“精英化”发展

---

① 肖立勋，韩姗杉，康秀云.70 年来高校师德规范的回顾和前瞻[J].江苏高教，2019 (11)：6 – 10.

阶段。国家虽然对师德建设有了新认识,但仍然处于摸索阶段。如 1979 年,教育部印发《关于高等学校教师职责及考核的暂行规定》,首次对高校教师道德品质、工作态度提出要求。此阶段,高校教师待遇和地位逐渐提高,教师职业道德逐渐被国家重视,为师德规范发展确立了基本方向。概言之,从仅有思想政治要求"一枝独秀"到政治和道德要求并重,国家对高校师德的认识逐步跳出政治化的窠臼,回归本然的道德理解。但就师德规范的演进而言,仍处于模糊化发展阶段,依旧任重道远。

1999 年,高校师德建设开始进入完备化发展阶段。这一阶段,我国高校开始大规模扩招,高等教育从"精英化"过渡到"大众化"。伴随着高等教育"大众化"进程,高等教育专任教师数量不断攀升。师资的增长、教育需求的多元以及社会主义市场经济的深入发展,使得高校教师师德问题的类型和表现形式愈加多样,师德失范行为的外延不断扩大,各类严重的师德失范问题屡屡见诸报端,不断被推至"风口浪尖",这使得高校师德问题受到了国家层面的高度重视。2011 年,国家首次出台专门针对高校教师的职业道德规范《高等学校教师职业道德规范》。此阶段国家在高校教师师德建设问题上不再局限于对师德行为的倡导,开始对师德失范行为的约束,并对师德建设方式方法等各方面进行全面的探索和规范,呈现出完备化发展趋势。

2012 年党的十八大胜利召开,中国特色社会主义进入了新时代,我国的高校师德规范也逐步进入精细化发展阶段。这一时期,国家根据不同教师身份、群体和行为,如青年教师、研究生导师和学术不端行为等,出台了多个专门性师德规范文件。《新时代高校教师职业行为十项准则》《关于高校教师师德失范行为处理的指导意见》等师德政策不断突出针对性、有效性和可操作性等特点,这代表了高校师德规范的精细化、纵深化、常态化发展趋势。

此外,也有学者基于政策工具的视角研究了改革开放以来我国高校师德政策的变迁。政策工具在我国高校师德建设中发挥了重要的作用,主要包括权威工具、激励工具、象征和劝诫工具、能力建设工具等类型。研究者选取了1978年以来国家层面颁布的高校师德政策文本共41篇，对其进行文本发掘、分析、编码、归类，分析其中特定词的词频及其语义环境所隐含的信息，统计出这些文本的政策工具构成，并由此得出我国高校师德政策工具演进的阶段特征：在第一阶段（1978—1984年），权威工具占据主导地位；在第二阶段（1985—2002年），权威工具延续并加强，激励工具初步启动；在第三阶段（2003—2013年），能力建设工具和象征与劝诫工具并行融通；在第四阶段（2014年至今），政策工具类型多样，使用频次显著提升，呈现综合化发展趋势。①

（二）高校师德政策演进的主要特点

总体而言，我国高校师德政策的演进历程具有如下几个特点：

首先，师德规范从片面强调崇高到日益注重底线要求。一直以来，教师拥有着崇高的社会形象，被誉为“人类灵魂的工程师”，其道德水平也成为社会道德的最高水准。我国最初的崇高、抽象的师德规范要求对师德建设的推动作用不佳，存在着一定的“先进性有余而普遍性不足”的现实问题，很难指导广大教师的日常师德实践。随着社会主义市场经济的不断发展和个人权利思想的彰显，高校师德要求开始从教师必须遵循崇高道德标准的理想逻辑转向认可教师也是有感受、有情感的人的现实逻辑，并越来越接受教师作为道德上的“常人”存在，国家也开始关注底线师德的建设，推出系列高校师德禁令，不断强化师德规范的“底线化”要求。

其次，师德约束从注重自律转向强调自律与他律的结合。新中国成立初期，由于高等教育“精英化”的定位，高校教师师德问题并未凸显。因此，师德规范多以倡导、劝诫的方式对教师的师德行为提出希望和正向引导，

① 陈大超，迟爽．改革开放以来我国高校师德政策变迁的文本分析：基于政策工具视角［J］．现代教育管理，2020(7)：61－67.

并运用鼓励性言语激发教师内心的德行自觉，促使他们以自律的方式进行道德自省。这种方法对于高等学校较少、高校教师较少、师德问题较少的刻板化、模糊化发展阶段而言，确实能起到较好的效果。而进入 21 世纪后，随着物质极大丰裕，文化负效应也逐步凸显，教师个人自律的局限性也不断暴露出来，主要基于师德应然引导的师德建设要求已经无法有效地约束个体的道德失范行为，频频曝出的学术造假、权力寻租等师德失范问题仅靠个人自律是很难有效解决的。因此，国家在进行正向引导的同时配套出台以“师德一票否决制”为核心的多项刚性惩罚措施，推行师德考核负面清单制度，不断强化他律的制约作用。

最后，师德规范从宽泛要求到走向精细规范。新中国成立直至改革开放后 20 年，由于受到传统师道崇高化要求等影响，我国师德规范大多停留在对良好的个人道德修养的期待上，而对其职业道德的要求则显得比较粗糙、抽象和一般，没能很好地体现出高校教师职业的特点。随着师德问题的逐步暴露和对师德认识的不断深入，我国的高校师德规范也逐渐转向精细化发展。

需要承认的是，我国高校师德政策还存在着一些需要改进的现实问题。比如，有学者认为，在革命战争时期及新中国成立后的 30 余年中，高校师德规范并未体现师德的本体论意涵，师德规范也陷入泛载化的思维误区，而 2011 年发布的《高等学校教师职业道德规范》内容也过于宽泛，在实践中缺乏有效性和指导性，执行过程中管理者的主观随意性较大。[①]

总体而言，当前学界关于教师道德的描述研究已经取得了一些进展，但对于更为具体的教师道德发生机制和发展规律，还缺乏更加客观、科学的描述性研究。随着现代脑科学技术的不断发展，有关教师道德的描述性研究将会朝向更加科学的方向发展。

---

① 张霁舒，曲铁华．中国共产党成立百年来高等教育师德政策：回顾、特点及展望［J］．教育理论与实践，2021，41（30）：3－7.

第五章
教师道德的养成研究

教师道德的养成研究，主要回答的是教师道德如何培养的问题，即通过什么样的途径可以培养教师的职业道德。总体而言，现有的研究主要从教师道德的自我修养、教育提升、社会支持和评价引导等方面对教师道德如何培养的实践路径进行探索。

第一节　教师道德的自我修养

教师道德修养贯穿教师专业发展的全过程，既是引领教师职业行为的内在灵魂，又是教师职业人生幸福的心灵根基。为更好梳理新中国成立70多年来我国学者有关教师道德自我修养的研究文献，我们以“师德修养”“教师职业道德修养”为主题词检索中国知网期刊数据库，得到了最近30余年来相关主题文章的发表量，并制作了趋势图（见图5–1）。从图中可以看出，自20世纪90年代中后期开始，“师德修养”主题发文量呈现爆发式增长，2011年发文量达到55篇，相比1995年增长近14倍；自2001年以来，“教师职业道德修养”主题发文量也呈现持续增长，2019年发文量达到33篇，相比1998年增长近17倍。

为进一步梳理“师德修养”“教师职业道德修养”相关主题研究，我们在知网期刊数据库之中进一步聚焦全国核心期刊和中文社会科学引文索引（CSSCI）期刊进行统计（见图 5-2）；在剔除与主题不符的文献后，选取 202 篇核心文献，进行主题分布统计，绘制成图（见图 5-3）。

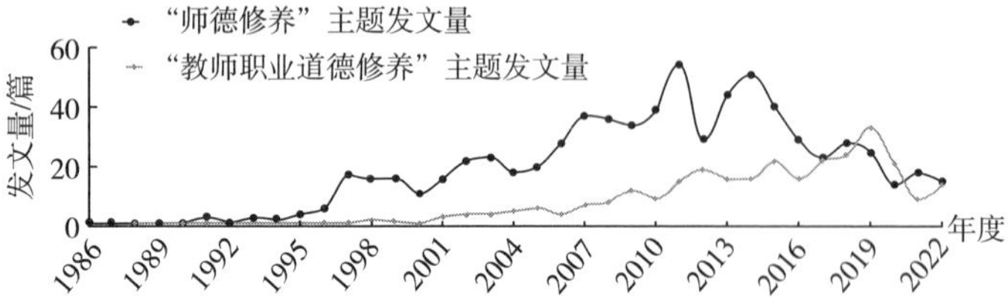

图 5-1　1986—2022 年"师德修养""教师职业道德修养"主题发文量

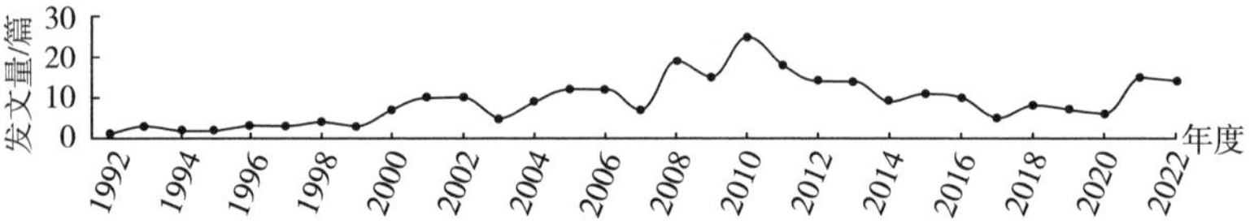

图 5-2　1992—2022 年全国核心期刊和中文社会科学引文索引（CSSCI）期刊发文量

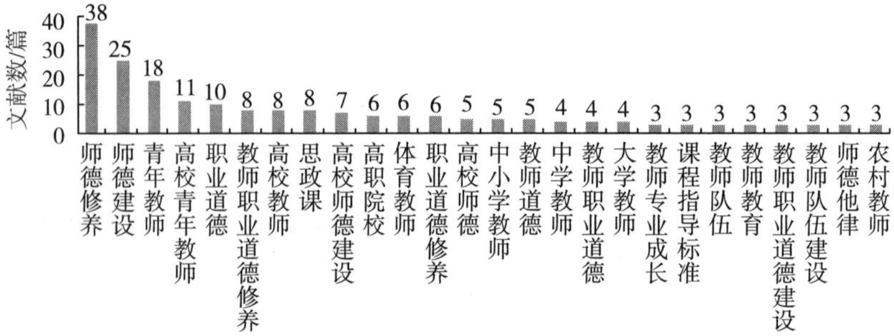

图 5-3　全国核心期刊和中文社会科学引文索引（CSSCI）期刊相关核心文献主题分布情况

综上，本部分将在整体剖析教师道德修养研究历史脉络的基础上，重点对以下三个方面研究的进展情况进行分析：第一，有关教师道德修养的意义与内涵的研究；第二，有关教师道德修养的基本内容与表现特征的研究；第三，有关教师道德修养的路径及原则的研究。

一、教师道德修养研究的历史脉络

教师道德修养是一个亘古不变的主题，在中国传统文化中，“修养”即通过个体的内心自省来培养完善的人格[①]。人们常用“省身、正身、修身”来表达个体道德修养,并将其视为道德之根本。新中国成立70多年来，教师道德修养研究的历程可以划分为以下几个阶段：

（一）曲折探索阶段：1949—1976年

1949年，中华人民共和国的成立和社会主义制度的建立，标志着我国社会进入历史的新纪元。1949—1952年，在教育领域，我国主要对旧学校进行了调整和改革，以发展为人民服务的思想，建设民族的、科学的、大众的文化教育。到1952年，由新民主主义教育向社会主义教育的转变基本完成。从此，我国的教育事业进入社会主义的发展时期。在社会主义教师的职业道德建设中，党和人民政府特别强调教师要树立为人民服务的思想，忠诚于人民的教育事业，这也成为衡量教师行为善恶的最高标准，以及社会主义教师道德区别于别的任何剥削社会的教师道德的根本特点。

在全国教师意气风发，以社会主义的教师道德规范严格要求自己，加强自身师德修养的形势下,1957年2月,毛泽东同志提出:“我们的教育方针，应该使受教育者在德育、智育、体育几方面都得到发展，成为有社会主义觉悟的、有文化的劳动者。”[②]这不仅是对教育对象的要求，也是对教师的要求。1964年，毛泽东同志号召全国人民“向雷锋同志学习”，自此雷锋

---

① 廖蓉.高校青年教师职业道德修养研究[D].长沙：湖南农业大学，2012.

② 马骏，梁积荣，等.教师职业道德概论[M].太原：山西教育出版社，1991：69.

同志“将有限的生命投入到无限的为人民服务之中”的生活准则，成了广大人民教师的追求目标。这种良好的道德风气对当时社会新风尚的树立产生过积极的影响。在这一时期，教师也被誉为“人类灵魂的工程师”，从事着教育工作这一“太阳底下最高尚的职业”。①

正是随着人民教师地位的不断提高和教育事业的不断发展，关于教师道德修养的论述也逐渐丰富起来。尤其是徐特立②、吴玉章③、叶圣陶、李齐念④、包连宗⑤等人对教师道德修养问题进行了深入的探讨，提出了许多独到且精辟的见解，为我国师德思想的形成进行了宝贵的探索。然而，正当全国教师以更加饱满的精神激励自己，以更加严格的标准要求自己，全身心投身祖国教育事业之时，“文化大革命”（1966—1976 年）开始了。1971 年，全国教育工作会议在北京召开，会议通过的《全国教育工作会议纪要》中错误地提出“两个估计”，将许多勤勤恳恳、呕心沥血耕耘的优秀教师斥为“资产阶级知识分子”“臭老九”，并认为他们散布了大量剥削阶级的道德毒素，我国教师良好的道德风貌也遭受了前所未有的严重破坏。⑥

（二）稳步发展阶段：20 世纪 80 年代

1976 年“文化大革命”结束，特别是 1978 年党的十一届三中全会召开以后，中国的社会主义建设进入了一个新的发展时期。邓小平同志 1983 年 9 月为北京景山学校题词指出：“教育要面向现代化，面向世界，面向未来。”1986 年党的十二届六中全会通过的《中共中央关于社会主义精神文明建设指导方针的决议》指出，社会主义精神文明建设的根本任务是培

---

① 王正平. 人民教师的道德修养［M］. 北京：人民教育出版社，1985：1.

② 中央教育科学研究所. 徐特立教育文集［M］. 北京：人民教育出版社，1979.

③ 吴玉章. 吴玉章回忆录［M］. 北京：中国青年出版社，1978.

④ 李齐念，于泽滨，王少哲. 教师职业道德［M］. 贵阳：贵州人民出版社，1985.

⑤ 包连宗，郑建平. 教师职业道德修养［M］. 上海：华东师范大学出版社，1985.

⑥ 马骏，梁积荣，等. 教师职业道德概论［M］. 太原：山西教育出版社，1991：71.

育有理想、有道德、有文化、有纪律的社会主义公民。这对我国的教育工作提出了明确、具体的目标，即培养“四有”新人。我国教育“三个面向”的发展方向和“四有”新人的培养目标也决定了该时期我国教师道德建设的主要方向。20 世纪 80 年代以来，伴随着我国教育事业的蓬勃发展，全国教师队伍大兴“五讲四美”之风，此后又和“三热爱”结合，形成了人们所传诵的“五讲四美三热爱”[①]经典口号。特别是在 1985 年，国务院总理在全国人大常委会会议上提出“建立教师节”的议案，确定每年 9 月 10 日为教师节。“教师节”的设立进一步增强了全社会尊师重教的风气，也使教师道德建设得到了应有的重视。

在此期间，全国各地学者先后出版多本关于教师道德修养的著作，其中包括中国教育工会无锡市委员会与江苏省无锡市师范学校合编的《教师修养（学习参考材料汇编）》（1983），李齐念等人合著的《教师职业道德》（1985）[②]，包连宗、郑建平编著的《教师职业道德修养》（1985）[③]，以及王正平所著《人民教师的道德修养》（1985）[④]等。这里需要特别介绍《教师修养（学习参考材料汇编）》这本书。它主要基于 20 世纪 80 代初期得到中央领导同志充分肯定的无锡市第三十四中学开展的“四美”经验，于 1983 年由中国教育工会无锡市委员会与江苏省无锡师范学校共同编写而成。该书主要精选了 20 世纪 80 年代全国主要报刊上发表过的有关教师道德修养主题的文章共计 41 篇，包括 1982 年第 11 期《上海教育》刊登的无锡市第二十二中学教师袁瑢的《人民教师所应有的素养》、《教工月刊》上刊登的谢高江的《浅谈教师修养》、1981 年《人民教育》第 12 期刊登

① “五讲”，即讲文明、讲礼貌、讲卫生、讲秩序、讲道德；“四美”，即语言美、心灵美、行为美、环境美；“三热爱”，即热爱祖国、热爱社会主义、热爱中国共产党。

② 李齐念，于泽滨，王少哲．教师职业道德［M］．贵阳：贵州人民出版社，1985.

③ 包连宗，郑建平．教师职业道德修养［M］．上海：华东师范大学出版社，1985.

④ 王正平．人民教师的道德修养［M］．北京：人民教育出版社，1985.

的连建生的《小学教师应有的修养》等。

（三）现代化推进阶段：20 世纪 90 年代

20 世纪 90 年代，我国进入了建设社会主义现代化的历史新时期，党的十四大确立了我国经济体制改革的总目标是建立和完善社会主义市场经济体制。因此，在社会主义市场经济条件之下，加强教师道德修养不仅是教育事业本身发展的需要，也是 20 世纪 90 年代建设有中国特色社会主义的需要，更是振兴中华民族的需要。[①]1996 年，党的十四届六中全会通过了《中共中央关于加强社会主义精神文明建设若干重要问题的决议》（以下简称“《决议》”)。《决议》是加强精神文明建设的行动纲领，它不仅确定了思想道德建设的指导思想和奋斗目标，而且明确指出，思想道德建设“当前要以加强职业道德建设、纠正行业不正之风为重点”，从而确立了思想道德建设的长远目标和阶段性任务。

叶世雄提出，“师德修养的基本任务就是要求教师的职业行为符合职业道德规范的基本要求”[②]。王正平、郑百伟则认为，“师德修养是提高自我师德素养的关键。讲师德，就必须讲师德修养”[③]。另外，陈善卿等（1997）[④]及赵连根（1998）[⑤]在各自的著作中都强调了在面向现代化、面向世界、面向 21 世纪的进程中教师全面提高自身道德修养的重要性问题。

（四）专业化建构阶段：2000 年至今

随着新世纪的到来，中国特色社会主义教育事业进入机遇与挑战并存

---

① 刘苍劲，陈玉英，唐祚臻，等．市场经济与教师道德［M］．成都：成都科技大学出版社，1994 : 1.

② 叶世雄．教师职业道德［M］．广州：广州出版社，1997 : 182.

③ 王正平，郑百伟．教育伦理学：理论与实践［M］．上海：上海教育出版社，1998 : 223.

④ 陈善卿，顾邵华，邓之光．教师修养［M］．南京：南京大学出版社，1997.

⑤ 赵连根．新世纪与师资队伍［M］．沈阳：辽宁人民出版社，1998.

的关键时期，而对培养人具有重要保证作用的教师道德教育则更是如此[①]。早在 1999 年我国就制定了《面向 21 世纪教育振兴行动计划》，并在之后召开的全国教育工作会议中具体规划了跨世纪教育的改革和发展，强调要以全面振兴教育事业，实施科教兴国战略为主线。2000 年，江泽民同志在其发表的《关于教育问题的谈话》中强调："老师作为'人类灵魂的工程师'，不仅要教好书，还要育好人，各个方面都要为人师表。"同年，教育部印发《关于加强中小学教师职业道德建设的若干意见》，特别指出教师队伍职业道德素质的高低，直接关系到素质教育的顺利实施，直接关系到亿万青少年的健康成长，直接关系到国家和民族的未来。随后，2000 年 12 月中共中央、国务院发布《关于适应新形势进一步加强和改进中小学德育工作的意见》，其中强调，加强中小学德育和全面推进素质教育关键在教师，需要采取各种有效方式，大力加强教师职业道德教育，大力弘扬教师的高尚道德[②]。因此，面对新世纪教育变革的新形势，如何使教师队伍建设更加符合新时期的要求，成为该阶段学术界关注的重点话题之一。同时，2001 年中共中央颁布了《公民道德建设实施纲要》，突出强调新时期的师德教育需要突破过去以学习职业行为规范、培养良好道德情操为主线的传统，从更加专业化、全球化的视野出发探寻教师道德建设的新路径[③]。2005 年，教育部颁布《关于进一步加强和改进师德建设的意见》，再一次强调了教师道德修养发展的重要性。

进入 2010 年，随着《国家中长期教育改革和发展规划纲要（2010—2020 年）》的出台，教师职业道德教育的重要性得到了进一步的强调。到

---

① 吴敏英．论新世纪高师院校师德教材体系的构建［J］．北京大学学报，2000（S1）：272－276.

② 杨浩．我国中小学教师职业道德建设问题与对策研究［D］．哈尔滨：哈尔滨师范大学，2012.

③ 朱小蔓，等．教育职场：教师的道德成长［M］．北京：教育科学出版社，2004：9.

了2012年，党的十八大提出要以积极培育和践行社会主义核心价值观为引领，这在新形势下对教师道德修养进一步提出了新要求。2014年9月，习近平在同北京师范大学师生代表座谈时提出“做党和人民满意的好老师”的四条基本标准，即要有理想信念，要有道德情操，要有扎实学识，要有仁爱之心，这四条标准可以被看作新时代教师道德素养的核心提炼。它们不仅全面覆盖了“富强、民主、文明、和谐，自由、平等、公正、法治，爱国、敬业、诚信、友善”这24个字、3个层面的社会主义核心价值观的基本内容，更是突出了教师职业的特殊道德素养[①]。此后，教育部等五部门印发了《教师教育振兴行动计划（2018—2022年）》，进一步提出了要“加强师德养成教育，用‘四有好老师’标准、‘四个引路人’、‘四个相统一’和‘四个服务’等要求，统领教师成长发展，细化落实到教师教育课程，引导教师以德立身、以德立学、以德施教、以德育德”。自2000年至今，中国一大批学者不断立足中国特色社会主义事业发展的需要，突出关注教师道德修养的时代新要求，围绕该时期教师道德建设的新任务，从各个方面持续推动着我国教师道德修养的专业化建构。

首先，有学者聚焦“教师道德人格修养”及“教师专业道德建设”主题开展研究，譬如檀传宝、朱小蔓、贾新奇、赵虹元、迟海波的相关研究。檀传宝在《教师的道德人格及其修养》一文中以教师道德人格的建设为研究的主要线索，讨论了教师职业道德修养问题，强调教师人格修养中需要关注两大问题：一是特定文化（“模塑”过程），二是道德主体自身不断从客观文化中汲取精神营养，追求价值与人格的理想，实现人格改造与提升（“修养”过程）[②]。檀传宝在《论教师“职业道德”向“专业道德”的观念转移》一文中则又聚焦教师“职业道德”向“专业道德”

---

① 张森年．论社会主义核心价值观与师德养成：习近平的师德思想研究［J］．毛泽东邓小平理论研究，2017（1）：14.

② 檀传宝．教师的道德人格及其修养［J］．江苏高教，2001（3）：75－78.

的观念转变问题，强调应当从专业生活质量提高和教师专业发展的视角专业性地推进教师的道德建设[①]。檀传宝等在所著《走向新师德：师德现状与教师专业道德建设研究》中提出，教师“职业道德”应向“专业道德”转换，教师专业道德建设应当考虑教师专业发展的实际[②]。此后，檀传宝又对“教师德育专业化”问题进行了持续关注[③]。朱小蔓等则重点围绕20世纪90年代提出的“教师专业化发展”“智慧创生型教师”“自主发展型教师”等话题，强调教师的人文素质及其人格，尤其是教师的情感—人文素质和道德智慧，认为教师提升职业道德最根本的路径还是回归到职场中，并将“实践＋反思”的范式视为转型期教师职业道德成长的新路径[④]。贾新奇将教师伦理人格划分为“圣人型”与“工匠型”两类，认为基于对人格类型的划分和各自社会意义的考察，可以进一步深化对师德建设相关问题的研究[⑤]。赵虹元则重点关注教师善，认为它是教师道德人格在实践中的展现，也是教师规范伦理、责任伦理和美德伦理的融合与统一，是外在环境与教师主体道德意识共同作用的结果[⑥]。迟海波、吴暇指出，儒家君子道德人格作为我国传统文化中的人格典范，对当代教师职业道德和人格修养有重要的借鉴和指导意义[⑦]。

---

① 檀传宝．论教师“职业道德”向“专业道德”的观念转移［J］．教育研究，2005（1）：48－51.

② 檀传宝，等．走向新师德：师德现状与教师专业道德建设研究［M］．北京：北京师范大学出版社，2009：112－125.

③ 檀传宝．主动回应时代的呼唤：努力推进“教师德育专业化”［J］．人民教育，2012（18）：7－10；檀传宝．再论“教师德育专业化”［J］．教育研究，2012（10）：39－46；檀传宝．走向“教师德育专业化”［J］．中小学德育，2013（1）：4.

④ 朱小蔓，等．教育职场：教师的道德成长［M］．北京：教育科学出版社，2004：1－12.

⑤ 贾新奇．圣人与工匠：教师伦理人格的类型及其他［J］．道德与文明，2015（4）：28－32.

⑥ 赵虹元．论教师的善性伦理及其实现［J］．教师教育研究，2019（3）：13－19.

⑦ 迟海波，吴暇．涵育师德修养的“君子”向度研究［J］．东北师大学报（哲学社会科学版），2021（6）：177－185.

其次，有学者聚焦新世纪教师可持续发展以及师德修养的三重境界等主题展开研究。连秀云在其研究中明确强调，“新世纪教师职业道德修养是教师可持续发展的基石，我们需要树立新的教育观念、新的人类社会进步与发展理念，以高度的历史使命感和社会责任感、正确的人生价值观和职业理想追求，通过理论与实践相结合，不断加强教师职业道德修养建设，为教师的可持续发展奠定坚实的基础”。同时，他将遵守师德规范视为师德修养的行为准则，将坚定理想信念视为师德修养的内在动力，将更新教育观念视为师德修养的先决条件，将优化智能结构视为师德修养的必备条件，将提高心理素质视为师德修养的内在基础，将坚持依法执教视为师德修养的基本保障，将实践教育创新视为师德修养的时代要求，将应对网络挑战视为师德修养的新领域，将树立环境道德观念视为师德修养的新内涵，将增强国防意识视为师德修养的新课题，将强化学校管理视为师德修养的保障机制，将规范师德评价视为师德修养的导向与杠杆。[①] 闫建璋认为，师德不仅是一种职业道德，还是一种德性修养，更是一种人性的完善，这一过程需要经历道德楷模、道德君子和道德圣贤三重境界[②]。

再次，也有学者关注教师“依法执教”与“道德修养”的关系，以及新时代师德修养的价值意蕴、动力基础与新使命。陈静特别强调教师要依法执教，并认为，依法执教的水平与教师本人的道德修养有密切的关系[③]。毛少华指出，师德师风建设贵在师德修养，师德修养则需要正确的价值引领，新时代需要以社会主义核心价值观引领师德修养[④]。林崇德、黄四林强调，教师作为师德修养的主体，是“以德立身、以德立学、以德施教”的

① 连秀云 . 新世纪教师职业道德修养［M］. 北京：教育科学出版社，2002：36 － 49.

② 闫建璋 . 新时代师德修养的三重境界［J］. 教育科学，2021 (1)：17 － 22.

③ 陈静 . 教师道德建设［M］. 武汉：华中师范大学出版社，2006：152 － 156.

④ 毛少华 . 以社会主义核心价值观引领师德修养探论［J］. 中学政治教学参考，2022 (39)：18 － 20

重要践行者，而师德修养的动力源于内在师德动机系统与外在社会性动力及其相互作用[①]。班建武认为，“从教育的角度看，教师的师德修养不仅是其获得从教资格的基本前提,同时也是其取得教书育人实效的关键所在”[②]。

最后，有学者强调关注“师德修养”需要侧重教师职业性与生命性统一问题。唐凯麟、刘铁芳试图以教师职业性与生命性的统一作为师德修养的出发点，以增进教师对职业的理解为基本路径，以促进教师职业人生的完善为基本目标，以敬业、悟业、乐业为基本线索，探讨当前教师职业道德中的主要问题，并提出应将其最终落实在教师职业人生的幸福与卓越之中[③]。陈华重点关注了教师的良心、爱与宽容，认为“教育活动是教育者与受教育者心灵交往和相互作用的过程，需要教育者具有高度的道德自觉和灵魂觉悟”[④]。刘铁芳重点阐释了教师自我精神修炼的重要性，认为“只要我们身处教育情境之中，身处师生交往过程之中，教师的生命就永远是一种持续向着学生开放的姿态，教师生涯就是一场旷日持久的精神修炼”[⑤]。

二、教师道德修养研究的主要议题

在对教师道德修养研究的历史脉络进行整体梳理之后，该部分将主要聚焦教师道德修养的意义与内涵、基本内容与表现特征、路径与原则三个方面，并重点关注相关学者在不同历史阶段研究的特点。

---

① 林崇德，黄四林．新时代师德修养动力的心理学透视[J]．教育研究，2022 (10) : 56 − 61.

② 班建武．教书育人是新时代教师的重要道德使命［J］．人民教育，2020 (19) : 30 − 32.

③ 唐凯麟，刘铁芳．教师成长与师德修养［M］．北京：教育科学出版社，2007 : 1 − 13.

④ 陈华．教师职业道德教育［M］．广州：中山大学出版社，2020 : 1 − 8.

⑤ 刘铁芳．你就是你的教育学：教师的自我修炼［J］．教育发展研究，2018 (8) : 3.

（一）教师道德修养的意义与内涵

“教师道德修养”中，“修”是指学问和品行方面的学习和锻炼；“养”即培养和养育[①]。新中国成立以来，诸多学者对教师道德修养意义与内涵的解读根据其明显的时代特征大致可作以下阶段划分：

1. 第一阶段：20 世纪 80 年代以前

此阶段，学者们在探究教师道德修养问题时表现出以下几方面的特征：首先，关注教师对老一辈无产阶级革命者步伐的追随。例如，翁向新在其著作《谈教师的素质与修养》中提到，“在新中国成立以后，突出教师应以虔诚的、纯洁的心追随老一辈无产阶级革命者的步伐，自觉全面提高自身的道德素质，努力加强自我修养，为将来成长为一个同样高尚的人、一个在普通教育事业上有所作为的人而奋斗”[②]。其次，重视崇高的无产阶级思想（共产主义道德），强调教师要树立“为人民服务”的理想。例如，孙启元在其著作《教师道德概论》中提到，“新中国成立之后，突出强调教师只有重视和加强自我道德修养，才能不断升华自己的道德情操和精神境界，才能使自己的人格、品德逐步趋向完善，也才能具有崇高的共产主义思想道德，使自己成为共产主义事业所需要的人民教师”[③]。“为人民服务，忠于人民的教育事业”成为共产主义道德的基本原则，也成为教师行为善恶的最高标准。最后，强调教师劳动观念的树立，突出教育和生产相结合应是社会主义教师的重要道德修养之一，更是将“爱劳动”列为国民公德的重要内容之一。[④]

---

① 罗国杰 . 伦理学［M］. 北京：人民出版社，1989：456.

② 翁向新 . 谈教师的素质与修养［M］. 北京：群众出版社，1992：17.

③ 孙启元 . 教师道德概论［M］. 北京：科学技术文献出版社，1992：249.

④ 马骏，梁积荣，等 . 教师职业道德概论［M］. 太原：山西教育出版社，1991：69.

2. 第二阶段：20 世纪 80 年代

20 世纪 80 年代,在“四有”“三个面向”的教师道德建设主旋律之下，全国各地开展了一系列“五讲四美”活动。这一阶段涌现了大量有关教师道德修养的主题研究。1982 年《江苏教育》第 5 期的一篇文章《我们怎样开展“五讲四美”为人师表活动》中提到，“为了使教师队伍适应教育事业发展的需要，引导教师做好事、树新风的同时，必须经常持久地对教师进行‘教师修养’教育，不断提高教师的思想觉悟和业务水平，使他们做到又红又专”[①]。李齐念等指出,“教师道德修养的实质是自觉地开展两种道德观的斗争，择其善者而从之，识其不善者而改之”。同时，他们认为教师道德修养是教师达到共产主义道德境界的一种重要的道德活动形式。[②]包连宗、郑建平认为，师德修养和师德教育是相互联系、相互促进的；师德修养是教师本人在师德方面的自我教育和自我锻炼，是个人自觉的道德活动；师德修养的基本任务则是把教师道德的基本准则和要求变为教师自身的道德品质和实际行动[③]。

3. 第三阶段：20 世纪 90 年代

20 世纪 90 年代初我国学者马骏、梁积荣等，蒋超文、李齐念，孙启元，周延富等人先后对教师道德修养的意义与内涵问题进行了重点关注。马骏、梁积荣等强调，“教师职业道德修养是教师根据社会主义的师德原则和规范所进行的改进自己、教育自己、锤炼自己的职业道德品质，提高自己职业道德境界的实践活动以及所达到的程度或水平”[④]。蒋超文、李齐念认为，“教师的职业道德修养是教师依据教师道德原则和规范，在道德观念和道

① 中国教育工会无锡市委员会，江苏省无锡市师范学校教师修养（学习参考材料汇编）[M]. 无锡：[出版者不详]，1983：93.

② 李齐念，于泽滨，王少哲. 教师职业道德 [M]. 贵阳：贵州人民出版社，1985：171.

③ 包连宗，郑建平. 教师职业道德修养 [M]. 上海：华东师范大学出版社，1985：91.

④ 马骏，梁积荣，等. 教师职业道德概论 [M]. 太原：山西教育出版社，1991：273.

德品质方面所进行的自我认识和自我改造”[①]。孙启元进一步提出,“只有长期地坚持在个人的各种社会实践中进行自我斗争和改造，才能使个人的道德修养取得显著的效果”[②]。周延富指出,“进行教师道德修养的目的,一是为提高教师素质，使他们不断完善自己；二是为了发挥榜样作用，塑造一代新人。简而言之，就是点燃自己，普照世界”[③]。同时，他还提出，在教师道德修养的过程中，教师自己要同自己“打官司”，既做“原告”，又做“被告”，最后自己还要当“法官”来解决主观意识和行为规范上的各种问题[④]。

20 世纪 90 年代中期，国家教委人事司所编《教师职业道德》中提到，教师道德修养有两层含义：一层含义是动态的“下功夫”，即依照教师道德原则规范所进行的学习、体验、对照、检查、反省等心理活动和客观的实践活动；另一层含义是指静态的“已达到的功夫”，即在经过长期的努力之后所形成的教师品质、教师情操和教师道德境界。教师道德能否真正为教师所掌握，主要在于它最终是否转化为教师自觉的道德修养，即从“他律”走向“自律”。[⑤]刘苍劲等强调，教师道德自我修养的宗旨主要包括两个方面：培养优秀的师德品质；提高和升华师德境界[⑥]。

20 世纪 90 年代末，王正平、郑百伟在其著作《教育伦理学：理论与实践》中强调，教师道德修养重在自我教育[⑦]。朱金香等则指出，“教师道德义务

---

① 蒋超文，李齐念．教师的职业道德［M］．广州：广东教育出版社，1991：182.

② 孙启元．教师道德概论［M］．北京：科学技术文献出版社，1992：245.

③ 周延富．教师道德规范与修养［M］．北京：学苑出版社，1993：138.

④ 同③.

⑤ 中华人民共和国国家教委人事司．教师职业道德［M］．北京：新华出版社，1995：279.

⑥ 刘苍劲，陈玉英，唐祚臻，等．市场经济与教师道德［M］．成都：成都科技大学出版社，1994：15－16.

⑦ 王正平，郑百伟．教育伦理学：理论与实践［M］．上海：上海教育出版社，1998：225.

与良心在教师道德自觉化过程中发挥着重要的作用”①。

4. 第四阶段：2000 年至今

进入 21 世纪，有学者对“修养”的含义进行了探讨，认为其有广义与狭义之分：广义的“修养”指人们为了一定的目的所进行的刻苦学习和涵养锻炼的功夫，以及通过长期努力所达到的某种能力和品质的水平或者境界；狭义的“修养”则是以人的政治态度、思想意识和道德品质为基本内容的思想品德修养②。教育部人事司组编的《高等学校教师职业道德修养》明确强调，“教师道德修养”是教师为了适应教育教学工作，根据教师道德基本原则、规范、范畴等要求，在道德方面进行自觉的自我改造、锻炼和自我提高的活动，以及通过锻炼而形成教师品德和达到师德境界的活动，它主要包含动态的自我教育活动（自我教育、自我陶冶、自我提升）与静态的教师道德品质与道德境界两个方面，两者是不可分割的③。

傅维利认为应将“师德修养”作为“师德成长”的本质追求，强调“师德成长”不应被视作一种“灌输—接受”的简单过程，而是教师不断学习、不断领悟、不断实践、不断调整和建构的长期“修养”过程④。徐利颖、王曙光则将“师德修养”看作“教师幸福能力”提升的主要途径⑤。沈又红比较了师德修养与师德教育在师德培养和教师幸福能力提升方面的作用，认为对教师的德性成长来说，师德教育是外因，师德修养才是内因；师德修养是由主体内部驱动的德性培养过程，体现着教师对人生幸福的诉求，能够更持久、更有效地激发教师个体修德砺行的积极性和常修为师之德的动

---

① 朱金香，高雅珍，韩桂叶，等．教师职业伦理学[M]. 北京：经济科学出版社，1999：217.

② 傅修楠．试论高校教师的职业道德修养［J］．福建农林大学学报，2007 (6)：85 − 89.

③ 教育部人事司．高等学校教师职业道德修养[M]．北京：北京师范大学出版社，2001：267.

④ 傅维利．简论师德修养［J］．中国教育学刊，2001 (10)：40 − 43.

⑤ 徐利颖，王曙光．论走向教师幸福的师德修养［J］．中学政治教学参考，2015 (10)：95 − 96.

力；师德教育受到时间、空间和情境等因素的制约，而师德修养则是教师个体自主可控的；并非所有的道德都是可教的，在不可教的道德的培养中，自我修养显得尤为重要[①]。

综上所述，从纵向时间脉络看，关于教师道德修养的意义与内涵的研究呈现以下几个阶段性特征：首先，我国教师道德修养研究整体处于曲折探索阶段（1949—1976年）时，学者们更关注教师道德修养的外在要求，突出教师应具有“为人民服务，忠于人民的教育事业”的崇高理想信念，强调教师劳动观念的树立。其次，我国教师道德修养研究进入稳步发展阶段（20世纪80年代）后，学者们则以“提高思想觉悟和业务水平，做到又红又专”为准则，强调教师需要自觉地开展两种道德观的斗争，以促使教师道德的基本准则和要求转变为教师自身的道德品质和实际行动。再次，我国教师道德修养研究进入现代化推进阶段（20世纪90年代）后，学者们逐渐认识到应当以培养师德品质与提升师德境界作为增进教师道德自我修养的核心宗旨，以增进教师道德自觉为根本目的。最后，我国教师道德修养研究进入专业化建设阶段（2000年至今）后，学者们更关注道德修养的主体内部驱动作用，侧重更持久、更有效地激发教师个体修德砺行的积极性，以及教师自我修养的重要价值。

总之，从其整体演进及发展规律来看，我国学者的研究经历了一个由“师德外化”逐渐向“师德内化”转向的过程。因此，在今后探究该问题时我们需要把握三个方面的本质特征：首先，教师道德修养应是教师在对道德价值深刻认识的基础上，在坚定不移的内心信念支配下的自觉修德行为。从本质上看，教师道德修养是个体基于对道德重要性和价值的深刻认识而形成的自觉践行道德精神和道德规范，不断提高和完善自身道德信念、道德品质的主体自觉活动。它是个体自我完善的过程，需要个体自我学习、

---

① 沈又红．论师德修养与教师幸福［D］．长沙：湖南师范大学，2005.

自我践行、自我反思、自我监督、自我控制。其次，教师道德修养还应是教师学习、践行职业道德精神和规范要求的过程，需要教师积极获取理论与实践知识，在遇到道德矛盾时能够进行内省自讼，能够严于律己，做到知行统一。最后，教师道德修养是通过道德践行和反思实践而不断实现成长与幸福的过程。

（二）教师道德修养的基本内容与表现特征

我国学者对新中国成立以来教师道德修养的基本内容与表现特征的相关研究可主要划分为两个基本阶段：

1. 新中国成立后的艰苦探索阶段：1949—1999 年

1959 年，中国无产阶级革命家、教育家徐特立在接见一群志愿报考师范学校的高中毕业生时就提到，“教师工作不仅是一个光荣重要的岗位，而且是一种崇高而愉快的事业。它对国家人才的培养、文化科学教育事业的发展，以及后一代的成长，起着重大作用……做人民教师的人，他的思想品质的好坏，也就格外显得重要”①。吴玉章在其教育实践经历中一贯将教师摆在重要的地位，强调“如果没有德才兼备的教员（教师），就难以培养出德才兼备的学生”。②他指出，教师必须首先成为德才兼备的人，在各个方面都有突出的表现，不仅要具备专门的业务知识，还要不断地锻炼自己的专业素养和政治觉悟。

进入改革开放新时期后，我国教育界不断涌现出更多学者关注教师道德修养的基本内容与表现特征问题。这其中包括了许多优秀的一线教师，例如，无锡市第二十二中学的袁瑢老师在其 1981 年发表的《人民教师所应有的素养》一文中提到，“教师应有自觉的献身精神、正确的政治方向、鲜明的政治观点和鉴别是非的能力，要事事、处处‘为人师表’，要有比

① 王正平 . 人民教师的道德修养［M］. 北京：人民教育出版社，1985：24.

② 金成林，蒲家驹 . 吴玉章教育文集［M］. 成都：四川教育出版社，1989：205.

较广博的知识，要做到‘诲人不倦’与‘教育有方’”[①]。1981年天津市南楼中学副校长窦振兴在《天津教育》上发表的《与青年教师谈修养》一文指出，“对我们今天的教师说来，这个修养主要内容应该包括崇高的理想、道德、情操，渊博的科学文化知识，教育学理论的武装”[②]。同时，也有许多专门从事教师道德研究的学者关注这一问题，例如，包连宗、郑建平指出，教师需要不断提高师德认识，培养师德情感，坚定师德信念，锻炼师德意志[③]。

进入20世纪90年代后，这个问题得到了更深入的探讨。孙启元认为，教师道德修养不仅包括教师在教育教学实践中对自己言行的自我反省、自我检查、自我剖析和自我批评，还应包括教师在职业活动中形成的道德情操和道德境界[④]。周延富则认为，师德修养的内容与教师职业道德的内容是一致的。总的来说，每个教师应当结合自己职业的社会地位、职责任务和活动方式，进行道德修养。其中，职业道德品质的修养，是职业道德修养的基本内容，具体包括师德意识、师德情感、师德意志、师德信念、师德行为等五个方面的修养。[⑤]当时很多学者跟周延富的观点高度一致，例如蒋超文、李齐念的《教师的职业道德》[⑥]中即有类似表述。

然而，也有一些研究持不同看法，尤其是20世纪90年代中后期的研究，例如，国家教委人事司所编《教师职业道德》中提到，教师道德教育与道德修养，是践行教师道德规范、提高教师道德的两种紧密相连的道德活动

---

① 中国教育工会无锡市委员会，江苏省无锡市师范学校．教师修养（学习参考材料汇编）［M］．无锡［出版者不详］，1983：103.

② 同①110.

③ 包连宗，郑建平．教师职业道德修养［M］．上海：华东师范大学出版社，1985：90.

④ 孙启元．教师道德概论［M］．北京：科学技术文献出版社，1992：245.

⑤ 周延富．教师道德规范与修养［M］．北京：学苑出版社，1993：140.

⑥ 蒋超文，李齐念．教师的职业道德［M］．广州：广东教育出版社，1991.

形式，最终致力于铸造教师的道德人格，推动教师提升道德境界[①]。陈善卿等认为，教师道德修养说到底就是培养教师良好道德品质的过程，而构成教师道德品质的基本要素是道德上的认识、情感、意志、信念、行为和习惯，教师道德修养就是这些要素从无到有、从低到高、从旧质到新质的矛盾运动过程[②]。因此可以发现，学者们对教师道德修养基本内容的认识已发生明显转变，开始更加关注道德修养与道德人格、道德境界、道德品质之间的内在关系。

2. 面向新世纪的持续发展阶段：2000 年至今

对 2000 年以后该主题的相关研究文献进行梳理发现，这些研究大致可以分为以下几类：

第一，有学者从不同文化视角出发来探析教师道德修养的基本内容与表现特征。冯惠先通过比较中国传统师德与当代师德修养发现，中国传统社会的师德带有很强的“师道尊严”“学而优则仕”的思想；从师德修养的内容上看，传统师德突出强调教师应具备身体力行、严于律己、宽以待人的内在品质，关注教师克己内省、改过迁善的基本修养；从师德修养的途径上看，传统师德注重教师的慎独、内省与自律；相比之下，当代社会强调全面提高教师道德修养，强化教师敬业精神和对学生全面负责的高度责任感[③]。刘峻杉认为，教师的自我修养是立德树人的重要保障，需要将其与师德规范相互配合，并尝试从中国传统文化中的“修身明德”思想出发提出当代教师道德修养的理论建构路径，强调将“信”“智”“礼”三德作为教师道德修养的内在基础，分别对应落实于教师的“行”“听”“说”三仪之中，以实现教师道德修养的内外兼修，从而更好地促进教师公正之“义”

① 中华人民共和国国家教委人事司．教师职业道德［M］．北京：新华出版社，1995：279.

② 陈善卿，顾邵华，邓之光．教师修养［M］．南京：南京大学出版社，1997：192－193.

③ 冯惠先．中国传统师德与当代师德修养［J］．株洲工业学院学报，2003（1）：133.

与关怀之"仁"被自觉认同与持久生成[①]。黄全明立足新时代文化背景，认为师德不仅是一种个体品德修养，也是社会道德在教师个体身上的内在反映，强调新时代教师不应局限于"敬敷五教"的职责，不应以"授业解惑"为唯一工作，而需要从传统的"学科人"升级为"教育人"，站在国家和民族复兴的高度来对待自身的师德修养，更加自觉地维护以习近平同志为核心的党中央权威和集中统一领导，更加自觉全面地落实立德树人根本任务，自觉把教书育人的事业追求融入实现中华民族伟大复兴的中国梦之中[②]。陈智旭则提出，新时代教师师德建设需要按照习近平总书记提出的"有理想信念、有道德情操、有扎实学识、有仁爱之心"的要求，并将其细化为"正德、爱生、教书、育人、学高、身正"六个方面，要求教师将其内化于心且外化于行[③]。

第二，有学者从教师的不同发展阶段出发关注教师道德修养的基本内容与表现特征。傅维利认为，师德修养是一个长期的过程，在不同的发展阶段，师德修养的内容是有所不同的。职前教育阶段师德修养的主要任务是提高自身的一般道德水平、熟悉和认同教师职业角色、熟悉和掌握教师基本道德规范、初步体验教师职业道德行为、培育教师职业道德情感、增强师德自律和自我提高的意识与能力；职后阶段师德修养具体又分为两个阶段，即从参加教育工作起到步入师德成熟期、从师德成熟期步入师德高水平发展阶段，后者是教师从道德自觉时期步入道德自由时期、从合格教师成长为优秀教师不可或缺的重要阶段。[④]闫建璋强调，新时代师德修养

① 刘峻杉．传统文化视角下师德修养的机理与保障［J］．教师发展研究，2019(9)：73－80.

② 黄全明．论新时代教师的师德修养及其评价策略［J］．现代教育科学，2019(3)：80－84.

③ 陈智旭．加强师德修养应践行"四有"要求［J］．学校党建与思想教育，2016(16)：67－68.

④ 傅维利．简论师德修养［J］．中国教育学刊，2001(10)：40－43.

不可能一蹴而就，需要逐步提升，经历道德楷模、道德君子和道德圣贤三重境界。道德楷模阶段，师德表现在职业道德规范上，“社会”是教师的道德指向，教师在社会角色安排下遵守职业道德规约；道德君子阶段，师德表现在内在道德品质上，“自我”是教师的道德指向，教师在主体性意识的推动下获得内在道德品质；道德圣贤阶段，师德表现在高尚道德人格上，“他者”是教师的道德指向，教师在善良意志的驱使下实现人性完善。道德楷模、道德君子和道德圣贤三重境界不可或缺，螺旋式上升，逐步达成师德修养提升目标。①

第三，有学者在师德修养内容上注重传统文化要素的融入。卫荣凡重点关注“师德自律”主题，聚焦高校教师师德及师德自律的现实境遇，具体论证了师德自律形成的动力来源并探讨了其基本路径②。刘寅春突出强调“慎独”在高校教师道德修养中的重要作用，认为在加强高校师德修养问题上，必须充分利用品德形成、发展规律和思想教育规律方面形成的新的理论成果，挖掘中国传统道德修养的积极因素，探索加强高校教师道德修养的新途径，切实增强师德修养的实效性。其认为，作为中华民族优秀道德遗产中的瑰宝，几千年来，“慎独”的思想及方法对人们修身养性和追求高尚道德情操起到了积极作用，在当前的社会主义道德建设中也必将发挥更大作用。③杨静指出，儒家文化作为中华优秀传统文化的主体，十分注重修身养德，强调道德修养要从自我做起，要“求诸己”“内自省”，从“内省”中提升道德修为，因此可将儒家“内省”思想与中学教师师德养成相结合，引导教师自觉加强道德修养，以实现教师道德品质的提高和完善④。

第四，有学者在师德修养内容上注重教师道德神圣性的恢复。蔡辰梅

---

① 闫建璋 . 新时代师德修养的三重境界［J］. 教育科学，2021 (1)：17 － 22.

② 卫荣凡 . 高校教师师德自律研究［D］. 厦门：厦门大学，2007.

③ 刘寅春 .“慎独”与高校教师道德修养［D］. 济宁：曲阜师范大学，2009.

④ 杨静 . 儒家“内省”思想对师德养成的启示研究［D］. 南宁：南宁师范大学，2021.

认为，在以“教师是人不是神”作为道德辩护理由的“去神圣化”过程中，教师在一定程度上失去了对职业神圣性的道德追求，而教师职业本身的神圣性以及教育发生的内在规律乃至教师群体社会声望的建立，都内在需要教师道德神圣性的恢复，其本质是一种教师道德主体性的显现，是一种超越性需求的满足和对他者召唤的回应，也是对日常教育生活赋予意义的过程。因此，教师道德神圣性的实现需要教师以职业理想信念奠定精神动力，以自我实现的高峰体验增强对道德神圣性的价值认同，以教育性关系的重建以及基于教育生活中的意义重构实现教师道德神圣性的凡常模式。①

第五，有学者强调理论视野的融合，把教师职业伦理与教师职业生活本身融合起来，重新挖掘师德修养的基本内容与表现特征。唐凯麟、刘铁芳在其著作《教师成长与师德修养》中指出，目前的师德修养理论研究应当把教师职业伦理与教师职业生活本身很好地融合起来，真正显明教师职业内在的伦理要求与伦理品质，同时又显明当代教育本身的教育内涵与教育品质。因此，该著作强调以教师职业性与生命性的统一作为师德修养的出发点，从而为当代师德理论建设提出一个基本的逻辑起点，以增进教师对职业的理解为基本路径，以敬业、悟业（领悟教师职业的内在精神）、乐业为基本线索，突出当前教师道德中的主要问题，以促进教师职业人生的完善为基本主题，最终落实在对教师职业人生的幸福与卓越的追求上。②该著作还具体指出，进入新时代，我国经济社会发展面临着前所未有的新机遇与新挑战，科技革命、知识增长、经济全球化带来的社会发展，正越来越深刻地影响着教师道德修养的理念和内容，因此必须强调在教师师德修养中渗透国际视野、生命情怀、和谐理念等基本内容。首先，在全球化的新时代，当代教师道德修养的主要任务是让教师成为视野开阔、胸怀世

① 蔡辰梅．即凡而圣：教师道德的神圣性及其主体实践路径［J］．中国电化教育，2022(10)：32－38.

② 唐凯麟，刘铁芳．教师成长与师德修养［M］．北京：教育科学出版社，2007：9－12.

界、积极参与时代变革和推动时代发展的现代人；其次，教师在师德修养中应突出自己对生活和生命的理解，凸显关注生活、关爱生命、追求幸福人生、追求职业之美的浓烈生命情怀。最后，教师应当在师德修养中融入和谐理念，以学生全面、和谐发展为教育最高目标。[①] 毛少华强调，师德建设重在师德修养，师德修养重在自律自为，需要以信仰之美赋予教师道德修养的灵魂，以人格之美升华教师道德修养的境界，以大爱之美丰富教师道德修养的内涵，以超越之美提升教师道德修养的品格，使生命之美成为教师道德修养发展的内在动力[②]。

（三）教师道德修养的路径与原则

教师道德修养并非先天即有的，其培养与发展是一个长期的过程，需要教师在长期的教育实践中逐渐培养起来，并且使其渗透于日常的教育活动之中。对新中国成立以来我国学者有关教师道德修养的路径与原则的研究作时间脉络上的梳理，发现不同时间段的研究在关注焦点、研究路径方面有所不同。

1. 新中国成立至 20 世纪 90 年代

这一阶段有关教师道德修养的路径与原则的研究主要集中在 20 世纪 80 年代中期至 90 年代末，且主要有三种类型：

第一种类型：关注教师的“自我教育”“自我磨炼”“自我改造”。王正平指出，教师道德修养重在自我教育，要求教师从社会主义教育事业出发，依据社会主义师德规范和要求对自己的职业道德品质进行“自我教育”，通过加强自身学习、与教育实践相结合，并用“慎独”的方式具体展开师德修养的提升[③]。周延富认为，教师道德修养的有效方法在于刻苦学习、勤

---

① 唐凯麟，刘铁芳．教师成长与师德修养［M］．北京：教育科学出版社，2007：9－12.

② 毛少华．生命之美视角的师德修养论析［J］．中学政治教学参考，2018（24）：92－93.

③ 王正平．人民教师的道德修养［M］．北京：人民教育出版社，1985：174.

于实践、严于律己，三者相辅相成才能取得成效。其中，刻苦学习需要教师学习马克思主义理论，学习教师道德规范，学习社会生活中有用的养料，学习先进模范人物，学习自己的教育对象；勤于实践需要从三条基本路径出发，即教育教学实践、学术活动的实践和社会实践；严于律己则强调自觉精神，要勇于剖析自己，努力做到“慎独”。[①]

第二种类型：突出强调教师职业道德修养的客观标准，关注社会舆论与教师内心信念的相互作用以及理论与实践的相互作用。蒋超文、李齐念认为，善与恶以及是否有利于社会进步和教育事业发展是衡量教师职业道德修养的客观标准；教师个人品德的形成需要发挥两个方面的作用：一方面是社会舆论，另一方面是内心信念[②]。包连宗、郑建平指出，把理论和实践结合起来，是进行教师道德修养的根本路径。理论学习主要包括两个方面的基本内容：学习马克思主义理论；学习教育科学理论。在实践中加强师德修养则需要教师积极参加教育实践，做好本职工作，注意和工人、农民紧密联系，关心并积极参加整个社会的“两个文明”建设。[③]

第三种类型：一方面突出强调中国儒家的道德修养路径与方法；另一方面侧重理论与实践相结合。陈善卿等认为，中国儒家主张的道德修养途径和方法可以成为典型,例如孔子及其弟子提出的“内省”“自讼”等方法，孟子提出的“存心”“寡欲”“养气”等方法。此外，教育实践对教师师德修养也有重要的作用。[④]

2. 2000 年至今

2000 年以后，有关教师道德修养路径与原则的研究根据其关注的焦点可分为以下几类：

---

① 周延富 . 教师道德规范与修养［M］. 北京：学苑出版社，1993：143 − 147.

② 蒋超文，李齐念 . 教师的职业道德［M］. 广州：广东教育出版社，1991：228.

③ 包连宗，郑建平 . 教师职业道德修养［M］. 上海：华东师范大学出版社，1985：92.

④ 陈善卿，顾邵华，邓之光 . 教师修养［M］. 南京：南京大学出版社，1997：200 − 205.

第一，聚焦中国古代思想家对教师道德修养方法与路径的研究，尝试总结与归纳其价值与意义。李征宙、刘芝莲指出，加强“内省”、注重“慎独”对当前提高教师道德修养富有积极、深刻的现实意义。“内省”即“自省”，既包含了人们对自己的品行是否合乎道德规范进行自我检查的道德修养方法，也包含了人们对自己的行为及其所表现的品德是否合乎道德要求的自我检查，即个人对自己的行为动机与行为效果及其所表现出来的道德认识、道德情感、道德意志的道德价值之自我检查。“慎独”既是提高教师道德修养的一种特殊方法，又是教师在师德修养中力求达到的境界，它是悬挂在我们心头上的警钟，是阻止我们陷进深渊的一道屏障，是推动我们自身修养走向完美的一条路径。[①]刘寅春更是在关注“慎独”思想的历史演进、历史价值、现代价值的基础上提出在高校运用“慎独”思想提高教师道德修养的途径和方法：加强教师学习，深刻把握“慎独”思想的理论内涵和精神实质；提高认识，深入开展高校“慎独”思想的宣传教育；多措并举，大力实施“慎独”思想的实践活动；深化内因，积极完善道德主体人格，为“慎独”思想的实现创造良好内部条件；强化外因，建立健全有效体制和机制，为“慎独”思想的实现创造良好外部环境[②]。

第二，以中小学教师专业成长阶段为视角探究教师道德修养的基本路径与方法。傅维利认为，教师道德修养一般需要经历自发、自觉、自由三个基本阶段，教师只有根据自身道德发展的实际水平，在遵循其基本原则的基础上科学选择自我修养的方法与路径，才能健康有效地发展。同时，在论述师德修养问题时，他强调从“学习与实践”“尝试与自省”“自省与交流”“交流与慎独”几个方面提升教师道德修养。[③]

---

① 李征宙，刘芝莲．内省与慎独是提高师德修养的重要路径［J］．学校党建与思想教育，2011 (21)：60 － 62.

② 刘寅春．“慎独”与高校教师道德修养［D］．济宁：曲阜师范大学，2009.

③ 傅维利．简论师德修养［J］．中国教育学刊，2001 (10)：40 － 43.

第三，重点关注不同学段教师道德修养的路径及原则。廖蓉在其学位论文《高校青年教师职业道德修养研究》中聚焦高校青年教师职业道德修养问题，强调继承和创新高校教师职业道德修养的路径包括：高校应充分认识青年教师培养的时代意义；高校应为青年教师培养提供组织保障；高校应营造青年教师成长成才的物质环境；高校应建立科学的青年教师师德修养激励和考评机制；青年教师应在日常学习和实践中塑造自己的职业道德素质[①]。

第二节　教师道德的教育提升

教师道德教育即“师德教育”，就是把一定社会的思想观念、政治准则和道德规范，转化为教师个体的道德品质的社会实践活动。本部分主要从教师职前培养中的师德教育、教师职后培训中的师德教育两个方面来探究新中国成立以来我国学者对教师道德教育相关主题的研究，主要涉及两类师德教育的内涵及重要性、基本内容、主要方式（措施）、存在的问题及对策，最后还将对教师道德教育的未来作出展望。

一、教师职前培养中的师德教育

师范生作为未来的教师，其道德素质状态如何将直接关系到我国教育事业的质量。从已有研究看，我国学者有关师范生师德教育的研究主要关注以下几个方面的问题：

---

① 廖蓉．高校青年教师职业道德修养研究［D］．长沙：湖南农业大学，2012.

（一）师范生师德教育的内涵及重要性

目前我国学者对师范生师德教育内涵的研究主要有：田欢欢认为，师范生教师职业道德教育针对的是职业理想、职业意志和职业情感等[①]。张聪聪指出，师范生职业道德教育是依据社会对教师职业的道德要求，对师范生进行的一系列教育活动[②]。

我国也有不少学者将研究的重心放在了师德教育的重要性上。任顺元强调师德教育具有三个方面的重要意义：第一，师德教育是社会主义精神文明建设的需要；第二，师德教育是培养一代新人的需要；第三，师德教育有利于教师师德水平的提高[③]。胡忠仁认为，加强师范生教师职业道德教育有利于师范生形成职业理想信念，增强职业荣誉感[④]。贺春湘提出，加强教师职业道德教育是师范生未来职业的需求[⑤]。宁敏认为，加强师范生教师职业道德教育是师德发展的现实需要[⑥]。胡忠仁指出，在师范生的素质之中，思想道德素质具有导向作用，决定着其未来教育、教学活动中的方向、态度和行为表现。因此，加强师范生的职业道德教育和为人师表的养成教育，培养其为教育事业奉献终身的职业理想、高度负责的敬业精神和高尚的师德品质是培养造就德才兼备的合格教师的极为重要的方面。[⑦]

---

① 田欢欢．试论师范生的师德培养［J］．高校管理，2012 (1)：69.

② 张聪聪．师范生师德教育改革研究［D］．济宁：曲阜师范大学，2015.

③ 任顺元．师德概论［M］．杭州：浙江大学出版社，2005：292－294.

④ 胡忠仁．论师范生的师德教育［J］．高等师范教育研究，2001 (1)：42－46.

⑤ 贺春湘．当前师范生师德教育研究［D］．重庆：西南大学，2010.

⑥ 宁敏．论师德教育在师范生就业力中的地位、作用与路径［J］．河南师范大学学报（哲学社会科学版），2015 (3)：185－188.

⑦ 同④.

（二）师范生师德教育的基本内容

20 世纪 80 年代，连建生提出，“教师的职业道德是否高尚主要看两个方面：一看他是否忠诚党的教育事业，能否坚定不移地全面贯彻党的教育方针；二看他是否热爱学生，能不能够做到既教书又育人”①。蔡建国指出，对师范生进行“师德”教育，是师范教育的一个重要方面。“师德”教育应该成为师范院校共产主义思想品德课的重要内容。对于师范院校来说，要把“师德”教育摆在十分重要的地位，掌握“师德”的特点、作用、原则、规范、评价、要求以及教师修养的自觉修养等一系列问题，不断加强教师自我道德修养。②

胡忠仁指出，进行师范生的教师职业道德教育，主要目的就是帮助师范生增强教师职业意识，树立坚定的师范专业思想，掌握教师职业道德准则并逐步养成教师职业所要求的崇高师德行为习惯。为此，需要引导师范生科学地认识教师职业的社会价值；引导师范生把握师德原则和具体的师德规范，以便正确地规范自己的行为；引导师范生学习教育法规，提高对教师权利和义务的认识。③陈运娟提出，要成为一名新世纪的合格教师，应当树立事业心，增强责任感；热爱学生，尊重、理解学生；重视业务素质提高，适应现代教育发展④。付俊杰指出，师范大学对未来的准教师的教育必须从当前市场经济的实际情况出发，加强对学生的政治思想、道德各方面的教育，在育“德”上做足工作⑤。魏旭指出，师德培养具体包括以下几点内容：培养教师“热爱教育”的情怀；培养教师“锐意进取，勇于创新”

---

① 连建生 . 浅议教师的职业道德［J］. 人民教育 , 1982 (9) : 39 – 40.

② 蔡建国 . 师范生的“师德”教育［J］. 江苏高教 , 1987 (5) : 56.

③ 胡忠仁 . 论师范生的师德教育［J］. 高等师范教育研究 , 2001 (1) : 42 – 46.

④ 陈运娟 . 重视师德培养 做新世纪合格教师［J］. 江西教育科研 , 2004 (9) : 34 – 39.

⑤ 付俊杰 . 论师范教育中的师德教育［J］. 辽宁教育研究 , 2004 (5) : 92 – 93.

的意识；培养教师"教书育人"的职业认识；培养教师"因材施教"的能力；培养教师"热爱学生，诲人不倦"的责任感；培养教师"以身作则，为人师表"的律己自觉①。

刘德群强调，对师范生的师德教育一般包括四个方面：第一，提高师范生对师德的认识；第二，陶冶师范生的师德情感；第三，加强师范生的师德意志的锻炼；第四，注重师范生良好师德行为习惯的培养②。

（三）师范生师德教育的主要方式（措施）

我国学者关于这方面的研究侧重点各有不同。胡忠仁指出，对师范生进行师德教育是个系统工程，其具体的教育途径和方法是多种多样的。首先，要发挥课堂教育的主渠道作用，抓好政治课教学、开设教师职业道德课；其次，充分发挥师范院校的教师在师范生师德教育中的言传身教作用；再次，寓师德教育于各项活动之中；最后，要提高师范生自我师德修养的自觉性。③

魏旭在关注师德培养方法时强调，要注意教师教育观念向行为的转化；采用榜样学习的方法；结合事例加以探讨；注意教师的主体角色；坚持长期性教育④。

刘德群强调，在教师教育体系的师德教育过程中，应该注意以下四个方面的结合：第一，理想教育和师德教育相结合；第二，连续教育和阶段教育相结合；第三，理论教育与实践教育相结合；第四，养成教育与评价教育相结合⑤。

---

① 魏旭．论师德培养的内容及方法［J］．江苏社会科学，2007（S1）：103－104.

② 刘德群．论新时期教师教育中的师德培养［J］．教育与职业，2010（2）：52－53.

③ 胡忠仁．论师范生的师德教育［J］．高等师范教育研究，2001（1）：42－46.

④ 同①.

⑤ 刘德群．论新时期教师教育中的师德培养［J］．教育与职业，2010（2）：52－53.

（四）师范生师德教育存在的问题及对策

师范生师德教育存在的问题大致可以分为三个基本方面：首先，社会环境方面，不良的社会风气给师范生带来了错误的引导，使其道德观和价值观发生了改变。王晓雪认为，拜金风气的盛行导致师德观发生扭曲①。其次，师范院校教育方面，师范院校对师范生教师职业道德教育不够重视。廖鑫彬提出，师范院校没有专门的教师职业道德课程是师范生师德教育存在问题的原因之一②。最后，师范生个人方面，部分学者提出师范生教师职业道德意识欠缺、缺乏主动学习性和职业意志不坚定等问题。

此外，也有学者将研究目光聚焦到实习阶段的师范生身上，重点关注实习师范生师德教育中存在的具体问题及对策。蔡辰梅、魏海燕、谷红斌认为，实习师范生面临着主体身份与责任意愿相违、责任判断与外部力量对立、责任召唤与责任能力疏离、责任理想与现实努力存在落差等现实困境③。张妍、蔡辰梅进一步指出，实习师范生在践行同情的过程中也存在着同情学生与建构教师权威、忠诚同事以及服从学校管理规范等方面的专业道德冲突④。蔡辰梅、魏海燕通过对 34 位实习师范生的访谈调查发现，实习师范生身份具有双重性、短暂性与非正式三大特征，而受到身份特质影响的他们会作出寻求借口推脱责任、迫于压力放弃责任、全力承担责任等行为选择⑤。

---

① 王晓雪 . 师范生的教师职业道德教育问题及对策［J］. 福建教育学院学报，2016 (7)：47.

② 廖鑫彬 . 论师范生师德行为训练［J］. 四川教育学院学报，2011 (11)：32 － 33.

③ 蔡辰梅，魏海燕，谷红斌 . 实习师范生专业责任伦理困境的实证研究［J］. 当代教育科学，2020 (8)：87 － 95.

④ 张妍，蔡辰梅 . 实习师范生同情的专业道德冲突及其同情品质培养研究：基于关键事件的分析［J］. 福建教育学院学报，2021 (10)：43 － 49.

⑤ 蔡辰梅，魏海燕 . 实习师范生的责任行为选择：基于身份特质的实证研究［J］. 天津市教科院学报，2021 (5)：86 － 96.

二、教师职后培训中的师德教育

教师职后培训以促进教师专业化发展为目的，强调教师发展的终身性、自主性、阶段性与连续性特点，以教师个人成长为导向，侧重知识、技能、信念、态度、情意等专业素质提升，实现教师个体内在的、动态的、持续的、终身的专业发展，以及教师主体能动性的发挥。

（一）职后师德培训的价值与意义

教师职后师德培训是指对在职教师进行的各种形式的师德教育活动。它是促进教师自身师德不断发展、更新与提升的重要环节，也是推动教师走向专业化发展的关键路径。已有研究对教师职后师德培训的价值与意义作了如下重要探讨：

黄中贵指出，新时期赋予青年教师的历史重任决定着加强高校青年教师职业道德教育的重要性；教师职业的特点决定着加强高校青年教师职业道德教育的客观规定性；高校青年教师的思想状况和道德水平决定着加强职业道德教育的紧迫性；教师道德的社会作用决定着加强高校青年教师职业道德教育的必要性①。

石凤妍认为，加强高校的道德建设，师德建设起着关键作用，这主要由教师在教育活动中的角色价值所决定，师德建设对搞好高校党风和校风建设、推动学校事业的发展也具有重要意义，搞好师德建设对于推动有中国特色社会主义事业和社会主义道德体系的建立具有重要意义。此外，师德建设的目标体系应是具体、有层次的，第一层次是基本人格目标；第二

---

① 黄中贵.加强高校青年教师职业道德教育浅探[J].黄冈师专学报，1987 (2)：54－55＋65－66.

层次是教师职业标准目标；第三层次是素质教育目标。[①]

（二）职后师德培训的基本内容

为进一步贯彻与落实教师职后师德培训的目标，规范教师从教行为，加强教师队伍建设，在不同时期，我国学者对教师职后师德培训的基本内容展开了重要探讨：

黄中贵指出，高等学校青年教师职业道德教育的主要内容有：忠诚党的教育事业；热爱学生，尊重学生，循循善诱，诲人不倦；严于律己，以身作则，言传身教，为人师表；勤奋学习，勇于进取，钻研业务，精益求精[②]。黄四林等指出，在深化中小学教师队伍建设和培训改革，整体提高新时代教师的师德师风水平的新时期，研制好《中小学师德修养培训课程指导标准》是当前一项紧迫且重要的任务[③]。受教育部委托，《中小学师德修养培训课程指导标准》研制课题组依据新时代中小学教师队伍建设的新要求，以培育“四有”好教师，促使教师成为学生为学、为事、为人示范的大先生为目标，具体研制出了《中小学师德修养培训课程指导标准》，并于2020年7月正式发布。该标准包含12个二级指标和31个研究主题的师德修养课程指导标准，建构了包含A、B、C三个层级的师德培训课程。课题组人员在《以培养“四有”好老师为目标 涵养高尚师德修养：〈中小学教师培训课程指导标准（师德修养）〉有效实施的关键问题》[④]与《〈中小

---

① 石凤妍.以师德教育为重点 促进全员道德建设[J].中国高等教育，2001(22)：20－22.

② 黄中贵.加强高校青年教师职业道德教育浅探[J].黄冈师专学报，1987(2)：54－55＋65－66.

③ 黄四林，周增为，王文静，等.中小学师德修养培训课程指导标准的研制[J].北京师范大学学报（社会科学版），2019(1)：34－39.

④ 林崇德，黄四林.以培养“四有”好老师为目标 涵养高尚师德修养：《中小学教师培训课程指导标准（师德修养）》有效实施的关键问题[J].人民教育，2022(1)：45－47.

学师德修养培训课程指导标准〉的政策研制与落实》[①]两文中对研制过程有详细说明。

（三）职后师德培训的主要方式（措施）

为进一步落实教师职后师德培训的目标与具体内容，我国学者对教师职后师德培训的主要方式（措施）展开具体探讨，不少研究成果已在具体师德培训中得到有效落实。

黄永辉指出，加强高校教师师德教育的方法主要包括：坚持马克思主义指导思想，为高校教师师德教育提供坚实思想基础；坚定中国特色社会主义共同理想，为高校教师师德教育提供正确的目标指引；弘扬以爱国主义为核心的民族精神和以改革创新为核心的时代精神，为高校教师师德教育提供牢固的精神纽带和强大的精神动力；树立和践行社会主义荣辱观，为高校教师师德教育提供规范的道德基础[②]。

詹丽峰认为，在培训中应当本着使师德理论回归生活本真（“平易近人”）的原则，根本目的是让教师能够体验到师德理论与师德实践的“亲密关系”，以最终实现“取法乎上”的修养自觉[③]。

（四）职后师德培训存在的问题及对策

在突出强调教师职后师德培训价值与意义的同时，我国学者进一步对当前教师职后师德培训的观念、目标、内容、形式以及评价等方面所存在的问题展开探讨，并围绕具体问题提出相关对策。

---

① 《中小学师德修养培训课程指导标准》研制课题组.《中小学师德修养培训课程指导标准》的政策研制与落实［J］.课程·教材·教法，2022 (1)：123 － 130.

② 黄永辉.社会主义核心价值体系与高校教师师德教育［J］.黑龙江高教研究，2008 (7)：191.

③ 詹丽峰.教师职业道德教育的“平易近人”与“取法乎上”：以新任教师师德培训为例［J］.教育评论，2014 (4)：66 － 68.

姚林群强调，师德培训是提高师德水平、加强师德建设的重要载体，反观我国当前的师德培训，存在的问题主要体现为：第一，培训观念上，缺乏“师本”意识。一方面，缺乏对教师主体的认识，培训中的“无人现象”仍十分严重；另一方面，无视道德教育的性质和特征，将培训课堂当成了“关于道德”的课堂。第二,培训目标上,有“高”“大”“空”的问题。“高”是指制定的培训目标过高，无视教师当前的道德认识水平，忽视教师现有的道德认识能力，一味地要求所有的参训教师都要达到一种理想的道德境界，要求他们通过培训都具备高尚的道德情操。“大”是指制定的培训目标过于宽泛，动不动就谈要帮助教师进一步树立正确的世界观、人生观和价值观。“空”是指制定的培训目标过于空洞，总是将“帮助教师牢固树立社会主义荣辱观”,“使其明确加强师德建设的重要性”等作为培训的目标。第三，培训内容上，“片面化”“狭隘化”特征明显。总是从政治上、思想上提出要求，缺少对教师在具体教学实践中的师德规范的具体、细致的描述。第四，培训形式上，“表面化”“形式化”现象严重。当前的师德培训形式主要分为两大类：一是集中培训，以课堂教学和讨论交流为主，主要学习关于师德的基础理论，交流学习经验，听取先进事迹报告及参加理论考试等；二是自训自练，教师自己学习相关的文件、材料，撰写读书笔记及心得体会。培训的方式看起来丰富多彩，既有知识的学习、经验的交流，又有专家的咨询、实践的反思，但在具体实施上效果并不是特别好。第五，培训评价上，“量化”“单一化”“功利化”问题突出。师德培训的评价仍然是按照知识技能培训的评价模式进行的，由此就导致了严重的“量化”“单一化”“功利化”倾向。①

同时，姚林群认为应采取以下几种策略解决师德培训中的现实问题。策略一：视教师为“道德的主体”。首先，将教师看作一个完整的道德认

① 姚林群. 当前师德培训的问题与策略分析[J]. 江西教育科研, 2007 (5) : 57 − 58 + 72.

识主体。师德培训应转变过去单纯将师德教育视为知识学习和行为操练的道德教育观念，将教师的知、情、意等多种认识因素真正纳入培训过程之中。其次，将教师作为一个复杂的道德选择主体。最后，将教师作为一个富于创造的道德实践主体。策略二：回归教师的教育教学实践生活。首先，基于教师的道德实践生活进行培训的需求分析。其次，将教师的教育教学实践生活作为培训的重要资源。最后，加强教师对自身教育实践的认识，使其做自身道德实践的“反思者”。策略三：基于交流与对话。首先，开展培训者与学员之间的交流与对话。其次，开展学员与学员之间的交流与对话。最后，开展学员与自我的交流与对话。[①]

詹丽峰则主要从对培训对象态度的解读出发，具体探析了现有师德培训所面临的基本困局：第一，教师对师德培训的刻板印象；第二，教师将德行修养功利化的倾向；第三，教师参与培训的现实困难[②]。

三、教师道德教育的未来展望

教师不仅是知识的传播者、智慧的启迪者，也是精神的熏陶者、人格的影响者、道德的体现者。教师的工作对象是学生，教师的一言一行都会对学生的世界观、人生观、价值观产生重要而持久的影响。加强教师道德教育不仅关系到教师自身的修养，而且关系到国家和民族的未来。目前对教师道德教育发展趋势的研究主要关注了以下几个基本问题：

（一）教师道德教育的职前职后一体化问题

教师的成长要经历职前职后的漫长过程，师德教育应贯穿始终。因此，

---

① 姚林群．当前师德培训的问题与策略分析［J］．江西教育科研，2007 (5)：57 － 58 + 72.

② 詹丽峰．教师职业道德教育的“平易近人”与“取法乎上”：以新任教师师德培训为例［J］．教育评论，2014 (4)：66 － 68.

教师道德教育的职前职后一体化问题值得重视。檀传宝指出，我们的教师教育系统在师德培育上存在比较严重的问题，集中在两个方面："一方面职前教师教育环节基本上没有具体的师德要求和具体课程安排，教师资格证书虽然有一些模糊的规定，但是在获得教师资格证书的时候并无实质上落实的要求。另一方面，在教师的职后教育中，我们要么根本没有师德教育环节，要么有师德教育内容，但多是采取'大呼隆''一锅煮'的形式。"[①]因此，傅维利在分析教师职业本身特性的基础上，强调师德教育是一个由职前教育阶段与职后教育阶段共同构成的过程[②]。孟繁华、袁梅则指出，关注师德培育的最终目的应是促进教师道德成长，即让教师真正获得职业发展的价值源泉、内在动力与精神基础。与此同时，教师道德成长作为教师不断趋近良好道德养成的过程性实践，必然受制于个体自愿性、能力所限以及个体所置身其中的教育机构所做的有效努力与积极保障。[③]

（二）教师道德教育中注重伦理理性的培养

在教师专业化背景下，师德也面临着从传统师德向现代师德、从职业道德向专业伦理的转型。面对这一转型，我国学者进一步指出，关注教师作为专业人员所应具备的伦理理性则显得尤为重要。对此，诸多学者围绕教师伦理理性的培养议题展开持续探索。

毛菊、杨淑芹提出，在教师专业化背景下，师德也要发生相应转型，从停留在经验、习俗层面向伦理理性的方向发展。教师伦理理性的形成与发展与学校场域密切相关，直接影响教师专业伦理及教师伦理理性发展的因素主要有师德规范、学校领导、师德教育。然而，随着教师教育的深入

---

① 檀传宝．当前师德建设应当特别关注的三大问题［J］．中国教师，2007 (2)：10 － 12.

② 傅维利．简论师德修养［J］．中国教育学刊，2001 (5)：40 － 43.

③ 孟繁华，袁梅．新时代培育—治理—评价 (CGE) 师德建设三维模型［J］．教育学报，2021 (5)：134 － 144.

推进，专业知识、技能的职后教育已经轰轰烈烈地展开，师德教育却被置于边缘化甚至是被忽略的境地。在教师道德教育层面具体表现在：从培训主体和教师来看，对教师专业伦理教育的重要性认识不足；从职后教师教育的课程设置来看，缺乏相关的道德、伦理知识；从教师教育的实施来看，缺乏伦理的维度。因此，需要优化师德规范体系，促进个体道德理性与公共理性的融合；加强学校的道德领导，唤醒教师的参与意识和道德责任；促进师德教育职前职后一体化，丰富教师的伦理知识，培养教师的伦理思维；加快教师专业团体的建立，切实提升教师群体的伦理素养。总之，师德教育的重点不是知识的传递，而是价值与意义的构建，是伦理理性的提升。[①]

（三）教师道德学习的内涵建构

尽管师德建设一直是中国教育和教师政策持续关注的焦点话题，但目前仍存在师德建设工作缺乏明确工作内容、师德政策强调制度性和外控性等现实问题，因此诸多学者试图通过关注以教师为本位的师德学习问题来探究应对策略。靳伟等从政策文本出发，结合道德学习、道德形成的脑机制和伦理学等相关研究，提出并具体建构了师德学习的基本内涵，认为“师德学习是指教师从师德困境出发，逐步学习师德规范，并最终形成教师美德的过程，这一过程体现了师德敏感、情感、推理、行动、意志和品性的交互作用，并受到良心和荣誉两个方面的影响”[②]。

傅淳华、杜时忠指出，为进一步促进师德教育的发展，我们应该将教师道德学习的阶段性特质纳入师德教育的认识与实践中。首先，在认识层面需要重构对教师与学习的认识。一方面应承认具体而真实的教师个体才

① 毛菊，杨淑芹．教师伦理理性的内涵及其培养［J］．当代教育科学，2010 (11)：39－42.

② 靳伟，李肖艳，刘乔卉，等．论师德学习的内涵建构［J］．教师教育研究，2021 (1)：7－13.

是道德学习的主体，他经历的是一个“生长”“生成”或“建构”的过程，而师德教育所能做的只是提供一种有利于道德学习的价值引导环境而已；另一方面需要积极吸收多学科的“营养”，对教师道德学习阶段性问题进行全面而系统的探讨。其次，从实践层面进行重构。一方面要改革政策实践，推进师德教育全面关切教师道德学习阶段性问题，师德教育政策的支持必不可少；另一方面要发展教师实践，真正地使师德教育依照教师道德学习的阶段性规律，全面深入地展开于教育实践之中，以此夯实师德教育的实践基底。①

裴淼、刘乔卉等更是基于我国传统思想中的具身观以及具身认知理论，同时整合心理学和脑科学的研究，提出“具身认知学习”概念，主张让身体重新回归到师德学习中，强调教师身体的能动参与在师德学习中的回归，即教师通过身体与情境的互动，引发师德知、情、意、行的改变，最终形成教师美德。同时，他们对具身师德学习的路径进行了具体论述，指出“师德抽象概念的具身体验”以及“师德案例情境的具身展演”是教师道德学习的两条路径。②

（四）人工智能时代的师德教育

近年来，人工智能的新理念与新技术既给新时代的师德教育注入了新的思路与新的发展契机，又为新时代的师德教育带来了前所未有的挑战与困难。基于此，我国诸多学者关注到人工智能时代的师德教育问题并进行了相关研究，主要探讨了人工智能时代师德教育的时代内涵、所面临的困境与突围路径等现实问题。

---

① 傅淳华，杜时忠．论当前师德教育的困境与超越：基于教师道德学习阶段性特质的反思［J］．教师教育研究，2016 (3)：13－17＋66.

② 裴淼，刘乔卉，靳伟，等．具身师德学习的内涵、价值和路径［J］．教师教育研究，2021 (6)：38－44.

肖菊梅、周婷指出，人工智能时代更迭了教育的组织结构、教学环境、教学内容、教学手段等，也为新时代教师职业道德的培育提供了新的挑战与契机。智能技术支持下的师德教育不仅要求教师承袭“爱岗敬业、严谨治学、关爱学生、为人师表”等公共道德规范的教育重任，更要加强人工智能时代教师个体及教师在周遭的文化生态中的职业道德观念、师德能力、师德精神等层面的专业修炼；提高学科整合、信息洞察、人际协作等专业师能；涵养终身学习、扎根实践、勇于创新的师德精神，提高教师职业道德的信念内化和行为自觉化，践行“知行合一”的师德实践。[①]

（五）具身认知视角下的师德教育

具身认知作为以身体为重要元素，诠释人类在身体与环境的相互作用下，通过身体感知体验周围世界或环境以获得认知并建构内在概念系统的新的研究视角[②]，正在成为师德教育研究所关注的新问题。裴淼、刘乔卉等指出，随着师德师风在教师队伍建设中重要地位的凸显，已有师德培育路径偏重师德知识习得，忽视教师师德情感体验、师德行为履行的问题愈发突出，在今后的师德建设工作中应重点关注具身师德学习路径，侧重强调教师身体在师德学习中的能动参与，从而使教师师德建设达到知、情、意、行的统一[③]。李志兵更是进一步指出，具身认知理论可以为师范生师德养成教育提供理论和实践指导[④]。谢延龙则认为，身体是

① 肖菊梅，周婷．人工智能时代师德教育的困境与突围［J］．当代教育科学，2021（5）：39－47.

② 于慧．教师职业道德养成的内生路径：基于具身认知理论视角［J］．教育理论与实践，2022（25）：59－64.

③ 裴淼，刘乔卉，靳伟，等．具身师德学习的内涵、价值和路径［J］．教师教育研究，2021（6）：38－44.

④ 李志兵．基于具身认知理论的师范生师德养成教育研究［J］．学校党建与思想教育，2021（2）：31－32.

教师道德发展存在和发生的基础，可以从身体主体、身体认知、身体体验等方面彰显道德意蕴，在实现身体救赎的教师道德发展的路径中要注重从“离身”到“具身”的转变，从“成神”到“成身”的转变，从“蔽身”到“显身”的转变[①]。于慧更是明确强调，具身认知作为一种新的研究视角，将教师职业道德的研究视角扩展到了教师个体的身体层面。因此，在学校坚持以人为本，创建“支持型”道德环境，建构适合教师职业道德发展管理制度的外部条件下，应当注重教师职业道德养成的内生路径，关注教师设“身”处地的感受、“身”后反思以及“身”心调适，以提升教师道德智慧。[②]

第三节　教师道德的社会支持

教师道德的养成是一项系统工程，既需要学校教育的专业培养，也需要整个社会环境的有效支持。当前，关于教师道德的社会支持方面的研究，主要聚焦在现代媒体与教师道德、社会文化与教师道德两个方面。

一、教师的媒体道德形象

媒体在教师道德形象塑造上一直扮演着重要的角色，它既是教师道德形象得以展现的重要舞台，又是公众认识教师道德形象的主要途径。要提升教师道德水平，就不能不考虑媒体在教师道德形象塑造方面的作用。由此，“教师媒体道德形象”这一概念便应运而生。所谓教师媒体道德形象，是指

---

① 谢延龙．教师道德发展的身体沉沦与救赎［J］．当代教育与文化，2019 (1)：97－101.

② 于慧．教师职业道德养成的内生路径：基于具身认知理论视角［J］．教育理论与实践，2022 (25)：59－64.

教师通过媒体的塑造所呈现给公众的具有道德意蕴的人格特质、行为表现和职业素养。教师媒体道德形象是公众对教师作为教育者的角色认知，能够折射出不同时代社会对教师的期望,反映出特定的教育理念与价值追求。[①]

关于教师媒体道德形象的研究，主要集中在2005年以后。在媒体的塑造下，教师形象主要分为正面和负面两个道德形象表征，或者说主要呈现出神圣化和妖魔化两种极端对立的道德形象[②]。“神圣化”指的是媒体将教师渲染成带病工作、抛弃私利、超凡脱俗、一心为公的道德形象;而“妖魔化”是指在对教师的负面报道中,教师形象被严重扭曲,被描绘成敛财者、禽兽、变态狂、流氓等[③]。同时，已有研究也进一步关注到教师道德形象的社会建构问题。何小舟、刘水云在借鉴西方公共政策领域中的目标群体社会建构与政策设计框架理论的基础上，通过梳理圣人化、妖魔化与人性化的教师道德形象的由来与发展，探讨不同教师道德形象与教师政策设计之间的交互作用关系，发现教师群体的道德形象为社会文化所建构，并影响相关教师政策的出台，又受到政策的引导与社会的监督。[④]

（一）神圣化的教师媒体道德形象

教师自古以来就被看作道德的楷模、为人之表率。社会公众对这种崇高的教师道德形象具有高度的期待和认同，教师作为“春蚕”“红烛”的道德形象早已演化为一种潜在的社会事实，成为社会大众潜意识中对教师道德形象的评价标准。而媒体对教师崇高道德形象的极力渲染和引导，使

---

① 刘海波．从神圣化到妖魔化：教师媒体道德形象的变迁［J］．中小学德育，2016(7)：21－24.

② 班建武．教师媒体道德形象的影响及原因、对策分析［J］．教师教育研究，2007(6)：28－32.

③ 柴玉．新闻媒体中的教师道德形象研究［D］．西安：陕西师范大学，2017.

④ 何小舟，刘水云．教师道德形象建构与政策设计：基于目标群体社会建构与政策设计框架理论［J］．教育学报，2021(6)：112－121.

教师“道德圣徒”的形象更加深入人心，成为公众对教师评价的重要甚至唯一标准。这在我国教师题材的电影中便能得到充分体现：从早期的《祖国的花朵》《园丁之歌》《春晖》，到后来的《凤凰琴》《一个都不能少》《美丽的大脚》，教师形象塑造呈现出模式化的特点，歌颂成为共同的基调。这样的宣传虽然对传播高尚师德、塑造教师职业形象起到了不可忽视的作用，但也让人们在感叹教师伟大的同时，亦悲痛于教师的凄苦，仿佛只有为了教育事业而不惜牺牲一切甚至生命的教师才是好教师，否则就是不合格的教师——这让许多在职教师及有志于成为教师的人产生了巨大的心理压力和强烈的畏惧感。[①] 银幕上教师的形象不过是人们对传统文化、教育乃至规则和约束的不同心态的表达，早期电影中的教师形象是人们对教师“圣人”式的完美化形象期待的表达[②]。传统的媒介影视更倾向于塑造一个标准化、生动的教师形象，使教师的完美形象固定化[③]。媒体中，除了教师的形象会被神圣化，教师丰富的生活也往往被窄化成一种无我的纯粹奉献[④]。

（二）妖魔化的教师媒体道德形象

随着社会转型所带来的社会价值观念的多元化，以及政府权力在公共领域中的逐渐减弱，作为社会第四种权力的媒体俨然成了当前公共生活的新的主宰，正日益改变着人们对教师形象的固有印象。教师的道德形象在一些媒体中正走下圣坛，变得庸俗、可憎。[⑤] 卞冬磊、张稀颖在实证研究

① 刘海波．从神圣化到妖魔化：教师媒体道德形象的变迁［J］．中小学德育，2016 (7)：21 － 24.

② 刘元红．教师映像：论电影中教师形象的表达［J］．电影评介，2008 (3)：10 － 12.

③ 李正刚．站在圣坛上的人：教师媒体形象正读［J］．中国教师，2010 (3)：42 － 44.

④ 班建武．教师媒体道德形象的影响及原因、对策分析［J］．教师教育研究，2007 (6)：28 － 32.

⑤ 班建武．教师媒体道德形象设计［J］．中国德育，2010 (4)：26 － 29.

大学形象塑造的过程中发现，媒体报道中的大学教师不再是过去温文尔雅的形象，他们在学术上取得的一些成绩因很难具备新闻价值而鲜少被关注，相反在学术腐败、道德堕落这些敏感话题上，一有风吹草动，就会引起轩然大波，大学教师的负面报道率达到了37.9%。[①]李燕玲调查发现，当时在互联网上约有33 300项关于教师的查询结果，其中只有不到1 000项是有关教师高尚等正面形象的报道。这些对教师正面形象的报道，往往较为单一、刻板，而在其他负面信息中，教师往往被描述成训诫者、敛财者、体罚者、变态狂、禽兽、流氓等。[②]王培分析了《人民日报》《京华时报》《江南时报》三大报纸关于大学教师的相关报道，发现报纸媒体对大学教师形象的呈现主要以负面为主，甚至有向“妖魔化”发展的趋势[③]。李程锦通过分析人民网、新浪网、新华网3个具有代表性的网络媒体关于教师的报道，发现有关教师正面形象的新闻报道数量很少，教师的正面形象呈现模式化且刻板单一的特点；有关教师负面形象的新闻报道不管是数量还是种类都远远超过前者，教师形象有被妖魔化的倾向[④]。

王培在对我国平面新闻媒体上的大学教师形象进行研究时，专门对负面报道的话语倾向作了分析与阐述。他发现，大众媒体在报道大学教师的相关新闻时，往往用传统价值观中教师的刻板形象来对比新闻事实。在报道大学教师的负面新闻时，有意通过塑造大学教师的负面形象，来打破大众传统认知中对大学教师的刻板印象，从而制造大学教师传统印象与现实形象的冲突，以博取高关注度和讨论度。同时，媒体所关注的事件与其媒体属性有较大关联。党报对于学术腐败这类敏感事件多采用冷处理的方式，

① 卞冬磊，张稀颖．转型期大众传媒报道与大学形象塑造关系研究[J]．新闻与传播研究，2005(2)：68－85.

② 班建武．教师媒体道德形象设计［J］．中国德育，2014(4)：26－29.

③ 王培．我国平面新闻媒体上的大学教师形象研究［D］．武汉：华中科技大学，2006.

④ 李程锦．新闻媒体对教师形象的再现与重塑［D］．南京：南京师范大学，2012.

侧重于通过负面报道来警醒、教育大众，从而正确引导舆论；都市类报纸则期望通过对相关事件的深度挖掘和追踪报道来吸引受众的更多关注，报道更青睐于负面新闻、违法事件及带有“绯闻”色彩的相关事件。而各大网站的选题倾向则介于以上两者之间。[①] 崔岐恩、张晓霞于2010年3月11日通过Google搜索引擎对“教师”一词进行了查询，对查询结果整理分析后发现，关于教师的负面报道占到64%，且大体上有三种类型：“色情类”“体罚类”“钱财类”[②]。杨飞总结了教师负面报道的类型，并且用“妖魔化”来形容教师负面形象被夸大的现象，比如报道个别教师偷窃、侵害未成年人事件，以及个别教师在专业学术造诣、道德品质、私生活方面存在的问题，这使得大众对整个教师群体产生夸大的负面情绪，影响到整个教师群体在大众心中的形象。妖魔化的负面形象因为与传统教师形象背离，更容易激起人们的关注，迅速成为热点事件，媒体追逐流量与点击率，争相报道，使得教师负面形象被进一步夸大、渲染。媒体的报道以偏概全、夸大扭曲，使得教师形象被严重“污名化”，教师存在于大众心中的美好形象被打破，甚至向“恶魔”形象发展，这对教师个体及教师群体都产生了不利影响，很多优秀教师开始自我怀疑，教师职业的发展受到冲击。[③]

（三）教师媒体道德形象的影响

关于大众传媒负面报道对教师群体影响的研究中，班建武的观点有较强的代表性。他认为，被妖魔化的教师形象与被神圣化的教师形象一样，都背离教师本真的现实生活，给教师的工作和生活带来一系列的消极影

---

① 王培．我国平面新闻媒体上的大学教师形象研究［D］．武汉：华中科技大学，2006.

② 崔岐恩，张晓霞．网络媒体与教师污名化现象解析［J］．传媒视察，2010 (8)：19 − 20.

③ 杨飞．网络新闻报道中高等教育教师媒介形象构建［J］．黑河学院学报，2017 (8)：203 − 204.

响[①]。首先,媒体对教师形象的过度负面呈现客观上恶化了教师成长的社会环境。其次，媒体对教师形象的丑化也会影响到教师榜样的确立，削弱教师的道德自律。再次，被妖魔化的教师形象容易使涉世不深的学生对教师整体产生不良的印象，不利于教师作为学生成长过程中的“重要他人”对学生施加正面影响。最后，被解构的教师形象会造成一定程度的教师身份焦虑，使教师产生不同程度的认同危机。[②]李程锦持相同观点，认为过多的负面渲染会弱化教师权威，影响师生关系，而且降低教师的职业声望，最终导致教师社会地位的下降[③]。刘海波也指出,随着社会的变迁和网络的快速发展，媒体报道下的教师形象呈现两个极端化的现象，即“妖魔化”和“神圣化”。教师媒体道德形象的“神圣化”剥夺了教师作为个体自由人的情感，让教师被所谓的“高尚道德”绑架；教师媒体道德形象的“妖魔化”同样带来了一定的消极影响，不仅削弱了教师对学生的榜样示范作用，阻碍了友好师生关系的形成，而且让教师对所从事的职业产生怀疑，降低职业认同感，产生职业怠倦。[④]

（四）改善教师媒体道德形象

教师的道德形象关乎教师的社会声望，也关乎教师的职业和道德发展，更关乎教育在社会公众中的形象以及公众对教育的信心。因此，改善教师媒体道德形象，实现教师道德的专业化发展是当前师德建设中不得不加以考虑的重要问题。教师道德形象的神圣化和妖魔化在很大程度上影响了教

---

① 班建武．教师媒体形象过度负面报道的消极影响［J］．中国教师，2007 (2)：20 − 21.

② 班建武．教师媒体道德形象的影响及原因、对策分析［J］．教师教育研究，2007 (6)：28 − 32.

③ 李程锦．网络媒体中教师形象负面报道的调查研究［J］．浙江教育科学，2010 (6)：13 − 15.

④ 刘海波．从神圣化到妖魔化：教师媒体道德形象的变迁［J］．中小学德育，2016 (7)：21 − 24.

师生活及其道德的健康发展，有效解决这一问题的基本思路应该是坚持“内外兼修”：一方面是赋予教师专业组织新闻监督的权力，优化师德发展的媒介环境；另一方面，应该增强教师的媒介素养，提高他们对媒介文化所塑造的教师道德形象的批判和反思能力。[①] 我们需要的是好教师而不是完美的教师，所以在教师道德形象塑造过程中，应避免神圣化和妖魔化两个极端，真实地呈现教师道德形象，既不将其捧为高高在上的“神”，也不对其口诛笔伐，将其贬为令人唾骂的“魔”。只有从教师专业发展的角度进行反思，注重对教师的人文关怀，才能重塑健康的教师道德形象，促进教师的专业道德建设。[②] 另外，有研究从国家、教师、媒体、大众等多个层面提出改善教师媒体道德形象的策略：第一，国家层面的策略。发挥政府监督管理职能，完善法律法规；纯化教育环境，宣传社会正能量。第二，教师层面的策略。加强师德建设，提高教师素质；提高教师自我反省能力，促进教师身心健康发展。第三，媒体层面的策略。加强媒体道德建设，增强社会责任感；公正客观报道，净化媒体传播环境。第四，大众层面的策略。努力摆正心态，摆脱好奇心理；提高信息辨别能力，防止跟风。如此才能传播正确的教师道德形象，维护教师社会声誉，净化教师工作环境。[③] 此外，还要注重发挥媒体伦理的重要作用，媒体从业者要时时刻刻用媒体伦理来规范自己的行为，反省自己，用媒体职业道德规范来提醒自己、约束自己的行为。媒体从业人员应该有这样的意识与自觉性：以呈现事实真相为要务，客观公正、全面具体、实事求是地报道教师新闻，把向公众展

---

① 班建武 . 教师媒体道德形象的影响及原因、对策分析［J］. 教师教育研究，2007 (6)：28 － 32.

② 刘海波 . 从神圣化到妖魔化：教师媒体道德形象的变迁［J］. 中小学德育，2016 (7)：21 － 24.

③ 暴圆 . 媒体负面报道对教师道德形象的影响研究：基于教师个体体验的分析与反思［D］. 石家庄：河北师范大学，2018.

现最真实的教师形象作为自己的责任和义务。[①] 总之，我们在批判新闻媒体对教师形象过度负面报道的同时，更期望能够唤醒新闻媒体和社会大众对教师形象的全新认识。新闻媒体要减少教师作为“圣人”形象的片面性报道,重视教师作为“凡人”形象的合理报道,实现教师作为“凡人”和“圣人”两种形象的统一。只有新闻媒体在避免过度强调教师这一职业的特殊神圣性的同时对教师职业的普通平凡性给予更多的关注，社会大众才能从多个视角来重新审视教师形象，从而使教师形象更加贴近真实。[②]

二、教师道德的文化基础

我国学者对教师道德的文化基础的研究主要从两个方面展开：其一，关注教师道德的传统文化挖掘，突出对传统师道文化内涵的解读；其二，关注教师道德文化的比较研究。

（一）教师道德的传统文化挖掘

我国有着悠久而丰富的教师道德文化传统，对于师德建设而言是一笔丰富的文化遗产。然而，新中国成立以来，在如何面对我们的师道传统，如何完好地保护和传承优秀的师道文化方面，却有着曲折的历程。从新中国成立之初对苏联教育的模仿学习到“文革”期间对传统文化的颠覆性破坏，改革开放之前，我们对传统师道文化的自觉梳理和传承未能充分展开。改革开放之后，伴随教师教育的发展，传统教师道德文化的重要功能和影响愈发显著，学界围绕对传统师道内涵的理解以及如何在社会转型背景下继承和发扬传统师道文化展开了深度的思考和探讨。

---

① 马修·基兰.媒体伦理[M].张培伦,郑佳瑜,译.南京:南京大学出版社,2009:38－45.

② 李程锦.新闻媒体对教师形象的再现与重塑[D].南京:南京师范大学,2012.

1. 对传统师道文化的内涵理解和特征归纳

只有正确认识和理解传统文化，才能使其真正成为教师道德建设的有用资源。因此，对传统文化尤其是传统师道文化的深度理解和阐释就成为这一领域中的基础性工作。林崇德主编的《师德通览》[①] 系统梳理和呈现了中国思想家、教育家的师德思想观念，其中郭齐家撰写的“引言”，提炼概括了传统师德文化的概况，以及古代和近现代师德文化的特征，高屋建瓴、系统周全，是我们了解中国传统师德文化的重要参考文献。在中国传统教师道德文化中，最核心也最为重要的是师道文化，因此，围绕传统师道文化进行的探索研究对于新时代的师德建设具有重要的文化支持意义。萧承慎在 1949 年之前撰写的《师道征故》于 2000 年在台湾重新印刷出版，引起学界关注。章泽渊系统介绍了《师道征故》的研究脉络和学术价值，认为全书以为师之道、尊师之道、求师之道这三者为主线，按照师道—师法—为师之道—尊师之道—求师之道—报师之道—求学之道的逻辑顺序展开严谨的考证阐述，文献翔实，论述精辟，是对研究传统师道文化具有奠基意义的论著[②]。在师道文化的流转变迁中，人们对师道形成了日益狭窄化的理解，将师道简单理解为“为师之道”，而在师道文化的本源上，对师道的完整理解除了为师之道，还包括尊师之道、求师之道、报师之道等，这一对师道文化丰富内涵的阐释对于完整的师道文化的传承以及教师道德的建设都具有重要的启示意义。仅仅要求教师遵守为师之道，而不强化尊师、报师等回应性的内涵，教师道德就成为无源之水、无本之木。

在对传统师道文化内涵的阐释性研究方面，陈桂生的专著《师道实话》具有系统性和深入性的特征，奠定了重要的领域性基础。该著作在阐述“师道”“师德”和“现代教师的职业精神”的具体内涵的基础之上，认为三

---

① 林崇德 . 师德通览［M］. 济南 : 山东教育出版社 , 2000.

② 章泽渊 . 仰之弥高 钻之弥坚 : 学习《师道征故》偶感［J］. 华东师范大学学报 (教育科学版), 2002 (1) : 91 － 96.

者分别是教师演变过程中不同阶段的产物，又各有局限性；同时强调了师道在中国文化背景下与源自西方的“师德”和“现代教师专业伦理”的差异，认为其是教师专业伦理规范系统中不可或缺的价值层面。在此基础上，该著作还将传统师道文化中的关键性思想内核一一辨析，以澄清认识，如对“师术有四”“一日为师，终身为父”“善教者使人继其志”“教之大伦”“师严然后道尊”等引经据典地加以阐释，对于师道文化得到正确的理解和传承发挥了重要价值。[①] 除此之外，其他一些学者对师道文化的阐释也进一步加深了人们的认知，如顾建华从“师道”“师责”“师谊”的维度分析了传统师道文化[②]，容中逵从“师表”“师法”“师职”等方面分析了师道文化的核心[③]，毕诚则分析了中国古代“师道”“师德”“师风”的基本内涵[④]。此外，一些学者研究了不同文化流派[⑤]以及不同历史时期[⑥]的师道文化，对这一研究领域的丰富和纵深性发展作出了贡献。

“师道尊严”是中国传统师道文化中的关键性概念和观念，然而对这一概念的误解和讹传严重影响了对传统师道文化的正确理解和传承，为此一些学者不遗余力地对这一概念的内涵进行澄清，因为正本清源方能为文化传承清除障碍。石中英提出，作为优秀传统文化的“师道尊严”传统，

---

① 陈桂生．师道实话［M］．上海：华东师范大学出版社，2014：1－6.

② 顾建华．师道·师责·师谊：中国传统教育中的教师［J］．辽宁高等教育研究，1998（5）：47－52.

③ 容中逵．“道之所存，师之所存”：关于中国传统“师道”的几点思考［J］．河北师范大学学报（教育科学版），2007（1）：81－89.

④ 毕诚．中国古代的师道·师德·师风［J］．中国德育，2010（4）：18－21.

⑤ 文正东．儒学变迁中的师生关系演变研究［D］．上海：华东师范大学，2011；卿希泰，孙瑞雪．试论《老子想尔注》的师道思想［J］．西南民族大学学报（人文社会科学版），2014（10）：70－74；徐公喜．宋明理学师道观论说［J］．孔子研究，2015（5）：87－95.

⑥ 陆敏珍．论韩愈《师说》与中唐师道运动［J］．社会科学战线，2009（1）：137－143；赵园．师道与师门：以明清之际为例［J］．社会科学论坛，2005（7）：109－124；张礼永．大学之师与启蒙之师谁可谢：1933 年上海文坛关于师道问题论争的回顾与探析［J］．湖南师范大学教育科学学报，2014（6）：84－88.

在历史上和现实教育实践中曾经被严重误解和曲解。因此，重提“师道尊严”，需要重新阐释“道”“师道”“传道”等的本真含义，进一步营造尊师重教的风气，防止“贱师”“耻师”“辱师”等现象的发生，教师也要不断提升自己的道德价值品质，牢记“道之所存，师之所存”的训诫。[①]张东娇在澄清各种对“师道尊严”的误读之后，指出了“师道尊严”的两种合理内核：一是指为师之道，以严为尊；二是指教师的地位至高无上。后者是就教师地位、角色而言的，前者是就为师之道而言的，强调为人和治学的方法论；后者是教师的社会尊严，前者是教育和教学尊严。在此基础上，她提出了重构师生关系的“双向路径”。[②]唐迅从中国古代教育哲学的视域下对“师道尊严”命题进行了考辨，提出“师”“道”和“师道”是三个既相关联又相区分的概念，“师道尊严”命题中的“师”和“道”是两个独立的相关概念，“师严”“道尊”也是两个并列的相关判断。在此基础上，他提出传统师道可概括为体真求道、布善行道、至美体道，并且具体、生动地显现于教师教育活动的师法、师德、师爱、师艺、师表之中，从而使师道成为主体与对象、目的与规律和谐交融的体用不二的统一。[③]刘兆伟、王宏巍也提出，“师道尊严”是“师严道尊”的误传，其实质是只有严肃认真负责任的教师才能使社会尊重教育，为此，应倡导“师严道尊”，要解放教师思想，以使之具有教育的独创性和内在尊严，且使之加强对学生的爱心、责任心以赢得学生的尊重[④]。

2. 对如何传承和发展传统师道文化的研究和探讨

中国文化精神的韧性举世周知。虽则历史上曾有“师道之不传也久矣”

---

① 石中英．师道尊严的历史本意与时代意义［J］．当代教师教育，2017（10）：18－23.

② 张东娇．师生关系新走向：双向式“师道尊严”［J］．教育科学，2007（2）：60－63.

③ 唐迅．师道新探：中国古代教育哲学思想探微［J］．高等师范教育研究，1993（4）：18－24.

④ 刘兆伟，王宏巍．论“师道尊严”与师生各正其名［J］．河北师范大学学报（教育科学版），2008（5）：88－93.

的情况发生，但衰落的师道却总能不断被重新提振起来，薪尽火传。因此，如何在特定的时代背景下传承和发展师道文化，进而为教师的道德提升和教育的高质量发展提供文化资源，是具有持久性的课题。林崇德在梳理中国传统文化中的师德观的基础上，主张从师业、师爱、师能和师风等维度传承传统师德文化，加强师德建设[①]。舒志定立足教师专业化提升，从教师专业发展的境界、动力与途径，尤其是独特生命品格形成的角度，阐述了研究和挖掘传统文化中的合理因素的重要价值[②]。翟莉、王守恒追溯了传统“师道”中教师自尊文化形成的根源，提出应重建教师自尊文化：从朴素的自尊走向专业自尊，从个人主义到专业合作，从权威主义到以学生为本的专业道德，以此升华、突破和纠正传统教师自尊文化[③]。蔡辰梅从社会转型带来的教师道德面临文化断裂的现实出发，提出应该回到传统，发掘传统道德文化资源，以摆脱当下师德文化供给枯竭的现实困境[④]。

（二）教师道德文化的比较研究

我国学者对教师道德文化的比较研究主要集中在两个方面：一是基于中西教师文化整体进行的比较研究，二是对教师道德形象的跨文化比较研究。

基于中西教师文化整体进行的比较研究，一般基于中西文化的宏观差异对教师道德进行比较分析，从而找到有价值的差异点，为教师道德文化的发展和完善找到可以突破的空间。冉亚辉从分析西方文化具有的宗教性、

---

① 林崇德．基于中华民族文化的师德观［J］．西南大学学报（社会科学版），2014（1）：43－51.

② 舒志定．文化传统与教师专业化的实现［J］．教育研究，2002（12）：60－64.

③ 翟莉，王守恒．专业化背景下教师自尊文化的寻根与重建［J］．现代大学教育，2009（5）：19－22.

④ 蔡辰梅．社会转型进程中教师道德的文化断裂及其重建［J］．教师发展研究，2018（9）：8－15.

个体主义等特征出发，指出了中国教师所承担的具有自身独特性的社会道德教育和传承的使命，主张中国教师道德不能简单照搬西方，而是要尊重本国文化特殊性，尤其要注重教师社会道德形象的确立及其道德教化的价值[①]。张宁娟梳理了中西教师文化的发展轨迹，认为中国教师文化依次经历了圣贤文化、官僚文化和公仆文化的变化轨迹，而西方教师文化则依次表现为教仆文化、僧侣文化和专家文化。每一种教师文化类型中都包含着特定的教师道德要求，因此，如何重构更为适切的教师文化类型，以促进教师道德的完善，是一个值得反思的问题。[②]兰英、金家新基于对成圣成贤与回归生活的师德选择困境之考量，以中西不同文化为背景，从先验、经验、超验三个维度对师德观进行了比较，以期在不同文化的对话与碰撞中，找出师德养成的阻隔所在与融通之处[③]。

通过教师道德形象的跨文化比较研究，可以发现不同文化背景之下教师道德文化的共性和差异，从而为师德研究和师德建设实践提供更为开阔的文化视野。李琼对中、美、日三国的学生心目中的教师形象进行了比较分析，发现中国与日本学生最看重教师的职业道德，对教师教学能力的要求也比较高，而美国学生则把教师的个性特征放在了最重要的位置，把教师的教育教学能力排在好教师 12 条标准的最后[④]。阮成武、魏迪从教师道德形象的标准界定、构成要素和塑造途径等方面对中、日、美三国的教师道德形象进行了比较，从加强专业道德、强化专业组织的作用以及重视教

① 冉亚辉．中国教师独特的德育使命特征论析：基于中西方教师文化对比的视角［J］．教育理论与实践，2013 (1)：45 － 48.

② 张宁娟．中西教师文化的历史演变［J］．教师教育研究，2006 (2)：38 － 44.

③ 兰英，金家新．中西不同文化背景下师德观比较研究［J］．国家教育行政学院学报，2011 (6)：24 － 28.

④ 李琼．学生心目中的教师形象：一个跨文化的比较［J］．比较教育研究，2007 (11)：18 － 22.

师道德自律等方向提出了师德建设的建议①。吕素珍对中西方文化视野下的理想教师形象进行了比较，在发现共性的同时指出了差异：比较而言，中国文化更强调理想教师应该具有高度的社会使命感和责任感、威严的形象以及渊博的学识等，而西方文化更重视尊重和热爱儿童、注重培养儿童的理性等。在跨文化比较中，可以清晰地发现本国教师道德形象的特质，从而可以更为理性地发扬文化优势，弥补其不足。②

第四节　教师道德的评价体系

教师道德评价是依据一定的标准对教师道德行为所作的性质及程度方面的判断，以确定其道德价值，是教师道德建设过程的一个非常重要的组成部分。接下来将重点考察教师道德评价的历史脉络、主要研究成就以及未来研究趋势等问题。

一、教师道德评价的历史脉络

改革开放以来，我国教师道德评价的历史发展脉络主要呈现出以下几个方面的特征：

第一，从师德评价的目标定位来看，20 世纪 90 年代以前的师德评价忽视对教师个人道德发展的鞭策与促进作用，奖惩性教师评价占据主导地位，因此进入 20 世纪 90 年代后，一部分学者开始关注师德评价中

① 阮成武，魏迪．中日美三国教师道德形象比较研究［J］．外国中小学教育，2009 (8)：56 − 60.

② 吕素珍．中西方文化视野下理想教师形象的比较及启示［J］．教育研究与实验，2009 (6)：32 − 37.

的“发展性”目标。例如,王斌强调,“教师制度必须与奖惩制度脱钩”,“教师评价过程应该是积极的、诚实的,有助于教师专业发展的”[①]。在这一时期，我国学者逐步将发展性评价模式引入教师评价和师德评价体系之中，开始重视将评价和教师自我发展、自我提高相结合，并采用多元评价方式开展评价。2002 年，教育部印发了《关于积极推进中小学评价与考试制度改革的通知》，要求建立以教师自评为主，学校领导、同事、家长和学生共同参与的教师评价制度，并且明确规定不得将学生的成绩作为教师评价的唯一标准。这标志着发展性教师评价模式在我国开始逐步实施，这也对发展性教师道德评价模式的建立产生了积极影响。发展性教师道德评价是一种以促进教师的专业发展和品质提升为最终目的，在评价方向上立足现在、兼顾过去、面向未来的一种形成性评价制度。

第二，从师德评价的标准来看，20 世纪 90 年代以前，师德评价和考核的标准存在比较笼统与滞后于现实两个方面的问题。此后，学界开始强调师德评价标准既应涵盖教师的个人品德，又要突出教师的职业道德。

第三，从师德评价的方法来看，20 世纪 90 年代以前，我国师德评价方法相对较为单一,而之后则开始强调更为多元的师德评价方法。但是,还需要看到，目前我国的师德评价方法还存在诸多现实问题，例如重他评轻自评、重量化考核轻质性评价，以及评价过程中对教师主体的忽视，使教师处于一种被动消极状态，从而影响教师自我反思，等等。

二、教师道德评价的主要议题

教师道德评价的体系是否完善不仅关系着教师整体师德水平的提升，更关系着素质教育的发展，通过对已有教师道德评价研究的梳理，我们发

---

① 王斌 . 发展性教师评价制度［M］. 上海 : 华东师范大学出版社 , 1998 : 115.

现我国学者关于教师道德评价的研究主要关注以下几个方面：

（一）教师道德评价的基本内涵

道德评价是人们在社会生活中直接依据一定社会或阶级的道德标准，凭借社会舆论、传统习俗、内心信念等方式，对自己或他人的道德行为和道德品质的价值和性质进行判断，以达到扬善抑恶目的的评价活动[①]。它对于维护社会道德规范和道德准则，促进其转化为人们的优秀道德品质与行为，协调社会成员之间的关系，以及形成良好的社会道德风尚，均具有极为重要的作用。

凡是有道德关系存在的地方，均会有道德评价的存在，对于教师职业更是如此。在对教师道德评价的内涵进行界定的研究中，陈静认为，教师道德评价是指人们依据一定的教师道德规范体系，通过社会舆论、传统习惯和内心信念等方式，对他人和自己的职业道德行为进行善恶评价，表明褒贬态度的一种道德活动[②]。檀传宝等指出，教师道德评价是依据一定的标准，对教师道德行为所作的性质及程度的判断，以确定其道德价值，是教师道德建设的一个非常重要的组成部分[③]。糜海波认为，师德评价是指评价者根据一定的教师道德标准，借助社会舆论、传统习俗、内心信念等方式，对教师思想、态度和行为所体现的道德现状进行善恶评判，并表明褒贬态度的一种手段及过程。狭义的师德评价是指学校对教师职业行为是否遵循职业道德规范的评议和估价。[④]戴耀红则认为，师德评价是加强教师队伍建设、提升教师教育教学水平的一种管理手段，也是一种价值引领。

---

① 兰雪梅．新时期我国道德评价标准研究［D］．长春：吉林大学，2007.

② 陈静．教师道德建设［M］．武汉：华中师范大学出版社，2006：118.

③ 檀传宝，等．走向新师德：师德现状与教师专业道德建设研究［M］．北京：北京师范大学出版社，2009：77.

④ 糜海波．师德的现代化转型及评价［M］．南京：南京大学出版社，2016：52.

（二）教师道德评价的话语

在有关教师道德评价话语的研究中，檀传宝等认为，“话语系统的完善，对师德评价的思维发展有很重要的作用”[①]。师德评价的话语一般可以从两个角度进行分类：一是从话语主体的角度，分为制度话语和个人话语；二是根据话语的理论基础，分为哲学话语和数学话语。这两类话语各有特色，相互之间交织着起作用，共同组成合理的话语系统。

制度话语是以制度文本的形式，描述教师道德评价体系应该具备的内容、标准、方法等，是对教师道德评价的基本要求。它具体体现出一种显性状态，主要从社会主流哲学和政治、经济制度出发，以管理和控制为目的，着眼于为教师道德评价建立一种外部的评价规范，往往以制度的形式呈现。制度话语主体主要包括教育行政管理者和专家学者。个人话语是对师德进行评价的具体情境中产生的一种个体心理语言，具有很强的情境性与实践性。个人话语有两个走向：一个是教师对被评价教师的师德进行评价时产生的“我—他”走向，另一个是教师对自己的师德进行评价时产生的“我—我”走向。

哲学话语则是指用较为抽象的词汇和语句进行师德评价的表述方式，具有严肃性和纯洁性的特征。数学话语是以数学的形式，包括符号、词汇、公式、图形等，对师德评价的内容、标准、方法等作出说明，是一种符号语言。

（三）教师道德评价的基本内容

教师道德评价是促进教师职业道德落地的重要介质，诸多学者从不同维度开展了关于教师道德评价的基本内容的研究。檀传宝等指出，“师德

---

① 檀传宝，等．走向新师德：师德现状与教师专业道德建设研究［M］．北京：北京师范大学出版社，2009：78.

的德，应是职业道德、品德，而不应是其他的内容，大体包括了职业理想、职业纪律、职业责任、职业态度等”[①]。糜海波认为，师德评价的内容包括应从哪些方面来评价教师的道德状况，教师应该履行哪些道德责任，社会对教师道德的要求主要包含哪些方面。它的实质蕴涵了教师对教育职业道德规范的遵守状况，以及教师自身的道德水准状况。他还进一步以国家对师德的要求、社会对师德的价值期待、教育改革对师德的要求、现代教育伦理对师德的要求等为切入点，从教师对国家、社会、学生、家长和同事等的道德责任层面，思考构建师德评价的内容体系。[②]在教师道德评价内容的个体维度层面，糜海波指出，一般而言，主要涉及两个方面的内容，即外在教师职业行为和内在教师职业道德品质，不过这两个方面又是通过教师的师德观念、师德认知、师德情感、师德行为、师德能力和师德绩效等表现出来的[③]。

此外，石晓鹏结合师德相关政策，将我国教师道德评价发展历程从内容的角度划分为三个阶段：第一阶段是改革开放后第一个十年，师德评价从经验评价过渡到法规评价；第二阶段是改革开放后第二个十年，师德评价进入规则的明确和完善阶段；第三阶段则是进入 21 世纪以来，师德评价在法律条文上表现为更注重专业性与务实性。在此基础上，石晓鹏更是重点关注到第四代评价理论的建构，在评价主体上强调多元化，在评价方法上强调动态生成性，在评价过程上则注重“回应—协商—共建”三环节。[④]

---

① 檀传宝，等．走向新师德：师德现状与教师专业道德建设研究［M］．北京：北京师范大学出版社，2009：81.

② 糜海波．师德评价面临的矛盾、问题与出路［J］．高教发展与评估，2017（4）：109－116.

③ 糜海波．师德的现代化转型及评价［M］．南京：南京大学出版社，2016：171.

④ 石晓鹏．中学教师职业道德评价体系建构［D］．太原：山西师范大学，2022.

（四）教师道德评价的标准

师德评价必须依赖于一定的道德价值标准，从一定的道德价值标准出发来对教育活动中具体的人和事进行善恶价值判断。当前研究对师德评价标准的认识可以分为以下两类：

第一类为“外部标准说”，具体又可以分为两种。一种研究认为师德评价的标准是“善与恶”，并对善恶标准的社会性和历史性作了论证。这类研究把师德评价善恶的标准最终归结于教师之外。例如，陈振中认为，“教师职业道德的评价标准也是一定历史或社会的产物。但联系教师这一特定职业来看，它有着自身的特点，最根本的标准只有一条：是否有利于青少年和儿童的身心健康发展和快乐成长”①。另一种研究则认为，“我国教师所从事的职业活动是教育实践活动。所以，师德评价也必须坚持以是否符合社会主义教育实践的客观要求为准绳。凡符合社会主义教育实践标准的就是正确的，反之，则是错误的”②。

第二类将道德作为一种内心修养，更突出教师自身的内部标准，即以修养所达到的境界作为师德评价的标准。这个标准首先表现为一种道德的表率作用。它具有导向性和示范性，直接影响了学生一生的发展，这就对师德提出了较高的要求。具体体现在两个方面：第一，确立师德的终极理想为“取法乎上”，为教师确立前进的方向和追求的目标。第二，确立师德的终极理想有助于师德底线的巩固。

糜海波认为，“师德评价标准作为师德评价内容的重要构成部分，既是师德评价依循的基本准则，也应是开展评价活动的前提条件，评价是否科学、有效首先受到师德标准的影响”。他具体从师德评价标准的特点、合理性、标准体系三个方面展开了深入分析。首先，他主张师德评价标准的基本特

① 陈振中．论师德评价的若干理论问题［J］．成人高等教育，2005 (3)：36 − 39.

② 穆丹萍．正确师德评价标准研究［J］．呼伦贝尔学院学报，1999 (2)：39 − 40.

点应包括：师德评价标准是一般性与特殊性的统一，既要考虑社会性要求，又必须考虑教育活动自身的特点和要求，体现教育活动的特殊性；师德评价标准是应然性与实然性的统一，评价既要反映教师和他人及社会的物质社会关系，也要符合教师道德的实际；师德评价标准是动态性与多元性的统一。其次，他认为现代师德评价标准需要把握结构合理性、形式合理性、实质合理性。最后，他重点关注了现代师德评价的标准体系，指出师德评价的最高标准即"至善"，评价教师道德品质和教育行为善恶与否，要以是否符合人的心智全面和谐发展为标准，以是否有利于人的身心全面和谐发展为标准，以是否能够促进个体和社会的协调统一和全面发展为标准；师德评价的根本标准即教师职业道德必须反映教育发展的需要，把是否有利于教育发展作为其根本标准；师德评价的具体标准即教师职业道德原则和规范。①

檀传宝等突出强调了新课程改革背景下教师发展性评价在教师评价中的地位，主张以教师为本，面向教师未来发展，突出教师在评价中的主体地位，并根据个体差异确定个体化的评价标准；同时需要从教师职业发展过程来看，从低到高关注每个阶段的具体师德评价标准，即从基本的底线标准向师德终极理想发展，这是一个评价标准由外向内转化的过程②。

此外，蔡辰梅、谢东晴基于实证研究并借鉴相关伦理理论，通过具体归纳抽取出道德动机、道德能力和行为结果作为教师道德评价的依据，并根据实地观察发现的不同教师专业道德的具体实践特征，形成教师专业道德的六种典型类型描述，依据其本质差异划分为理性自觉、经验自发和功能调节三个水平层次③。

---

① 糜海波．师德的现代化转型及评价［M］．南京：南京大学出版社，2016：52.

② 檀传宝，等．走向新师德：师德现状与教师专业道德建设研究［M］．北京：北京师范大学出版社，2009：81.

③ 蔡辰梅，谢东晴．教师专业道德评价依据的探索及模型的初步建构［J］．教师发展研究，2020（3）：43－51.

（五）教师道德评价的方法

对于教师道德评价方法的探析，我国学者重点关注到教师道德评价方法的合理性、评价形式的多样性、评价主体的多元性等问题。

糜海波指出，“师德评价方法运用得是否合理，关系到评价结果是否客观公正，只有合理的评价方法才能带来正确的评价结论，而不合理的评价方法只能带来错误的评价结论。因此，合理运用师德评价方法是师德评价活动有效开展的重要保证”。基于此，他进一步探讨了领导、同行、学生、家长、教师等主体共同参与的综合性师德评价方法，以量表评价、网上评价、专家评价、座谈评价、比较评价为形式的分析性师德评价方法，以信息采集、互动沟通、建立档案为载体的形成性师德评价方法，以及从角色伦理、规范伦理、美德伦理的视角对教育行为的道德性质、道德价值、道德责任进行考量的总结性师德评价方法。[①]

陈静认为，道德评价的目的之一，就是要人们养成强烈的道德责任感，对于善的行为能够有道德上的满足，对于恶的行为能够有道德上的批评，从而能够形成一种深入人心的精神力量，作为评价和选择自己行为的指南。同时，她具体介绍了两种评价方式：一种是自我评价，即行为当事人在心灵深处，对自己的行为和意识等进行善恶判断，表达自己倾向态度的一种活动；一种是学生评价，学生既是教师教育的对象，又是教师道德行为的鉴定者。[②]

檀传宝等强调，师德评价方法多是指力图建立评价指标体系的方法，涉及的因素多种多样，归结起来，有动态评价与静态评价、显性评价与隐性评价、软评价与硬性评价等。同时，他们重点关注了两个主要趋势：一是师德评价主体的多元化与师德评价方法的多元化；二是师德评价方法中

---

① 糜海波 . 师德的现代化转型及评价［M］. 南京：南京大学出版社，2016：181.

② 陈静 . 教师道德建设［M］. 武汉：华中师范大学出版社，2006：126.

定性研究与定量研究的关系变化。[①]

（六）教师道德评价存在的问题

对于我国教师道德评价所存在的现实问题，学者们也多有研究。糜海波指出，师德评价在实践中存在着虚与实、主观性与客观性、实然与应然、功利与道义的内在矛盾。当前我国师德评价存在着伦理目标有所偏差、师德评价受到多元文化的冲击、师德评价中教育观念滞后等问题，因此需要积极发挥师德评价对教育伦理发展和教育道德进步的推动作用，引领教师的德性状况朝着社会所期待的方向前行：一是要注重师德评价标准的完整性与层次性，二是要明晰师德评价的范围和教育行为的道德类型，三是要将“具体考察”与“总体判断”相结合，四是师德评价实践活动应辅以一定的伦理教化和道德激励[②]。

宋芳明、余玉花指出，教师道德评价观的合理化是师德评价合理性的前提，目前师德评价观中存在着功利化、泛道德化、独白化等三种不合理的评价取向。功利化的评价观忽视了对教师美德的培养，泛道德化的评价观使评价活动丧失了应该具有的正面效应，独白化的评价观违背了人的道德发展规律且无法准确把握评价对象的道德面貌。[③]

蔡辰梅先后在《依赖于概率性事件的师德评价：表现、原因及矫正》[④]与《师德评价还是“师德”评价吗？：基于悖论分析的概率性师德评价及

---

① 檀传宝，等．走向新师德：师德现状与教师专业道德建设研究［M］．北京：北京师范大学出版社，2009：84－86.

② 糜海波．师德评价面临的矛盾、问题与出路［J］．高教发展与评估，2017(4)：109－116.

③ 宋芳明，余玉花．评价观：师德评价合理性的理论反思［J］．黑龙江高教研究，2018(4)：41－46.

④ 蔡辰梅．依赖于概率性事件的师德评价：表现、原因及矫正［J］．中小学校长，2021(9)：18－21.

其实践矫正》[1]两篇文章中指出，师德评价是师德建设的重要环节，然而目前在现实的师德评价中仍存在三方面悖论：师德不可评的理论“犹豫”与“一票否决”的实践“刚性”；师德评价评的不是“师德”，而是“运气”；师德好的教师“有可能”成为“失德”的教师。这些悖论产生的一个典型后果是师德评价依赖于概率性事件，这种概率性师德评价具有底线性、不确定性以及外在性三方面特征，主要原因可以归纳为以行政逻辑替代专业逻辑、专业道德理论在实践中的缺席以及专业组织在师德评价中的失声。因此，在实践矫正中需要回到教师，以警惕概率性师德评价及其造成的替代性强化；回到师德，以基于教师的日常美德实施师德评价；回到传统，以恢复教师向内求取的主体德性力量。

三、教师道德评价的未来展望

今后有关教师道德评价的研究还需进一步突出教师道德评价元研究对师德评价的指导作用，重视师德评价中的“人本性原则”，突出新时代师德“培育—治理—评价”三位一体的建设。

（一）教师道德评价元研究对师德评价的指导

檀传宝等重点关注了“教师道德评价的元研究”话题。他们指出，教师道德评价的元研究是以教师道德评价的理论为对象的研究，是师德评价理论发展的需要，是师德评价自我审视、自我调整、自我反思的结果[2]。而师德评价元研究对师德评价的指导意义具体体现在以下几个方面：

---

① 蔡辰梅．师德评价还是“师德”评价吗？——基于悖论分析的概率性师德评价及其实践矫正［J］．中国德育，2023 (2)：44－49.

② 檀传宝，等．走向新师德：师德现状与教师专业道德建设研究［M］．北京：北京师范大学出版社，2009：77.

1. 话语权的相互结合

话语权的相互结合问题，实质是在突出强调话语权的调整，认为制度话语和数学话语所占比例过大，而个人话语和哲学话语所占比例却太小。对此，需要从以下两个方面进行探究：一方面，需要重新审视制度话语的霸权。长期以来，教育的性质一直受社会意识形态的影响与决定，教育在一定程度上失去了自己的方向，一切都向社会意识形态看齐。在这种情况下，师德处于弱势地位，在向社会意识形态看齐；判断师德崇高与否，也是以社会价值为取向，个体价值难以得到体现，从而导致有时师德的崇高甚至以病态的方式得以体现。另一方面，重新审视数学话语的霸权。檀传宝等人指出，数学话语取得霸权地位，与评价理论进入师德评价领域的进程有关。古代的教育评价以定性评价为主，古代教育家所拥有的丰富的哲学思想为定性评价提供了坚实的根基。然而，20 世纪 80 年代以后，我们加快了向西方学习的步伐，大量引进西方的评价理论。作为外来文化，这些理论虽然很重要，但是若不把其放在参考借鉴以建立自身的评价理论的位置上，就会导致其形成霸权，遏制我国本土评价理论的发展和建设。因此，在未来如若不从整体上重新确立评价理念的中国化，师德评价摆脱数学话语霸权就会越发困难。

2. 师德评价内容与教师评价其他内容的相互关系

师德评价是教师评价的子系统，师德评价内容与教师评价的其他内容之间应是相互影响的，在进行师德评价时不能脱离教师评价这个大背景，不能单纯就师德评价看师德评价。因此，师德评价内容在未来会呈现一种类泛化状态，即与业务水平评价及身心素质评价有密切联系。

3. 师德评价内在标准的具体化

师德评价的标准中，外在的底线标准是一个教师必须达到的，其内容相对比较固定，因此底线标准的分解比较直接，所形成的各级标准有助于评价的开展。但是需要看到，其内在标准却是有弹性的，究竟能否达到标准，所起到的教育作用程度如何，师德修养达到何种高度，在评价中很难直接体现。因此，从教师教书育人的职责来看，“言行一致”应作为其内在标准的具体化，教师应以此为基本要求，踏实践行教书育人职责，不断提升个人道德境界。

（二）师德评价中的“人本性原则”

师德评价中的“人本性原则”是指突出关注教师道德评价的人性化，即教师道德评价要最大限度地发挥教师的能动性、主动性和积极性，为提高教师职业道德素养和学校的教育教学而服务；关注评价对象，对已经发生的行为事实应进行价值反思和伦理分析，从而提炼道德经验和教育智慧。戴耀红指出，在师德评价中，教师是被评价的对象，是评价的客体，往往很少有主动权。然而，师德评价的目的不仅是规范教师教育言行，更重要的是提升教师的教育品质，鼓励教师自觉修炼师德、完善人格。因此，师德评价要从教师立场理解教师需求，辩证分析评价结果，在客观公正的评价过程中真正帮助教师专业发展。[①]

（三）新时代“培育—治理—评价”（CGE）师德建设三维模型

孟繁华、袁梅立足于系统论的视角反思当前师德建设中的现实问题，指出需要深入分析政府角色、教育机构、社会评价等诸多因素，寻求建立“培育—治理—评价”师德建设的三维模型，促使政府从“控制型”过渡到“管理型”，进而转向“善治型”师德建设的治理模式；教育机构对师德建设的培育与社会对于师德建设的评价督导分别分为“任务型—规范型—自觉型”与“奖惩型—绩效型—发展型”三个阶段依次推进。具体而言，首先，在师德培育维度中将教育机构培育划分为三个阶段：职前阶段的大学生主要关注师德的引导和示范等内容，学生进行任务型的道德学习，经过模仿

---

① 戴耀红 . 教师视域下的中小学教师师德评价研究［J］. 上海教育评估研究，2021 (1)：60 – 63.

和知性德育的学习等逐步明晰良好师德的基本标准。之后的初任教师阶段，师德培育重点关注师德养成的具体实践，用具体的道德指引即道德规范，促使教师不断塑造自我的“人师”形象。随着教师的逐步成长和教师道德的逐步完善，教育机构要由规范型的培育方式逐步过渡到注重教师自觉性的培育方式，让教师更好地发挥自身的主动性，自愿自主地践行道德行为，以此“在师德修养中凸显关注生命、关爱生命、追求幸福人生、追求职业之美的浓烈的生命情怀”。其次，政府师德治理经历的三个阶段中，“控制型”阶段对教师相关行为的规制是必不可少的环节，“管理型”阶段则强调多主体共治，“善治型”阶段则要求将权力回归社会，善治过程是一个还政于民的过程。最后，在评价维度中，评价的有效性与评价指标的“度”有关，而要掌握好评价指标的适度性，就要首先考虑影响评价指标适度性的各项因素。[①]

第五节　加强教师道德建设的建议

在社会发展的新时期，加强和改进师德建设有其重要性和迫切性，是社会发展的现实诉求，更是教育发展的本体需求。当前，师德建设的逻辑需要实现从“外驱逻辑”向“内驱逻辑”的转变，顺应教师群体优势需要的变化趋势，健全公平正义的师德建设机制，构建凸显人文关怀的师德建设文化，增强促进自我修养的师德建设自觉[②]。为此，学者们从以下几个方面对如何加强师德建设提出了诸多具体建议。

---

① 孟繁华，袁梅．新时代培育—治理—评价（CGE）师德建设三维模型［J］．教育学报，2021（5）：134－144．

② 檀传宝，姚尧．论新时代师德建设的逻辑转型［J］．中国电化教育，2022（10）：27－31．

一、构建师德建设长效机制

师德建设是教师队伍建设的基础与灵魂，在社会发展的新时期，面对新形势的发展需求，有必要依据科学的发展观念，坚持以教师为本，以构建师德建设的长效发展机制，促进师德建设的可持续发展。具体而言，需要建立健全师德建设领导机制与工作机制，建立健全师德教育机制，建立完善的师德考核机制，形成完善的师德宣传与监督机制。

（一）建立健全师德建设领导机制与工作机制

领导机制在建立健全师德建设方面具有举足轻重的地位，是师德建设的核心要素。首先，制定规范教师道德建设的法规条例，使师德建设有法可依、有据可循。其次，在党和国家教师道德建设的方针与路线指导下，建构契合学段特征、契合本校实际的领导机制。例如，应该在高校建立起良性衔接的、覆盖型的层级领导机制，即“学校—职能部门—学院”的三级领导机制，同时发挥党支部、团支部、各系所、工会等部门的分工负责制。最后，建立师德建设的财政保障机制，以专项经费为师德建设提供财力支持。①

（二）建立健全师德教育机制

师德教育是提高教师道德水平的基本手段，建立健全师德教育机制是加强教师道德建设的重要保障。

第一，促进教育方式的多元化与教育内容的多样化。将教师职前师德培训与在职师德培训结合起来，同时以宣讲教育、讨论会、交流会、专题

---

① 何祥林，程功群，任友洲，等．高校师德建设的现状、问题及对策：基于湖北省H高校的调查［J］．高等教育研究，2014（11）：53－59.

学习活动、主题征文等形式开展多渠道、多层次的师德培训[①]。重点加强社会主义核心价值观教育，重视理想信念教育、法治教育和心理健康教育[②]。

第二，强化师德教育的过程属性。良好师德的形成和不断完善并不是一蹴而就的，而是一个反复的、逐步提高的过程。因此，要将师德教育摆在教师培养的首位，贯穿教师职业生涯全过程[③]。要从小处着手，从具体处起步，使师德建设真正落在实处、富有实效。

第三，重视对师德教育的考核评价。对培训工作进行严格管理，规定学习时限，严格管理教师出勤率，要求教师对培训内容形成一定的学习报告或书写学习心得体会等。此外，建立一定的奖惩机制，与教师的职称评定、评优奖励、年终考核等挂钩，以制度性的刚性要求促使教师重视师德培训。同时，建立师德培训档案，建立职前职后一体化教育体系，对引进的新教师进行严格的职前培训，合格后才能上岗；岗位培训主要针对年轻教师，除提供专业课程外，还可邀请名师作师德方面的报告。[④]

（三）建立完善的师德考核机制

考核机制直接关系到高校师德建设工作能否有序进行，因此应将教师师德考核评价引入教师评价和考核体系，建立正确导向，为师德建设提供制度保障。

第一，建立有效的师德考评指标体系。作为价值指向的师德评价标准应体现传承性、时代性、科学性和人本性的特点，这是由师德的文化性、

---

① 何祥林，程功群，任友洲，等. 高校师德建设的现状、问题及对策：基于湖北省 11 高校的调查［J］. 高等教育研究，2014（11）：53－59.

② 姚昌，张晓波. 高校青年教师师德现状透析［J］. 学校党建与思想教育，2015（23）：87－88.

③ 同②.

④ 同①.

发展性、思想性和价值性决定的[①]。

第二，建立合理的师德考评手段，采取多维与多元的评价方式。多维是指评价角度的多维度，从教师的思想政治素质、职业理想、职业道德水平、教学与科研能力等视角进行全方位、立体化评价，将师德建设纳入教师考核体系，建立师德诚信档案，记录教师师德考核结果，提高师德评价在教师综合评价中的比重，将考核结果与职称评聘、评优奖励、年终考核、科研进修等挂钩，实行一票否决制，以此引起教师对师德建设的重视，提高师德评价在教师心目中的地位。多元是指评价方法的多样性，具体而言可采用自评、他评、团体评价相结合的评价方法，并对各种评价方法划定一定的比例加以量化。[②]

第三，师德考核评价结果要积极反馈并落实到位。师德考核评价结果是促进教师坚持道德规范的有效手段，其反馈机制既包含奖励机制，也包含惩处机制。就奖励机制而言，要强调将师德表现作为评奖评优的首要条件[③]。教育主管部门与各级各类学校要定期开展评比活动，为优秀教师进行一定的精神和物质奖励。就惩处机制而言，应建立健全教师违反师德行为的惩处机制[④]。例如，可设立处理违反师德问题的专门机构，对师德失范行为进行严肃处理。

（四）形成完善的师德宣传与监督机制

要把握正确的舆论导向，坚持师德宣传制度化、常态化，将师德宣

---

① 糜海波．师德评价标准、方法和效益三个基本问题的理论思考［J］．高等教育研究，2021(10)：73－78.

② 何祥林，程功群，任友洲，等．高校师德建设的现状、问题及对策：基于湖北省H高校的调查［J］．高等教育研究，2014(11)：53－59.

③ 姚昌，张晓波．高校青年教师师德现状透析［J］．学校党建与思想教育，2015(23)：87－88.

④ 同③.

传作为宣传工作的重要组成部分[①]。师德宣传机制的建立，重在打造尊师重教的人文环境。首先，发挥师德模范的引领和榜样作用。在学校开展师德模范、师德标兵等评比活动，评选师德楷模，塑造师德形象，以之作为标杆来引领师德建设。同时，重视对师德模范的宣传，并以此开展特定的学习活动，激励教师加强自我修养。其次，重视校园师德文化建设。以海报、广播、宣传栏等形式，借助微信等网络平台广泛开展师德模范的宣传活动。[②]

在师德监督机制方面可形成“主管监督、党组织监督、同行监督、学生监督、群众和社会舆论监督、专门机关监督”的监督网络[③]。此外，还需要进一步拓展师德监督的途径，以打造出一个全社会广泛参与的，多元化的师德监督网络，以形成有效的师德监督机制[④]。

二、强化师德教育的科学性与有效性

师德教育工作是一项长期性的工作，如何保证这一过程始终保持科学性与有效性是当前师德教育工作需要重点解决的重要问题。对此，已有研究指出，师德教育需要始终面向教师，尊重教师自身道德成长的顺序性与阶段性特征；注重师德教育的过程性特征，以内生外铄相结合的师德培养模式促进教师职业道德的有效、持续发展。

---

① 姚昌，张晓波．高校青年教师师德现状透析［J］．学校党建与思想教育，2015 (23)：87－88.

② 何祥林，程功群，任友洲，等．高校师德建设的现状、问题及对策：基于湖北省H高校的调查［J］．高等教育研究，2014 (11)：53－59.

③ 董世明．建立师德建设的长效机制［J］．广州大学学报（社会科学版），2006 (9)：31－36.

④ 同②.

（一）尊重教师道德成长的顺序性和阶段性特征

教师道德教育要正视差异，尊重教师道德成长的顺序性和阶段性特征[①]。

一方面，教师职业道德成长具有顺序性与阶段性。2008年版《中小学教师职业道德规范》由六个德目构成，其中五个德目的二级解读都是由高标希望、常规要求与底线禁令构成的。这也在一定程度上反映出教师道德成长的顺序性和阶段性。这意味着师德教育不能仅仅习惯于用高标准提出要求，并以此希望获得“法乎上取乎中”的效果。底线禁令、常规要求和高标希望应该是师德教育的基本顺序。调查发现，一些教师对教育部的明文禁令其实并不真正理解，倾向于以传统习俗和个人观点去对冲政策禁令。比如，有些教师把学生家长周末花钱请教师参与娱乐休闲活动看作正常的朋友交往；有些教师相信只要出于善意，体罚学生是可以的。因此，师德教育不仅要强调高标希望，也要认真将底线禁令和常规要求讲清楚，帮助教师形成对教师道德的明确认知。[②]

另一方面，教师道德成长在不同学段具有差异性。有研究发现，小学教师道德水平显著高于其他学段教师，而高中教师道德水平却显著低于其他学段教师。推测其原因，可能是由于高中教师面临严峻的高考升学压力，大部分精力用于“教书”，而相对忽视“育人”工作。此外，小学生比较容易受到教师的影响，教师发出的道德要求容易被感知和尊奉，而高中学生随着独立性的增强，对教师的道德观念和道德要求越来越有自己的想法和做法。[③]不同学段学生特征直接影响了不同学段教师道德水平，且不同

---

① 刘次林，张兴旭．上海市中小学教师职业道德现状的调查研究［J］．教师发展研究，2022 (3) : 30 − 36.

② 同①.

③ 同①.

学段学生特征使得不同学段教师道德观念呈现出不同的侧重点，这也决定了师德教育应该重视教师的学段特征[①]。

（二）内生外铄相结合的师德培养模式

从教师道德规范入手进行师德教育是教师道德形成的必要路径，但以规范形塑教师道德需要综合考虑教师的内在诉求。有调查发现，目前学校的师德教育往往采取统一的师德讲座的形式。这虽然是必要的，但容易缺乏针对性。一方面，这要求师德教育应该结合教师教育教学实际进行具体调整。如果师德教育缺乏对教师内在诉求的满足，教师接受师德教育就会缺乏内在的动力，难以突破瓶颈。因此，在制定师德培训标准时，也应充分考虑教师群体的意见，切实维护教师的自身利益，让教师在接受师德教育时可以做到心悦诚服。[②]例如，学校可以采取工作坊研修机制，有针对性地邀请不同区域、学段、教龄、职务乃至性别的教师组成异质小组，具体问题具体研究，分享经验，探讨困惑，共同提高[③]。另一方面，教师道德是在教师做教师的过程中形成的，因此在师德教育的过程中，不仅要对道德规范的高标希望、常规要求和底线禁令进行说明，而且要为教师践行教师道德提供价值引导与条件创设。例如，教师与教师之间的关系以及教师与整个教师集体的关系，是教师道德生活的重要构成要素。但有调查显示，虽然教师期待和谐奋进的工作氛围，但教师之间的合作意识仍有待加强[④]。为此，师德教育还需要为教师提供教师间合作的机会，创设公平合理的竞

---

① 檀传宝．学段特性与教师伦理的时间之维［J］．教育研究，2020 (12)：14 － 17.

② 朱晓伟，周宗奎，谢和平，等．中小学教师师德的社会期望与评价：基于公众与教师视角的实证调查［J］．北京师范大学学报（社会科学版），2019 (1)：53 － 58.

③ 刘次林，张兴旭．上海市中小学教师职业道德现状的调查研究［J］．教师发展研究，2022 (3)：30 － 36.

④ 朱宁波，刘丽娜．中小学教师职业道德现状的调查研究［J］．教育科学，2009 (6)：37 － 41.

争环境。

三、提升师德修养的有效性

习近平总书记在同北京师范大学师生代表座谈时曾说，好教师必须具备正确的理想信念，因为正确的理想信念是教书育人、播种未来的指路明灯[①]。加强师德建设，需要依赖一套科学的、行之有效的师德教育机制，将外部师德教育最终转化为教师自身修养。在此过程中，不仅要关注到教师师德知识的习得，更要关注教师师德情感的体验以及教师师德行为的践行[②]。

首先，这意味着教师需要清晰地认识到自身职业的特殊性与专业性、终身性与阶段性特征。一方面，教师作为一种职业，肩负着保护儿童天性，维护教师、家长与儿童之间关系性的道德职责；另一方面，践行好这一职责需要教师积极推进自我的终身学习，这正是第斯多惠讲的："教师必须在自己的工作岗位上努力促进真正的文化教育事业，进行终身自我教育，这是教师一种义不容辞的神圣职责"[③]，而教师要想实现终身的师德学习则首先需要清晰自身的道德学习阶段[④]。

其次，这意味着教师需要持续学习、不断更新知识。师德高尚的人一定是全心钻研学问的人，教师要不断完善自己的知识结构，不仅要进行横向拓展性学习，而且要进行纵向深入式研究；必须与时俱进，随时补充自

① 习近平．做党和人民满意的好老师：同北京师范大学师生代表座谈时的讲话［J］．人民教育，2014 (19)：6 － 10.

② 刘乔卉，吴宇航，周琬琦，等．论具身师德学习路径的理论基础［J］．教师教育研究，2022 (6)：10 － 15.

③ 第斯多惠．德国教师培养指南［M］．北京：人民教育出版社，2011：25.

④ 傅淳华，杜时忠．论当前师德教育的困境与超越：基于教师道德学习阶段性特质的反思［J］．教师教育研究，2016 (3)：13 － 17 + 66.

己知识的不足，孜孜不倦地提升自己的技能水平和道德水平。

再次，这意味着教师需要进行自我反思。教师要注重自我评价和道德反思，在教育实践中创造性地运用教师道德规范，在面对价值冲突时能正确地作出行为抉择，从而培养主体良好的自律品质和道德能力，为实现师德效益提供持久而稳定的动力支持[①]。

最后，这意味着要注重满足教师的基本需要。有研究发现，教师基本需要的满足会正向影响教师道德的发展[②]。另有研究表明，教师基本需要的满足也能正向影响教师的专业发展[③]。只有基本需要得到满足后，教师才更倾向于更高层次的精神需要[④]。这也意味着教师道德建设必须处理好道德与道德背后的利益之间的关系。一方面，这有赖于国家和社会对教师政治地位、社会地位和职业地位的提升[⑤]；另一方面，不能片面地对教师提出道德高标而忽视教师的自身需求、物质需要和个人价值[⑥]。

① 糜海波．师德评价标准、方法和效益三个基本问题的理论思考［J］．高等教育研究，2021 (10) : 73 − 78.

② 刘次林，张兴旭．上海市中小学教师职业道德现状的调查研究［J］．教师发展研究，2022 (3) : 30 − 36.

③ 蔡永红，申晓月，李燕丽．基本心理需要满足、自我效能感与教师教学专长发展［J］．教育研究，2018 (2) : 103 − 111.

④ 林崇德．师德通览［M］．济南：山东教育出版社，2000 : 1163.

⑤ 陈鹏，李莹．国家特殊公职人员：公办中小学教师法律地位的新定位［J］．教育研究，2020 (12) : 141 − 149.

⑥ 徐润基．中小学教师“师德高标”的困境与超越［D］．武汉：华中师范大学，2013.

第六章 走向专业化的教师道德[①]

在教师专业化不断推进的今天，有关教师专业道德、专业伦理的研究日益增多。很长时间以来，人们对教师道德的讨论大多使用“师德”“师道”“职业道德”等概念。这些概念在当前复杂的师德建设环境背景下，日益显现出现实解释力不足的问题。为此，越来越多的学者明确指出，我国教师专业伦理的建构必须克服传统师德生成方式的不足，实现从身份伦理向专业伦理、从经验方式到理论方式的转换，注重教师专业伦理的系统性和可操作性，这样才能科学、合理地建构我国的教师专业伦理。

进入 21 世纪，国内“教师伦理学”开始向“教师专业伦理学”转向，一批研究帮助确立了“教师专业伦理学”的概念体系。檀传宝在 2001 年明确提出应建立“教师专业伦理”的概念，与教师专业化运动的方向保持一致。与此同时,多位研究者开始自觉地使用相应的“教师专业伦理”概念。正是在这样的背景下，教师专业伦理研究成为近年来的研究热点，并取得了实质性进展。可以预见，未来有关教师道德的研究必将在教师专业道德、专业伦理的分析框架下不断推进。

---

① 本部分主要内容已经发表于《当代教育科学》2018 年第六期。本书出版时，补充了 2018—2022 年的研究进展。

第一节　当前教师专业伦理研究的整体特征

教师专业伦理研究是对教师道德实践问题的理论回应，同时折射着这一领域研究者的现实关切。通过对近 20 年教师专业伦理、专业道德研究成果的梳理，可以发现其发展的整体特征具体体现在数量和内容两个层面。

一、研究成果的逐年增加

一个时期的研究进展和变化在最直观的层面上可以通过数量的变化来说明。我们对 2002—2022 年期间中国知网收录的以“教师专业伦理”“教师专业道德”为关键词的论文的发表数量进行了趋势分析。通过整体趋势图（图 6–1）可以发现，2010—2017 年间相关研究成果数量呈现明显上升趋势；2018 年后研究成果虽然在数量上有所回落，但总体上还是在一个较高位的水平上。

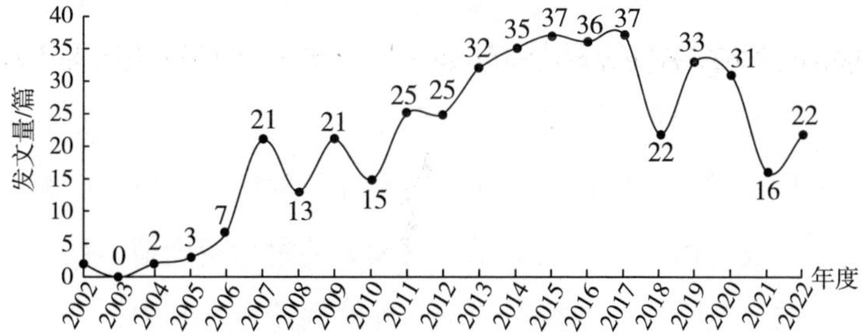

图 6–1　2002—2022 年教师专业伦理研究论文发表情况

从图 6–1 可以发现，2002 年的研究论文数量仅为 2 篇，而到 2017 年则达到了 37 篇。数量的增加，反映出越来越多的研究者开始关注和研究这一问题。

与此同时，关于“教师专业伦理”的博士、硕士论文数量也明显增加（如图 6-2 所示），在整体数量持续上升的趋势中，2013 年出现波峰，达到数量的最高值。尤其值得注意的是，有关教师专业伦理的博士论文全部出现在这一时段。这标志着教师专业伦理研究的深度和层次不断提升，也意味着这一研究领域引起了越来越多青年研究者的学术热情。

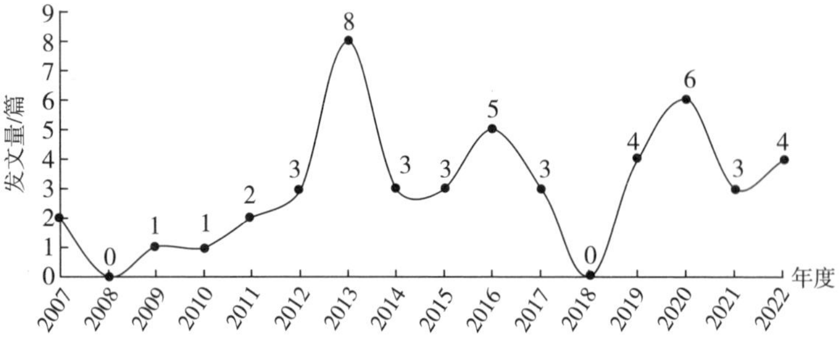

图 6-2　2007—2022 年教师专业伦理研究博士、硕士论文的数量变化

二、研究内容的对象分化

近 20 年的教师专业伦理研究可以分为两个阶段：第一个阶段主要聚焦于教师专业伦理的概念确立和问题提出；第二个阶段则明显转向具体的不同学段教师专业伦理问题的研究，并着力于研究包括教师伦理决策、伦理制度以及形成机制等更具专业性和科学性的领域。就研究内容的变化而言，第一个阶段可以称为“教师专业伦理”的概念明确期，是从“教师职业道德”转向“教师专业道德”的标志性时间阶段。其中，檀传宝发表的论文《论教师“职业道德”向“专业道德”的观念转移》[①]具有引领性意义和广泛的影响力。进入第二个阶段，教师专业伦理研究逐步进入研究内容

① 檀传宝．论教师“职业道德”向“专业道德”的观念转移［J］．教育研究，2005 (1)：48 － 51.

的分化期，这种分化具体表现在教师专业伦理学段研究和内部机制研究的分化。其中，檀传宝在这一阶段发表的论文《学段特性与教师伦理的时间之维》[①] 具有引领性意义与广泛影响力。研究内容的变化恰恰体现出这一领域研究在宽度和深度上的拓展。

通过对两个时期中国知网论文的关键词聚类分析，可以发现就研究对象而言,第一个阶段的“概念确立期”的研究中,仅仅出现了“中小学教师”和“高校教师”两个学段，而进入第二个阶段的“对象分化期”的研究则涵盖了“幼儿教师”“中小学教师”“高职教师”“高校教师”等更加完整和全面的学段。研究对象的丰富和拓展从实体性层面反映着研究的进展。就研究内容而言,第一个阶段出现的“美国”“中国香港”“中国大陆(内地)”等概念，折射出这一时期的研究还处于引介美国、中国香港等地的教师专业伦理规范,同时与中国大陆（内地）进行比较的阶段 [②]。第二个阶段的研究中则高频率地出现了“专业发展”“教师专业发展”“专业伦理培养”“专业伦理建设”等关键词，代表着教师专业伦理作为教师专业发展的应有之义和重要内涵已经成为共识，同时预示着教师专业伦理研究向实质性层面的显著推进。这一时期的教师专业伦理研究已经完成了从“职业道德”向“专业伦理”的转向，开启了作为独立概念和研究领域的深度探索和推进，研究已经从原来的概念争论和理论借鉴进入更具理论建构自觉和现实问题回应的双向拓展时期。

---

① 檀传宝．学段特性与教师伦理的时间之维［J］．教育研究，2020 (12)：14 − 17.

② 邱哲．美国教师专业伦理的制定及其启示［J］．教育研究与实验，2010 (2)：38 − 41；于龙．教师专业化视野中的伦理标准建构：以中美教师专业伦理标准的价值取向为例［J］．教育科学论坛，2007 (3)：56 − 58；黄路阳．中国大陆、中国香港、美国教师专业伦理比较［J］．安康学院学报，2007 (2)：97 − 101.

第二节　教师专业伦理的具体研究进展

当前，教师专业伦理研究不断向纵深处发展，无论是研究对象的扩大、研究内容范围和深度的拓展，还是在理论建构和实践关切上的双向推进，都标志着教师专业伦理研究日益成为一个具有知识体系独立性和研究空间纵深性的专业研究领域。具体而言，教师专业伦理研究在此期间主要在以下几个方面取得了显著进展：

一、教师专业伦理内部机制的探索

教师“专业伦理”或“专业道德”概念的提出是教师专业化发展到一定阶段的必然结果，同时也是该领域研究在一定阶段突破性发展的标志。钱晓敏梳理了中华人民共和国成立 70 年来我国教师职业道德研究的历程，将其分为初步探索、重视教师职业道德规范研究、重视教师专业伦理研究三个发展阶段[①]。

近 20 年是教师专业伦理概念明确提出并在争论中内涵日益清晰且得到广泛认同的阶段。檀传宝、徐廷福以及宋萑等人的相关研究是这一阶段研究的典型代表。檀传宝明确提出教师专业化进程要求实现从“职业道德”向“专业道德”的观念转变[②]，并基于教师劳动的特点深入论证了确立“教师专业道德”的必要性。他明确提出，对于在教师职业道德规范制定和师

---

① 钱晓敏 . 教师职业道德研究的 70 年 (1949—2019): 历程、成就与展望［J］. 中国人民大学教育学刊 , 2020 (2) : 109 － 121.

② 檀传宝 . 论教师“职业道德”向“专业道德”的观念转移［J］. 教育研究 , 2005 (1) : 48 － 51.

德建设过程中面临的诸多问题，解决的出路只有一个，那就是在观念上实现由一般性的教师职业道德向教师专业道德的转移，在承认专业性存在的前提下从教师专业生活的需要出发、从专业发展的角度理解和建设教师专业道德[①]。伴随着研究的深入，已经不存在观念层面的争议，研究者更多地将研究视角转向教师专业伦理的内部，开始探索对教师专业道德发展更具现实意义的教师道德决策、道德敏感以及教师专业道德形成机制等微观研究领域。例如，苏启敏研究了教师专业道德决策的概念、依据及实践推理，明确提出教师专业道德决策是教师在其专业生活当中，为摆脱特定的道德困境，而从多种道德行动方案中选择最符合正当原则的方案的思维活动，深入揭示了完整的教师专业道德决策一般遵循从初次道德选择到道德判断，再到二次道德选择的实践推理过程[②]。这样进入教师专业道德内部进行的深度研究直接推进了人们对教师专业道德的规律性认知，并且对教师的道德实践产生指导意义。此外，周坤亮在其博士学位论文中对教师专业伦理决策进行了系统研究，基于对教师专业伦理困境的实证分析，对教师在现实职业生活中遇到的伦理决策难题进行了剖析；在此基础上，基于伦理学的经典理论分析工具，对教师的专业伦理决策进行了解释和分析，同时提炼出影响教师专业伦理决策的相关因素；最后尝试性地提出了具有现实性的教师专业伦理决策模型[③]。这是目前对教师专业伦理决策所进行的最为系统和完整的研究，对教师在专业生活中面对伦理困境时作出恰当的伦理决策具有重要的引领性价值。李园园则基于制度与主体互动的立场，探究了幼儿园教师在制度情境中的专业伦理决策逻辑[④]，进一步丰富了特定学

---

① 檀传宝．教育劳动的特点与教师专业道德的特性［J］．教育科学研究，2007 (3)：5 − 11.

② 苏启敏．教师专业道德决策：概念、依据及实践推理［J］．教育研究，2015 (1)：90 − 97 + 107.

③ 周坤亮．教师专业伦理决策研究［D］．上海：华东师范大学，2016.

④ 李园园．制度情境中幼儿园教师的专业伦理决策［D］．成都：四川师范大学，2022.

段的教师专业伦理决策研究。郑信军等对教师的教学伦理敏感性进行了较为系统的研究，对教学伦理敏感性的特征、结构、生成机制以及调节和保持等实质性问题都进行了详尽的分析和阐释[①]。此外，孙杰远对教师道德养成特征与发展策略的研究[②]、胡晓航等对教师道德成长的三大机制与策略的研究[③]、杨坚等对教师专业伦理建设取向的省思[④]、胡晓航等对教师专业伦理建设的关系机制建构[⑤]等，都体现出这一阶段教师专业伦理研究向纵深发展的特征。

除此之外，对于教师专业伦理的内涵价值的探讨热度也一直居高不下。张献伟对“师德”相关概念进行了辨析，对教师专业伦理作出语义分析，重构了教师专业伦理的内涵[⑥]。从不同视角出发，学者们尝试对教师专业伦理进行了跨越性的建构，马洪丽[⑦]、李江等[⑧]从教师专业发展角度重新审视了教师专业伦理的内涵，分析了教师专业伦理的价值逻辑及其内在结构，探索了教师专业伦理构建的程序、指标及制定规范，提出培育专业伦理有助于教师个体获取专业而持续的发展动力。简成熙以传统师道的价值观念重构基于专业知识的教师专业伦理观，以专业伦理期许鼓舞教师[⑨]。周坤亮

---

① 郑信军，吴琼琼．论教师的教学伦理敏感性及其发展[J]．教育研究，2013 (4)：97－104.

② 孙杰远．当代教师道德养成特征与发展策略[J]．广西师范大学学报(哲学社会科学版)，2012 (5)：125－129.

③ 胡晓航，杨炎轩．教师道德成长的三大机制与策略[J]．教育科学研究，2014 (8)：77－80.

④ 杨坚，杜时忠．我国教师专业伦理建设取向省思[J]．中国教育学刊，2022 (5)：96－102.

⑤ 胡晓航，杨炎轩．关系建构：教师专业伦理建设的路径、机制与策略[J]．教育科学研究，2022 (4)：85－90.

⑥ 张献伟．“师德”相关概念的辨析与思考[J]．现代教育科学，2016 (8)：121－124.

⑦ 马洪丽．基于教师专业发展的专业伦理理念及构建策略[J]．黑龙江高教研究，2016 (8)：57－60.

⑧ 李江，张向华．教师专业伦理的价值逻辑、内在结构及其培育机理[J]．现代基础教育研究，2019 (1)：25－30.

⑨ 简成熙．传统师道与教师专业伦理[J]．中国德育，2017 (12)：11－15.

分析了两大主要伦理理论流派——义务论和功利主义视角下的教师专业伦理决策路径，认为教师的专业伦理决策需要一种整合的路径①。张紫薇等关注到教师群体道德水平的提高充满不确定性，论证了韦伯的“天职观”何以助力我国教师专业伦理精神的完善②。穆建亚等则通过梳理素养与伦理观念的古今之变，指出教师专业伦理素养包括伦理精神、伦理知识和伦理能力三部分③。张品等则以差序格局为视角分析了教师专业伦理的意涵，探讨了教师专业伦理的三种境界（超越自然的功利境界、超越功利的尽职境界和超越义务的美德境界）所蕴含的教育价值追求④。

在这一基础上，学者们从理论层面提出了教师专业伦理建构面临的重重困境。杨炎轩等⑤、陈媛媛⑥从不同角度入手，提出伦理建构面临的理念困境，如专业自律与公共服务离散、外制与内生失衡、现实与理想失谐、伦理知识与伦理能力分离等。对于教师专业伦理所面临的困境，王凯认为教师专业伦理不只是静态的规范文本，更是动态的教师认识伦理困境，因此要从困境出发重新认识教师专业伦理，关注教师在伦理实践中的理性自决⑦。因此，部分学者也进一步构建了教师专业伦理提升路径及策略。董吉

---

① 周坤亮.论两种伦理理论视角下的教师专业伦理决策［J］.全球教育展望，2016(12):102－113.

② 张紫薇，冯典.韦伯“天职观”与我国教师专业伦理精神之审视［J］.现代教育科学，2018(3):11－16.

③ 穆建亚，余宏亮.教师专业伦理素养：要义、释惑与纾困［J］.湖南师范大学教育科学学报，2020(6):77－83.

④ 张品，任强.差序格局下教师专业伦理意涵、检视与优化路径［J］.现代中小学教育，2023(3):49－54.

⑤ 杨炎轩，蔡颢.教师专业伦理及其建构［J］.教育研究与实验，2021(2):36－41.

⑥ 陈媛媛.我国中小学教师专业伦理的制度保障问题研究［D］.沈阳：沈阳师范大学，2020.

⑦ 王凯.困境与决策：教师专业伦理研究的新取向［J］.现代基础教育研究，2017(4):47－52.

贺等提出要让教师专业伦理走向自觉，教师专业组织应走向伦理自治[①]。杨坚等提出教师专业伦理建设应该采取一种统一取向的建设路径[②]。杨秀玉认为，以批判性反思为核心的伦理探究、案例研究、关键事件分析法以及现象学方法成为教师专业伦理教育具有代表性的主要策略与方法[③]。

二、教师专业伦理建构的分学段研究

学术研究发展的重要标志是从大而化之的“笼统”走向明确精微的“具体”，从而发现特定研究对象的特殊本质或者事物发展的独特规律。对于教师专业伦理研究而言，最初阶段的研究主要是在一般意义上探讨教师专业伦理问题，对教师专业伦理的理解还处于一种未分化的抽象阶段。如申继亮等基于对中小学教师专业道德所面临的现实社会挑战和困惑展开的思考，提出了处理好教师德与能的关系，基于教师德与行的统一，形成教师行为动机和行为结果的和谐，合理使用奖惩和运用教师权威等应对现实问题的策略[④]。徐廷福则在宏观层面探讨了教师专业伦理的建构问题[⑤]。

伴随研究的进展，教师专业伦理研究出现了明显的分化，在研究对象上针对不同学段教师的系统研究明显增多，开始尝试揭示教师专业伦理在不同学段上的特殊本质，从而为教师专业发展的实践推进提供更具针对

---

① 董吉贺，王录平，寻海燕．教师专业伦理：从“要我道德”走向“我要道德”［J］．中国德育，2017 (20)：11 － 14.

② 杨坚，杜时忠．我国教师专业伦理建设取向省思［J］．中国教育学刊，2022 (5)：96 － 102.

③ 杨秀玉．教师专业伦理教育：内涵、目标与实施策略［J］．中小学教师培训，2020 (10)：1 － 5.

④ 申继亮，赵景欣．中小学教师职业道德的现实思考［J］．北京师范大学学报（社会科学版），2006 (1)：48 － 55.

⑤ 徐廷福．论我国教师专业伦理的建构［J］．教育研究，2006 (7)：48 － 51.

性的理论支持。在分学段的教师专业伦理研究中，最突出的是针对幼儿教师的专业伦理研究，这与这一阶段幼儿教师在师德方面问题频发、备受关注有关，也与幼儿教育这一学段的伦理复杂性有关。冯婉桢关注学前儿童的年龄特点与权利实现的特殊需要，指出学前教师专业伦理必须以保障和促进每一名儿童权利的完整实现为建构起点，探讨了学前教师伦理责任的范围、内容、排序与履行方式的特殊性[①]。彭晗研究了幼儿园的组织气氛对于教师专业伦理行为的影响，认为在幼儿园组织气氛的中介作用下，教师的工作价值观与教师的组织承诺会受到影响，最终影响其专业伦理行为[②]。左志宏等对学前教师在伦理决策时的内隐态度进行探查，发现不少教师的实际情感与行为决策跟专业伦理规范相悖，该情况在家园共育和同侪合作中尤甚，建议在学前教师教育中加强伦理决策能力培训，提升教师规范伦理决策的内驱力与执行力[③]。邱晓虹则从内隐视域对幼儿园教师面临“师幼”“家园”“同侪”三种工作关系中的伦理困境时的决策进行了深入探究[④]。刘飞等将“信念伦理”和“责任伦理”作为幼儿教师专业伦理构建的两种基本范型，审视了当前幼儿教育实践中以“信念伦理”为主导的幼儿教师专业伦理[⑤]。张地容等从整体上分析了幼儿园教师专业伦理的实践困境与路径选择[⑥]；冯婉桢从备受关注的幼儿教师“虐童”等极端失德问题入手，

---

① 冯婉桢．儿童权利的完整实现与学前教师专业伦理的特殊性［J］．教育研究，2020(12)：17－20.

② 彭晗．幼儿园组织气氛对教师专业伦理行为的影响研究：基于工作价值观与组织承诺的中介作用［D］．沈阳：沈阳师范大学，2020.

③ 左志宏，邱晓虹，夏婷，等．幼儿园教师专业伦理决策的内隐态度［J］．教育发展研究，2022(24)：77－84.

④ 邱晓虹．内隐视域下的幼儿园教师专业伦理决策研究［D］．上海：华东师范大学，2020.

⑤ 刘飞，刘云艳．“信念”与“责任”：幼儿教师专业伦理的双重构建［J］．教师教育研究，2019(3)：20－25＋38.

⑥ 张地容，杨晓萍．论幼儿园教师专业伦理的实践困境与路径选择［J］．中国教育学刊，2014(5)：99－102.

分析了幼儿教师专业伦理缺失的原因①；王小溪等则以清末民初时期、民国中后期和新中国成立后政府相关文件为文献依据，对幼儿教师专业伦理规范进行了历史梳理，并分析了当下的幼儿教师专业伦理问题及其现实价值②。同时，王小溪在其博士学位论文中较为详尽地对幼儿教师专业伦理的概念、理论基础、实践表征以及制度建构和内化路径等方面进行了理论梳理和实证研究③。其研究在幼儿教师专业伦理研究中具有基础性和系统性的特征和价值。

除此之外，有部分学者关注到了小学儿童的身心发展特殊性。李敏从职业内部的专业属性出发把握伦理方向，提出了小学教师专业伦理具有“向善性”“示范性”“发展性”三种显性特质④。蔡辰梅提出小学的孩子正处于童年这一特殊阶段，因此理解童年成为小学教师实现专业伦理的起点⑤。

另有学者对其他学段的教师专业伦理进行了研究。李菲阐述了大学与中小学不同的学术职业特性，将其作为分析大学教师专业伦理特点的一个特殊视角⑥。王连喜等则对高校教师专业伦理问责制及其实践进行理论思考，提出在高校教师专业伦理问责制建立的过程中，应自觉关注教师本身发展和自我实现之人本价值⑦。

---

① 冯婉桢．从“虐童事件”看幼儿园教师专业伦理建设的重要性［J］．河北师范大学学报（教育科学版），2014（1）：104－108.

② 王小溪，姚伟．幼儿教师专业伦理规范的历史追寻与现实价值［J］．现代教育管理，2013（5）：73－78.

③ 王小溪．幼儿园教师专业伦理研究［D］．长春：东北师范大学，2013.

④ 李敏．优良道德的推导：小学教师专业伦理的特质分析［J］．教育研究，2020（12）：20－24.

⑤ 蔡辰梅．只有理解童年，才能道德地影响童年：论小学教师专业伦理的建构［J］．中国德育，2017（1）：29－33.

⑥ 李菲．学术职业与大学教师专业伦理的特点［J］．教育研究，2020（12）：27－30.

⑦ 王连喜，王苹苹，刘惊铎．新时代高校教师专业伦理问责制的理论思考［J］．中国高等教育，2022（17）：45－47.

在分学段的教师专业伦理研究方面，檀传宝及其团队进行了有益的探索，并逐步由案例研究向理论体系建构推进。檀传宝提出教育劳动特点与教师职业道德存在内在关联，因此学段成为影响教师伦理建构的重要时间之维[①]。檀传宝团队在"十二五"期间出版了分学段的教师师德案例读本[②]，作为"分学段的教师伦理建构"的初步探索，旨在改变将不同学段教师专业伦理"一锅煮"的研究现状。2022年12月，檀传宝团队出版了国内第一套分学段教师伦理学著作，包括《完整的呵护：学前教师伦理研究》《师爱的向度：小学教师伦理研究》《与青春相伴：中学教师伦理研究》《志业的坚守：大学教师伦理研究》。这些研究成果展现出一种向纵深处探索，更清晰地揭示教师专业伦理的对象特殊性和实践特殊性的开拓精神，也展现出未来教师专业伦理研究可能的创新性空间。

三、教师专业伦理研究的实践性转向

伦理在本质上是实践的，而教师专业伦理更是具有强烈的实践指向性。因此，教师专业伦理研究走向成熟的重要标志就是从理论走向实践，将"理论的教师专业伦理"发展为"实践的教师专业伦理"，更完整地自我实现和完成。

具体而言，前期的教师专业伦理研究主要停留在概念内涵的辨析和澄清方面，属于"楼阁之上"的理论文献研究。例如，宋萑从多个角度出发，分析了完整理解教师专业伦理所涉及的辩证关系——教师专业需要专业伦

① 檀传宝. 学段特性与教师伦理的时间之维［J］. 教育研究，2020 (12)：14－17.

② 蔡辰梅. 小学大爱：小学教师师德案例读本［M］. 上海：华东师范大学出版社，2016; 杨启华. 为师之梦：中学教师师德案例读本［M］. 上海：华东师范大学出版社，2016; 李菲. 大学的良心：高校教师师德案例读本［M］. 上海：华东师范大学出版社，2016; 冯婉桢. 与诤友对话：幼儿园教师师德案例读本［M］. 上海：华东师范大学出版社，2016.

理还是仅仅需要一般伦理？教师专业伦理究竟是他律还是自律？是关怀还是正义？[①]同时，旨在引荐外国教师专业伦理规范并进行中外对比的研究热度也居高不下。兰英等关注了西方国家教师专业伦理的历史流变，并将其与中国教师伦理研究进行了比较分析，并预测了中西方教师伦理研究的未来走向[②]。邱哲介绍了美国教师专业伦理的制定[③]，韩文根等介绍了美国教育职业伦理发展的阶段及基本准则[④]，张姜坤等则以美国教师伦理规范文本为切入点，分析了美国教师专业伦理建构的基本取向与维度，力图为我国当前的教师专业伦理建设提供有益借鉴[⑤]。杨秀玉等关注了英国职前教师专业伦理教育，分析了其教育目标、路径与实践阻力[⑥]。李欣蕾等[⑦]和王连喜等[⑧]则关注了英国教育改革过程中的教师专业伦理行为监管机制建设，厘清了“三级预防”模式的意涵，认为引入这一模式是我国对教师专业伦理

---

① 宋萑．教师专业伦理之辩证［J］．湖南师范大学教育科学学报，2009（6）：9－12.

② 兰英，杨霞．中西方教师伦理研究及其发展趋势［J］．教师教育学报，2021（5）：86－93.

③ 邱哲．美国教师专业伦理的制定及其启示［J］．教育研究与实验，2010（2）：38－41.

④ 韩文根，田丽阳．美国教育职业伦理准则及其启示［J］．教学与管理，2020（6）：117－120.

⑤ 张姜坤，唐汉卫．美国教师专业伦理建设的取向、维度与路径［J］．中小学德育，2019（9）：55－59.

⑥ 杨秀玉，程海婵．英国职前教师专业伦理教育：目标、路径与实践阻力［J］．外国教育研究，2020（5）：3－13.

⑦ 李欣蕾，桑国元．英国教师专业伦理行为监管机制概况及其启示［J］．中小学德育，2020（1）：13－15＋12.

⑧ 王连喜，王苹苹，刘惊铎．“三级预防”模式下英国教师专业伦理失范预防的策略及启示［J］．教育科学，2022（2）：90－96.

失范治理的一条有效路径。姜晓燕[①]、刀睿[②]、单琦[③]、彭学琴等[④]则分别分析了俄罗斯、瑞典、澳大利亚、德国的教师专业伦理要求，为我国的教师专业伦理建设提供参考。除此之外，学者们还将目光转向了我国的港澳地区。童宏保等研究了香港地区的教师专业伦理建设的内容、特点和趋势，指出从专业发展的角度理解教师伦理是香港教师专业伦理建设的一大亮点[⑤]。李睿等分析了《澳门教师公约》，归纳出澳门教师专业伦理建设形成了自下而上的建设主体、以学生为本的核心内容以及自律自约的实施过程等特点[⑥]。

随着时间的推移，基于教师专业伦理实践的现实需求，学者们对教师专业伦理实践研究的关注热情不断高涨，教师专业伦理研究也具有了日益浓厚的实践色彩，更加明确地转向对教师专业伦理问题的现实观照和实践改进。教师专业伦理研究的实践关怀一方面集中体现在研究者对教师道德生活中现实困境的观照和研究，另一方面集中体现于对教师解决专业伦理问题需要的具体道德品质和道德策略的研究。例如，蔡辰梅关注到社会转型进程中专业伦理关系对教师道德的影响，主张进行教师道德的关系性重建[⑦]。穆建亚等认为，教师专业伦理素养的缺失已成为一

---

① 姜晓燕．俄罗斯教师德育能力如何形成：基于德育实践需求的探索［J］．人民教育，2016 (23) : 25 − 28.

② 刀睿．师德建设：专业性、道德性和公平性：基于瑞典教育法规的探究［J］．中小学德育，2019 (9) : 47 − 50.

③ 单琦．澳大利亚教师专业伦理规范研究［D］．上海：上海师范大学，2022.

④ 彭学琴，张盼盼．德国教师专业伦理建设探析：基于《德国教师教育标准：教育科学》的分析［J］．中国成人教育，2019 (22) : 75 − 78.

⑤ 童宏保，谈丰铭．香港地区教师专业伦理建设：内容、特点与趋势［J］．中小学德育，2019 (9) : 35 − 39.

⑥ 李睿，马早明，谢桂新．澳门地区教师专业伦理建设的特点及展望：基于《澳门教师公约》的分析［J］．中小学德育，2019 (9) : 44 − 46.

⑦ 蔡辰梅．社会转型进程中专业伦理关系对教师道德的影响研究［J］．教育科学研究，2022 (10) : 91 − 96.

个重要的社会问题，应以教师专业队伍建设的“四德”为指归，重塑教师的专业伦理素养①。高文心关注到教师面临“师生”“同侪”“家校”“师校”四类伦理困境，提出从单一走向共融的伦理思维转变、从无助走向协助的决策环境构建、从踌躇走向有序的决策过程规范三类解困路径②。李敏关注了小学教师专业伦理的内容形式，通过对优良道德的分析，提出小学教师的爱与公正应作为具有支撑价值的关键道德③。蔡辰梅等聚焦教师专业伦理品质的培育，着重分析了教育公正的伦理价值及现实局限④。季轩民等分析了教师良知的三重样态，认为教师良知应作为教师专业伦理的重要内涵，是教师道德建设的最终归宿⑤。

在关于教师专业道德困境的研究中，一些学者着眼于现实，描述和分析了教师专业道德实现面临的冲突和困境，并基于不同的分析视角提出了突破困境的策略。其中，蔡辰梅等重点分析了制度规约之下教师专业道德的困境，认为各种制度本身的异化和伦理缺失，成为造成包括教师专业自主、专业良知等在内的专业道德实现的直接制约因素⑥。王夫艳从道德关系的视角分析了教师的道德困境，并提出道德困境中教师可以通过道德选择而走出困境⑦。钟芳芳等从教师道德生活真实情感匮乏的角度，分析了教师

---

① 穆建亚，余宏亮．教师专业伦理素养：要义、释惑与纾困［J］．湖南师范大学教育科学学报，2020(6)：77－83.

② 高文心．教师专业伦理困境的表征、成因与破解［J］．现代中小学教育，2023(3)：44－48.

③ 李敏．优良道德与关键道德：小学教师专业伦理的内容思考［J］．教育科学，2020(4)：44－50.

④ 蔡辰梅，刘娜．论教师公正及其实现［J］．教师教育研究，2017(4)：1－6＋12.

⑤ 季轩民，程红艳．溯本追源：现代教师道德建设的良知之维［J］．现代大学教育，2019(2)：73－79＋111.

⑥ 蔡辰梅，徐萍．制度下生存与教师的专业道德困境［J］．教师教育研究，2007(1)：31－35.

⑦ 王夫艳．教师的道德困境与道德选择［J］．全球教育展望，2015(8)：85－93.

的道德困境，并提出通过教师支持性情感系统的培育唤醒教师的情感自觉，进而促成教师道德生活的自主成长①。这些研究成果对现实中教师专业道德困境的关注和研究，是解决教师专业道德实践问题的起点，具有强烈的现实关怀的取向。杨启华从学校文化这一影响中学教师发展的因素入手，探究师生文化张力对于教师专业伦理的建构作用，主张教师伦理的重点在于教师对于代际文化张力有所察觉②。姜丽华等从实践中的具体问题出发，分析了专业伦理视阈下小学教师批评性语言存在的问题及提升策略③。徐廷福等④、暴圆⑤分析了现实视角下的教师专业伦理应用困境及成因，并提出相应的提升对策。杨秀玉⑥、曹丹丹等⑦则关注了师范生这一特殊群体，分析了师范生专业伦理素养培养的现状，并提出改进策略。

从另一方面进入教师专业生活的具体实践领域对伦理品质和伦理策略展开的研究，则侧重于对教师专业道德的具体建构，尤其是对教师道德敏感等具体品质培育的研究。苏启敏明确提出，教师专业道德具有实践品格，这种实践品格鼓励教师直面专业道德实践的各种困境，并进行合理的专业道德决策，从而做出恰当的道德行为⑧。这是对教师专业道德属性的恰

---

① 钟芳芳，朱小蔓．论当代教师道德生活的困境与自主成长：基于情感自觉的视角［J］．教师教育研究，2016 (6) : 1 − 6.

② 杨启华．中学场域的文化张力与中学教师专业伦理特点［J］．教育研究，2020 (12) : 24 − 27.

③ 姜丽华，李丹丹．专业伦理视阈下的小学教师批评性语言分析［J］．教师教育论坛，2018 (10) : 41 − 43.

④ 徐廷福，刘惠．教师的伦理困顿及对策［J］．教育伦理研究，2018 (0) : 211 − 218.

⑤ 暴圆．教师专业伦理的"无边界"困境及其突破［J］．教育伦理研究，2018 (1) : 234 − 237.

⑥ 杨秀玉．职前教师专业伦理教育实施研究［J］．天津师范大学学报(社会科学版)，2020 (5) : 71 − 75.

⑦ 曹丹丹，李茂森．师范生专业伦理的现状调查与思考［J］．当代教育科学，2018 (5) : 75 − 79.

⑧ 苏启敏．论教师专业道德的实践品格［J］．教育研究，2013 (11) : 119 − 128.

当定位，也为教师专业道德的具体建构指出了方向。黎琼锋认为，教师专业道德的建构应该“从规约到自律”，应该从教师专业道德所蕴含的专业责任、道德品性和专业精神等方面凸显个体自律，从而推动教师专业道德的发展[①]。此外，多位学者对教师道德敏感的研究，更是凸显了教师专业伦理研究向教师专业实践领域推进的特征。张添翼对教师道德敏感性进行了较为完整和系统的研究和分析，不但提出了教师道德敏感的概念，还提出了教师道德敏感性的“时间—情境—内容”三维模型分析框架，进而发现和分析了教师专业生活中的道德敏感性缺失、对不同情境的道德敏感性错位、对不同道德内容的敏感性失衡等问题，并提出了相应的解决方法[②]。蔡辰梅[③]、王夫艳[④]、李先军[⑤]、何蓉等[⑥]、尹娟[⑦]、褚红宇[⑧]也都从不同的角度对教师道德敏感进行了具体研究，着重探讨了教师道德敏感性的培育问题及其在学校德育中的价值，丰富和拓展了这一主题的研究成果。这些研究都有着明确的问题意识和实践指向，标志着教师专业伦理从理论走向实践的过渡和发展。

---

① 黎琼锋．从规约到自律：教师专业道德的建构［J］．教育发展研究，2007 (1)：35 － 38.

② 张添翼．教师道德敏感性：概念、框架、问题与改善［J］．教育发展研究，2015 (18)：15 － 19.

③ 蔡辰梅．论教师的道德敏感及其实现［J］．中国德育，2017 (24)：11 － 15.

④ 王夫艳．教师道德敏感性培育路径的新构想：来自西方描述视角的启示［J］．外国教育研究，2016 (2)：72 － 82.

⑤ 李先军．论教师道德敏感性的培养［J］．湖南师范大学教育科学学报，2009 (6)：25 －27.

⑥ 何蓉，朱小蔓．论教师道德敏感性与学校德育改善［J］．教育科学，2014 (2)：48 － 52.

⑦ 尹娟．小学教师道德敏感性及其培育研究［D］．南昌：江西师范大学，2020.

⑧ 褚红宇．从道德敏感到“钝化”［D］．南京：南京师范大学，2021.

第三节　教师专业伦理研究的未来趋势与展望

教师专业伦理作为一个具有强烈实践色彩并关乎教育灵魂的研究领域，其未来发展不仅需要心怀实践的责任担当，更需要秉持理想主义的教育情怀。唯有如此，才能将目前还处于起步研究阶段，需要更具科学性、理论性和实践性的教师专业伦理研究推进到一个崭新的发展阶段。具体而言，未来教师专业伦理研究的发展需要在理论、实践以及方法三个层面上着力实现突破，从而使该领域的研究能够实现扎实的积累和创新突破，形成理论和实践的整体推进，并对教师道德发展作出应有的贡献。

一、教师专业伦理本土化知识体系的建构

能够标志某个研究领域发展的一个重要方面就是专业领域内知识体系的建构。因此，教师专业伦理研究未来发展的首要任务就是知识体系的建立。而这种知识体系的建立一方面需要关注和借鉴国外的前沿研究，在目光向外的学习中获得启示和灵感。例如，加拿大学者伊丽莎白·坎普贝尔明确提出了教师的“伦理知识”以及“伦理型教师”的概念，指出“要鼓励教师使用它们的伦理知识来减少他们的伦理困境，营造一种更为强烈和清晰的教师专业伦理文化，为专业素养提供一个基于道德原则的基础”。她富有创造性地描述了教师伦理知识的特性、“伦理型教师”的典型人格特征，并基于伦理知识的视角分析和解释了教师专业生活中的伦理困境及其应对策略，等等。[①] 这样的研究能够为我们实现教师专业伦理知识体系

① 伊丽莎白·坎普贝尔. 伦理型教师[M]. 王凯，杜芳芳，译. 上海：华东师范大学出版社，2011：1－2.

的建构提供重要的知识线索和思维引导。另一方面，在以开放的视野跟踪国外前沿研究成果的同时，更需要目光向内，基于中国特有的传统师道和伦理文化，基于中国教师本土化的教育实践和伦理问题，形成具有中国本土特征的理论解释框架和知识体系。目前的教师专业伦理研究存在两个方面的问题，阻碍着本土化知识体系的建构。一是简单运用西方的话语体系和理论框架分析和解释中国的教师专业伦理问题。例如，很多研究套用美国的教师专业伦理标准来衡量中国教师的专业伦理问题，形成的研究结论难以得到一线教师的认同，也就难以对其专业伦理问题的解决提供有效帮助。二是简单否定中国传统教师伦理文化,认为“传统的”就是“过时的”，或者对传统文化抱有偏见，陷入“未曾理解先已误解”的泥沼，错失了从传统伦理文化中汲取道德养分的机会。因此，未来的教师专业伦理研究同样需要一种文化自觉，正视和珍视传统文化尤其是传统师道文化，在丰富而厚重的传统道德文化中发现具有现代活力的要素，进而建构既具传统文化特色，又具时代创新特征的教师专业伦理理论体系。

二、面向教师专业生活伦理困境的应用研究

教师专业伦理的实践品格决定了实践取向和问题意识是未来推动教师专业伦理研究取得实质进展的两个重要保障。实践取向意味着教师专业伦理研究要具有强烈的实践关怀意识，并扎根于教师的教育实践过程，带着深厚的实践情怀做研究，带着实践所引发的思想和情感触动投入研究过程之中，让教师专业伦理研究能够做到“源于实践而又高于实践，高于实践而又能回到实践并指导实践”。唯有这样与教师专业伦理实践建立起内在密切关联的研究才具有实践生命力，也才能在实践的检验中印证研究的真正价值，进而使研究者获得强烈的意义感。因此，实践取向是教师专业伦理研究获得生命力和持续发展动力的基础所在。另一个推动教师专业伦理研究发展的因素则是问题意识。很多教师专业伦理研究处于缺乏真实问题

的空洞说教状态，或者满足于玩概念游戏的飘浮状态，这样的研究既不能帮助教师解决真实的伦理实践问题，也无法作为有效的理论知识提升和改进教师对专业伦理问题的认知水平和方法，因此无法真正进入教师专业伦理研究的发展进程中而有真实的研究贡献。而事实上，教师专业伦理现在所获得的发展正是在面对中国教育现实中严峻的师生关系冲突、家校关系冲突以及教师专业生活领域中的惩戒伦理、评价伦理和制度伦理等问题的过程中实现的。因此，未来的教师专业伦理研究仍然要抱持清晰而强烈的问题意识，在直面教育伦理问题的过程中，找到研究的切入点、理论的生长点以及实践的突破点，从而推动教师专业伦理研究实现立足于问题解释和解决的有效发展。

三、教师专业伦理实证主义研究范式的发展

在现代学科的发展中，方法意识和研究方法的规范运用是确保学科获得认同和实现科学的知识演进的基础所在。而就教师专业伦理研究的现状而言，由于受到伦理学学科传统的影响，不同程度地存在着“重思辨轻实证”“重理论轻方法”“重定性研究轻定量研究”等研究取向问题。这些问题的存在在一定程度上制约了教师专业伦理研究的科学性、客观性以及规范性的实现，进而也影响到研究成果的质量和学术影响力。因为，“科学研究有一套自身的规范，正因为有了这种规范，科学才成其为科学，而这个规范的核心就是实证研究。科学并不是思考和解决人类问题的唯一方法，哲学、文学、艺术、宗教等对人类的发展都具有不可替代的重要作用，但作为科学学科的建设来说，科学化程度是衡量学科成熟的唯一标准，实证研究是教育学走向科学的必要途径”[①]。基于此，未来教师专业伦理研究的

---

① 袁振国．实证研究是教育学走向科学的必要途径［J］．华东师范大学学报（教育科学版），2017 (3)：4 － 17 ＋ 168.

发展需要在研究者尤其是青年学者群体中更好地树立实证主义的研究方法意识，注重培育实证主义所蕴含的客观、理性、独立、批判等内在的精神气质，从而在精神和思想观念层面形成注重实证研究、崇尚客观求实的研究观念和意识，为高质量实证研究的发展奠定思想和观念基础。在此基础上，还要加强对不同类型实证研究方法规范运用的学术训练，尤其要关注研究方法和统计分析工具的进展，用驾轻就熟的方法和工具高质量地实现对现实问题的描述和分析，达到对理论的支撑和印证。对于教师专业伦理而言，质性研究方法中的叙事研究法、人种志研究以及扎根理论等都具有良好的适恰性，能够极好地实现对教师专业伦理问题的现象描述和本质揭示。总之，教师专业伦理在未来的突破性发展必然要求在方法意识和具体方法运用上的突破，唯其如此，这一研究领域才能形成更具科学基础的研究成果，也才能更多地赢得学术认同和专业尊重。

总体而言，教师专业伦理研究在实践上存在着极为严峻紧迫的问题有待回应，在理论上存在着很多空白区域和薄弱地带有待填补和加强。也就是说，无论实践领域还是理论层面，都存在着巨大的研究可能性和创新空间。这就需要更多的一线教育工作者和教育理论研究者进入这一教育研究的重要领域，用实践智慧和理论敏感，去探索和解决制约教育道德性实现、制约更具道德性的教育达成的问题和障碍。只有师者更具道义仁心，教育才更具力量和温情；只有教育过程更具人道性，学校教育才能培养出更多有道德的人。从这个意义上说，教师专业伦理研究是指向教育核心价值实现的研究领域，这一领域的研究和突破能够使更多的教师成为具有伦理知识和伦理能力的教师，更好地使教育成为以道德成就道德的过程。

主要参考文献

[1] 包连宗，郑建平．教师职业道德修养［M］．上海：华东师范大学出版社，1985.

[2] 蔡辰梅．小学大爱 小学教师师德案例读本［M］．上海：华东师范大学出版社，2016.

[3] 陈桂生．师道实话［M］．上海：华东师范大学出版社，2014.

[4] 陈华．教师职业道德教育［M］．广州：中山大学出版社，2020.

[5] 陈静．教师道德建设［M］．武汉：华中师范大学出版社，2006.

[6] 陈善卿，顾邵华，邓之光．教师修养［M］．南京：南京大学出版社，1997.

[7] 冯婉桢．教师专业伦理的边界：以权利为基础［M］．北京：教育科学出版社，2012.

[8] 冯婉桢．与诤友对话：幼儿园教师师德案例读本［M］．上海：华东师范大学出版社，2016.

[9] 蒋超文，李齐念．教师的职业道德［M］．广州：广东教育出版社，1991.

[10] 教育部人事司．高等学校教师职业道德修养［M］．北京：北京师范大学出版社，2001.

[11] 李菲．大学的良心：高校教师师德案例读本［M］．上海：华东师范大学出版社，2016.

[12] 李齐念，于泽滨，王少哲．教师职业道德［M］．贵阳：贵州人民出版社，1985.

[13] 连秀云．新世纪教师职业道德修养［M］．北京：教育科学出版社，2002.

[14] 马骏，梁积荣，等．教师职业道德概论［M］．太原：山西教育出版社，1991.

[15] 糜海波．师德的现代化转型及评价［M］．南京：南京大学出版社，2016.

[16] 钱焕琦．教师职业道德［M］．上海：华东师范大学出版社，2016.

[17] 任顺元．师德概论［M］．杭州：浙江大学出版社，2005.

[18] 申继亮．师德心语：教师发展之魂［M］．北京：北京师范大学出版社，2006.

[19] 沈璿．我国教师伦理规范的制度属性及其建构［M］．北京：中国社会科学出版社，2015.

[20] 孙启元．教师道德概论［M］．北京：科学技术文献出版社，1992.

[21] 檀传宝，张宁娟，吕卫华，等．教师专业伦理基础与实践［M］．上海：华东师范大学出版社，2016.

[22] 檀传宝. 教师伦理学专题：教育伦理范畴研究［M］. 北京：北京师范大学出版社，2003.
[23] 檀传宝，等. 走向新师德：师德现状与教师专业道德建设研究［M］. 北京：北京师范大学出版社，2009.
[24] 唐凯麟，刘铁芳. 教师成长与师德修养［M］. 北京：教育科学出版社，2007.
[25] 王正平，何云峰. 教育伦理研究［M］. 第二辑. 上海：华东师范大学出版社，2015.
[26] 王正平，郑百伟. 教育伦理学：理论与实践［M］. 上海：上海教育出版社，1998.
[27] 王正平. 人民教师的道德修养［M］. 北京：人民教育出版社，1985.
[28] 杨启华. 为师之梦：中学教师师德案例读本［M］. 上海：华东师范大学出版社，2016.
[29] 叶世雄. 教师职业道德［M］. 广州：广州出版社，1997.
[30] 赵连根. 新世纪与师资队伍［M］. 沈阳：辽宁人民出版社，1998.
[31] 中华人民共和国国家教委人事司. 教师职业道德［M］. 北京：新华出版社，1995.
[32] 周延富. 教师道德规范与修养［M］. 北京：学苑出版社，1993.
[33] 朱金香，高雅珍，韩桂叶，等. 教师职业伦理学［M］. 北京：经济科学出版社，1999.
[34]《中小学师德修养培训课程指导标准》研制课题组.《中小学师德修养培训课程指导标准》的政策研制与落实［J］. 课程·教材·教法，2022 (1)：123－130.
[35] 班建武，曾妮，蒋佳，等. 教师关怀品质的现状调查：基于北京市石景山区四所中学的调查数据［J］. 教育学报，2012 (4)：105－112.
[36] 班建武. 教师媒体道德形象的影响及原因、对策分析［J］. 教师教育研究，2007 (6)：28－32.
[37] 班建武. 教书育人是新时代教师的重要道德使命［J］. 人民教育，2020 (19)：30－32.
[38] 暴圆. 教师专业伦理的"无边界"困境及其突破［J］. 教育伦理研究，2018 (1)：234－237.
[39] 蔡辰梅，刘娜. 论教师公正及其实现［J］. 教师教育研究，2017 (4)：1－6＋12.
[40] 蔡辰梅，魏海燕，谷红斌. 实习师范生专业责任伦理困境的实证研究［J］. 当代教育科学，2020 (8)：87－95.
[41] 蔡辰梅，魏海燕. 实习师范生的责任行为选择：基于身份特质的实证研究［J］. 天津市教科院学报，2021 (5)：86－96.
[42] 蔡辰梅，徐萍. 制度下生存与教师的专业道德困境［J］. 教师教育研究，2007 (1)：31－35.
[43] 蔡辰梅. 即凡而圣：教师道德的神圣性及其主体实践路径［J］. 中国电化教育，2022 (10)：32－38.
[44] 蔡辰梅. 社会转型进程中教师道德的文化断裂及其重建［J］. 教师发展研究，2018 (9)：8－15.
[45] 蔡辰梅. 社会转型进程中专业伦理关系对教师道德的影响研究［J］. 教育科学研究，

2022 (10) : 91 － 96.

[46] 蔡辰梅 . 师德评价还是“师德”评价吗？——基于悖论分析的概率性师德评价及其实践矫正［J］. 中国德育 , 2023 (2) : 44 － 49.

[47] 蔡辰梅 . 依赖于概率性事件的师德评价 : 表现、原因及矫正［J］. 中小学校长 , 2021 (9) : 18 － 21.

[48] 蔡建国 . 师范生的“师德”教育［J］. 江苏高教 , 1987 (5) : 56.

[49] 曹辉 . 教师的道德权利和道德义务［J］. 东北师大学报 (哲学社会科学版), 2011 (1) : 170 － 173.

[50] 曹俊军 . 论教师幸福的追寻［J］. 教师教育研究 , 2006 (5) : 35 － 39.

[51] 陈桂生 . 师道辨析［J］. 河北师范大学学报 (教育科学版), 2008 (5) : 86 － 87.

[52] 陈婷婷 . 教师教育与社会公正 : ESSA、CAEP 与 UCLA 的价值追求［J］. 外国教育研究 , 2020 (12) : 25 － 36.

[53] 程亮 . 规范 · 专业 · 实践 : 当代教师伦理研究的三种取向［J］. 教育发展研究 , 2009 (12) : 71 － 76.

[54] 迟海波 , 吴暇 . 涵育师德修养的“君子”向度研究［J］. 东北师大学报 (哲学社会科学版), 2021 (6) : 177 － 185.

[55] 邓晨 , 吴黛舒 . 教师道德边界模糊化现象研究［J］. 教育发展研究 , 2018 (10) : 75 － 79.

[56] 杜时忠 , 杨坚 . 师德建设“正义优先”: 再谈师德建设的“转向”［J］. 国家教育行政学院学报 , 2022 (9) : 6 － 10.

[57] 方晓义 , 陈浩莺 , 王永丽 , 等 . 中小学教师师德观的内隐研究［J］. 北京师范大学学报 (人文社会科学版), 2002 (1) : 28 － 33.

[58] 冯婉桢 . 从“虐童事件”看幼儿园教师专业伦理建设的重要性［J］. 河北师范大学学报 (教育科学版), 2014 (1) : 104 － 108.

[59] 冯婉桢 . 儿童权利的完整实现与学前教师专业伦理的特殊性［J］. 教育研究 , 2020 (12) : 17 － 20.

[60] 冯婉桢 . 教师职业道德规范的边界［J］. 教师教育研究 , 2009 (1) : 16 － 20.

[61] 傅淳华，杜时忠 . 论教师道德学习的影响因素［J］中国教育学刊 , 2018 (4) : 47 － 51.

[62] 傅淳华 , 杜时忠 . 论教师共情［J］. 教师教育研究 , 2022 (1) : 1 － 6 + 31.

[63] 傅维利 , 朱宁波 . 试论我国教师职业道德规范的基本体系和内容［J］. 中国教育学刊 , 2003 (2) : 52 － 56.

[64] 傅维利 . 简论师德修养［J］. 中国教育学刊 , 2001 (5) : 40 － 43.

[65] 顾冠华 . 师德与师质 : 中国传统教育中教师的标准和要求［J］. 黑龙江高教研究 , 1998 (6) : 36 － 41.

[66] 郭齐家 . 中华传统文化中的师德与教师观［J］. 中国教师 , 2018 (S2) : 188.
[67] 韩文根 , 田丽阳 . 美国教育职业伦理准则及其启示［J］. 教学与管理 , 2020 (6) : 117 – 120.
[68] 何蓉 , 朱小蔓 . 论教师道德敏感性与学校德育改善［J］. 教育科学 , 2014 (2) : 48 – 52.
[69] 何祥林 , 程功群 , 任友洲 , 等 . 高校师德建设的现状、问题及对策 : 基于湖北省 H 高校的调查［J］. 高等教育研究 , 2014 (11) : 53 – 59.
[70] 何小舟 , 刘水云 . 教师道德形象建构与政策设计 : 基于目标群体社会建构与政策设计框架理论［J］. 教育学报 , 2021 (6) : 112 – 121.
[71] 何颖 . 美国高校教师专业伦理规范体系的经验与启示［J］. 比较教育研究 , 2012 (2) : 36 – 40.
[72] 胡锋吉 . 教师的教育责任界限［J］. 教育科学研究 , 2008 (1) : 57 – 60.
[73] 胡劲松 , 张晓伟 . 教师惩戒行为及其规制［J］. 华东师范大学学报 (教育科学版), 2020 (3) : 25 – 31.
[74] 胡晓航 , 杨炎轩 . 关系建构 : 教师专业伦理建设的路径、机制与策略［J］. 教育科学研究 , 2022 (4) : 85 – 90.
[75] 胡晓航 , 杨炎轩 . 教师道德成长的三大机制与策略［J］. 教育科学研究 , 2014 (8) : 77 – 80.
[76] 胡忠仁 . 论师范生的师德教育［J］. 高等师范教育研究 , 2001 (1) : 42 – 46.
[77] 黄全明 . 论新时代教师的师德修养及其评价策略［J］. 现代教育科学 , 2019 (3) : 80 – 84.
[78] 黄四林 , 周增为 , 王文静 , 等 . 中小学师德修养培训课程指导标准的研制［J］. 北京师范大学学报 (社会科学版), 2019 (1) : 34 – 39.
[79] 黄向阳 . 师德的边界 : 兼评电视辩论“先跑老师该不该受到指责？”［J］. 河南教育学院学报 (哲学社会科学版), 2010 (6) : 63 – 68.
[80] 黄永刚 , 张健华 . 关于中国传统师德的批判与继承［J］. 道德与文明 , 2001 (4) : 61 – 62.
[81] 黄永辉 . 社会主义核心价值体系与高校教师师德教育［J］. 黑龙江高教研究 , 2008 (7): 191.
[82] 黄正 . 孔子重义轻利师德观的积极意义［J］. 江苏高教 , 2000 (4) : 110 – 112.
[83] 吉永桃 . 底线与崇高 : 教师专业道德的坚守与追求［J］. 当代教育科学 , 2020 (3) : 3 – 6.
[84] 季轩民 , 程红艳 . 溯本追源 : 现代教师道德建设的良知之维［J］. 现代大学教育 , 2019 (2) : 73 – 79 + 111.
[85] 贾新奇 . 圣人与工匠 : 教师伦理人格的类型及其他［J］. 道德与文明 , 2015 (4) : 28 – 32.
[86] 简成熙 . 传统师道与教师专业伦理［J］. 中国德育 , 2017 (12) : 11 – 15.
[87] 荆伟 , 耿文侠 . 教师职业价值观对其职业倦怠的影响［J］. 河北师范大学学报 (教育科

学版), 2011 (6) : 71 – 74.
[88] 兰英，金家新 . 中西不同文化背景下师德观比较研究 [J] . 国家教育行政学院学报, 2011 (6) : 24 – 28.
[89] 兰英, 杨霞 . 中西方教师伦理研究及其发展趋势 [J] . 教师教育学报, 2021 (5) : 86 – 93.
[90] 兰英 . 中美教师职业道德规范的文本分析及建议 [J] . 西南大学学报 (社会科学版), 2012 (5) : 56 – 61.
[91] 雷浩 . 中学教师关怀行为的发展特征及其干预策略研究 [J] . 中国教育学刊, 2015 (4) : 70 – 74.
[92] 黎琼锋 . 从规约到自律 : 教师专业道德的建构 [J] . 教育发展研究, 2007 (1) : 35 – 38.
[93] 李保强, 陈忠伟 . 教师责任范畴 : 内涵、外延及其架构 [J] . 教育科学研究, 2013 (5) : 11 – 17.
[94] 李斌辉 . 教师能否“为了学生的一切” : 对教师责任扩大化的一种反思 [J] . 教育发展研究, 2010 (12) : 35 – 40.
[95] 李斌辉 . 教师责任边界 : 高校教师专业发展的一个视角 [J] . 国家教育行政学院学报, 2011 (3) : 47 – 51.
[96] 李菲 . 学术职业与大学教师专业伦理的特点 [J] . 教育研究, 2020 (12) : 27 – 30.
[97] 李建军 . 传统师德理论的教育实践及现代意义 [J] . 苏州大学学报, 2004 (6) : 107 – 111.
[98] 李江, 张向华 . 教师专业伦理的价值逻辑、内在结构及其培育机理 [J] . 现代基础教育研究, 2019 (1) : 25 – 30.
[99] 李敏, 檀传宝 . 师德崇高性与底线师德 [J] . 课程·教材·教法, 2008 (6) : 74 – 78.
[100] 李敏, 余慧珍 . 当代中美中小学教师职业道德的对比与反思 [J] . 教学与管理, 2012 (6) : 158 – 160.
[101] 李敏 . 优良道德的推导 : 小学教师专业伦理的特质分析 [J] . 教育研究, 2020 (12) : 20 – 24.
[102] 李敏 . 优良道德与关键道德 : 小学教师专业伦理的内容思考 [J] . 教育科学, 2020 (4) : 44 – 50.
[103] 李清雁, 易连云 . 身份认同视域下的教师道德发展 [J] . 高等教育研究, 2009 (10) : 69 – 73.
[104] 李琼 . 学生心目中的教师形象 : 一个跨文化的比较 [J] . 比较教育研究, 2007 (11) : 18 – 22.
[105] 李西顺 . 教师专业道德建构 : 以王阳明“致良知”学说为分析工具 [J] . 教育研究, 2022 (1) : 72 – 80.
[106] 李先军 . 论教师道德敏感性的培养 [J] . 湖南师范大学教育科学学报, 2009 (6) :

25 − 27.
[107] 李晓燕 . 我国教师的权利和义务论纲 [J] . 华中师范大学学报 (人文社会科学版), 1998 (1) : 32 − 37.
[108] 李琰 , 易连云 . 从“道德榜样”到“道德能动者”: 教师道德形象的当代变迁 [J] 教育发展研究 , 2014 (10) : 75 − 80.
[109] 梁东荣 . 教师惩戒权存在的合理性及实施初探 [J] . 中国教育学刊 , 2003 (8) : 59 − 62.
[110] 廖鑫彬 . 论师范生师德行为训练 [J] . 四川教育学院学报 , 2011 (11) : 32 − 33.
[111] 林崇德 , 黄四林 . 新时代师德修养动力的心理学透视 [J] . 教育研究 , 2022 (10) : 56 − 61.
[112] 林崇德 . 基于中华民族文化的师德观 [J] . 西南大学学报 (社会科学版), 2014 (1) : 43 − 51.
[113] 刘次林 , 张兴旭 . 上海市中小学教师职业道德现状的调查研究 [J] . 教师发展研究 , 2022 (3) : 30 − 36.
[114] 刘次林 . 教师的幸福 [J] . 教育研究 , 2000 (5) : 21 − 25.
[115] 刘次林 . 教育惩戒亟须理性治理 [J] . 上海师范大学学报 (哲学社会科学版), 2021 (5) : 100 − 106.
[116] 刘飞 , 刘云艳 . “信念”与“责任”: 幼儿教师专业伦理的双重构建 [J] . 教师教育研究 , 2019 (3) : 20 − 25 + 38.
[117] 刘海波 . 从神圣化到妖魔化 : 教师媒体道德形象的变迁 [J] . 中小学德育 , 2016 (7) : 21 − 24.
[118] 刘峻杉 . 传统文化视角下师德修养的机理与保障 [J] . 教师发展研究 , 2019 (9) : 73 − 80.
[119] 刘铁芳 . 你就是你的教育学 : 教师的自我修炼 [J] . 教育发展研究 , 2018 (8) : 3.
[120] 刘兆伟 , 王宏巍 . 论“师道尊严”与师生各正其名 [J] . 河北师范大学学报 (教育科学版) , 2008 (5) : 88 − 93.
[121] 刘中亮 , 崔诣晨 , 刘青玉 , 等 . 高校教师职业道德自律评价结构要素的确立和实证分析 : 基于江苏四所高校数据调查 [J] . 江苏高教 , 2021 (6) : 94 − 98.
[122] 吕素珍 . 中西方文化视野下理想教师形象的比较及启示 [J] . 教育研究与实验 , 2009 (6) : 32 − 37.
[123] 马洪丽 . 基于教师专业发展的专业伦理理念及构建策略 [J] . 黑龙江高教研究 , 2016 (8) : 57 − 60.
[124] 毛菊 , 杨淑芹 . 教师伦理理性的内涵及其培养 [J] . 当代教育科学 , 2010 (11): 39 − 42.
[125] 孟艾菊 . 中国传统“师道”及其对构建新型师生关系的启示 [J] . 江苏师范大学学报 (教育科学版), 2013 (S2) : 10 − 12.

［126］孟祥庆 . 后韩愈时代的"师说"："师道仍不传"的困境与出路［J］. 教师教育研究，2021 (2) : 115 － 123.

［127］明庆华 . 教师公正与学生发展的现实思考［J］. 教育发展研究，2008 (Z2) : 87 － 91.

［128］穆惠涛，张富国 . 新时代我国教师队伍师德内化的突破口与实现路径：基于教师职业责任分析的视角［J］. 现代教育管理，2019 (4) : 91 － 95.

［129］穆建亚，余宏亮 . 教师专业伦理素养：要义、释惑与纾困［J］. 湖南师范大学教育科学学报，2020 (6) : 77 － 83.

［130］宁敏 . 论师德教育在师范生就业力中的地位、作用与路径［J］. 河南师范大学学报 (哲学社会科学版)，2015 (3) : 185 － 188.

［131］牛利华 . 教师职前培养中专业伦理教育的缺失与对策［J］. 教育发展研究，2008 (24) : 80 － 83.

［132］庞维国，罗良，杨洁，等 . 教师职业行为规范的国际比较及其启示［J］. 北京师范大学学报 (社会科学版)，2019 (1) : 47 － 52.

［133］裴淼，刘乔卉，靳伟，等 . 具身师德学习的内涵、价值和路径［J］. 教师教育研究，2021 (6) : 38 － 44.

［134］彭学琴，张盼盼 . 德国教师专业伦理建设探析：基于《德国教师教育标准：教育科学》的分析［J］. 中国成人教育，2019 (22) : 75 － 78.

［135］钱晓敏，刘次林，鞠玉翠 . 基于 ICM 中层概念测评法的教师职业道德调查［J］. 教育发展研究，2020 (2) : 69 － 76.

［136］钱晓敏 . 教师职业道德研究的 70 年 (1949—2019): 历程、成就与展望［J］. 中国人民大学教育学刊，2020 (2) : 109 － 121.

［137］乔花云，聂晓云 . 韩国中小学师德问责制内容、特点及启示［J］. 教学与管理，2017 (34) : 80 － 83.

［138］秦苗苗，曲建武 . 新中国成立 70 年师德建设回顾总结和展望［J］. 现代教育管理，2019 (10) : 21 － 26.

［139］邱哲 . 美国教师专业伦理的制定及其启示［J］. 教育研究与实验，2010 (2) : 38 － 41.

［140］冉亚辉 . 中国教师独特的德育使命特征论析：基于中西方教师文化对比的视角［J］. 教育理论与实践，2013 (1) : 45 － 48.

［141］阮成武，魏迪 . 中日美三国教师道德形象比较研究［J］. 外国中小学教育，2009 (8) : 56 － 60.

［142］申继亮，赵景欣 . 中小学教师职业道德的现实思考［J］. 北京师范大学学报 (社会科学版)，2006 (1) : 48 － 55.

［143］石凤妍 . 以师德教育为重点 促进全员道德建设［J］. 中国高等教育，2001 (22) :

20 – 22.
[144] 舒志定 . 文化传统与教师专业化的实现 [J]. 教育研究 , 2002 (12) : 60 – 64.
[145] 宋萑 . 教师专业伦理之辩证 [J]. 湖南师范大学教育科学学报 , 2009 (6) : 9 – 12.
[146] 宋晔 . 教师德性的理性思考 [J]. 教育研究 , 2005 (8) : 48 – 52.
[147] 苏静 . 论教师的关怀素养 [J]. 教师教育研究 , 2006 (6) : 42 – 47.
[148] 苏启敏 , 陶燕琴 . 美国教师专业道德守则的演进轨迹、理论旨趣与政策启示 [J]. 教育科学 , 2019 (2) : 91 – 96.
[149] 苏启敏 , 陶燕琴 . 人工智能时代美国教师专业道德守则新动向 [J]. 比较教育研究 , 2021 (9) : 50 – 59.
[150] 苏启敏 . 教师专业道德决策 : 概念、依据及实践推理 [J]. 教育研究 , 2015 (1) : 90 – 97 + 107.
[151] 苏启敏 . 论教师专业道德的实践品格 [J]. 教育研究 , 2013 (11) : 119 – 128.
[152] 苏启敏 . 为责任而教 : 教师专业责任的概念澄清与边界划定 [J]. 教师教育研究 , 2017 (4) : 13 – 19 + 23.
[153] 孙炳海 , 於丽娜 , 黄小忠 , 等 . 教师的共情偏好 : 自我判断与学生判断的一致性研究 [J]. 中国特殊教育 , 2008 (11) : 81 – 85 + 89.
[154] 孙炳海 . 中小学教师职业道德行为的心理学研究 [J]. 教育科学研究 , 2018 (3) : 93 – 96.
[155] 孙杰远 . 当代教师道德养成特征与发展策略 [J]. 广西师范大学学报 (哲学社会科学版), 2012 (5) : 125 – 129.
[156] 孙进 . 德国教师教育标准 : 背景 · 内容 · 特征 [J]. 比较教育研究 , 2012 (8) : 30 – 36.
[157] 檀传宝 , 姚尧 . 论新时代师德建设的逻辑转型 [J]. 中国电化教育 , 2022 (10) : 27 – 31.
[158] 檀传宝 . 爱的解释及其教育实现 : 孔子的“仁”与诺丁斯的“关怀”概念之比较 [J]. 教育研究 , 2019 (2) : 149 – 152.
[159] 檀传宝 . 教师的道德人格及其修养 [J]. 江苏高教 , 2001 (3) : 75 – 78.
[160] 檀传宝 . 教育劳动的特点与教师专业道德的特性 [J]. 教育科学研究 , 2007 (3) : 5 – 11.
[161] 檀传宝 . 论教师“职业道德”向“专业道德”的观念转移 [J]. 教育研究 , 2005 (1) : 48 – 51.
[162] 檀传宝 . 论教师的公正 [J]. 现代教育论丛 , 2001 (5) : 13 – 17 + 5.
[163] 檀传宝 . 论教师的幸福 [J]. 教育科学 , 2002 (1) : 39 – 43.
[164] 檀传宝 . 学段特性与教师伦理的时间之维 [J]. 教育研究 , 2020 (12) : 14 – 17.
[165] 檀传宝 . 再论“教师德育专业化”[J]. 教育研究 , 2012 (10) : 39 – 46.
[166] 唐爱民 . 道德成长 : 教师教育不能遗失的伦理维度 [J]. 课程 · 教材 · 教法 , 2010 (2) :

78 − 82.

[167] 唐迅．师道新探：中国古代教育哲学思想探微［J］．高等师范教育研究，1993 (4)：18 − 24.

[168] 田爱丽．中国传统教师职业道德的时代价值研究［J］．教师教育研究，2012 (5)：45 − 49.

[169] 田欢欢．试论师范生的师德培养［J］．高校管理，2012 (1)：69.

[170] 王逢贤．师德建设的理论思考［J］．中国教育学刊，1997 (4)：8 − 12.

[171] 王夫艳．规则抑或美德：教师专业道德建构的理论路径与现实选择［J］．教育研究，2015 (10)：64 − 71 + 97.

[172] 王夫艳．教师道德敏感性培育路径的新构想：来自西方描述视角的启示［J］．外国教育研究，2016 (2)：72 − 82.

[173] 王夫艳．教师的道德困境与道德选择［J］．全球教育展望，2015 (8)：85 − 93.

[174] 王凯．困境与决策：教师专业伦理研究的新取向［J］．现代基础教育研究，2017 (4)：47 − 52.

[175] 王连喜，王萃萃，刘惊铎．新时代高校教师专业伦理问责制的理论思考［J］．中国高等教育，2022 (17)：45 − 47.

[176] 王小溪，姚伟．美国幼儿园教师专业伦理规范的制定及其启示［J］．学前教育研究，2013 (4)：33 − 37.

[177] 王小溪，姚伟．幼儿教师专业伦理规范的历史追寻与现实价值［J］．现代教育管理，2013 (5)：73 − 78.

[178] 王毓珣，王颖．我国澳门教师公约：缘起、历程与评价［J］．教育理论与实践，2017 (25)：36 − 40.

[179] 王泽应．遵师道以安身立命 铸师德以教书育人：对传统师道与师德的新思考［J］．探索与争鸣，2014 (4)：18 − 19.

[180] 位涛，杨淑瑶．作为“个体成长”的师德养成：基于传统文化的启示［J］．中国教育学刊，2023 (3)：85 − 90.

[181] 魏旭．论师德培养的内容及方法［J］．江苏社会科学，2007 (S1)：103 − 104.

[182] 吴虹雨，朱成科．教师不能承受之重：对农村教师社会责任扩大化的思考［J］．教育科学研究，2012 (8)：36 − 40.

[183] 吴敏英．论新世纪高师院校师德教材体系的构建［J］．北京大学学报，2000 (S1)：272 − 276.

[184] 肖菊梅，周婷．人工智能时代师德教育的困境与突围［J］．当代教育科学，2021 (5)：39 − 47.

[185] 肖立勋，韩姗杉，康秀云.70年来高校师德规范的回顾和前瞻［J］.江苏高教，2019 (11) : 6 − 10.
[186] 谢延龙.教师道德发展的身体沉沦与救赎［J］.当代教育与文化，2019 (1) : 97 − 101.
[187] 辛伟豪，王晶莹."四有"好老师视角下我国中学科学教师师德现状的实证研究［J］.教育科学研究，2019 (4) : 41 − 46.
[188] 徐继存.教师身份的伦理认同［J］.教育科学，2020 (4) : 38 − 43
[189] 徐洁.教师教学行为的公正困境及其超越［J］.中国教育学刊，2021 (4) : 85 − 88 + 92.
[190] 徐少锦.中国传统师德及其现代价值［J］.道德与文明，2002 (5) : 73 − 78.
[191] 徐廷福，刘惠.教师的伦理困顿及对策［J］.教育伦理研究，2018 (0) : 211 − 218.
[192] 徐廷福.论我国教师专业伦理的建构［J］.教育研究，2006 (7) : 48 − 51.
[193] 徐廷福.美国教师专业伦理建设及启示［J］.比较教育研究，2005 (5) : 71 − 75 + 83.
[194] 闫建璋.新时代师德修养的三重境界［J］.教育科学，2021 (1) : 17 − 22.
[195] 严虹.新中国成立70年来我国师德要求的回顾与展望：基于国家教师制度的文本分析［J］.当代教育论坛，2020 (5) : 1 − 9.
[196] 杨继利.论教师的形式成长与实质成长：教育公正的视角［J］.中国教育学刊，2014 (1) : 93 − 98.
[197] 杨坚，杜时忠.我国教师专业伦理建设取向省思［J］.中国教育学刊，2022 (5) : 96 − 102.
[198] 杨坚，杜时忠.教师专业伦理的严格性及其合理限度：一种信任论思路［J］.教育学报，2023 (3) : 52 − 64.
[199] 杨启华.中学场域的文化张力与中学教师专业伦理特点［J］.教育研究，2020 (12) : 24 − 27.
[200] 杨霞，范蔚.论教师伦理发展的三重逻辑［J］.教师教育研究，2022 (6) : 16 − 22.
[201] 杨秀玉，程海婵.英国职前教师专业伦理教育：目标、路径与实践阻力［J］.外国教育研究，2020 (5) : 3 − 13.
[202] 杨秀玉.教师专业伦理教育：内涵、目标与实施策略［J］.中小学教师培训，2020 (10) : 1 − 5.
[203] 杨秀玉.职前教师专业伦理教育实施研究［J］.天津师范大学学报（社会科学版），2020 (5) : 71 − 75.
[204] 杨炎轩，蔡颢.教师专业伦理及其建构［J］.教育研究与实验，2021 (2) : 36 − 41.
[205] 于慧.教师职业道德养成的内生路径：基于具身认知理论视角［J］.教育理论与实践，2022 (25) : 59 − 64.
[206] 于龙.教师专业化视野中的伦理标准建构：以中美教师专业伦理标准的价值取向为例

[J]. 教育科学论坛, 2007 (3): 56 – 58.
[207] 于永顺. 我国中小学教师职业道德面临的主要问题及解决对策[J]. 教育科学, 2001 (1): 18 – 22.
[208] 于泽元, 王开升. 立德树人: 师德的养成之道[J]. 教育研究, 2021 (3): 149 – 159.
[209] 余国良, 曾盼盼. 论教师心理健康及其促进[J]. 北京师范大学学报(人文社会科学版), 2001 (1): 20 – 27.
[210] 余维武. 论教师公正[J]. 教师教育研究, 2013 (6): 1 – 5.
[211] 曾妮. 高校师德建设应厘清学生权利边界[J]. 国家教育行政学院学报, 2022 (9): 15 – 19.
[212] 翟莉, 王守恒. 专业化背景下教师自尊文化的寻根与重建[J]. 现代大学教育, 2009 (5): 19 – 22.
[213] 张地容, 杨晓萍. 论幼儿园教师专业伦理的实践困境与路径选择[J]. 中国教育学刊, 2014 (5): 99 – 102.
[214] 张东娇. 师生关系新走向: 双向式"师道尊严"[J]. 教育科学, 2007 (2): 60 – 63.
[215] 张桂春. 国外教师职业道德建设的经验及启示[J]. 教育科学, 2001 (1): 33 – 36.
[216] 张华军, 朱旭东. 论教师专业精神的内涵[J]. 教师教育研究, 2012 (3): 1 – 10.
[217] 张家军, 龙玉雕. 传统教师的道德形象、形成路径及其启示[J]. 教育科学研究, 2020 (3): 74 – 79.
[218] 张姜坤, 唐汉卫. 美国教师专业伦理建设的取向、维度与路径[J]. 中小学德育, 2019 (9): 55 – 59.
[219] 张凌洋, 易连云. 专业化视域下的教师专业道德建设[J]. 教育研究, 2014 (4): 116 – 121.
[220] 张宁娟. 中西教师文化的历史演变[J]. 教师教育研究, 2006 (2): 38 – 44.
[221] 张品, 任强. 差序格局下教师专业伦理意涵、检视与优化路径[J]. 现代中小学教育, 2023 (3): 49 – 54.
[222] 张添翼. 教师道德敏感性: 概念、框架、问题与改善[J]. 教育发展研究, 2015 (18): 15 – 19.
[223] 张妍, 蔡辰梅. 实习师范生同情的专业道德冲突及其同情品质培养研究: 基于关键事件的分析[J]. 福建教育学院学报, 2021 (10): 43 – 49.
[224] 赵虹元. 论教师的善性伦理及其实现[J]. 教师教育研究, 2019 (3): 13 – 19.
[225] 郑家福, 蒋亚星. 中华传统师德溯源研究[J]. 西南大学学报(社会科学版), 2022 (2): 223 – 232.
[226] 郑信军, 吴琼琼. 论教师的教学伦理敏感性及其发展[J]. 教育研究, 2013 (4): 97 –

104.

［227］钟芳芳，朱小蔓．论当代教师道德生活的困境与自主成长：基于情感自觉的视角［J］．教师教育研究，2016 (6)：1 － 6.

［228］钟海青，卢辉矩．广西中小学师德评价问题调研报告［J］．教师教育研究，2008 (2)：48 － 53.

［229］周坤亮．论两种伦理理论视角下的教师专业伦理决策［J］．全球教育展望，2016 (12)：102 － 113.

［230］朱小蔓．回归教育职场 回归教师主体：新时期师德建设的思考［J］．中国教育学刊，2007 (10)：5 － 7.

［231］朱新卓．教师专业化的现代性困境［J］．高等教育研究，2005 (1)：47 － 52.

［232］邹红军，柳海民．新中国 70 年中小学师德政策建设回眸与前瞻［J］．中国教育科学（中英文），2020 (1)：38 － 44 + 106.

［233］周蕴．中等职业学校教师专业理念与师德现状及对策研究［D］．西安：陕西师范大学，2018.

［234］肖永光．中职学校青年教师职业道德问题及对策研究：以岳阳市中职学校为例［D］．长沙：湖南师范大学，2021.

［235］曾琳娜．小学教师师德建设调查研究［D］．长沙：湖南大学，2018.

［236］李程锦．新闻媒体对教师形象的再现与重塑［D］．南京：南京师范大学，2012.

后　记

不断提升教师的道德水平，是促进整个教育事业健康发展的关键条件。而教师道德水平的提升，除了需要教师个人的自觉修炼和相关政策的不断推动外，还需要高品质的师德研究来夯实师德建设的科学基础，有效避免师德建设中由于专业性不足而产生的诸多现实问题。

本书尝试性地对已有教师道德研究的成果开展元研究，目的是较为全面地勾勒现有教师道德研究的概貌，总结有益经验，找到可作进一步努力的研究方向。在此基础上，期待本书能够成为教师道德研究领域中具有工具书性质的著作。

为实现这一目的，本书组织了国内有志于教师道德研究的多位青年学者，采用团队合作的方式集体攻关，力图在最大程度上展示我国教师道德研究的完整图景。本书的结构框架由本人设计。各章节作者完成各自的稿件撰写后，本人对各个章节的内容进行了必要的修改和调整，并对全书进行了统稿。各章节的撰写分工如下：

导论：班建武

第一章：冯婉桢

第二章：何睿、班建武

第三章：何睿、班建武

第四章：毋丹丹、傅淳华、张姜坤、关嘉琦、何睿

第五章：康米、蔡辰梅、黄雪亚

第六章：蔡辰梅、刘刚、班建武

本书在撰写过程中，得到了丛书主编檀传宝教授、杜时忠教授以及丛书其他作者的专业指导，得到了湖北教育出版社领导的高度重视并提供了诸多便利的条件，也得到了本书编辑王艳波的大力支持，在此一并表示感谢。

虽然本书作者已经以高度负责和专业的态度投入书稿的撰写当中，但是由于我国有关教师道德研究的文献数量巨大，涉及领域和学科众多，因此，在最后的成书中也难免会有覆盖不到的研究成果。同时，本书主要立足于对已有研究的总结，书中大量引用了相关学者的研究成果和基本观点，在引用的过程中已经尽可能地标明了文献的来源，但仍恐有疏漏。如有不当之处，敬请读者批评指正。

班建武

2023 年 7 月 12 日